GRöLS Verlage

„Bücher sind wie Fallschirme. Sie nützen uns nichts, wenn wir sie nicht öffnen."

Gröls Verlag

Redaktionelle Hinweise und Impressum

Das vorliegende Werk wurde zugunsten der Authentizität sehr zurückhaltend bearbeitet. So wurden etwa ursprüngliche Rechtschreibfehler regelmäßig *nicht* behoben, denn kleine Unvollkommenheiten machen das Buch – wie im Übrigen den Menschen – erst authentisch. Mitunter wurden jedoch zum Beispiel Absätze behutsam neu getrennt, um den Lesefluss zu erleichtern.

Um die Texte zu rekonstruieren, werden antiquarische Bücher von Lesegeräten gescannt und dann durch eine Software lesbar gemacht. Der so entstandene Text wird von Menschen gegengelesen und korrigiert – hierbei treten auch Fehler auf. Wenn Sie ebenfalls antiquarische Texte einreichen möchten, finden Sie weitere Informationen auf www.groels.de

Viel Freude bei der Lektüre wünscht Ihnen das Team des Gröls-Verlags.

Adressen

Verleger: Hermann-Josef Gröls,

Im Borngrund 26, 61440 Oberursel

Externer Dienstleister für Distribution & Herstellung:

BoD, In de Tarpen 42, 22848 Norderstedt

Unsere „Edition | Werke der Weltliteratur“ hat den Anspruch, eine der größten und vollständigsten Sammlungen klassischer Literatur in deutscher Sprache zu werden. Nach und nach versammeln wir hier nicht nur die „üblichen Verdächtigen“ von Goethe bis Schiller, sondern auch Kleinode der vergangenen Jahrhunderte, die – zu Unrecht – drohen, in Vergessenheit zu geraten. Wir kultivieren und kuratieren damit einen der wertvollsten Bereiche der abendländischen Kultur. Kleine Auswahl:

Francis Bacon • Neues Organon • **Balzac** • Glanz und Elend der Kurtisanen • **Joachim H. Campe** • Robinson der Jüngere • **Dante Alighieri** • Die Göttliche Komödie • **Daniel Defoe** • Robinson Crusoe • **Charles Dickens** • Oliver Twist • **Denis Diderot** • Jacques der Fatalist • **Fjodor Dostojewski** • Schuld und Sühne • **Arthur Conan Doyle** • Der Hund von Baskerville • **Marie von Ebner-Eschenbach** • Das Gemeindekind • **Elisabeth von Österreich** • Das Poetische Tagebuch • **Friedrich Engels** • Die Lage der arbeitenden Klasse • **Ludwig Feuerbach** • Das Wesen des Christentums • **Johann G. Fichte** • Reden an die deutsche Nation • **Fitzgerald** • Zärtlich ist die Nacht • **Flaubert** • Madame Bovary • **Gorch Fock** • Seefahrt ist not! • **Theodor Fontane** • Effi Briest • **Robert Musil** • Über die Dummheit • **Edgar Wallace** • Der Frosch mit der Maske • **Jakob Wassermann** • Der Fall Maurizius • **Oscar Wilde** • Das Bildnis des Dorian Grey • **Émile Zola** • Germinal • **Stefan Zweig** • Schachnovelle • **Hugo von Hofmannsthal** • Der Tor und der Tod • **Anton Tschechow** • Ein Heiratsantrag • **Arthur Schnitzler** • Reigen • **Friedrich Schiller** • Kabale und Liebe • **Nicolo Machiavelli** • Der Fürst • **Gotthold E. Lessing** • Nathan der Weise • **Augustinus** • Die Bekenntnisse des heiligen Augustinus • **Marcus Aurelius** • Selbstbetrachtungen • **Charles Baudelaire** • Die Blumen des Bösen • **Harriett Stowe** • Onkel Toms Hütte • **Walter Benjamin** • Deutsche Menschen • **Hugo Bettauer** • Die Stadt ohne Juden • **Lewis Caroll** • *und viele mehr….*

Inhalt

Selbstzeugnisse

Walter Benjamin

Curriculum Vitae Dr. Walter Benjamin

Reisetagebücher

Tagebuch Pfingsten 1911

11.4.11. Überall in Deutschland werden jetzt die Äcker bestellt. – Man sollte auf der Reise doch nicht seinen schlechtesten Anzug anziehen, denn das Reisen ist ein internationaler Kulturakt: man tritt aus seiner Privatexistenz in die Öffentlichkeit. – Ich las während der Fahrt Anna Karenina: Reisen und Lesen – ein Dasein zwischen zwei neuen aufschluß- und wunderreichen Wirklichkeiten. – Ein Thema: Religion und Natur (Naturreligion). Der Bauer muß religiös sein. Alljährlich erlebt er das Wunder, daß er aussäet und erntet. Dem Großstädter geht mit der Natur vielleicht auch die Religion verloren; an ihre Stelle tritt das Sozialgefühl.

Das sind einige Gedanken, die ich während der Fahrt dachte. Von Halle bis Großheringen genießt man das Saaletal; dann aber nur Äcker, Äcker, die sich schneiden, heben und senken und dazwischen Dörfer mit der breiten Chaussee.

In Fröttstädt hat man plötzlich das Gebirge vor sich. Es lag in durchsichtigen Nebeln in ganz verschiedenen Höhenabstufungen. Von Waltershausen aus geht die Bahn durch schönen Wald.

Steinfeld überraschte mich schon in Reinhardsbrunn. Von da gingen wir eine viertel Stunde bis zu unserer Pension (Koffer). Der Wirt ist anscheinend ein freundlicher, gemütlicher Mann. Er abboniert die

„Jugend“ und das „Israelitische Familienblatt“. Im Annonceteil herrschen Solomonsche u. Fäkeles und Würste und Sederschüsseln. [Diese verwendet man zum Passahfest und sie haben verschiedene Abteilungen für Verschiedenes. So sagt Steinfeld.] Nachmittags gingen wir den Herzogsweg – an der Mühle vorbei zum Wasserfall, zurück an Dorothea-Waldemar-Lottchen-August-Ruheplätzen vorbei durchs Dorf. Immer nach Spittelers Rat: nicht die Natur anglotzend, sondern redend, über Berlin, Theater, Sprachverhunzung. Jetzt mache ich Schluß, um den Plan für morgen mit Steinfeld zu entwerfen.

Das Objekt war friedlich.

Vorpostengefechte mit dem 2 ten Backenzahn oben. Ich hoffe…!

12.4.11. Heute ist Jontew. Eben habe ich in der Hagadda gelesen. – Beim Essen sagt Herr Chariz immer: „Ja, was soll man an Jontew machen“ (d. h. kochen) Man sagt nicht: guten Tag, sondern: gut Jontew. Beim Abendbrot stand ein dreiarmiger Leuchter auf dem Tisch. Gott sei Dank wurde nicht Seder gemacht. Es wäre wohl sehr interessant gewesen und es hätte mich vielleicht auch ergriffen aber es wäre mir für mich wie unheiliges Theater vorgekommen. –

Immerhin, heute Abend bin ich in der Weltgeschichte wohl an 500 Jahre zurückgereist.

Regen und Sturm leiteten den Festabend ein. Wir besuchten Salomon und gingen mit ihm spazieren. Wie genießbar die Menschen allein sind. Und draußen, steht man ihnen auch so selbstständig, überlegen und gleichgestellt gegenüber. (Denn eben wo die Worte fehlen, da stellt ein Paradox … u.s.w.)

Heute vormittag schleifte ich meinen Körper über die Seebachsfelsen zum Spießberghaus. Dann war er brav und wir stiegen mitsammt dem Gottlob auf sein bemoostes Haupt. Unten liegt Friedrichroda, gegenüber ein koketter Berg, der seine Spitze schief aufgesetzt hat (novarum rerum cupidus) und die Ebene mit Dörfern u. Höhenbahn. – Als wir nach Friedrichroda hinuntergingen fröhnte St. seinem Hauptvergnügen,

Psychologie an harmlosen Objekten zu treiben. Diesmal wars eine Bauernfrau. In der Riege trug sie leider Käse.

Am Nachmittag fand eine Revolte des Objekts statt. Drei Bananen, die sich auf dem Luftwege zu St. begaben, der im Bett lag, zerschlugen seinen Kneifer. Mein Taschenmesser begab sich auf ähnliche Weise unters Bett, wo es am dunkelsten ist.

Der Zahn erließ Amnestie für ein paar Bonbons. Auch sonst führte er sich lobenswert.

13.4.11. Heute war der Abend die Krone des Tages. Morgen fand nicht statt, da wir uns mit Aufgebot aller Kräfte des Willens und des Intellekts von der Notwendigkeit des Aufstehens erst um 9 ¼ Uhr überzeugten. Zum Kaffee gabs Matze und so wird bleiben. Denn gestern war Jontew und wir leben in der Passahwoche. Dann gings zum Abtsberg. Unten lag die Ebene mit Sonne und Wolkenschatten. Bis zu einer Bank marschierten wir; dann zurück und rechts den Wald hinauf zur Schauenburg. Nichtsahnend vorbei an der Alexandrinenruh und der Gänsekuppe. Es handelte sich um den Novellenschluß des Romans, darin um die Landschaft in der Dichtung. Wenn Steinfeld und ich zusammen sind entsteht eine philosophisch-literarische Spannung. – Statt einer Beschreibung, Charakteristik und Statistik des Mittagsbrots („Was soll man am Jontew machen“) folgt eine solche des Herren des Hauses:

Ein Spießer, der 9 Jahre in Berlin verlebt hat, nicht soviel Takt besitzt mit seinen Gästen ein Gespräch zu beginnen, sondern seine lange Weile durch leise Pfiffe und Räckeln manifestiert. Gutmütig und, was die Umgebung Friedrichrodas anbetrifft, aufschlußreich. – Nachmittags fanden häusliche Szenen im Bett statt; draußen herrliche große Schneeflocken, drinnen wurde Graphologie gesimpelt. Ich sah Briefe von Steinfelds Eltern.

Dann gingen wir, erstanden den Simplizissimus (auf dem Rückweg eine Kokusnuß) in der Richtung des Bahnhofs über Friedrichroda hinaus. Wege und Wiesen waren naß, alles wundervoll frisch. Ein Stück Chaussee durch so eine sanfte Hügellandschaft, die ich sehr liebe, weil Haubinda da lag, dann einen Waldweg hinauf an einem Bergrücken entlang. Da lag eine Schonung: ganz kleine Tannen und größere Sprößlinge voll welker Blätter. Nach dem Regen war ein wundervoller Sonnenuntergang. Friedrichroda lag in Sonnendunst; der Wald war rot überstrahlt und einzelne Zweige und Stämme am Wege glühten.

Aus Wolkengluten erhebt sich neu
Eine junge Welt;
Purpur umsäumte Nebelberge,
Wollen Riesenleiber gebären
die goldenen Ströme brechen sich Bahn,
Fließen aus dichtem Wolkenhimmel
Durch die abendklaren Lüfte
Nieder zu der stillen Erde.
Senken sich in Fels und Äcker,
Glühnde Goldesadern ziehen
Durch der Erde schwere Tiefen.

Morgen wird Herbert kommen.

14.4.11. Heute kam Blumenthal. Das Bild ist geändert. Wir gingen mit ihm spazieren, es gab eine vorübergehende Mißstimmung zwischen Steinfeld und mir; der ganze Weg litt, da wir vorher ziemlich intim verkehrt hatten, unter der Gegenwart eines Dritten. Später, zu Hause, sprach ich mit Steinfeld darüber und hoffentlich gleicht sich alles aus.

Von heute vormittag datiert der bis jetzt stärkste landschaftliche Eindruck der Reise. Wir kletterten an einem Bergmassiv herum, kamen zu mehreren Felsen mit schöner Aussicht und auch zu einem, auf den die Sonne sehr heiß schien, der freie Aussicht auf den Inselsberg und in ein schönes Waldtal ließ. Vorher hatten wir uns immer noch losgerissen, aber hier konnten wir nicht gehen. Wir legten uns hin und blieben eine viertel Stunde. Es war 2¼ Uhr, als wir gingen, um ½ Uhr wurde schon gegessen, Blumenthal kam um 3½". Auf dem Rückweg, der durch den „ungeheuren

Grund“ führte und unerwartet lang wurde, ging ich schließlich voraus und erreichte Herbert an der Post. –

Am Abend sahen wir wieder, in derselben Gegend wie gestern, einen sehr schönen Sonnenuntergang. Folgende Unterhaltung:

Ich: Gestern abend waren wir spazieren und haben auch Dings gesehen.

Herbert: Was, Dings?

Ich: Na, Sonnenuntergang.

15.4.11. Durch nächtliche Gespräche und morgendlichen Schlaf gehen die Vormittagsstunden verloren. Um 11 Uhr gingen wir heute los und gelangten nach längeren Streitigkeiten auf einen Stein am schroffen Abhange eines Tales. Wir stiegen hinunter und kamen durch ziemlich eiligen Marsch noch zu rechter Zeit zum Essen. Nachmittags Bummel in der Umgegend. Schluß: früh zu Bett. Denn morgen gehts auf den Inselberg.

Tagebuch von Wengen

Ich lege das Tagebuch in Rückblicken an, teils, weil ich erfahrungsgemäß nicht jeden einzelnen Tag zum Schreiben Zeit finde, teils weil der Rückblick schon manches klärt. Also ich beginne mit dem Rückblick auf Weggis. Ort: der Schreibsalon des Hotel Belvédère in Wengen. Links in der Ecke zwei Backfische mit einem etwas albernen Herrn in meinem Alter; sie schreiben eine Karte an ihren Konfirmationspfarrer; draußen im Vestibül ein gespanntes Publikum, worunter sehr viel Kinder, die auf die Vorführungen der musikalischen Medien Prof. Matteo u. Frau Tuoselli (zu verwechseln mit Tosulli!) harren.

Wir reisten über Basel. Um 10 Uhr abends stiegen wir in den italienischen Expreß um, der in einer sehr weiten, einsamen Bahnhofshalle stand. Ein ganz leeres Coupe II schloß der Schaffner für uns auf. Nach ¼ Stunde verließ der Zug die Halle und fuhr in die regnerische, von großen Gaslaternen aufgehellte Nacht hinaus, zwischen Mauern mit Reklameaufschriften. Die Fahrt war schön: Wie von Zeit zu Zeit runde waldige Berge in ganz verschwommenen Umrissen auftauchten. Hier und da Lichter und vor allen Dingen die weißen Landstraßen.

Am nächsten Morgen ein ganz kurzer Aufenthalt an der Luzerner Kurpromenade bei der Musik. Dann im Dampfer nach Weggis. Am Nachmittag ein Spaziergang nach Hertenstein. Papa und ich alleine, denn Crzellitzers und die anderen ruderten. Je heißer die Straße für Papa wurde, um so schöner wurde sie für mich. Man hat, sowie man sich umdreht, den Rigi vor sich. Der schönste Teil der Straße liegt nicht am See, sondern im Hinterland, wo der Weg um einen Hügel biegt.

– Jetzt kommt ein sehr interessantes Intermezzo, da hinter mir Frau Tuoselli, wie ich vermute, (eine Dame in seidener, schwarzer Flitterrobe, genaueres steht noch nicht fest) hereingetreten ist, und ab und zu auf einem Klavier bekannte und wenig berückende Weisen spielt. Hinter das genauere werde ich noch zu kommen suchen. Augenblicklich steht die Dame an der geöffneten Tür (wenn sie es ist?)

Jetzt wieder Weggis: In Hertenstein entdeckte ich „limonade gazeuse“, die mir von da aus auf vielen Spaziergängen als lockende Belohnung vorschwebte. Georg und Crzellitzers fuhren trotz drohenden Gewitters mit dem Boote nach Weggis. Als sie unterwegs waren, brach das Gewitter aus. Sehr beängstigend, mit außerordentlich starken Blitzen. Gelb graue Wolken senkten sich schnell tief an den Bergen und der See bekam Schaumkämme. Der Rückweg war wenig angenehm, da wir große Angst ausstanden; und obwohl wir wesentlich kürzer gingen, kam er mir viel länger vor. Am Sonnabend ging mein Geburtstag ziemlich sang- und klanglos vorüber, da ich die Geschenke schon in Berlin erhalten hatte und Mama auch nicht einmal, wie ich heimlich vermutet hatte, ein kleines Reservegeschenk (einen Füllfederhalter hatte ich mir gewünscht und nicht bekommen) zurückbehalten hatte. Nur Onkel Fritz hatte eine Bonbonniere gestiftet.

Nachmittags waren wir auf dem Bürgenstock. Eine Bergbahn, Hotels, ein langsam steigender Weg am Felsen entlang und dann ein 120 m hoher Fahrstuhl bis auf die Piazza. Anfangs in den Felsen hineingebaut, dann aber ganz frei neben dem Felsen sich erhebend. Von unten sieht die Anlage schwindelnd aus; ist man jedoch drinnen, so fühlt man sich vollkommen sicher; denn erstens bewegt sich der Fahrstuhl in einem starken Eisengerüst und außerdem kann man nicht in die Tiefe sehen. Aber auch oben, auf der Brücke, die vom Ende des Fahrstuhls auf den Felsen führt, fühlte ich mich ganz schwindelfrei. Abstieg. Und der Abend beschwor bei zwei Flaschen Asti eine leise Feierlichkeit herauf.

Sonntag wurde ruhig bei Tolstoi, Burckhardt und lateinischer Formenlehre verbracht. Am Vormittag stieg ich heldenhaft einen heißen Hügel hinan um unter einem Baume einsam ein Buch zu genießen. Und es war schön, wenn das Buch auch nur die lateinische Formenlehre war.

Montag vormittag erblickte ich die Mythen, an deren einen ich noch eine ganz blasse Erinnerung von meinem ersten Aufenthalt in Brunnen her (5 Jahre) bewahrt hatte. Mit anderen hatten wir ein Motorboot gemietet, mit der Absicht zur Felsplatte zu fahren und ein Stück der Axenstraße zu gehen. Es wurde zu spät; und Mama, Georg und ich führten die Absicht am nächsten Tage aus. (Es ist die Dame)

Wir hatten Glück. Wundervoll klar war alles am Nachmittag und auf dem zweiten Platz des Schiffes wurden Jungen und Mädchen von der Volksschule befördert. Ich stand vorn und hörte zu; sehr schön begeistert von den Liedern die sie sangen. Mir fiel ein: Im Volkslied kommt das Volk zum Bewußtsein seiner selbst. Das macht seine mächtige, allgemeine Wirkung aus; das macht es so unsympathisch und falsch, wenn anstatt selbstverständlicher Einfachheit (das einzig durchaus originelle wird wohl meist nur Sprache oder Dialekt sein), ein nationales Protzen sich breit macht.

Am Rütli stiegen die Kinder aus; es war ein Geistlicher (die man überhaupt dort viel sieht) unter ihnen, dessen imposante Dummheit sich unverhüllt in seinem Lächeln offenbarte.

Und an der Teilsplatte stiegen wir aus. Der epische Fluß der Erzählung muß hier unterbrochen werden, durch einen wissenschaftlich getreuen, doch feuilletonistisch erheiternden Modenbericht. So ungefähr stelle ich mir einen Zweig der Familie Eckel vor, die ihre berühmte Alpenfahrt macht. Mann, Frau, Tochter. Das Familienmerkmal – sozusagen – des Mannes war ein Monokel. Im Knopfloch eine Georgine von imposanter Größe. Die Gattin – die Signalstange der Familie, die „Achtung" rief. „Achtung" rief der Hut. Von ganz normalen Dimensionen. Verhältnismäßig normal auch die Labz-Spitzengarnitur. Normal, weil in Mode. Über den Spitzen, auf der angenehmen Wölbung des Hutes jedoch befand sich das Auffallende. Zunächst weiß und seltsam zwischen hell und dunkelrot. Bei näherer Beachtung ein Vogel, ein vollständiger Vogel, der als Bekleidungsstück am Kopf und an den Flügelenden in besagtem merkwürdigen Rot erglänzte. Alles übrige weiß mit Spitzen. Der Ausdruck eines beleidigten Dienstmädchens krönte das ganze. Die Tochter war charakterisiert durch die Mutter. Ebenso dienstmädchenhaft vornehm, ebenso dick, nur noch mit einer fast tragischen Note in einem naiven Lächeln. Dieselbige Familie saß auch auf dem Dampfer, mit dem wir von Flüelen zurückfuhren.

Also zunächst zur Teilsplatte. Was die Platte betrifft, so ist sie von einem Gitter umgeben und von den Füßen 1000der patriotisch oder poetisch durchglühter Waller wohl noch ebener gemacht als Tell sie vorfand. Den Hintergrund schmückt ein Raubtierkäfig, der aber statt Löwen oder Tigern fromme Altarlichter und sterbensblasse Wandgemälde (deren Zeichnung nicht schlecht ist) in seinem schauerlich nüchternen Innern birgt. Hinauf zur Axenstraße. Ein ziemlich steiler Aufstieg brachte mich durch große Anstrengung in meinen gewohnten Wanderzustand, so daß ich nunmehr schnell und leicht die große Straße, die teils eben geht, später sich senkt, verfolgte. Die üblichen großen Bogen der Bergstraßen, vorwiegend einer nach innen. Links die ganz steilen Felswände, die oben an einen tiefblauen Himmel zu stoßen scheinen. Und deutlich sieht man in der größten Höhe schwankendes Gehölz, Laubbäume, leise wehen oder in der großen Schwüle unbewegt stehen. Unten geht, am Rande des Sees, oft durch Tunnel die Gotthardbahn ... nach Italien. Über ein halbes Jahr? Der See, den von drüben hohe, zum Teil schneebedeckte Berge einfassen, in leisem, windgekräuseltem Farbenspiel. Wo der Wald sich spiegelt ein märchengoldnes grün, wo die Sonne das Wasser trifft, seegrün, wie von Tang gefärbt. Und den Bergen drüben sieht man geradezu ins Gesicht, d. h. man sieht ihre schroffen Abstürze und Schluchten. Über ihnen erscheinen Wolken, die sich bis Flüelen recht stark verdichten. Die Axenstraße führt durch Tunnel, in denen arme Ansichtskartenverkäufer ihren „Bazar“ aufgeschlagen haben. Drei große Fenster sind in den längsten dieser Tunnel gesprengt; unerwartet öffnet sich der See.

Eine ganz starke Wanderstimmung überkommt mich. Als ob ich schon den ganzen Tag gehe, Morgen und Mittag der Sonne erblickt habe. Das machen die Berge; der Himmel über ihnen, der so blau ist und vor allem ihr gewaltiger Linienrhytmus. Sie scheinen wie ewige Weltwanderer, die dahinziehen und wenn man mit ihnen wandert, so glaubt man selber aus Fernen zu kommen.

Bis sich das beruhigt und mäßigt; die ersten Häuser von Flüelen; ein alkoholfreies Restaurant weckt Kulturgedanken; und ein normales Bewußtsein erwacht bei einer Flasche „Limonade gazeuse“. Leider ist sie abgestanden.

Am Mittwoch früh ein entzückender, wenn auch gänzlich rührungsloser Abschied von Franz, Robert und Jete. Franz hat etwas Gravitätisches, Robert ist für sein Alter erstaunlich schelmisch; mehr wohl im Ausdruck als sonst; aber sehr lieb. Jete ist 2 Jahre. Mehr kann man zum Lobe eines Menschen wohl kaum sagen.

Mit dem Dampfboot nach Alpnachstad über den Teil des Sees, den wir noch nicht befahren hatten. Am Bahnhof ein erstes „Abenteuer der Seele“. (Und damit hier ein erstes schüchternes Bekenntnis) Vom Warteraum aus besah ich mir im Korridor Reklamebilder, dabei sah ich ein Mädchen an einer Tür zum Stationsraum lesend, ganz flüchtig, ein rosa Kleid mit schwarzem, glänzendem Gürtel. Sie schien mir sehr hübsch. Wahrscheinlich die Tochter des Stationsvorstehers. Ich streifte sie nur sehr schnell mit dem Blick; denn im gleichen Korridor saßen auf einer Bank zwei ältere Tanten in schwarz. Daher ging ich. Noch zwei Mal besichtigte ich eingehend und aufmerksam die bunten Plakate. Das Mädchen stand noch da, aber ich konnte es nicht ansehen.

Nachher, als der Zug die Station verließ, sah ich sie. Es war ein kurzes Abenteuer der Seele und fand mit diesem Anblick seinen Schluß. Sie war nicht besonders hübsch.

Die Brünigbahn ist schön. Ich genoß die Fahrt mit 2 Schweizer Knaben und mehreren Herrn auf der Plattform des Wagens. Vom Brünig nach Meiringen – Brienz. Mit dem Schiff nach Interlaken. Mit zwei Franzosen (ein älterer Herr und eine junge Dame), deren Gespräch ich zu meiner Genugtuung verstehen konnte, mit der herrlichen Bergbahn von Lauterbrunnen nach Wengen. Was da Erinnerung, was vorübergehender Verdruß oder Genuß sein wird, und gewesen sein wird, *weiß ich nicht*.

Für den folgenden, am 25ten hier in Wengen begonnenen Teil dieses Pseudotagebuches trage ich schwere Bedenken. Nur die beständig im einzelnen wechselnden und doch im Grunde sehr ähnlichen Stimmungen der Hochgebirgsnatur sind festzuhalten; noch dazu unter möglichster Ausschaltung der pragmatischen, unwichtigen Begleitumstände. Und diese feinsten Gründe verschiedener Natureindrücke festzuhalten ist schwer und manchmal und für manchen unmöglich. Und vielleicht wird da doch wieder an einzelnen Stellen im pragmatischen, im gewöhnlichen, begleitenden Erlebnis, der einzige Schlüssel und Ausdruck liegen.

Mit leichterem und gleich reizendem kann ich beginnen. Mit dem eindrucksvollen Merkmal des Tages als ich mit meinen Geschwistern 10 Minuten in dem bestrickend kunstgewerblichen Vestibül des Hotels zubrachte und eine Entscheidung der Eltern über die Wohnung erwartete (die imponierenden Blätter der Times und des Matin musternd) und mit dem zweiten Genrebild: Einem tagebuchbeflissenen Jüngling in dem allmählich sich leerenden Schreibzimmer (nur ein vornehmer Herr mit lang ausgezogenem Bart legt seine abendliche Patience) während im erleuchteten Vestibül ein Zauberer seine scharf accentuirten Reden vor dem Publikum hält und bis in meine stille Ecke sendet.

Danach wohnte ich dieser Vorstellung bei, ohne weitere tiefere oder denkwürdige Gefühle, Gedanken oder Erinnerungen daran zu bewahren.

Ein harmlos angelegter Spaziergang des folgenden Vormittags entwickelte sich zu einem etwas längeren Gang, der mit einer Bergtour wenigstens das Ziel und die Anstrengung gemein hat. Man erklomm auf heißen, steilen Hügelrücken und zuletzt auf kurzem braunen, mit Wurzeln durchquertem Waldweg das Lauberhorn, das diese Bemühungen mit einem Ausblick auf Interlaken lohnt.

Es wechselte nun mit ziemlicher Regelmäßigkeit eine Reihe von Tagen der Beschaulichkeit mit solchen, die von mehr oder weniger langen, harmlosen Touren ausgefüllt werden; während die Lektüre der „Anna Karenina“, der „Kultur der Renaissance“, einiger Zeitungsfeuilletons und Vormittage, die in mehr oder weniger bequemer Lage auf dem Waldboden verbracht werden die beschaulichen Tage darstellen. Nicht zu vergessen ein bandwurmartig anwachsender Briefwechsel mit Herbert, so wie auch im übrigen ein mit der Intelligenz von Berlin-W geführter leider reger Briefwechsel, der dadurch nicht interessanter wird, daß die Umstände Veranlassung zu mehrfach wiederholten Schilderungen identischer Urbilder geben. Ferner bringt jeder Tag eine Stunde der Göttin des Examens zum Opfer. Desgleichen jede Nacht ihr einen Traum.

Und nun erst gelangen wir in medias res, wobei die Sache die Alpenwelt darstellt. Da Sinn und Verstand weder für noch gegen eine chronologische Aufzeichnung sprechen, so wähle ich sie. Oder trotzdem. Auch das bleibt dahin gestellt. Denn die Niederschrift eines Tagebuches kostet schon an sich genug geistige Arbeit.

Ich muß also beginnen mit Ausflug und Fahrt in den Jungfrautunnel. Leider ist der Schreibtisch nicht besetzt und am 28 d.M. des Abends setzte ich mein Werk fort.

Die Bahn (eine Bergbahn mit offenen Wagen) geht nach Wengen-Scheidegg und wieder sendet dem rückwärts sitzenden die Bergwelt nur kurze, blendende Grüße. In einer langen, ausgedehnten Menschenkolonne geht's zu Fuß von Scheidegg nach dem Eigergletscher.

250 m Steigung. Ich berechne immer eifrig Höhengewinnste und Verluste; kann mich geruhsam darüber ärgern daß erworbene 30 m in 1 Min. in einem kleinen Abstieg wieder geraubt werden, bleibe weit hinter den Eltern und dann hinter Nachfolgenden zurück und gelange schließlich recht erschöpft auf die Höhe. Mühsam muß ich eine Übelkeit unterdrücken. Merkwürdig, wie gereizt die Anstrengung mich macht. Auf eine Frage nach meinem Befinden antworte ich fast frech. Die errungene Höhe, die Nähe der Gletscher läßt Mama endlich den zurückgedämmten Wunsch nach einer Fahrt mit der Jungfraubahn wach werden. Sogar Papa wird ergriffen und eine Fahrt nach Station Eismeer beschlossen. Wobei ich ein Opfer meines etwas aufrührerischen Herzens zurückbleiben soll. Sofort stand bei mir fest mit Aufwand aller Diplomatik wenigstens *etwas* zu erreichen. Und nach ganz kurzem Kampf setzte ich eine Fahrt nach Eigerwand durch. Dora sollte dort mit mir bleiben und der nächste Zug sollte uns zurückbringen.

Noch ist Zeit bis zur Abfahrt des Zuges. Wir verlassen das festungsmäßig düster gebaute Bahnhofs- und Restaurationsgebäude und auf Schuttabhängen hinab zum Eigergletscher. Bald haben wir Schnee unter den Füßen und vor uns Eis und Schneemassen, den Gletscher und eine ziemlich schneefreie braun-schwarze Felswand. Man ist mitten in der Gletscherwelt. Aber das Kulturbewußtsein wird wach erhalten durch zahlreiche Bewunderer am selben Orte, durch eine Eisgrotte mit Eintritt nach Belieben, durch Männer, die angelegentlichst eine Rodelfahrt in Schlitten empfehlen, die gegen eine Gebühr auszuleihen sie gern bereit sind. Rückweg und Fahrt in der Jungfraubahn. Leis, ganz leise enttäuschend. Nur vage Ahnungen der Gletscherwelt stehen dem Fahrgast in einer endlosen, vom elektrischen Licht der Coupees erhellten Tunnelfahrt frei. Und dann der kühle Tunnel, mit etwas satterer Belichtung, wo der Zug hält: Station Eigerwand in bunten Glühbirnen oben an der Wölbung zu lesen. Überrascht und erfreut, doch etwas zu entdecken laufe ich zu, auf den Fleck, wo Tageslicht grüßt. Ein Ausblick, wie viele Ausblicke. Ein Stück Felsenwand, Dunkelheit und 5 m entfernt, noch so ein Loch im Felsen mit eisernem Gitter davor. Ebenso zur anderen

Seite. Die Fahrgäste verlaufen sich allmählich; kehren in ihre Coupees zurück. Nicht genug damit: das Schicksal hatte mir noch eine kleine Liebesgabe zugedacht, die ich aber sogleich als solche erkannte und die mich daher nicht sehr ärgern konnte. Zwei junge Damen, die auch auf der Station bleiben wollten, aber durch lockende Schilderungen des Eismeers von dem Bahnbeamten bewogen wurden, im letzten Augenblick einzusteigen. Der Zug fährt ab. Meine Schwester, ich ein Fernrohr ... und nach einiger Zeit der Bahnbeamte die einzigen. Wir entwickeln unser Lunch. Der Bahnbeamte schenkt Dora einen Glimmerstein; dann nähert es sich und wir bewundern entflammt nach seinen Weisungen im Fernrohr in plötzlicher Deutlichkeit die Umgegend. Tandlhorn, Schyn Platte, Grindelwald u.s.w. Ich fühle mich zu einer Erkenntlichkeit bewogen; habe aber kein Kleingeld bei mir und helfe mir, indem ich eine Karte kaufe. Hoffentlich gehörte ihm der Stand und wahrscheinlich, da er doch Dora etwas vom Bestande geschenkt hatte. Unter spärlichem Unterhalten mit Dora vergehen die letzten 10 Minuten kalter Einsamkeit, das Lunch geht aus, die letzten Augenblicke; soeben fährt der Zug ein, Abfahrt und Ankunft wieder im Eigergletscher.

Von der Sommerreise 1911

Ich will hier nachträglich einiges herausheben und aufheben, da mancherlei und nicht zum wenigsten auch die Schwierigkeit der Aufgabe, eine leise, liebevolle Schilderung auch des Alltages einer Reise, und des gemäßigten, schön bewegten Schwankens und Träumens in Erwartung und befriedigtem Genuß verhindert hat.

Am reichsten an unverhüllten inneren Freuden und beinahe andächtigen Festen war der Aufenthalt am Genfer See. Die erste Berührung aus der Ferne von einem Hochplateau, in dem sich nähernden niedersteigenden Eisenbahnzug. Unten gewahre ich eine leere Tiefe. Wohl wenige oder keine Landschaften im Gebirge gibt es, die eine gleich ruhige, befreite Spannung gewähren, wie der erste weite Ausblick auf die See oder eine große Wasserfläche. Die Eltern orientierten sich und uns an den Aufenthaltsorten ihrer früheren Reise am See. Schloß Chillon, deutlich in der Vorstellung durch bürgerliche Mondscheindrucke suchen wir noch vergebens. Ein farbenvoller Sonnenuntergang spielt schon am Himmel. Wir fahren durch Weinpflanzungen, halten an kleinen Orten mit französischen, zusammengesetzten Namen; die rätselvolle Ferne des Sees ist verdrängt durch das imposante Bild der Badestadt Montreux-Vevey-Territet in der Tiefe. Die Bahn immer zwischen Weinhügeln und ab und zu eine niedrige Mauer oder ein Schloßturm. Bis die Einfahrt mit schamlosen Hotel-Rücken in prassenden Aufschriften das Bild bestauben, aber nicht verdrängen.

Von einem Zimmer-Balkon des Eisenbahnhotels genieße ich in jener durchaus selbstbefriedigten Ruhe nach einer längeren Reise Fortgang und Ende des Sonnenuntergangs. Mir noch unbewußt läßt eine Musikkapelle auf der nüchternen Hotel-Terrasse nach dem Bahnhof hinaus italienische Stimmung entstehen und wachsen.

½ Stunde später gehe ich nach dem Abendbrot auf der Terrasse ein paar Schritt hin und her – nur wenige Schritt, (dann gleich zu Bett) und die Stimmung ist schon da, stark gegenwärtig. Die sehr nüchterne Bahnhofs-Terrasse muß nach dem See zu abfallen und mit Palmen bestanden sein. Die Musik ist durch eine längere Pause unterbrochen und die Luft sehr lind. An den See will ich nicht mehr gehen. Morgen. Ich bin müde und weiß alles, habe ja diese Landschaft schon erfaßt und genieße sie ganz. Und so schließt der Tag. Mit der Aussicht auf morgen, den Überfluß, der kommt ohne ersehnt zu werden.

Dieses „Morgen" stand im Zeichen der Sonne. Ein Gang durch die heiße, helle Stadt. Zuerst hinunter zum See, der liegt unbewegt, blau – die hohe Lage des gegenüberliegen Ufers deckt ein leichter Dunst. Dunst überall, er verwehrt den deutlichen Blick in die Ferne und gibt See und Land eine ebene weite Ruhe. Doch die Sonne vertreibt uns vom Ufer mit der Brüstung und dem Eisengeländer vor dem See und Bäumen, deren Schatten recht tief sich von alle dem Licht absetzt. Zurück zur Stadt. Gegenständlicher wirds in Farbe und Form. 10 Uhr. In der Vormittagshitze formen sich alle Gebäude hell und kantig; das weiße oder gelbe Pflaster sogar strahlt Licht aus. Und doch wieder, gerade durch dies Licht, gerade in dieser Klarheit, märchenhaft seltsam ... märchenhaft hell.

Ganz verlassene Hotelfassaden, schimmernde Juweliersläden an der Straße ... vornehm luxuriös erscheinen sie, als wären sie für sich da. Denn Badepublikum gibt es nicht. Ein dicker Schlächter steht in Hemdsärmeln vor der Tür und ein paar Einheimische beleben die Straßen – oder heben gerade um so deutlicher die Einsamkeit hervor. Die Weinberge, kahle Felsenpartien oberhalb der Stadt erscheinen als die gegenständliche Atmosphäre. Die Straße hat eine Brüstung; darunter sieht man das Geleise der Simplonbahn und manchmal fauchen und poltern Züge drüber hin. Der Weg hat ein Ziel ... das Ziel ist Schloß Chillon. Im Burggraben ... im früheren Burggraben liegt der Schienenstrang der Simplonbahn. Ich war mißtrauisch diesem Schloß gegenüber ... wie allen Schlössern gegenüber seit ich die Wartburg sah ... und noch ganz besonders in manchen unklaren Erinnerungen an Mondschein-Romantik. Doch meine Enttäuschung war groß und angenehm. Überall interessant ... stellenweise, in den tiefen Felsgemächern ist der Eindruck stark und würdig. Ganz besonders fiel mir in drei Zimmern die neuerdings freigelegte durchaus modern, im geschmacklosen und schönen Sinne wirkende Bemalung auf.

Auf dem Vorderperron der Tram stehend, hoffte ich die Fahrt nach Vevey recht zu erschöpfen. Doch nur bis zu einer Schokoladenfabrik an der Landstraße blieb der Blick frei. Fabrikschluß ... ich stand gedrängt in einem Haufen von Arbeitern und Arbeiterinnen, die einen angenehmen, intensiven Schokoladengeruch aus der Fabrik mitbringen. Die Straße geht am See entlang. In bestaubten Gärten, oft hinter grauen Steinmauern, liegen Landhäuser. Auf dem See liegt Dunst. Auf alles drückt die Hitze ihre schwer und hell machende, und in der Ferne lichtdämpfende Hand. Unvermittelt liegt das Aristokratenviertel hinter mir. Jetzt – so denke ich mir die Straßen einer italienischen Landstadt. Eng, mit wenig verlockenden) Blicken ins Innere der Häuser, unsauberen Auslagen, Menschen aus demselben Milieu. Unangenehm sind mir solche Straßen als Kultureuropäer. Sehr interessant, noch mehr, fesselnd, sind sie mir aus individuelleren Gründen. So ganz unvermittelt aus all dem Schatten taucht plötzlich ein Lichterreich auf, blendend wie eine nahe Sonne ... der

Markt von Vevey. Der weiße, helle Platz mit flüchtig aufgerichteten, braunen, gelben und farblosen Buden strahlt sein Licht zurück auf die umgebenden Häuser, alle ohne bestimmte Färbung, in den feinsten Nuancen von weiß zu leuchtenderem und verwaschenem gelb. Buntes schmutziges Papier liegt massenhaft am Boden. Aus dieser ganzen Lichtfülle aber hebt sich hinten abschließend und beherrschend der fein sanft gebogene, mäßig hohe Mont Pelerin. Dunkle Waldflächen wechseln mit hellen, angebauten Saatfeldern, graue Flecke, Häuser, stellenweise vielleicht kleine Dörfer heben sich heraus. Und in diesem gleichen weißen Ton, der alles beherrscht und alle Farbenpracht, die das Leid wohl sonst entwickeln mag, mildert, spannt sich der Himmel.

Am Nachmittag bringt eine Fahrt auf dem See mir wieder diese seine seltsam ruhige, fast wesenlose und tief beruhigende Erscheinung vor Augen. Gewitterwolken stehen am Himmel, ganz gelb erstrahlt das Wasser an einer Stelle von ihrer Spiegelung, einige bewegtere Schaumwellen erheben sich, aber vergebens erhoffe ich ein kleines stürmisches Abenteuer. Die Ufer liegen klarer zu beiden Seiten. Weiter entfernt von der hochgebirgsartigen französischen Seite, fahren wir an dem hügeligen Lande vorbei, das Schweizer Gebiet ist. Keine bewegte, sondern im wesentlichen eine langsam aufsteigende Linie stellt es dar ... die Dörfer am Bergrücken ganz gedrängt in der Entfernung, nehmen bisweilen die sonderbarsten, farbenstärksten Gestalten an.

Auf dem Dampfer sind zwei ungefähr 20jährige Schwestern. Die eine sehe ich am Schiffsende stehen ... mit anmutigem, weitem Schwung wirft sie Brot ins Wasser, das die Möwen, die dem Dampfer folgen, schnappen. Darin ist sie ganz vertieft und sichtlich dadurch erfreut. Von allem anderen abgesehen ... ein seltenes und liebenswürdiges Schauspiel, selten leider auch auf Reisen, in so natürlicher Beschäftigung einen Erwachsenen eifrig handelnd zu sehen. ... O! aber ein sehr feines, ein fein-schönes Gesicht ... es läßt sich nicht sagen ... um Gotteswillen kein rundweg schönes Gesicht... man denkt an Würde und Hermelin. Sondern bei allem Ernst erscheint die Fähigkeit fein zu lachen, bei aller Gründlichkeit erscheint verborgen glühendes Feuer. Alles lebendig und gar nicht

„interessant“. Denn sie hatte sich umgedreht und ich sah nun auch eine schöne Eigentümlichkeit der Kleidung: über einer einfachen weißen Bluse ein dunkler Sammetschlips, groß, frei herunterhängend ... wie farbig-stark das wirkt! Das alles die Entdeckung wohl kaum einer Sekunde. Ich wende mich und begegne nach wenigen Schritten ihrer Schwester. Gleich gekleidet, die gleichen hellblonden Locken zu Seiten der Schläfen eng gewunden, gleich große dunkle Augen und dieselbe süße Farbe des Gesichts. Das alles macht mich sehr vergnügt ... froh.

Ouchy ... das ist die Hafenstadt von Lausanne. Ich ärgere mich, daß ich erst einige Zeit nach ihnen ans Land komme ... ich sehe ... ein junger Mann, wohl der Bruder, begleitet sie. Ich folge ihnen mit den Augen ... sie gehen, wir zögern, bald habe ich sie verloren. Dann folgen auch wir dem Trott, die gepflasterte Allee hinunter... wir sind an der Bahn, die hinauf fährt nach Lausanne. Gott sei Dank: sie sind noch da. Wie überall betrachte ich die Plakate und werfe ab und zu einen vergnügten Blick auf sie. – Ob sie wohl in mein Coupee kommen ... Bitte sehr, wozu weißt du das, verweise ich eine Regung der Vernunft, es kann alles sein. Es war aber nicht ...

Lausanne hat ... glaube ich gegen 60 000 Einwohner. Doch ist es eine richtige Großstadt, konzentriert auf kleinem Raum. Die Geschäftsstraßen – bewegte, belebte, lärmende Straßen, – der Großstadt, die Schmutzwinkel der Großstadt ... wohl nur die Repräsentationsgemächer der Großstadt fehlen. Denn der Dom ... in seiner äußeren Wirkung ... trotz schönen Baus, soweit ich mich erinnere, durch Restauration in seiner Tönung verdorben, repräsentiert nicht, ebensowenig wie einige nüchterne schloßartige Gebäude. Das sahen Georg und ich in Eile ... nach Baedeker, während die Eltern und Dora in einem Café warteten. Es war sehr heiß. Vielleicht trug auch diese lastende Schwüle zum Eindruck der Stadt bei. Vielleicht komprimierte sie sozusagen Häuser und Straßen, daß alles Enge enger, alles Gedrängte gedrängter erschien. Viel wird gebaut. Auf dem Bauplatz steht ein halber Abbruch, ein halber Aufbau. Straßenlärm, viele Cafés, laute Musik aus dem Café Cursaal, das uns mit einer Portion Eis erfrischte. Eine starke, packende Stadt, durch ihren teuflisch reinen Stadtcharakter ... weder Zweckmäßigkeits- noch Schönheitsrücksichten haben hier gelichtet.

Papa ging mit uns zum Hafen hinunter zu Fuß. Durch neuangebaute Gegenden ... kein Haus versperrt hier noch den Blick zum Himmel, nur die Straßen, denen die Häuser noch fehlen und nur die einzelnen Häuser in ihrer Nüchternheit oder in albernem Putz verraten die Stadt. Und nur eine Stelle mit offenkundigen Armenansiedelungen bei einer Fabrik. Es ist gut für den Augenblick, daß man in die Wohnungen in dem schwarzen Bau trotz der geöffneten Fenster nicht sehen kann. ... Es ist ein richtiger berliner Vorstadtabend.

Die Rückfahrt zeigt den See ... ruhig, wie vorher ... in der Dämmerung alles noch ruhiger, die Ufer verblaßt. Aber heute nach der Dunkelheit wird er lebendiger. Der erste August... an den Ufern feiert man das Unabhängigkeitsfest mit Feuer und Feuerwerk. Auch im See liegen und rudern einige Boote mit Lampions.

Um Montreux, um einer stellenweise, besonders in ihrem letzten Teil von Martigny nach Chamonix herrlichen Eisenbahnfahrt willen, würde der nächste Morgen hier keine Stelle finden. ... Soll ich jetzt einen ehrerbietigen Gruß stammeln ... oder sollen wir in burschikoser Laune alles als natürlich ansehen und kaum ein behendes Danke rufen. In diesem Zwiespalt folgen wir dem Instinkt, der heißt uns ein leises aber inniges Danke lächeln ... ein Danke einem lieben, schalkhaften, (oder ernsteren) wir haben ja darüber gar kein Urteil – ein Danke diesem Schicksal, das ich nicht als Zufall entweihen kann.

Am Vormittag, noch nicht spät, fuhren wir von Montreux ab. Der Morgen war bis jetzt in vielleicht kaum bewußter, heller Freude unter Reisevorbereitungen verstrichen. Ein sehr liebenswürdiger Traum hatte rückblickend den Aufenthalt in Wengen vollendet. Und am Morgen hatte ich, so will ich sagen, in der einen Hand den Traum und in der anderen die feinen Bilder der beiden Mädchen von gestern. Vergnügt betrachtete ich sie wechselseitig. ... Dann saß ich im Zug und sah, wie immer, zum Fenster hinaus. – Was vorher war vielleicht jetzt gedacht, will sagen flüchtiger Gedanke war, weiß ich nicht: Schade ... wo sie wohl wohnten, an welchem Orte, vielleicht in Lausanne? Das waren wohl die flüchtigen Gedanken. Ich sah hinaus ... ob ich dabei im Stillen vermutete ... ob ein ganz verstohlner Advokat Parallelen zog ... sieh' nun hat sich Wengen so hübsch vollendet... sieh' das phantasiere ich wahrscheinlich alles ... Über aller Phantasie erhoben aber steht der Augenblick, als ich sie sah ... vor einem Schaufenster, vor dem auch ich gestern gestanden hatte ... Der Satz ist schon vorbei... aber ich freue mich ... freue mich ... sehr, wie ein Baby, dem der liebe Gott selber einen Schnuller geschenkt hat.

Noch ist herauszuheben der große, überraschende, nächtig schöne Schluß meiner Reise: Genf. Die Fahrt dahin steht mir in Erinnerung in ihrer pressenden, drückenden schauerlichen Enge in einem Coupee II Kl. blau, nicht grün wie bei uns; und Ausblicke auf ausgestorbene, wasserlose Landschaften, Chausseen, deren Glut bis ins Coupee dringt, faulste Schläfrigkeit und o Hohn! als Reiselektüre die Novellen Henri Stendhal Beyles ... starke Verbündete der Nachmittagshitze. Dazwischen Reisepläne in unserer vagen Art, voll Reizen mit Überraschungen von Minute zu Minute ... bleiben wir in Genf? nein – seit neuest weiter in den Schwarzwald und ich, mit meinen Gedanken an eine vorzeitige Rückreise. Schließlich waren wir dann doch in Genf – unbestimmt auf wie lange. – Ja! und von der Fahrt ist noch so eine recht roh pragmatische Erinnerung nachzuholen. Auf einer Station war ein Wagen mit einem ziemlich engen vergitterten Fenster zu sehen und dahinter ein Mensch mit blassem Gesicht. Die Schaustellung eines Gefangenentransports.

Am ersten Abend nach dem Abendbrot machte ich mit Georg einen Gang am Wasser, am schönen Quai du Montblanc. Was wir jetzt in Dämmerung oder in hellem elektrischen Licht sahen (dicht uns zur Seite weite Hotelfronten) unfern des Sees ein Teil der beleuchteten Stadt, hatten wir noch nicht bei Tage gesehen. Der Anblick war also eine erste eindrückliche Bekanntschaft. Die Luft sehr warm ... sehr viele Menschen im Freien ... und auch, daß ich mit Georg allein war ... alles gab eine lässig-befreite Stimmung, Ahnung und Wunsch nach Studentenleben ... vielleicht romanhaftem Studententum.

Der späte Abend … ¾ des morgens dem Studium „der Religion“ von Simmel gewidmet. Am Morgen auf einer Bank dem Wasser gegenüber der Badeanstalt, wo Mama, Georg und Dora badeten; wieder war es heiß … Spaziergänger und Beschäftigte kommen vorbei… ich lese und sehe auf, so recht im Genuß des Müßigganges, ich, selbst in halber und manchmal ungeduldiger Arbeit, halber Arbeit zusehend.

Dann noch am Vormittag gingen wir alle – außer Papa – durch ein paar Straßen am Ufer, schon hier von buntem, und bei aller Geschäftigkeit manchmal trag südlich anmutendem Leben eingenommen. Markt … Blumenmarkt mit Musik, um den Pavillon hocken ein paar Jungen. Um die Ecke wieder Markt, Obst, Gemüse, Schokolade … aber das ist auch wohl alles, was sich nennen läßt. Sonst richtige, wenn auch nicht sehr breite Geschäftsstraßen.

Für den Nachmittag hatte Papa aus Höflichkeitsrücksichten den Sohn eines Bekannten zu uns aufgefordert. Wir verlassen mit ihm das Hotel … da höre ich, indirekt, verspätet wie oft, Papa hat beschlossen, heute Nacht 1 Uhr nach Deutschland abzufahren. Das erste war Schrecken und Arger über die Zeit, die ich am Vormittag verloren hatte. Nun würde ich die Stadt nicht mehr sehen können. Das Zweite, daß ich erklärte, mich von einer Dampferpartie der anderen emanzipieren zu wollen, um wenigstens noch jetzt die Stadt sehen zu können. Der junge Mann erklärt, in Genf sei nichts zu sehen … er erklärte dies kategorisch, welchen modus er überhaupt bevorzugte. Die Universität sei nichts – garnichts. Aber das Museum? Na ja! aber schließlich doch auch nichts. Im übrigen wars dazu etwas spät. Höchstens … ja, wenn ich das sehen wollte … Vergnügungsetablissement so u. so, ein herrlicher Saal… fertig. Ein Blick auf die Abbildung im Führer belehrte mich vollauf… Also – na ja. Und essen sollte ich bei … Ja, ja, ich durchblätterte den Führer noch mal, sah mir die Abbildungen der Sehenswürdigkeiten an – nein wirklich, es schien kein Ziel zu geben. Und 4 Std. bummeln? Ich kann nicht ordentlich bummeln. „Ich fahre mit. Ein paar Stationen zu einem Genfer Vorort, einem Dorf, wo man 20 Min auf den Dampfer zur Rückfahrt wartet. Ein kleiner lockender Hügelweg führte 100 Schritt zwischen zwei wuchernden

Gärten ganz drinnen ... irgend wohin. Nur blauer Himmel war zu sehen, aber ich beschloß eine Entdeckung – und gleich stehe ich am Saume der grünsten Wiese ... ein paar alte Eichbäume stehen hier am Saum, einzelne Büsche auf der Wiese ... der ganz blaue Himmel und hier spielt die Sonne Versteck und berichtet aus dem Gras und den Büschen, eine ganz entzückende Wiese ... geradezu meine Wiese – hier für mich. Hinten geht eine Chaussee; aber weitere Entdeckungsreisen verbietet die Zeit. Wohin auch? Ich sehe mich satt.

Auf der Rückfahrt, wie wir uns Genf nähern, stehe ich allein, vorn und will das ganze Bild, und vor allem die Berge, die ich nun für lange Zeit zum letzten Mal sehe, die Berge, die hier nicht so fordernd, majestätisch sind, sondern gleichfarbig und in beruhigender Entfernung, nicht zerrissen – mehr als ruhige Mauer sich erheben in mich einzufangen. – Und die noch unbeleuchtete Stadt im Schein der untergehenden Sonne.

Später wollten wir alle außer Papa uns noch die Stadt ansehen. Ich saß im Schreibzimmer und schrieb für Papa einen Brief und es machte sich, daß ich die andern verfehlte. Ich wurde nicht gerufen und sie gingen ohne mich. Als ich den Brief beendet hatte, ging ich hinaus und hörte, daß sie eben fort waren. So wollte ich allein gehen. Willkürlich wählte ich die Richtung rechts vom Hotel, wo ich noch nicht gegangen war, um sie vielleicht noch zu erreichen. Es war schon ziemlich dunkel. Jetzt geradeaus, dann an einem beleuchteten Restaurant vorbei – draußen saßen Leute und tranken Bier – eine breite Querstraße. Hier war es weniger hell beleuchtet und Bäume die in zwei Reihen zu beiden Seiten der Straße standen, machten es noch dunkler. Dann – ich bemerke es schon an der neuen Lichtfülle, wieder eine Geschäftsstraße. Sie war sehr belebt und ich gab nun meine Hoffnung, die anderen zu finden auf und sah mich auch nicht mehr nach ihnen um. Recht viel wollte ich wenigstens in der kurzen Zeit noch in mich aufnehmen. Ich lenkte wieder in die Straßen, durch die ich am Vormittag gegangen. Dort aber sah ich, wie die Uferbeleuchtung längs dem Wasser immer spärlicher wurde, weiter hinauf, noch einem Teil der Stadt zu, den ich noch nicht kannte. Dorthin ... Auf dem geradesten Wege – an erleuchteten Cafés am Ufer, aus denen bumbsende, gemeine Musik klang vorbei. Nun war es schon viel dunkler ... Ein Platz mit Bäumen, über den die Straßenbahn fährt – ich biege ab über eine Brücke unter mir liegt das Wasser, das hier natürlich auch dunkler ist und aus der Entfernung sehe ich noch die Lichtpaläste vom Quai du Montblanc. Eine kurze, feige Versuchung, die breite Straße längs des anderen Ufers einzuschlagen, unterdrücke ich. Immer hinein in die dunkelsten Straßen. Ein Denkmalskoloß am Portal eines stattlichen ... wohl öffentlichen Gebäudes taucht auf. Ich werfe nur einen flüchtigen Blick darauf ... ein paar Schiffer stehen ausgelassen johlend in der Nähe – ich will nicht, daß man den Fremden in mir erkenne. Jetzt gehts immer schneller, denn in 10 Minuten muß ich zu Hause sein. Aber doch weiter und weiter die dunkle Straße hinauf. Sie ist nicht eng, aber gerade darum wirkt die breite Dunkelheit um so seltsamer. Endlich liegt – mir zu Seite – eine Gasse, in tieferem Dunkel vielleicht noch, nur der verschwommene trüb-gelbe Schein einiger Laternen dringt durch. Das lockt mich. Ich gehe jetzt sehr schnell; das tu ich in einer fremden Stadt immer – schnell und zielbewußt – selbst wenn ich kein Ziel kenne. Und hier ists vielleicht auch wirklich geraten. Ein paar gröhlende Straßenjungen – ich erkenne Leute, die vor den Türen sitzen – wieder Kinder auf der Gasse – alles dunkel alles schmutzig. Dann von irgend wo ein hellerer Schein – schnell, erlöst gehe ich darauf zu – ein Platz mit Bäumen ein Denkmal – wie ich näherkomme – nein, eine Bedürfnisanstalt. Und dahinter das breite Wasser der Rhone und noch weiter schon greller Glanz vom Kurhaus. Auf geraden Wegen gehts eilends ins Hotel. In Schweiß gebadet wacht ich auf. Ein paar Straßen nur und mir wars, als hätte ich im Traum die Stadt genommen.

Die anderen waren schon da. Wir setzten uns zum Abendbrot auf die Terrasse – es war noch immer sehr heiß. Aber der mächtige rote Vollmond tauchte jetzt auf. ... Schließlich ging der junge Herr. Dann ging ich ins dunkle Lesezimmer, beleuchtete es noch einmal und fand französische Bücherschätze vor – will sagen ein gutes französisches Journal. Als einzige Gäste nahmen Georg und ich in dem kleinen Vestibül Platz. Noch las ich eine kleine Novelle. Dann ging ich hinaus für die letzten Minuten, war da und dort auf dem Platz um noch einmal Bergumrisse, noch einmal den schönen Mond, noch einmal in die Richtung des Montblanc zu blicken. Es war ganz dunkel, doch noch belebt wegen der Hitze am Tage. Dann saßen wir auch schon im Hotelomnibus. Die Fahrt war so kurz wie eindrucksvoll. Es war für diesmal das letzte Mal auf Schweizer Boden. Schrecklich ist diese Schnelligkeit des Automobils und dies maschinenmäßig nichtssagende bequeme Fahren. Als führe man grade in die Ferien. Aber draußen sehe ich doch wenigstens holpriges Pflaster und besonders dunkle Schatten, wo Türen und Fenster sind.

Also stehe ich in dem stillen Bahnhof vor dem Zuge ... morgen in Berlin ... unten noch eine Straße im Mondschein zu sehen ... Ja und morgen war ich wirklich in Berlin.

Meine Reise in Italien Pfingsten 1912

Aus dem Tagebuch, das ich schreiben will, soll erst die Reise erstehen. In ihm möchte ich das Gesamtwesen, die stille, selbstverständliche Synthese, deren eine Bildungsreise bedarf und die ihr Wesen ausmacht, sich entwickeln lassen. Um so unabweislicher ist mir dies, als durchaus keine Einzelerlebnisse mit Macht den Eindruck dieser ganzen Reise prägten. Natur und Kunst gipfelten überall gleichmäßig in dem, was Goethe die „Solidität“ nennt. Und keine Abenteuer, keine Abenteuerlust der Seele stellten einen wirksamen oder reizvollen Hintergrund dar.

Am Freitag, den 24 ten Mai morgens um 4½ Uhr sollte unser Zug gehen; doch gab es starke Verspätung. Früher als pünktlich stand ich schon vor viertel in der Morgenkühle vor Katz' Haus und stieß schüchtern mehrere mißtönende Pfiffe aus, die mich aber nicht bemerkbar machten. – Bei dieser Gelegenheit ist zu bemerken, daß als Reisepfiff: „Winterstürme wichen dem Wonnemond“ festgesetzt war, eine Melodie von der ich mir nur traurige Variationen aneignen konnte. – Nach einigen Minuten des Wartens kam Sachs aus unserem Haus gestürzt – er rannte über die ganz leere Straße und ich rief ihm über die Straße zu. Gleich daraufwaren wir drei alle zusammen. Unangenehm war, daß sich nun herausstellte, es sei garnicht mehr so früh. Eilschritt wurde angeschlagen und je mehr mir die

Dringlichkeit der Zeit zum Bewußtsein kam, desto mehr blieb ich zurück. Joel, Sachs Reisegefährte, überraschte mich mit „Guten Morgen“ von hinten, trat an mich heran, mein Stock flog zu Boden, er hob ihn auf; ich war aufgelöst, als wir alle, auch Simon und Börnstein am Bahnhof zusammentrafen.

Die längeren Minuten, die wir nun noch auf den Zug warten mußten, hatte ich mit meiner Übelkeit zu tun. Die Fahrt nach Basel suchte ich dann, um mich für die Eindrücke des Tages frisch zu erhalten, zum Schlafen zu benutzen. Doch wurde meine Aufmerksamkeit öfters durch die Touristen, auch Studenten, die mit uns fuhren, beschäftigt, sowie durch Simon und Katz die draußen im Gang des D-Zuges sich mit den Sprachführern abgaben oder die Landschaft, die regnerisch war, ansahen.

In Basel bereits zeigte sich Simons überlegenes Reisegenie. Nach einigem Suchen fanden wir uns auf dem Bahnhof und Simon lenkte nicht, gleich den genußgierigen Haufen der übrigen Reisenden gleich in den Wartesaal zum Frühstück. Sondern wir begaben uns mit unserm Gepäck auf den nächsten Bahnsteig, warteten auf unsern Zug und belegten Plätze. Hier zum erstenmale nahm Katz den Kampf mit seinem jeder Schilderung und jedem Gewichtsmaß spottenden „Handkoffer“ eingehüllt in braunes Leinentuch, auf, den er nun täglich mehrmals mit Aufbietung aller Glieder und Kräfte schleppen, heben, herunternehmen mußte. Darauf gingen wir zum Frühstück: Wartesaal II Klasse, Franc 1.40. Es war durchaus keine Zeit, dem Preis entsprechend zu essen. Unter mehrmaligem, energisch betontem „Sollen mich gern haben!“ „ *Die* sollen mich gern haben!“ „Na, etwa nicht?!“ ergriff Simon die umliegenden Brötchen und steckte sie mit Butter und Marmelade beladen in seinen Mantel. Ähnlich Katz und ich. Am Frühstückstisch begrüßte Simon einen jungen, liebenswürdigen freiburger Studenten, einen Freund seines Freundes Bloch nebst Gesellschaft. Er reiste auch in unserer Richtung und wir fanden ihn später in Venedig wieder.

Im Wagen saßen wir mit 2 Italienern, die später, wenn wir im Gange waren, unseren Baedeker und Sprachführer ungeniert lasen. Außerdem entsinne ich mich eines Franzosen, der in seiner Ecke schlief oder Zeitung las. Die Landschaft war durch dicke Wolken und Regen reizlos. Simon erzählte eine sehr hübsche Geschichte von einem prüden Herrn und seinem Pudel, etwas wurde gequatscht, ein bißchen im Baedeker oder Sprachführer geblättert – Simon sang. Ganz ungeniert Studentenlieder vermischt mit Stumpfsinn. Er ist oft impulsiv höchst vergnügt und besitzt die Fähigkeit zu harmlosem Blödsinn. Kurz vor Luzern kamen nach einem Besuch von mir im anderen Coupee Sachs, Joel und Börnstein zu uns. Als Simon wieder die Geschichte von dem Pudel verzapfen wollte, verulkte ich die Pointe. Er war gekränkt, ärgerlich und wollte nicht weiter erzählen. In den ersten Tagen war ich natürlich sehr aufmerksam um Spannungen zu vermeiden und nahm mir das ad notam. Innerlich ernste aber unberechenbare und schroffe Menschen, sind für mich, gleich ob jung oder erwachsen, im Umgang immer peinlich; wenn sie eine gewisse Verschlossenheit und Distance wahren, bin ich sehr vorsichtig. Simon hat von diesem Typus etwas. Aus diesem Grunde wachte ich auch in diesen ersten Tagen sehr aufmerksam, daß keine Gruppe zwischen zweien, die ständige Spannung gegeben hätte, entstünde. Daß die ganze Reise so außerordentlich harmonisch und persönlich fein verlief, ist sicher einer gewissen inneren Zurückhaltung unser aller zu danken.

In Luzern bei strömendem Regen verließen uns die andern. Die Fahrt am Vierwaldstättersee folgte, die mich ganz desorientierte und bei tiefen Wolken an allen Bergen nicht viel Schönes hatte. Schließlich versenkte uns der gleichmäßige Regen in Apathie und trieb uns zu Lektüre, bis die großartigen Strecken der Gotthardbahn begannen. Hier ist die Natur nicht auf Schönheit, sondern auf fast architektonische Großartigkeit gestellt, die, wo eben die Windungen der Bahn oder das Felsbett der Reuß sichtbar werden, wirken muß. Doch gibt es allerdings Mittel, die einem allzu elementaren Eindruck vorbeugen können. Man hat sie gefunden. In metergroßen hohen roten Blechbuchstaben steht an Wäldern, Felsen, Matten und Gehöften: Pneu Continental. Plakate von Chokoladenfirmen konkurrieren, doch erfolglos. – Übrigens regnet es weiter; Simon flucht und jammert abwechselnd. Die letzte Hoffnung ist der Gotthard. Mich regte das Wetter nicht so auf: mir war ein wenig schwül vor der

Besteigung des M. Mottarone am folgenden Tage und der Madonna del Sasso, die für diesen Nachmittag noch in Aussicht genommen war. Bei Regen wären wir ja nicht an den Seen geblieben, sondern gleich in die Städte gefahren. Jedenfalls ein ziemlich feiger und alberner Gedankengang. – Hinterm Gotthard aber war es ganz wunderschön. Ein herrlicher Blick auf Berge, deren Gipfel Neuschnee trugen erweiterte sich dauernd während der Fahrt; die Landschaft hinter dem Gotthard hat noch jetzt, selbst für den, der sie auf der Bahn geräuschvoll durcheilt auf eine Strecke hin den ursprünglichen Charakter tiefer Einsamkeit. Das einzig ungemütliche waren italienische Aufschriften an Häusern, die über das „Ristorante" hinaus kaum verständlich waren.

Bellinzona – schönes Wetter der erste Eindruck – ist die erste Etappe dieses großen Reisetages. Hinter dem Bahnhof finden wir auf einem kleinen grünen Platz eine Bank. Wir legen das Gepäck ab, Simon zieht mit Meyers Sprachführer aus, Brot einzukaufen. Postkarten, die ich suche, sind nicht zu finden; dagegen trifft mich auf dem Bahnhof hocherfreut ein Mitglied der Freiburger „Rotte Corah" an. Doch mein höflicher Gruß weist alles Weitere zurück. Bei der Bank ist ein Brunnen. Hier darf man noch Wasser trinken!

In der Lokalbahn von Bellinzona nach Locarno schlafe ich dann fortwährend ein. Mit aller Mühe betrachte ich schließlich mit offenen Augen den See ... Auf dem Wege vom Bahnhof Locarno bis zum Hafen bemerke ich mit Zufriedenheit, daß nicht ich immer der letzte sein werde, denn mein Vulkanfiber-Koffer trägt sich ausgezeichnet, während Katz seinen Quaderstein kaum 30 Schritte hintereinander schleppen kann. – Simon hat seinen teuren Bambusstock in der Bahn vergessen! Er läuft zurück; wir warten am heißen Ufer mit der Steinbrüstung.

Ich setze mich auf die Brüstung. Das war der erste Augenblick ruhigen Genusses. Vor uns blitzen die Boote am Ufer in ihrer Holzfarbe. Der See ist blau, die Berge treten, in einen ganz feinen Schleier gehüllt auf der Seeseite weit zurück. An unserm Ufer sehen wir die heißen Abhänge mit Villen und Hotels hinauf; dort liegt auch, ein großer gelbbrauner Bau auf einem Felsen, Madonna del Sasso. – Simon kommt mit dem Stock zurück und wir gehen aufs geratewohl zur Madonna del Sasso hinauf. Nach einer Weile begegnen wir auf einem schmalen steilen Weg zwischen Villen einem Briefträger. „Dove…?“ Wir müssen zurück und er geht voran, sehr schnell. Ein Graben kommt – ich falle beim Springen; als ich glücklich herausgekrabbelt bin sind die anderen verschwunden. Ich nehme einen Weg, der sich aber bald verläuft, gehe zurück auf einem zweiten. Endlich höre ich irgendwo von unten die „Winterstürme“. Bei der Drahtseilbahn auf M. del Sasso komme ich heraus und finde Katz und Simon, die auf mich warten. So schnell vergessen ein solches Intermezzo ist – es ist für ein paar gegenwärtige Minuten unangenehm; denn in 2 Std. ging der Dampfer von Locarno nach Stresa, wir hatten uns einzurichten mit unserer Zeit. – Der Weg geht in Windungen bei der Drahtseilbahn herauf, mäßig steil und gepflastert; zu Seiten hohe Büsche, manchmal starke Duftwellen (denn alles blüht hier) und in größeren oder kleineren Abständen ganz minderwertige Kapellen. Doch beleben sie den kurzen Weg, der besonders schön ist angesichts eines großen Viadukts der Drahtseilbahn, das aus dem Grün hervorsteigt. – Oben genießen wir zuerst die Aussicht von einem Umgang am Fuß der Klosterkirche. Schon hier zeigt sich das Charakteristische im Landschaftsbild des Lago maggiore – „das Weitläufige“ möchte man es nennen. Die Berge treten vom See zurück, oder berühren sie ihn, so sind sie ganz sanft geneigt, die Bewaldung tritt zurück vor Häusern und freien Anpflanzungen. Sieht man durch den Krimstecher die einzelnen Wege am See mit den scharfen Schatten der kleinen Bäume, so steigert sich der Eindruck der Hitze fast zum Sichtbaren. – In der Kirche selbst fällt außer mittelmäßigen und pathetischen schlechten Gemälden nichts auf. Durch das Klostergewölbe selbst steigt man dann weiter hinauf. In einer Nische sitzen betende Mönche. Leibhaftig! Ich habe ein Gefühl als sähe ich plötzlich im Tiergarten eine Palme oder träfe einen Löwen in der Leipziger Straße. Im Laufe der Reise habe ich mich dann an diesen Eindruck gewöhnt, der zuerst eine Art Sturmlauf gegen mein Kulturbild lief. – Oben setzten wir uns dann zu Bier und Limonade hin, nachdem wir uns umständlich über den Preis verständigt hatten. Die Kellnerin konnte nur italienisch und demgemäß verlief denn auch der erste Akt des Zahlens. Sehr schüchtern bringt man zuerst das Wort: pagare über die Lippen. Eine Sprache, die man nicht einigermaßen beherrscht, zu sprechen, klingt unnatürlich und fast lügnerisch für den Menschen selbst. Auf dem Rückwege kauften wir Kirschen, wobei wir dann zum ersten Male im Gewicht betrogen wurden.

Wie in vielem anderen, brachte dieser Tag auch im Mittagessen die erste Übung eines dauernden Brauches. Es war schon gegen 4 Uhr, als Simon, kaum auf dem Schiffe angekommen, begann, die erste Verteilung der Vorräte vorzunehmen, die er in Freiburg auf gemeinsame Kosten eingekauft hatte. Wir erfuhren das übliche hors d'œuvre: Brot mit Sardellenbutter – 1 bis 2 Scheiben, schnell und gleichmäßig verabreicht. Darauf Brot mit Wurst in größeren Mengen. Kirschen. Zum Schluß: 2 Bonbons aus der Tüte. Durch die lakonische Bestimmtheit dieses Menüs erwarben wir die offenbaren Sympathien einer älteren Dame, die neben Simon saß. Sie begann eine Unterhaltung, zunächst italienisch, bot Simon Cakes an, worauf er „no" erwiderte. Auf einen Einspruch von mir meinte er: „Zu so einer alten Schachtel kann ich doch nicht ›Grazie‹ sagen!" Darauf fing die Dame an, fließend Deutsch zu sprechen. Sie wohnte am See selbst in einer eigenen Villa. Auf der nächsten Station stieg sie aus – nachdem sie uns trübe Wetterprophezeiungen gegeben hatte. Während der folgenden Stunden blieb unsere Aufmerksamkeit zwischen der Schönheit des Sees und der Wolken, die sich näherten geteilt. Gegen Abend war die Aussicht nach dem Gotthard verdeckt und der See wurde nebelig. Es wurde ziemlich kühl und der Wolken wegen früher als zu berechnen war dunkel. Anderthalb Stunden sahen wir die Lichter von Stresa in geringer Entfernung vor uns. Aber wir näherten uns ermüdend langsam, das Schiff fuhr in Zickzacklinien von einem Ufer zum andern. Wir wurden müde – Simon und ich hatten noch eine längere Unterhaltung über Schiller – bis wir an der gespenstig dunklen traurigen Isola madre hielten. Wir machten uns fertig. In Stresa fanden wir den Hausdiener des Hotels, das wir in Aussicht genommen hatten, am Bahnhof. Doch war kein Platz mehr für drei Personen. Man führte uns in ein nebenliegendes Hotel. Den Eingang bildete eine große Halle, eine dunkle Treppe, die vom Hof aufstieg folgte, mit zwei Lichtern ging der

Wirt durch eine Reihe von Wohnzimmern, die nichts von Hotelräumen hatten, und kam schließlich zu zwei Schlafzimmern. Der Preis (2 fr. pro Bett) entsprach unseren Wünschen. Der Wirt, ein dicker, altmodisch aussehender, aber sehr gefälliger Mann hatte den Vorzug, daß man sich französisch mit ihm verständigen konnte. Bei schönem Wetter sollten wir am nächsten Morgen zeitig zur Besteigung des Monte Motarone geweckt werden. Sonst um 9½ Uhr. Er verabschiedete sich, kam aber gleich noch einmal wieder, um die Richtung nach den Toiletten zu beschreiben. Ich erinnere mich nicht mehr, da ich sie während meines Aufenthaltes nicht kennen lernte. – Nach Abrechnung mit Simon und Regulierung der Kasse waren wir schnell im Bett. In der eigentümlich erfüllten Stimmung nach einem Reisetage, und besonders einem so langen, hörte ich noch kurze Zeit durch das offene Fenster das Rauschen des Sees.

Am nächsten Morgen war ich zuletzt beim Frühstück. Wir waren um 9¼ geweckt worden, doch war das Wetter, wie wir unten sahen recht schön und wir ärgerten uns. Doch war nichts weiter anzufangen. Aber Frühstück mit eigentümlicher Butter und dem starken Kaffee dieser Gegenden wurde genossen, darauf eine Gondel gemietet, die uns zur Isola madre, dann zur Isola bella fuhr. Auch das Gepäck wurde mitgenommen, da wir von Isola bella aus mit dem Dampfer weiter wollten. Der See war ruhig, doch noch ohne die blaue Farbe, die man auf den Bildern sieht; die Ufer aber und die Kette des Monte Ceneri und Simplon, die am Vorabend bedeckt gewesen war, lagen ganz klar. Es ist sehr schön, in einer Gondel zu fahren, wenn man die Insel vor sich hat, sich ganz, ganz langsam nähert, und viel, viel Zeit hat. Daß wir auf den M. Mottarone verzichtet hatten war uns nun ganz lieb; wir hätten diese Fahrt sonst nicht gehabt. – Die Führung auf der Isola madre hatte ein Gärtner, deren es, wie wir zu unserm Staunen erfuhren, zur Pflege des großen Parks nur drei gibt. Er nannte in einem Sprachenkonglomerat die Namen der Pflanzen, schnitt auf seinem Rundgang zugleich welke Zweige ab, räumte Unkraut fort und vergewisserte sich seines Trinkgelds, indem er von Zeit zu Zeit drei Blumen für jeden von uns abschnitt. Da der Gärtner auf Isola bella das gleiche Verfahren hatte, besaßen wir ein paar Stunden später einen ganz schönen und kostbaren Strauß. Der Rundgang auf der Isola madre war eine botanische Offenbarung, Pflanzen von denen ich niemals eine Vorstellung hatte – außer der, daß sie in ganz fernen Ländern wachsen standen vor mir. Von einem solchen Reichtum in den Formen von Bäumen und Palmen, von der Größe mancher Gewächse, wie der Erika, die ich dort sah, von der Farbenstärke mancher Blumen, hatte ich niemals eine Ahnung gehabt. Dazu kommt die Schönheit, in der das alles harmonisch oder überraschend angeordnet ist. Der blaue Himmel, der Blick auf den See und die Ufer – und wieder die Insel: zwei ganze schöne Welten scheinen nebeneinander zu stehen.

Auf Isola bella ist man nicht gleich im Park, sondern muß schnell ein Schloß mit viel ermüdendem Prunk, der oft kleinlich oder protzig ist, bewundern. Schön sind einzelne Räume, einzelne Schränke, alle Blicke auf den Park. – Der Tag hatte schon einiges Geld gekostet; der Führer durchs Schloß bekam diesmal, trotz allen Klimperns kein Trinkgeld. – Im Park hatte wieder ein Gärtner die Führung. Alles ist hier künstlich. Der Aufbau von Statuen, Grotten und Terassen unterbricht aufdringlich die Natur. Eine Gartenkunst, die an sich kunstvoll sein mag, unmittelbar nach dem Anblick der Isola madre aber sehr unglücklich wirkt. Auch fehlt der Isola bella im ganzen das Vornehme, Isolierte ihrer Nebenbuhlerin. Ein großes Hotel, Verkaufsbuden und Häuser, ja, auch die Nähe des Ufers, benachteiligen sie gegenüber der Isola madre.

Auf der Dampferfahrt nach Luino konnten wir den See schon ganz blau sehen. Zwei Kapuzinermönche und unter vielen Marktleuten eine schöne Italienerin fuhren eine Strecke auf dem Schiff. In Luino machte Simon Einkäufe, Katz und ich warteten auf einer Bank am Quai. Eine ganze Weile dauerte es, bis Kutscher und Gepäckträger merkten, daß wir wußten, was wir wollten, d. h. nichts von ihnen. Die dritter Klasse Wagen der Kleinbahn von Luino nach Ponte Tresa sind wie unsere 4ter Klasse Wagen gebaut und erleichtern so den Genuß der Fahrt nicht. Die Bahn biegt bald in ein ganz schmales, ganz unbewohntes, von ganz grünen Hügeln umschlossenes Tal ein. In einer offeneren durch Häuser und

Hügel belebten Gegend tritt sie heraus und hält in Ponte Tresa am Luganer See.

Der italienischen Natur des Lago maggiore mit seinen weiten, schlaffen Zügen und blassen Farben der Ufer, tritt hier Schweizer Art entgegen. Die Berge bis hoch hinauf dunkel bewaldet oder schroff, felsig kahl. Oft verschwindet das Ufer, wenn die Berge senkrecht zum See abstürzen. Und die Gebirge bilden nicht wechselnd verbundene Ketten, sondern oft genug einzelne Berge von willkürlichen Formen wie den steilen S. Salvatore bei Lugano. Die Fahrt war sehr stürmisch; der See zeigte Schaumkämme auf seiner ganzen Fläche; es ist ein Anblick, der unglaublich und überraschend wirkt. Mit uns auf dem Hinterdeck fuhr eine große Anzahl junger Leute mit einem Führer, streng hochtouristisch gekleidet. Das Gespräch drehte sich um Geologie, sie hatten sämtlich geologische Karten. Augenscheinlich eine Studienreise. Ein sehr freier, kameradschaftlicher Ton beherrschte alle; die Unterhaltung bewegte sich gleichmäßig ruhig zwischen den Gruppen. Einzelne der jungen Menschen fielen mir in ihrem Ernst auf; besonders einer studierte seine Karte, aß etwas Chokolade und blickte nur auf, um anderen etwas anzubieten. Es war wohl der jüngste.

Das erste Hotel, an das wir uns in Lugano wandten, ein deutsches war wiederum besetzt. Doch wies man uns an ein zweites benachbartes. Wir fanden gute Zimmer, in denen man sich mit einigem Behagen ausruhen konnte. Vor dem Abendbrot schrieb ich Karten auf einer Terrasse.

Außer uns saßen noch zwei andere junge Leute, Touristen am Tisch und ein dicker Herr am Tafelende – neben ihm seine Frau, die leider Zahnschmerzen hatte. Dies veranlaßte den einen der jungen Herren zu zahntechnischen Erörterungen, in denen er, als höheres Semester der Zahnkunde, energisch den Satz verfocht, es sei üblich, die Nerven kranker Zähne auszuziehen. Einigermaßen kindisch sprach er dauernd von seinem Chef. Der Mann der leidenden Dame fühlte sich außerordentlich wohl. Mehrfach betonte er die Nähe der Jugend, die er genieße, daß es fröhlich hergehen müsse unter jungen Leuten; er versuchte sich durch Anstoßen und „Prost“ nach allen Seiten in verspätete Illusionen zu versetzen. Im übrigen war er ein Original und gab eine vorzügliche Beschreibung seines Besuches in einer katholischen Kirche. „Da wa'n Priester. Kommt a auf mich zu, fragt ›was mein Begehr wäre‹ ›was mein Begehr wäre‹", indem er sich vor Lachen schüttelte brachte er das in ausgezeichnet aufdringlich lispelndem Ton vor. „Mache ich so." Dabei fuhr er mit dem dümmsten Gesichtsausdruck mit seinen Händen umher und schlug das kath. Kreuz. – Auf die Dauer fiel er etwas auf die Nerven – wir standen als die ersten auf und gingen zum See hinunter. Die Straßen fallen ganz steil zum Ufer ab. Unten ging es zuerst bei bequemem Gespräch über Musik auf der Hauptpromenade entlang bis sie in eine ziemlich dunkle Straße mit kleinen Hotels mündet. Nach wenigen Schritten hören die Häuser auf; vorn erhebt sich die starke dunkle Silhouette des S. Salvatore auf dem Lichter den Weg der Drahtseilbahn bezeichnen; rechts hinter einer kleinen Steinbrüstung das Ufer und der See. Ab und zu tasten breite Streifen der Scheinwerfer in Funktion die Fläche ab. Es wird sehr viel geschmuggelt. Wir setzen uns auf die Brüstung und lassen die Beine über den Strand baumeln. Am anderen Ufer erhebt sich der M. Brè. Einzelne Lichter von Häusern – schamlos aber eine Art Lichtplakat: Von Zeit zu Zeit wird in großen belichteten Buchstaben das Wort: M.‹Brè sichtbar. – Das gibt den Gegenstand unseres Gespräches: welche Möglichkeiten sich wohl bei konsequenter Durchführung des Prinzips ergeben? Soll man Bergsilhouetten elektrisch beleuchten? oder die ganze Kuppe? Vielleicht kann man eine Aktiengesellschaft zur elektrischen Bergbenennung und Gebirgstaufe gründen?

Der Rückweg verlangsamt sich, als die steile Straße anfängt. Es ist gegen 10 Uhr – aber die Geschäfte sind noch offen. Auf der Höhe stehen wir bei einer Kirche, die ganz hell vom Mond beleuchtet ist. Und gleich darauf sind wir zu Hause. Seltsam! wie die Orte sich so bei halber Beleuchtung zu verschieben scheinen. Plötzlich, ohne es zu wissen – bin ich irgendwo – gerade zu Hause! –

Der steile Anstieg hat mich etwas ermüdet. In dem Zimmer, das Katz und ich bewohnen, steht ein Korbsessel. Ich rücke ihn vors Fenster und lehne mich hinein und sitze so gegen eine Viertelstunde, während Katz sich auszieht. Im Fenster sehe ich nur wenig. Hinten schließt der Bahnhofshügel ab; von unten kommen die Geleise einer Drahtseilbahn und überall stehen Bäume – auch seitwärts ist ein Teil eines Hauses zu sehen – und die Laternen der Drahtseilbahn. Schön ist daß man den ziemlich vollen Mond nicht sieht. Ich warte – ob er noch hinter dem Haus und ein paar Bäumen aufsteigt und sehe jetzt nur, wie er allem die Farben gibt. Niemals vielleicht nach dem Abiturium ist mir so stark wie jetzt, das Unglaubliche in den Sinn gekommen, daß ich nicht mehr Schüler bin, keine Antworten geben muß, daß mein Morgen keinem unterstellt ist und meine Gedanken keine Fassung und Befriedigung im Aufsatze mehr finden. Das alte Bewußtsein empörte sich noch einmal gegen das neue, das nun doch einziehen muß. – Katz gibt mir einen sanft gemeinten, aber in diesem Zusammenhange doch sehr aufreizend wirkenden Schlag auf die Schulter. Ich gehe aber doch noch nicht zu Bett, sondern setze mich jetzt zu seinem Ärger hin und schreibe noch 3-4 Karten an Verwandte.

Die Unternehmungen des nächsten Morgens verwirrten sich etwas. Da der Schalterdienst (am Pfingstsonntag) mehr als lässig war, verzögerte sich durch Sorge um das Gepäck unser Marsch nach Gandria – wo wir dann schließlich einen späteren Dampfer als beabsichtigt war, nehmen mußten. Wetter und Weg waren glühend heiß; wir hatten den heißesten Tag der ganzen Reise. Die Chaussee steigt über die Ufer und bald biegt ein engerer Weg zwischen Villen, später zwischen Gebüsch und hohen Felsen ein. Der Weg ist hier in den Fels gesprengt und an einer Stelle sogar als Tunnel durch einen gewaltigen vorspringenden Block geführt. Ganz tief unten liegt immer der gedrängte blaue See und den Rückblick beherrscht der groteske S. Salvatore. Massig in seinem ganzen Aufbau, so daß sein gebogener Fels als Zipfel mit dem Haus darauf wie eine kühne Paradoxie wirkt. Gandria. Das sind Häuserruinen, Steinhaufen, Glut, grüne Anpflanzungen in den kleinen Häfen, Treppenstufen von der Höhe eines halben Meters. Das Dorf stürzt von der Höhe zum Ufer herab. Unaufhaltsam, von Haus zu Haus. Unten kommt der ganz kleine Dampfer. Wie er vorwärts rutscht auf dem glatten See! Aber wir bekommen ihn nicht mehr, trotzdem wir atemlos von Stufe zu Stufe, durch die schmutzigen Torwege hin und her rennen. Wir finden das Ufer nicht. Unten fährt schon der Dampfer ab, während eine Frau uns auf „a la stazione“ den Weg zurück weist. – Ich war müde, schon von Zeit zu Zeit zurückgeblieben und finde mich plötzlich allein in diesem Zaubernest. Von unten kommen Reisende und klettern zur Höhe hinauf. Ich hinterher, in dem Wunsch, einen Überblick zu bekommen und die Dampferstation zu sehen. Da mußten ja wohl die anderen warten. Es geht höher und höher – die Reisenden sind schon in irgend einer Seitengasse verschwunden – höher und höher. Irgendwo biege auch ich ab. Es scheint unmöglich auf den Weg zu kommen, von dem wir eben heruntergelaufen sind. Auf den Stufen brennt die Sonne, als wenn die Steine zerfallen sollten. Auf den Beinen kann ich nur mehr mit Mühe stehen. Mit den Händen, immer behindert durch den Stock klettere ich hoch. Auf einmal bin ich vor einem Haus, hier ist der Weg zuende. Nirgends in der ganzen Gegend sieht man Menschen. Auf der schmalen Mauer eines Weingartens spaziere ich jetzt zurück und bin gefaßt jeden Augenblick herunter zu fallen. Aber ich will immer weiter, bis ich in der Breite über das Dorf hinausgekommen bin und vielleicht über den Abhang zum Ufer kommen kann. Bald habe ich denn auch die Häuser hinter mir, der Abhang liegt vor mir. Grasboden – aber so steil, daß ich hinunter rutschen muß und nicht gehen kann. Ich lande in einer Weinanpflanzung, die ich absuche bis ich auf eine kleine Treppe stoße, die nach unten führt. Wie ich sie hinunterstürzen will, falle ich erschöpft hin, die zweite Übelkeit folgt und ich ruhe mich drei Minuten aus. Dann die Treppe hinunter, ich lande auf einer Gasse, die zum See abfällt – da, ein Schild, ein Restaurant, in dem die anderen sitzen. Ich lasse mir von meiner Erschöpfung wenig merken – und erhole mich bei einer Limonade – Simon wird im Gespräch zur Graphologie bekehrt. Und nach einer Stunde kommt der Dampfer auf dem wir Gandria verlassen, eins der einzigartigsten Nester sicher, auch um Mittag verrufen, in dem Simon seinen teuren Stock endgültig stehen ließ und nicht wieder bekam. Die Fahrt genoß ich in begreiflicher Müdigkeit nur teilweise. Die Eisenbahnstrecke von Porlezza nach Menággio, das schon am Comer See liegt, ist im letzten Teil schön, wo die Bahn in Kurven, an Cypressen und weißen Häusern vorbei zum See absteigt. In 20 Min ist man dann mit dem Dampfer in Bellágio, wo sich die Wege trennen mögen. Denn nun kommt der Individualismus der Rassen zu schrankenloser Herrschaft. Uns 3 aber führte er in das Hotel de la Suisse. – Nach kurzer Ruhe kam noch eine stille Bootfahrt auf dem schönen See zu stände.

Die Ufer haben das Dunkle und Felsige vom Luganer See; sind aber doch nicht so von Bergen erfüllt und lassen auch dem Auge Spielraum in einem von Bäumen und hellen Villen belebten Vordergrunde. In der Ferne sieht man Schneeberge. Es schien uns im Boot, als hätten wir die schönste Vereinigung des Lago Maggiore und des Luganer-Sees vor uns.

Beim Abendbrot auf der Terasse sahen wir das Dunkeln auf dem See. Wir blieben lange sitzen, von einem Gespräch über Kunst, das ich mit Simon hatte, gefesselt. Und schließlich gingen wir sogar noch ans Ufer, wo eine Italiener-Gesellschaft, Sänger und Musikanten, Volkslieder und Arien spielen. Das gab eine merkwürdige Fortsetzung des wissenschaftlichen Gespräches mit der Energie im Kampf um das Recht geführt auf einem dunklen Weg, unterbrochen durch die Aufmerksamkeit, die man dem Gesang und den roten und weißen Kleidern der Italiener geben mußte. Erst gegen 19 Uhr oder noch später als wir schon lange in den Betten auf unserm, diesmal gemeinsamen Zimmer lagen, endete notgedrungen die Unterhaltung. Simon hatte sie durch die gröbsten Ausfälle gegen moderne Dichtung recht stark belebt.

Früh am nächsten Morgen waren wir in Cadenábbia und bald in der Villa Carlotta. Sie hat einen schönen klassischen Aufgang – hinter dem kräftig geschwungenen gußeisernen Toreingang ein rundes Bassin, auf dem Seerosen schwimmen und dann symmetrisch abfallende Terrassen, an denen sich Rosen heraufranken. Vom Schlosse selbst bekommt man nur den Eingangsraum zu sehen, in dem Plastiken stehen. Hauptsächlich Canovas. Und es ist interessant, wieviel scheuer und schöner Amor und Psyche hier in ihrer ersten Umarmung zu sehen sind, als in all den unendlich vielen späteren, in denen sie doch keinen neuen Ausdruck ihrer alten, uralten Liebe finden – die sogar schon vor Canova war. – Daneben sah ich, wie sehr auch Thorwaldsens Alexanderzug in seiner Kraft an einigen Stellen wenigstens, das klassizistisch-süßliche vieler Abdrucke widerlegt.

Der Park war an vielen Stellen schon abgeblüht. Die einzelnen Pflanzenungeheuer grüßen hier den, der vom Lago maggiore kommt schon als harmlose Bekannte – aber eine neue Variation haben sie doch in einer urwaldartigen Schlucht gefunden, wo in enger Fülle Unterholz, Bambus- und vor allem dicke Farnbäume mit schwarzen Stämmen stehen. – Wir wenden den Blick und finden die Blüten der Azaleen, wie sie in einzelnen Büschen aus den Rasenrändern auf den Weg sich drängen – es ist unmöglich, die einstigen Farben der abgeblühten Felder in denen nur die Blätter stehen, sich vorzustellen. Die letzte Schönheit des Parks kann aber nicht genossen werden, denn die Sonne, die anfangs noch schien, ist nun vollständig verschwunden und der Himmel grau bedeckt. – Das nahm auch der Dampferfahrt nach Como manches von ihrem Reiz. Der See ist hier weit und manchmal einförmig, bis man sich wieder dem Ufer nähert, wo man dann die einzelnen Dörfer im Genauen sieht, die engen Straßen und Häfen, die von den Felsen sich senken und Brücken zwischen manchmal schon baufälligen Häusern. Von oben stürzen einzelne starke Bäche tosend in den See. Wenig interessant ist die Dampfergesellschaft – nur fällt dem Neuling, der eben die ersten Kilometer in Italien fährt, auf mit welcher Häufigkeit und absichtlicher Intensität die Leute spucken. Meist rauchen sie einen furchtbaren Tabak. – Je mehr das Schiff sich Como nähert, desto flacher werden die Ufer. Cypressen stehen am See neben den vielen Villen. Ein pyramidenförmiger Bau mit der Inschrift: Philipp Frank fällt auf – das aufdringliche Grabmal eines Sonderlings. Auch in Como ist es heiß und bedeckt. Nach einigem Zögern verzichten wir auf die Fahrt auf einen nahen Aussichtspunkt; entwickeln vielmehr auf einer Bank am Ufer unsern Proviant, zu gleichen Teilen aus Eingekauftem und Mitgebrachtem bestehend. Althergebrachtes Mittagessen verteilt Simon unter dem regelmäßigen Zeremoniell. In unserer unbekümmerten Ruhe erregen wir die Aufmerksamkeit der Hafenwache. Die Stadt ist durch irgend etwas Außerordentliches belebt. Musik wird von einem andern Teil des Hafens hörbar, große und kleine

Menschentrupps, fast alle mit italienischen Fähnchen im Knopfloch marschieren vorbei, z. T. Touristen. Doch erfuhren wir den Anlaß zu alle dem nicht. Als ein leiser Regen sich erhob, brachen wir zum Dom auf. Ein weißer Marmorbau, dessen Fassade durch tiefe Nischen, in denen Figuren stehen, sehr eindringlich geteilt und belebt wird. Über dem gotischen Portal liegt der Kreis eines ungeheuren Rundfensters. Wir betrachten noch die Seiten, die nichts von der steilen Schönheit und Gliederung der Front haben, und gehen dann hinein. Kalt und nüchtern ist der Eindruck; auch hat der Dom im innern wohl keine großen Schönheiten im einzelnen. Mit der Elektrischen bringen wir unser Gepäck und uns zur Bahn, und es findet sich auch hier Gelegenheit, uns 20 Centesimi zu viel abzunehmen.

Mailand begrüßt den Fremden nicht italienisch, vielmehr übereuropäisch. Mit allen Mitteln bringt man ihm das Sensationelle zum Bewußtsein: hier ist die erste italienische Stadt, die du betrittst und die größte. Die Aufdringlichkeit der Hoteldiener kann nicht übertroffen werden und wir spürten sie ganz besonders. Unter Simons Führung stellten wir am Hauptportal unsere Koffer ab und studierten die Karte. Einer nach dem andern kam mit der Phrase „deutsches Hotel", die er kaum sprechen konnte und einem schmutzigen Zettel, der das Hotel anpries. Wir nahmen alles entgegen und Simon betont grandseigneurmäßig sein: Wir werden darauf zurückkommen – jawohl – wir sind orientiert.

Wir haben unser Hotel nach dem Baedeker gewählt und gehen über den Platz – Gepäckträger und Hotelangestellte folgen. Als das Schreien vergeblich bleibt – geht einer nach dem andern fort. Zufällig treffen wir dann unsern Hoteldiener. –

In dem deutschen Gasthof gab man uns ein Zimmer mit drei Betten, dessen überaus groteske Geschmacklosigkeit nicht übergangen werden darf. An der Längswand stehen in Abständen von ½ Meter die drei Betten nebeneinander, zwei Nachttische dazwischen. Das eigentliche Bett ist aber Nebensache. Beherrschend ist ein ungeheuer langer hölzerner Aufbau darüber. Völlig zwecklos stellt er die Vereinigung von allerlei geraden und krummen Linien in einen plumpen oberen Bogen vor und dies Spiel von Sinnlosigkeit und vehementer Häßlichkeit wird lebhaft gesteigert durch kleine Aufbauten der Nachttische in ähnlicher Art und durch das dritte und letzte Bett, das die Scheußlichkeiten der beiden andern in seinem Aufbau variiert. Das Ganze erweckt schließlich den unüberwindlichen Eindruck eines Götzentempels, und in ihrer dummen ausdruckslosen Höhe scheinen diese Überbauten auf gläubiger Verehrung der Schläfer zu bestehen, die zitternd zu ihren Füßen entschlafen.

Doch das war erst viele Stunden später. Wir waren früh angekommen und wollten am Nachmittag den Campo santo, abends, wenn möglich ein Theater besuchen. Es war zwischen der lustigen Witwe und „Gloria“ einer fünfaktigen Tragödie d'Annunzios zu wählen. Und wir entschlossen uns für diese in der Hoffnung, sie würde einen Stoff aus dem italienischen Kriege recht bunt-pantomimisch behandeln. Wie wir so etwas irgendwo gelesen zu haben glaubten.

Es war an diesem Tage sehr heiß. Wir fuhren in einer breiten, nüchternen und schattenlosen Allee auf den Campo santo zu. Ein großes ausdrucksloses Gitter grenzt am Ende der Straße einen Hof ab, auf dem weit ausladend eine Halle in weißen und roten Steinen sich erhebt. Der Bau wirkt unruhig in den Farben und unaussprechlich leer mit seinen weiten maurischen Bogen, die aneinander stoßen ohne durch architektonische Gliederungen irgend Ausdruck zu erhalten. Beherrschend für den Eindruck ist die gewaltige Ausdehnung. Auch schien die Sonne prall auf den Platz als wir ihn sahen, und dieses Werk, das Millionen gekostet haben mag, wirkt nicht anders als die Vorhalle zu einer Kolonialausstellung. Doppelt peinlich berührt dies alles, wenn man an seinen Zweck denkt. –

Doch sollten wir bald merken, daß Weihe überhaupt nicht das Zeichen des Ortes ist. Die Mailänder, gebildete und ungebildete machen hier in der Halle oder dem steinernen Garten ihren Nachmittagsspaziergang. – In der Haupthalle sind überall an den Wänden Büsten der großen italienischen Toten mit Gedenktafeln angebracht. Der Stein ist recht schmutzig. Gegenüber vom Eingang steht der graue Steinsarkophag mit der Inschrift Alessandro Manzoni – darauf ein eherner Lorbeerkranz. Sehr ernst wirkt eine gewisse tempelähnliche Form des Sarkophags, der giebelartig zuläuft. Die anstoßende Halle ist schon ganz hell; und allen drängte sie in ihrer Anlage die Erinnerung an das Antilopenhaus im Berliner Zoologischen Garten auf. Die Wände sind in kleine Fächer geteilt, in die meist Täfelchen mit Blumen, Photographien der Toten und Gedenkworten eingelegt sind. Hier sind Aschenreste der Toten. Unsagbar kleinlich wirkt diese Anlage. Jedes Fach mit seinen besonderen Tafeln, Blumen, Bildern. Dann in den anstoßenden Räumen folgen wieder die banalsten Statuen. Unser Schritt beschleunigt sich immer mehr – bis wir schließlich noch einmal durch ein ganz modernes Grabmal aufgehalten werden. Zwei Mädchen – in Bronze dargestellt, verlassen den grauen Gedenkstein am Grabe ihrer Eltern. Die ältere hat die Hand ihrer kleinen Schwester gefaßt, die noch halb gewendet steht und ein paar Blumen auf den hohen Stein legt, den sie kaum erreicht. Überaus schön ist die ruhige, weiche Modellierung der kindlichen Körper, die sich in dem warmen Ton der Bronze belebt und doch nicht aufdringlich gegen den Stein abheben.

Der Friedhof liegt vor uns. Nicht eigentlich ein Friedhof sondern ein ganz blendend helles, aufreizendes Marmorfeld. Dazwischen einige Gerüste, an besonders hohen Grabmälern wird gebaut. Hier muß vor allem eingeschaltet werden, daß jeder Mailänder für eine bestimmte und natürlich sehr hohe Summe sich einen Begräbnisplatz kaufen kann, auf dem er sich ein Grabdenkmal errichten läßt. Der Tod, der ein Demokrat und Verbündeter der Armen ist hat sich gerächt. Eine ganz furchtbare Anhäufung von Häßlichkeit und protziger Banalität ist entstanden – man muß ins Mystische und Phantastische schweifen, um eine Erklärung zu finden. Gewiß: jeder Bau im einzelnen ist so gemein wie prunkvoll; aber wie dieses Zusammenwirken geschah, diese gesteigerte und überraschende Scheußlichkeit, das ist kaum zu vermuten. Dieser unselige Mailänder Friedhof ist nicht mehr ein Denkmal des Geldes, sondern des Mammons. Da sind Säulen, aus deren Innern Trauergenien kriechen, Kapellen, die im abenteuerlichsten Glanz bunter Scheiben innen erleuchtet sind, wüste, unverständliche Totenallegorien in Unmengen von Marmor ausgeführt, große Pyramiden von Menschen sind auf ihrem Grabmal dargestellt, wie sie im Familienkreise sitzen – Kreuze, auf denen die Photographien der Toten, die sich auf den meisten Gräbern befinden, angebracht sind oder unsinnige Darstellungen von Liebe, Glaube und Hoffnung in ihrem Symbol: Anker, Säule o. ä.

Am Ende des Friedhofs liegt ein Krematorium, mit einer Urnenhalle im Stile derjenigen, die wir anfangs sahen. Wir hielten uns bei alle dem nicht lange auf, aber gingen umher, vom Entsetzen ins Lachen und wieder zurückfallend ins fassungslose Schweigen. – Schließlich verweilten wir noch zwei Minuten am Grabmal des Manzoni, aber das konnte den Eindruck einer fast physischen Übelkeit, den wir mitnahmen nicht heben.

Die Bahn brachte uns zum Dom. Sicher ist man bei seiner Betrachtung ganz vom Wetter abhängig und wir hatten Glück, indem wir diese große und doch auf ihrem breiten Fundament so schlanke Steinmasse gegen den blauen Himmel sahen, der im Kontrast zu dem Marmor noch dunkler aussah. Später gingen wir hinein. Der Raum wirkt groß und doch diszipliniert durch die starken Säulen mit ihren Doppelkapitälen, die die Wucht der Schäfte noch verstärken. Die Scheiben haben satte Farben und besonders erinnere ich mich an den warmen gelben Lichtton, den die untergehende Sonne auf den Fußboden warf, durch eines dieser Fenster hindurch. Dem Innern kommt der Mangel an allen aufdringlichen Altarbildern sehr zu statten – auch stehen keine Bänke im Dom, das alles erhöht das Bewußtsein, sich in einem freien, groß gegliederten Raum zu finden, den das Licht überall gedrängt erfüllt. Man konnte wohl kaum zu günstigerer Zeit hinkommen als wir. Das Dach wollten wir erst am nächsten Tage besteigen und so gingen wir zum Teatro Olympico, um die nicht ganz billigen Billets zum Abend zu holen. Nach dem Abendbrot schlenderten wir wieder zum Theater zurück. Zu alledem hatten wir viel Zeit, denn die Vorstellung begann erst um 9 Uhr. Später merkte ich übrigens, daß ich bei diesem Abendbrot sehr wahrscheinlich meine Brieftasche verloren habe; zufällig war kaum etwas von Wert darin – trotz meiner Nachfrage habe ich sie nicht wiedererhalten.

Wenn man übrigens in Mailand eines schönen Frühlingsabends ins Theater geht, so ist das nicht anders, als in Berlin – besser in Charlottenburg, wenn man durch den Kurfürstendamm und die Grolmannstr{aße} zum Schillertheater geht. Dann allerdings trennen sich die Wege und man wird im Schillertheater niemals etwas, wie d'Annunzios: Gloria zu sehen bekommen.

Wenn man ins Theater hineinkommt, – die Garderobe nimmt man mit sich – sieht man sich einem erleuchteten Vorhang gegenüber. Wir hatten einen unnötig guten Platz und konnten aus der Nähe die große Anzahl von Reklamen, die diesen Vorhang vollständig füllen, lesen, soweit das Italienisch reichte. – Es füllte sich langsam, die Herren rauchen im Theater. Bei den Damen fällt auf, daß viele alleine hinkommen. – Um im Einzelnen den Verlauf des Stückes zu erzählen, habe ich nicht genug verstanden. Immerhin ergaben mimisches Spiel und vage Hypothesen der Zwischenakte, daß es sich um den Kampf eines Mannes zwischen Ruhm und Liebe handelte. Das Stück liegt im Rohesten und nährt sich nur von heroischen od{er} sentimentalen Affekten. Dementsprechend ist das Spiel grob und wo wir es näher verfolgen konnten, wirkt es platt und unkünstlerisch. Sehr spaßhaft war, die genaue Kopie einer Sonne aus dem Fiesko hier wiederzufinden. Wie wir nachher merkten war es eine Premiere und am Schluß wurde denn auch bescheiden gezischt, neben vielem Beifall. – Abgesehen vom Künstlerischen waren wir auch durch die mangelnde Ausstattung u{nd} Pantomime durchaus nicht auf die Kosten gekommen. Nur die phänomenale Schlechtigkeit des Stückes war interessant und die Beobachtung, daß mitten im Spiel, 2 Min vor dem Fallen des Vorhangs, ein Klingelzeichen auf dieses Ereignis aufmerksam macht. Beim zweiten Klingelzeichen fällt dann der Vorhang wirklich. –

Der nächste Morgen – gegen ½2 ging unser Zug von Mailand nach Verona – war dem Domdach, der Brera und dem Abendmahl gewidmet. Im Dom kamen wir gerade zu einer hübschen Feier. Die kleinen 5-6jährigen Kinder erhalten ihr erstes Sakrament (oder etwas ähnliches). Sie sind alle in weißen Kleidern erschienen und sitzen sich in 2 Reihen gegenüber – hinter ihnen die Eltern, zwischen den Stuhlreihen aber bewegt sich eine Art Prozession vorbei, worunter der Erzbischof von Mailand, der die Kinder segnet. Jedenfalls ist dieser Zug in schönen Ornaten, mit Lichtern – nicht zu vergessen, die Festkleidung der Kinder selbst, geeignet, ihnen einen frühen und darum nachhaltigen religiösen Eindruck zu geben. Als wir nach einiger Zeit vom Dache herunterkamen war die Feier gerade zu Ende. Die Kinder drängten sich aus der Kirche und da war die von Hunderten von Händen wiederholte Bewegung des Kreuzschiagens in ihrem Schema wenig anmutig. – Auf das Dach führt zunächst eine bequeme Treppe – später geht man über die glatten Steine selbst bis zu einer Brüstung. Treppen durchziehen überall die abfallenden Teil-Dächer und bilden Absätze. Die Marmormasse ist so ausgedehnt, daß man auch von oben nur nach bestimmten Richtungen den Platz am Fuße des Doms sehen kann. Auf allen Seiten erheben sich kleine und größere Türme, Brüstungen, Geländer, auf und in denen Heilige stehen. Hier kann man den Glauben an die Menschheit gewinnen, wenn man bedenkt, welche Massen heiliger Menschen gelebt haben müssen, damit dieser Dom gebaut werden konnte. Der Anblick ist durch diese Fülle natürlich imposant und gewinnt noch viel, wenn man in einzelnen Teilen die Ornamente in ihren schönen Variationen verfolgt. – Wir schritten nicht das ganze Dach ab, sondern stiegen nachdem wir einen kleineren Teil betrachtet hatten, auf geradem Wege wieder hinunter.

Die Brera ist in ihrer Fülle italienischer Kunst aller Zeiten ohne Vorkenntnisse oder Führer in kurzer Zeit nicht zu genießen. Also verweilte ich nach Gefallen bei einzelnen Bildern und fand eine große Menge schöner. Wenn man hineinkommt, hat man stark angegriffene und doch noch farbige Tafeln Luinis vor sich. Nach einiger Zeit folgt der wohl unstreitig schönste der Säle der Brera: Mehrere Madonnen und eine großartige Pietà Bellinis. Daneben der berühmte Christus Mantegnas. Weiterhin fiel mir noch Gentile da Fabriano auf in seinen architektonisch genau gegliederten, naiv und darum um so eindrücklicher erzählten Szenen. Überaus traurig ist die moderne Malerei der Brera; im wesentlichen schlechter Piloty. Bei der immerhin schnellen Betrachtung zu der wir gezwungen waren, haftet doch fast nur der Gesamteindruck, einzelne Schönheiten verblassen. Und eben das will für den Laien bei der Brera nicht das Beste besagen. – Jedenfalls hatte mich die Galerie, die wir übrigens einzeln durchschritten, so sehr gefesselt, daß ich es bei Lionardos Abendmahl zu büßen hatte. Wir waren hundert Schritt auf der Straße gegangen, als mir einfiel, daß ich meinen Stock vergessen hatte – noch jetzt, indem ich es schreibe durchzuckt mich der unangenehme Schreck dieses Augenblickes. Katz und Simon konnten bei der knappen Zeit nicht warten – bei mir aber stand natürlich fest, daß ich das Abendmahl sehen wollte. Sie konnten mir nur einige vage Andeutungen geben, ich ohne Plan, ohne Sprachführer, die sie natürlich besaßen, mußte sehen, wie ich durch kam. Ich trennte mich – an der Bahn wollten wir uns wieder treffen. Ich zweifelte einen Moment, ob ich überhaupt versuchen sollte, nach St Maria delle Grazie zu kommen. Ich eile zur Brera, habe natürlich erst eine langweilige Prunktreppe hinaufzugehen, empfange meinen Stock und ziehe noch eine Erkundigung ein. Auf der Straße kommt eine Bahn. Ich (schreiend): St. Maria delle Grazie? Der Schaffner nickt und ich springe auf, trotzdem ich vorher gehört hatte, daß durch diese Straße keine Bahn nach dem Kloster fährt. Ich fahre – und fahre, der Schaffner hat natürlich in Anbetracht meiner Hilflosigkeit ein Trinkgeld bekommen. Ich habe das Glück, daß einer Dame der Schirm hinfällt und hebe ihn auf. Der Lohn folgte auf dem Fuße. Denn plötzlich sind wir am Dom – und der Wagen hält. Ich verfüge nur über 4 Worte: St Maria delle Grazie. Das sage ich denn auch. Vielleicht sogar mehrere Mal. Die Dame will gerade aussteigen, hört es und versteht die Sache und sagt dem Schaffner irgend etwas. Ich frage französisch: „Combien de temps?“ er nickt, ich will verzweifelt absteigen – er winkt mit der Hand. Schließlich drückt er mir einen Zettel in die Hand mit einigen Zahlen und italienischem Text, der mich wohl veranlassen sollte, die betreffenden Straßenbahnen zu benutzen. Darauf schiebt er mich sanft und eine gewisse Richtung andeutend aus dem Wagen.

Von hier aus irrte ich wild umher. Viele Haltestellen sind auf dem Platz – hier kommt diese Bahn vorbei da eine andere. Ich gehe der Richtung nach, frage an jeder Straßenecke einen Menschen, frage die Kondukteure, überall bekomme ich Antwort, nirgend verstehe ich sie. Schließlich nickt ein Schaffner auf meine Frage, ich springe auf und gerate noch fast unter den Wagen. Es ist inzwischen nach viertel zwei – kurz nach zwei geht der Zug. Ich weiß nur, daß ich das Abendmahl sehen will – weil es zu albern ist, wegen eines vergessenen Stockes Lionardos Bild nicht zu sehen. Unsinnig frage ich den Schaffner auf französisch, wie lange man fährt. Er versteht natürlich nicht. Endlich hält er und zeigt eine Richtung. Ich sehe eine Kirche, im Dauerlauf stürze ich hinein – es ist dunkel, irgend jemanden sehe ich und gehe auf ihn zu: Lionardo da Vinci? Er zeigt hinaus, ich laufe aus der Kirche ins Nebengebäude, bezahle – muß auch meinen Stock noch abgeben. Es ist ganz ungeheuerlich, daß ich jetzt mein Billet habe und ich muß in diesem Loch warten, bis einer von den Männern langsam auf steht und zur Sperre geht. Dahinter ist der große Raum und Lionardos Bild. Die kahle Verfallenheit fesselt. Die Bilder scheinen die Produkte irgendeiner rätselhaften Verwesung, die hier aus den Wänden heraustritt. Ich sehe nur Lionardos. Eine Mauer hält den Beschauer in 2 Meter Abstand. Ich stehe davor, mein Schweiß trieft, der Kneifer fällt mir zu Boden, ich hebe ihn erschrocken auf, kann ihn nicht aufsetzen. In die Tasche – die Brille wird aufgesetzt. Ich kann nicht mehr empfinden als den Raum und das Bewußtsein, so groß und blaß nun das vor mir zu sehen, was ich so oft als Abbildung bewunderte. Das alles hat kaum eine halbe Minute gedauert. Ich laufe hinaus und die Leute in Livree, die im Vorraum sitzen, stutzen. Ich laufe wieder, stürze mich in die nächste Bahn, steige nach zwei Minuten wieder ab und rufe eine Droschke. Der Mann hat einen sterbenden Gaul vorgespannt. „Presto" und ich klopfe mit dem Stock auf den Boden. Gott, er fährt mich um, ich sehe, daß er notorisch einen Umweg macht. Aber ich kann mich nicht ausdrücken und schreie nur Presto. Jetzt suche ich den Kneifer, wühle alle Taschen durch und er ist nicht da. Ich bin wirklich erschöpft. Schließlich sitzt er im Futter. – Im Hotel ist niemand mehr. Sie haben meinen Koffer schon mit zur Bahn genommen. Ich laufe die 3 Minuten zur Bahn, auf dem Perron sehe ich endlich Simon. Doch ich habe noch keine Ruhe, sondern muß Katz suchen, der sich jetzt verloren hat. Kaum sitzen wir endlich, so fährt der Zug. – Die Fahrt nach Verona konnte für meine Erschöpfung nicht lang genug sein. Und anfangs verweigere ich auch die Annahme der Mittagsration.

In Verona entschlossen wir uns noch im letzten Augenblick, an der ersten kleineren Station auszusteigen. Wir sehen uns auf einem freien, aber ziemlich unbelebten Platz. Nur die Bahnhofslungerer sind da und wir haben die gewohnte Unannehmlichkeit, sie los zu werden. Nach einiger Überlegung, der Baedeker gab uns hier wenig Hilfe, entschloß Simon sich mit einem (ungefähr 16jährigen) Hoteldiener vorauszugehen. Katz und ich warteten und nach fünf Minuten waren beide wieder zurück; das Hotel war gewählt. Durch die Porta Nuova, ein schönes antikes Portal sieht man einen Corso. Eine breite Straße, deren niedrige bunte Häuser wenig Schatten geben. Und das ist das erste Stadtbild, das ganz deutlich „Italien" sagt. In dieser Straße liegt nicht weit vom Tor unser Gasthaus. Ein italienisches Gasthaus, der Bahnhofsdiener – und er schien der Geist der Wirtschaft zu sein, radebrecht das Deutsche gerade soweit, um mit Heimatklängen Fremde zu gewinnen. Durch eine dunkle Stube gehn wir hinein. Kleine Tische mit weißen Tischtüchern und Servietten stehen da und überall sitzen Fliegen. Es geht 2 kurze enge Treppen und einen ganz schmalen Gang im Dunkeln entlang. Ein Zimmerchen mit 2 Betten, Fenster nach der Straße nehmen Katz und ich. Simons Zimmer habe ich nicht gesehen. Wir verlangen Wasser und ruhen einen Augenblick. Es klopft. In der Tür erscheint ein schmutziger Junge, der einzige Gast, den wir eben im Speisezimmer bemerkten, und hält eine Zigarrenschachtel mit Postkarten. Man befördert ihn hinaus. – Wir sind bald im Freien, denn die Zimmer verlocken nicht. Dagegen wecken sie mein Mißtrauen und ich schütte Mengen von Insektenpulver unter das Laken.

Die breite Straße, an der unser Hotel liegt, erstreckt sich von der Porta nuova zum Amphitheater. Nachmittags erfüllen Müßiggänger sie. An einer kleinen Kirche vorbei, die mit einem Vorhang gegen die Straße abgeschlossen ist, gelangen wir auf den Platz. Die gewöhnlichen Anlagen, ein Springbrunnen, spielende Kinder mit ihren Mädchen. Ein großer dunkler steinerner Bau ragt auf: das Amphitheater. In einem Bogen ist der Stand für Postkarten und Billetverkauf. Wir treten ein und haben die Stille der großen aufsteigenden Arena vor uns. Nur an einer Stelle wird die Linie des Horizonts durch große Trümmerpfeiler unterbrochen, Reste eines Arkadenumbaus, der zu Goethes Zeiten noch stand. Treppen sind zwischen den meterhohen Absätzen geschlagen. Wir steigen hinauf bis zum Rand. Die Sonne senkt sich, vor uns haben wir Dächer, schmutzig und baufällig. Einige Kirchtürme erheben sich; die Anlagen der Forts auf den Hügeln sind schon in Abendnebel gehüllt. Doch ist es noch ganz hell. Wie wir hinuntersehen, bemerken wir besonders schwarz die großen Zugangsöffnungen, die in die Arena münden. Um ganz ruhig zu schauen, setzen wir uns oben auf den Rand. Die Fassungsgröße des Theaters wird abgeschätzt, dann berechnen wir und ich war am nächsten mit 40 000 Personen. Wir sitzen noch eine Zeit lang schweigend, dann gehen wir am Rande herum. Neben den Arkaden, die noch durch Steinbögen mit dem Arenabau verbunden sind, steigen wir hinunter, um uns die frühere Lage wiederherzustellen. Doch ist nicht alles klar. Immer die Dächer vor Augen, setzten wir den Rundgang fort, manchmal sehen wir in einen der Eingangsschlünde hinein. Leider können wir nicht warten, bis die Arena von der untergehenden Sonne wiederstrahlt, nur ihren obersten Rand sehen wir beleuchtet. Im Verlassen sehen wir eine Dame, die den Bau mit einem Führer besichtigt – wie winzig die Leute auf dem Grunde des steinernen Kraters sich bewegen. Wir gehen noch ein wenig in den äußeren Bogengängen umher und sehen die Keller und Gefängnisse für wilde Tiere und Menschen. Ein paar Postkarten werden gekauft.

Durch ein paar Straßen geht es auf den Marktplatz. Zwei Säulen mit alten Adelssymbolen erheben sich. Häuser umdrängen ihn ganz dicht. Die Marktbuden stehen, beherrscht von einem Holzgerüst für Musiker. Es ist späte Dämmerung. Hohe Häuser, schmal und eines mit breiter Palastfront, säulengegliedert mit dem regen aber undeutlichen Marktleben, verwirren uns stumm. Ich höre ungeduldig, wie Simon im Führer nach Namen sucht und Himmelsrichtungen feststellt. Hierher wollen wir gleich zurückkehren. Doch erst geht es zur Post, wo ich in dürftigem Italienisch Marken kaufe und zu meinem Erstaunen noch keinen Brief der Eltern vorfinde. Einen zweiten Platz müssen wir erst lange suchen. 2 Palastfronten und ein Tor mit Barockwappen, auf der Seite eine Einfahrtsmauer begrenzen ihn. Es gilt nur noch, den freien Vorbau eines Palastes mit dünnen Säulen und den gleichmäßigen Bogenrundungen zu sehen. Davor Taubenscharen. Und wie das Tor sich vom blauen Himmel abhebt. Es ist dunkel. Der Markt, zu dem wir zurückkehren, hat Budenlichter. Musikanten steigen mit ihren Instrumenten auf das Podium. Nicht weit davon setzen wir uns an einen Tisch vor dem Restaurant. Ich muß immer wieder die Dächer und den Himmel sehen; ein paar Frauen, die vorbeigehen. Eine Bude mit grünen, roten und gelben Getränken, die in der Nähe steht. Die ersten Klänge der Musik werden erwartet. Dann sehe ich beim Spiel der Kapelle Gehen und Stehen der dunklen Menschen auf dem dunklen Platz wie rhyt(h)misch geordnet. Der Kellner betrügt mich um einen Lire; Gegenstand vieler Scherze als wir schließlich nach Hause gehen. Dabei schieben wir unsere in der Wärme des Abends sich dehnende Begier an den Cafés vorbei. Ich mit der stärksten, halte die anderen mit Spott zurück. Jetzt finde ich keine andere Antwort, wie: aus Sparsamkeit und gespielter gleichgültiger Enthaltsamkeit.

Der nächste Morgen bot uns gefällig die italienische Sonne unserer Reise. Ich kam zuletzt in das Entree, das Eßraum ist. An meinem Platz stand ein dickes Täßchen Chokolade. Ist das alles? Ja. In einem Schluck trinke ich aus. Kleines Gebäck, lächerlich gering. Etwas Butter bleibt beim Schmieren übrig. Ärgerlich will ich es in meiner Butterdose mitnehmen. Simon wehrt. Die Rechnung zeigt widerliche Geldschneiderei. Simon läßt sich verdächtige Summen analysieren. Es kommt Schwindel heraus. Beschwerde bleibt erfolglos. Da wird die bisher unsichtbare Instanz, der Wirt hergeholt. Hilflos müssen wir zusehen, wie der Wirt vom Piccolo italienisch instruiert wird. Als wir zu Wort kommen, verweigern wir 1 Lire, die das Factotum für Koffertragen verlangt. Simon wird energisch. Der Piccolo ergreift einen Besen und verstellt den Ausgang. Ein paar anwesende ebenfalls deutsche Touristen bleiben neutral. Im Wunsche eine Streiterei zu vermeiden, zahlen wir den Lire und entfernen uns fluchend.

Am Bahnhof geben wir das Gepäck für 3 Stunden ab und gehen zwischen Stadt und Befestigungen auf der Landstraße auf S. Maria Maggiore zu. Seltsam wirken diese Hügelwallungen, diese bald steilen, bald abgeschrägten Mauern, die manchmal so geringen Höhenunterschiede der Anlagen – alles von feinem Sinn, doch ganz verborgen für den Laien. Ein wuchtiges dreiteiliges Festungsportal allerdings überrascht in seinem Giebelschmuck und seiner Breite. – In der Folge wird mein Gedächtnis von den einzelnen Bauwerken nur noch sehr unvollkommenes berichten können. Am ehernen zweiflügeligen Portal von St. Maria Maggiore sind ganz primitive Reliefs aus der biblischen Geschichte. Innen gibt vor allem eine hölzerne rote und goldene Balustrade, von holzgeschnitzten Aposteln gekrönt, die Gliederung des Baus. Unter der Balustrade, die sich 4 Meter über dem Boden mit Stufungen erhebt, führen Stufen in die Krypta. Wir fuhren mit der elektrischen Bahn durch die Stadt und sahen noch andere Gebäude. Die Haltestellen der Bahnen sind unbestimmt oder schlecht bezeichnet, man steigt von anderer Seite ein als bei uns, ich bin an diesem Vormittag wohl 3 Mal der Bahn nachgelaufen, während die anderen schon darin saßen. Als wir zum 2 ten Male am Markt frühstückten, entschlossen wir uns noch, das Teatro Romano, das ursprünglich nicht in unserm Plane lag, anzusehen. Auf dem Wege dahin gingen wir über eine Holzbrücke. Man sieht die Stadt und den Fluß hinunter und die Berge mit den Castellen. Häuser in allen Farben scheinen über einander geschichtet und grenzen an den Fluß.

Das Teatro Romano ist von der Straße aus eine abgezäunte Bau- oder Trümmerfläche. In der Verwalterbude wie gewöhnlich ein kleines Museum von Funden auf dem Platze. An dem Theater selbst ist das eigenartigste sein Verfall. Deutlich bemerkt man, wie ein Teil der verfallenden Mauer nach dem anderen in die Häuser, die hier gebaut wurden, als Mauerwand eingefügt wurde. Einige Bühnenpfeiler sind, glaube ich, noch erhalten, die Marmorstufen in Resten. Der gesamte Anblick ist ganz ungegliedert, die vollkommene Trümmerstätte. – Wir fahren zur Porta Nuova zurück, von dort mit der Eisenbahn zum Hauptbahnhof, wo wir den Zug nach Vicenza bekommen.

In Vicenza ist ein verstaubter, grüner heißer Platz am Bahnhof. Am Rande eines breiten Kiesweges eine Bank. Wir setzten uns und das selbstverständliche Mittagsbrot (es muß noch einmal genannt sein) Sardellenbutterbrot, Wurstbrot, Bonbons wird von Simon bereitet. Über uns liegt auf der Rasenanlage ein Junge, halbnackt auf dem Bauch, der ab und zu sein Bein hochstreckt und danach greift; die einzige Bewegung. Ein paar andere winken ihm, nach lange gewechselten Rufen steht er auf. Sie spielen und klettern auf einen Baum. Wurstschalen, die wir auf den Boden geworfen haben essen sie ab; ich rauche eine Zigarette an, lege sie auf die Bank. Dann gehe ich und sehe, wie sie sich darum balgen. Bis zum Eingangstor von Vicenza geht man 3 Min auf einer breiten Vorstadtstraße, langweilig, von kleinen Häusern und von einem Park begrenzt. An einem Gebäude kleben Theaterplakate. Hinter dem Tor öffnet sich bald nach rechts eine Straße und in drei Säulen steht das erste Fragment palladischer Größe da. Eine ganz schmale hohe Fassade, deren schönstes 3 Säulen sind, die unbekümmert um horizontale Gliederungen aufsteigen, am Kapitäl durch zwei Blattranken verbunden. Nicht rein, aber deutlich erscheint hier gerade durch das Bizarre, Unvollendete Palladios Absicht; denn was man sieht, ist nur ein kleiner Teil der geplanten Fassade, dessen Höhe die Säulen stärker betont, als es der vollendete Bau getan hätte.

Ein paar Nebenstraßen weiter steht die Basilika Palladiana. Erhabener kann kein architektonischer Eindruck sein, als die doppelhohe marmorne Bogenreihe, mit der undurchdringlichen Dunkelheit des Innern. Der Farbeindruck, des in allem Schmutz immer noch leuchtenden Marmors und der dunklen Bogentiefen macht die Gewalt des Eindruckes und die Höhe und Ausdehnung dieser Bogenreihen nimmt dem Bilde alles Romantisch-unklare; so daß hier im Ungeheuren und Deutlichen zugleich das Erhabene erscheinen muß.

Auf dem Platz stehen auch auf der Gegenseite alte Gebäude, doch ohne Schönheit. Man geht durch Bogengänge auf die andere Seite – in die Hallen selbst kann man nur mit besonderer Erlaubnis (scs Geld) – sie ist einfacher – es riecht überall schlecht in den Winkeln – Obstfrauen sitzen mit Körben herum. An den Fronten zweier Paläste, aus dem 12 ten Jahrhundert glaube ich, eines gotischen und eines romanischen vorbei, durch Nebenstraßen, die zum größten Teil von schiefen und baufälligen Häusern in klassischen Stilen gebildet werden, kommen wir zum Museo civico. Für mich als Laien ist der Bau gleichförmig und wenig anziehend. Während wir uns auf einer Bank ausruhen beginnt es von dem dicht bedeckten Himmel zu regnen. Wir gehen auf das Teatro Olimpico, einem Rundbau dem Museo schräg gegenüber zu, wo ein Müßiggänger uns empfängt und für sein Trinkgeld den Pförtner herausklingelt. Palladio hat ein Theater für klassische Aufführungen gebaut und jedes Jahr einmal wird der Raum auch zu diesem Zwecke benutzt. Von rechts, von der Bühnenseite betritt man einen hohen ungefähr halbrunden Saal, den wir durch Reparaturen verdunkelt fanden. Die Zuschauerreihen, hohe hölzerne Stufen steigen in 13 Reihen steil amphitheatralisch an. Ein Einschnitt und darauf eine sehr breite Rampe trennen sie von der Bühne, die nur von einem kleinen Teil der Plätze ganz überschaut wird. Am Ende der Rampe erhebt sich ein Torbogen in palladianischer Architektur, hinter dem sich der sehr weite Prospekt einer Straße zeigt. Eine außerordentliche starke perspektivische Illusion ist durch ein allmähliches Ansteigen des Bühnenbodens erreicht worden. Zwei kleinere Logenöffungen zu beiden Seiten öffnen entsprechende kleinere Ansichten. Das Theater ist in der Geschlossenheit des Raumes schön, bedeutend aber wird es, indem augenscheinlich die Möglichkeit gegeben ist, den Übergang von der Straße in das Haus auf offener Scene zu geben, indem der Schauspieler aus dem Straßenprospekt vor die sehr ausgedehnte Tor-Architektur, die als Zimmerwand betrachtet werden kann, sich begibt. Damit ist eine neue Möglichkeit für die Aufführung, ja für das Drama gegeben.

Als wir aus dem Theater heraustraten, standen wir Schutzlose im stärksten Regen, und trotzdem wir unentwegt die alten Gebäude der Stadt aufsuchten – den Strohhut nahm ich unter den Arm, war die Betrachtung in der klebrigen Nässe und der Umschau nach Zufluchtsorten gestört.

Zwar sind mir noch Straßenbilder, aber nicht mehr Paläste in ihren architektonischen Einzelheiten im Gedächtnis geblieben. Peinlich war die erfolglose Suche nach einer berühmt-häßlichen Jesuitenkirche.

Einen großen Teil der 5 Stunden, die wir uns für Vicenza vorbehalten hatten, mußten wir wegen des starken Regens lesend und Karten schreibend in der Bahnhofshalle zubringen. So sahen wir die Villa Rotonda, die weit außerhalb der Stadt liegt, nicht.

Stärker als an anderer Stelle werden Mängel sich bei der Erinnerung an Venedig ergeben wegen der Menge und Gleichartigkeit der Eindrücke, die nicht jeden Tag völlig gegen den vorherigen veränderten. – Auf einem Damm in einer unabsehbaren Wasserfläche, die nur durch Pfosten und andere Dammbauten unterbrochen wird, fährt der Zug nach Venedig ein. Es hieß schnell aussteigen, um den Dampfer zu erreichen. Simon und Katz sind darauf, ich werde zurückgehalten, da ich meine Lire wechseln muß, der Dampfer fährt ab und ein paar heftige Armbewegungen nützen wenig, ihr Schreien verstehe ich nicht. Ich warte auf das nächste Boot und überlege. Vermutlich sind sie an der nächsten Haltestelle ausgestiegen, um auf mich zu warten. Wenn nicht, werden sie mich an unserer Absteig-Stelle empfangen. Zur Not: welche Hotels hatten wir ins Auge gefaßt. Ich erinnere mich nur unbestimmt. Das Schiff kommt; um besseren Überblick an den Stationen zu haben, stelle ich mich an die Spitze. Mein staunendes Schauen wird unangenehm durch die Unsicherheit der Lage abgelenkt. Es dämmert und der Himmel ist bezogen. Ein breites graues Wasser am Rande links noch große Hotels, rechts schon graue, braune gleichgiltige Häuser, von denen manchmal ein dunkles Gold leuchtet. An der nächsten Station stehen sie nicht, der Dampfer fährt stampfend ab. Die Reihe der Paläste – alles hier sind alte Paläste – bricht sich an einer Ecke. Das Wasser ist unwahrscheinlich; im Innern verstehe ich nicht das natürliche Sein der Menschen auf dem Schiff und das Wasser. Dagegen kann ich die Paläste fast ohne Verwunderung annehmen. Das Seltsamste ist, daß sie im Wasser wurzeln. Es wird dunkler und die Fahrt lang. Wie klangreiche Namen die Stationen haben: Bragora, St. Zaccaria. Ich muß Anschluß an die Reisenden suchen. Dem Gespräch einiger Deutscher höre ich zu. Ich nehme nicht ohne Absicht einen etwas hilflosen Ausdruck an. Ein alter Hoteldiener, auf der schmutzigen Mütze den Vermerk „Aurora" führt seinem Hotel ein paar Touristen zu und will mich mit nehmen. Ich frage ihn nach einigen Hotels, in denen Simon und Katz vielleicht sein konnten. Er weiß nicht recht was ich meine. Ich behalte die Deutschen im Auge. Endlich steige ich doch in der fremden Stadt mit dem Mann von der „Aurora" und seinen Touristen aus. Doch in dem Hotel sind sie nicht. Ich versichere mich, ob eventuell für die Nacht ein Zimmer zu haben ist; man verfehlt nicht, zu bejahen, noch das *letzte* sei frei; dann frage ich nach dem Markusplatz, wo das eine der Hotels war, in denen ich Simon und Katz vermutete. Es ist dunkel, die Laternen und Lichter brennen. Mit meinem Koffer gehts die Riva degli Schiavoni entlang, angerufen von Gondolieres, verfolgt von Straßenjungen; einer, dem ich mein „niente" erwidere, stößt meinen Koffer mit dem Fuß. Ich muß schnell gehen, wenn ich lange ausruhte, würden sie in Scharen kommen. Ich stolpere müde aber energisch über die Brücken. Dann biege ich zum Markusplatz ein. Zuerst frage ich nach dem Hotel einen Schutzmann, (auf französisch) er weiß nichts und fragt einen Kellner. Ich bekomme eine unbestimmte Antwort, nach der ich mich nicht zurechtfinde. Von aller Schönheit um mich sehe ich nichts und will den Platz verlassen, zur „Aurora" zurückkehren. Plötzlich höre ich hinter mir unseren Pfiff. Simon. Katz ist noch einmal zum Bahnhof gefahren, um mich dort zu suchen. Wir warten auf der leise schwankenden Anlegestelle auf ihn. Vereint gehen wir ins Hotel Sandwirth, Riva Schiavoni, wo schon Zimmer gemietet waren. Bald gehe ich zum spärlichen Abendbrot hinunter, bei dem wir Fritz Bale, dem wir schon in Basel begegnet waren, treffen. Schließlich gingen wir glaube ich noch ein paar Schritt an der Riva am Kanal auf und ab.

Morgens durften wir niemals spät aufstehen. Unser Frühstück bekamen wir für ca 1 L in einem Café 3 Minuten vom Hotel entfernt an der Riva. Es war selten so sonnig, wie ich es mir zu einem Frühstück am Canale grande gewünscht hätte. Nach dem Frühstück begann sofort das Tagesprogramm und bei allen Kunstbetrachtungen war ein Führer von Semrau für die venezianischen Kunstdenkmäler unentbehrlich. Ich geriet zufällig in einer Buchhandlung, in der ich mir mehrere englische Bücher vorlegen ließ, auf ihn und er nützt mir noch jetzt, um mir Erinnerungen wachzurufen. Später schaffte auch Katz ihn sich an. – Nach dem Kaffee sahen wir uns auf dem Markusplatz um. Ich erstaunte, eine helle, nüchterne Realität zu finden. Ein Feriengefühl durchzuckte mich: Spaziergänger und Tauben, die nicht die unwahrscheinlich maßgebende Rolle spielen, die Reisemythen ihnen gegeben haben. Arme Venezianer stehen herum und verkaufen Tüten mit Taubenfutter, die sehr lang sind und wenig zu enthalten scheinen und müßige Damen schütten die Tüten aus, eine plumpe Bewegung. Wie anmutig dagegen die Kinder, die ihre Freude in der Bewegung mitteilen können. – Der Bogen unter dem Uhrturm geht auf eine enge dunkle Geschäftsstraße, die sehr belebt ist. Wir wollen die Frarikirche sehen und das ermüdende Laufen und Suchen, an das wir uns in Venedig zu gewöhnen hatten, beginnt. Als wir dann nach Fragen, hin- und her Irren und Sackgassen, die auf kleine Kanäle führen, die Frarikirche vor uns hatten, da war auch das für mich charakteristisch venezianisch, daß man der Kirche in ihrer verbauten Umgebung nur mit Mühe eine vernünftige Frontansicht abgewinnen kann. Als wir sie hatten, folgten wir aufmerksam den kleinen Belehrungen, die Lübke über das Portal gibt. – Keine zweite venezianische Kirche haben wir im Innern so gewissenhaft betrachtet wie diese erste, die besonders lehrreich ist. Für die Geschichte des italienischen Wandgrabes findet man gute Beispiele, desgleichen für frühe venezianische Madonnenmalerei. (Vivarini – Bellini) Ein sehr schöner geschnitzter Mönchschor. Eine bemerkenswerte Scheußlichkeit, Grabmal Tizians, stellt plastisch einige seiner Gestalten dar.

Am gleichen Vormittage besuchten wir die ersten Säle der Accademia. Im zweiten Saale, der Stätte der „Assunta" und des „Wunders des heiligen Markus" von Tintoretto hörten wir die gute Erklärung des Leiters einer deutschen Kunst-Schule mit an, der wir noch öfters begegneten. Die Schüler saßen am Boden oder standen. Besonders fiel mir bei einer späteren Begegnung ein schrecklich schwarz-grau angezogenes Mädchen auf, das ich im Dogenpalast bei der Erklärung der Deckengemälde ausgestreckt am Boden liegen sah. Ein Streit über die Gestalt des Markus auf Tintorettos Bilde führte die ästhetischen Konflikte zwischen Simon und mir von der Poesie auf die Malerei über, wo mich seine Gedanken manchmal fast zur Raserei brachten. Da er Katz und meine Art, die Bilder sehr genau zu betrachten, nicht teilte, trennten wir uns für die Besichtigungen oft. Aus diesen Sälen Bilder zu nennen, mag nicht viel Sinn haben: immerhin nenne ich die beiden Gemälde der Accademia, die mich nach der Erinnerung am tiefsten ergriffen haben: Pitatis Gastmahl des Reichen und Tizians Pietà. Beide vor allem in ihren Farben, Pitatis glühende Sonnigkeit der Farben, während Tizians Gemälde dämmerig verschattet ist, so daß Semrau an Rembrandt erinnert.

Das Mittagessen aus den üblichen Bestandteilen wird auf dem Zimmer gegessen, dazu etwas Siphon bestellt, in den man Zitronensaft schüttet. – Mit einer Gondel fuhren wir quer über den Kanal nach der Redentore-Kirche. Krüppel und Müßige, die Centesimi haben wollen helfen bei an und ausbooten, machen die Kirchentür auf und empfangen uns wenn wir herauskommen mit vorgestreckter Hand. Die Kirche ist, soweit ich mich erinnere als Rundbau von sehr klarer Gliederung im Innern gebaut. Die Seitenschiffe werden zu Kapellen. Ich glaube, es war diese Kirche, deren Nischen anstatt durch Heiligen-Statuen durch bemalte Pappkulissen ausgefüllt waren. Der Raum schien mir würdig, doch wie so viele italienische Kirchen entspricht er nicht deutschen Begriffen von der heimlichen Stimmung eines Anbetungsortes. Durch abgelegene Gegenden, aus denen wir oft freien Blick über das Lagunenmeer hatten, kamen wir zur St Maria del Gesuita „sinnlos prächtig“, wie Semrau schreibt, überladen mit eingelegtem bunten Marmor.

Von dort gingen wir ein paar Minuten auf einem schmalen Steinpflaster dicht an einem kleinen Kanal vorbei, zum Platze des Colleoni-Denkmals. Zuerst sahen wir uns die Kunstdenkmäler der Kirche S. Giovanni e Paolo an, die an diesem Platz liegt. Leider hatten wir uns durch eine ungeschickte Einteilung des Führers täuschen lassen; in dieser Kirche, die wir nur flüchtig besuchen wollten, fanden wir neben der Markuskirche eine der bedeutendsten Venedigs, wie der Führer denn auch bei näherer

Durchsicht angab. Die Zeit war in doppelter Beziehung ungünstig zum Besuch. Erstens brach die Dämmerung ein und zweitens waren wir durch die Eindrücke der Accademia und Frari-Kirche am Vormittag schon hinreichend beschäftigt. Dennoch mußten wir uns entschließen hineinzugehen, da wir vielleicht ohne große Opfer an Zeit in diesen entfernten Stadtteil nicht wieder gekommen wären. Die Besichtigung war neben der Beleuchtung durch Restaurationen, die den Platz der Gemälde wohl teilweise verändert hatten, erschwert. Neben Gemälden besitzt diese Kirche, wie die Frari-Kirche viele bedeutende Wandgräber. – An der Fassade der Scuola di S. Marco, die wir kurz betrachteten, nachdem wir die Kirche verlassen hatten, fielen mir primitiv gebildete Löwen auf, die in flachen Nischen standen, die durch perspektivische Bemalung tief wirken sollten. Höchst naive Darstellung! – Dem Colleoni-Denkmal widmeten wir die intensivste Betrachtung. Unaufhörlich betrachteten wir es von allen Seiten, machten uns auf immer neue Leistungen der Darstellung aufmerksam. Wir bemerkten vorzüglich die Vollendung des Denkmales, Simons Fernglas ließ uns vieles sehen, was dem bloßen Auge entgangen wäre. Man sieht nicht den Platz, auf dem die Kinder spielen und vergißt die Dunkelheit. Blick und Bewegung des Colleoni haben die unvergleichlichste Realität und eine brutale Kraft. Die Geschlossenheit der Erscheinung ist von jeder Seite, sogar vom Rücken höchst ausdrucksvoll. Selten werden Fremde so lange vor dem Colleoni gestanden haben, wie wir. Vielleicht ¼ Stunde. Unser Abendbrot wird wohl im Café Bavaria eingenommen worden sein und es wird wohl in Spaghetti bestanden haben – wie fast immer. – Am gleichen Abend sah ich das große Schauspiel der Illumination des Markus-Platzes. Ich werde nicht diese erste Illumination zu schildern versuchen, sondern eine zweite, an die ich mich besser erinnere.

Der Vormittag des zweiten Tages galt dem Markus-Dom. Durch unsern Führer wurden wir befähigt, mit etwas Verständnis zu sehen. Am Markus-Dom besteht das Verständnis nicht nur im Entdecken der Schönheit, sondern auch in der Unterscheidung grellbunter, pathetischer Mosaike auf prallem Goldgrund von der steifen Mäßigung der Bewegung und den gedämpften Farben der alten Mosaike, die eben durch diese neuen stellenweise recht unglücklich ergänzt sind. Im Innern scheiterte eine vollständige Besichtigung an dem hohen Eintrittsgeld, das man für die Besichtigung des Chors und einzelner Kapellen nimmt. – Am Nachmittag fuhren wir nach Chioggia hinaus. Auf dem Dampfer kam ich mit einem sehr geweckten italienischen Arbeiter ins Gespräch. Er hörte an unserer Unterhaltung, daß wir Deutsche waren, und da er selbst mehrere Jahre in Deutschland und in deutschen Sprachgebieten gearbeitet hatte, interessierten wir ihn. Er konnte soviel Deutsch, daß eine notdürftige, mit Mißverständnissen gewürzte, Unterhaltung zu stände kam. Ein Interviu jedoch, das ich über den Tripoliskrieg versuchte, um mich über die Stimmung „in den niederen Schichten" zu unterrichten, mißlang. Der Italiener lobte sehr die deutschen Verhältnisse, vor denen der Schweiz, Österreichs und vor allem Italiens. Er nannte die hohen Preise Venedigs für Kleider und Schuhe, die geringen Löhne und hohe Arbeitszeit. Von deutscher Sprache schien er am besten einige erotische Gassenhauer zu beherrschen, die er uns vergnügt vorsang, in der Erwartung, auf viel Verständnis zu stoßen. In einem schmutzigen Fischerdorf stieg er aus, viele Menschen, hauptsächlich Frauen standen am Landungsplatz. Von seinem Elternhaus, wo er wohnt, bis zu seiner Fabrik hat er 18 km mit dem Rad zu fahren. – Die Fahrt nach Chioggia begleiten in der Entfernung Dämme, auch Kastelle. Man sieht Lagunen, hinter denen das offene Meer liegt. Gegen Ende der Fahrt, wo wir allein auf dem Verdeck waren, gab es Balgerei, bei der ich mit dem Schiffstau gefesselt wurde. Von der Einfahrt sieht Chioggia aus, wie eine kleine Stadt. Am Ufer hat man sogleich ein kleines Hotel zur rechten Hand. Ein Mann steht davor, und ruft mit „Caffè, chioccolata" zum Besuch an. Simon hat wieder die Ruhe unter dem „Gondola" Geschrei der Schiffer seinen Plan im Baedeker zu studieren. Wir gehen über eine Brücke, auf der schmutzige Menschen in den widerlichsten Haltungen sitzen – manche haben verschwollene Gesichter. Die aufdringlichen Anerbietungen beginnen wieder. Die Brücke geht auf eine dunkle Gasse, durch die man mit ausgestreckten Armen wohl kaum gehen könnte. Widerlicher Geruch. Vor den Türen hocken auf dem Pflaster netzflickende Weiber. Ein paar Kinder liegen herum. Wir endigen vor einem kleinen Kanal mit Brücke. Simon glaubt sich geirrt zu haben: wir müssen noch einmal zurück durch die schauderhafte Gasse über die Brücke. Dann noch einmal, weil unser erster Weg doch richtig war. Über eine Brücke gehen wir und werfen einen Blick in eine dunkle Kirche. Zurück und am Rande des kleinen Kanals entlang. Durch Torbogen sieht man in dunkle Gassen. Das Bild der schmutzigen Weiber und schmutzigen Kinder ist immer das selbe. Auf dem Pflaster liegt ein Mann; man muß um ihn herum gehen. Simon fragt: „Hast Du schon einen Mann hier gesehen, der vorn die Hosen geschlossen hatte?“ Manche Frauen haben unaufgebundenes Haar. Man kann nur von Lappen reden die sie irgendwo angesteckt haben. Wir hatten uns vorgenommen, noch einmal durch eine der kleinen Gassen zu gehen und tun es auch. Dann haben wir die breite Hauptstraße Chioggias vor uns. Wir gehen hindurch. Der Geruch ist wegen der großen Breite nicht so schlimm. Einzelne hübsche Kinder sind zu sehen. Vor ein paar Rasenflecken mit schmutzigen Bänken steht auf einem Schild „Giardino publico“. Ein Mädchen mit Kindern ist darin. Am Ende der breiten Straße ist ein Tor mit einem verwaschenen Marienbild in einer Nische. Dahinter ein freier Platz. Es findet vielleicht Kartoffel-Markt statt. Man sieht Wagen, Menschen, sehr viel Kartoffelsäcke. Hier kehren wir um und gehen durch die Hauptstraße zum Schiff zurück. Auf dem Weg spreche ich mit Simon etwas über Literatur; mich hat mancher Anblick von Chioggia an Zeichnungen Kubins erinnert. – Auf der Rückfahrt vertiefe ich mich mit Simon ganz in ästhetische Gespräche. Den letzten Teil der Fahrt sitzen wir in der Kabine, da es schon kalt und dunkel ist. Es gelingt mir, ihm meine Ansicht vom Kunstgenuß begreiflich zu machen, ohne daß er sie annimmt. In Venedig essen wir (ausnahmsweise und zum letzten Male) in unserm Hotel schlecht und teuer. Danach (?) gehen wir noch an der Riva auf und ab, und führen unser Gespräch, an dem nun auch Katz teilnimmt, zu einem Ende. Wir erkennen eine grundlegende Zweiheit im ästhetischen Urteil: Das Urteil über das Werk, das zeitlos und über den Meister, das zeitlich bedingt ist.

Am folgenden Vormittag sahen wir den Dogenpalast. Schon im Hofe auf der Gigantentreppe sahen wir die Kunstschule von der Accademia kommen. Den Vorträgen des Führers folgten wir bei den Wandgemälden oft mit Gewinn. Seinen Schülern hatte sich auch der unangenehme Freiburger Student, Korach, angeschlossen. Durch eine sehr kühle Begrüßung vermied ich alles weitere. – Unangenehm ist es, wenn man bisweilen die plapperig-gelehrigen Erklärungen eines „Fremdenführers" hört, der mit allen mythologischen Namen die Bilderscenen erklärt. Der Mann sprach manchmal in einem Raum mit dem Führer der Kunstschule unbekümmert laut. – Gegen ein besonderes Eintrittsgeld sahen wir zuletzt den Flügel des Palastes, an dem die Seufzerbrücke liegt, nachdem wir vorher, ohne es zu ahnen, in den Bleikammern gewesen waren, die jetzt zu einer Galerie von Bildnissen des Dogenpalastes und Markusplatzes geworden sind. In diesem zweiten Flügel sind die Schlafzimmer des Dogen, mit schönen Marmoröfen, alte geographische Karten und Globus, Münz- und Gemmensammlungen und eine Glyptothek mit interessanten und z. T. wenig bekannten Köpfen römischer Kaiser. Kurz vor dem Aufgang zur Seufzerbrücke hängt ein unvollendeter oder schon etwas verblaßter Christophorus von Tizian, der mir den unheimlichen Eindruck vieler Darstellungen dieses Heiligen gab. Dann besichtigt man die Seufzerbrücke, d. h. man bringt seinen Körper in einen dunklen Gang, in dem viele jämmerliche und mutige Menschen gestanden haben. Bei der übrigen Aufzeichnung des Tages laufen mangels genauer Erinnerung oder Aufzeichnung vielleicht chronologische Ungenauigkeiten mit unter. Am Vormittag sahen wir vielleicht noch St. Maria Formosa mit Palmas schönem Bilde der Hl. Barbara, S. Giovanni Crisostomo und S. Salvatore, an die ich trotz Abbildungen im Semrau nicht die geringste Erinnerung mehr bewahre. – Nachmittags nahmen wir uns mit umständlichem und pünktlichem Vertrag eine Gondel. Es dauerte nicht lange, bis der Mann mit Murano begann. Simon wehrte mit Hilfe des italienischen Wörterbuches energisch ab. Nach einiger Zeit hielt die Gondel natürlich doch vor der Fabrik. Wir stiegen nicht aus, sondern riefen dem Mann, der auf die Fremden lauert, auf italienisch zu, daß wir nichts brauchten. Darauf winkte er dem Gondoliere ab, der in wüstes

Schimpfen ausbrach. Er nahm Rache und fuhr uns nicht zu der Kirche, die wir gewünscht hatten, sondern durch viele schöne Nebenkanäle. Nach einer Stunde dieser, bei aller Schönheit aufreibenden Fahrt, wünschten wir auszusteigen. Doch setzte uns der Mensch trotz dringender deutlicher Bitten erst einige Minuten nach Ablauf der Stunde ab. Die Absicht war klar. Aber wir verweigerten die Mehrforderung des Mannes, der für eine Fahrzeit über eine Stunde tarifmäßig 3 L forderte, unterstützt von umstehenden Gondolieren. Er ging mit uns zum Schutzmann. (Es war in belebter Gegend am Rialto.) Der Gondoliere trägt die Sache dem Schutzmann italienisch vor, wir beklagen uns französisch. Es bildet sich ein Auflauf. Der Schutzmann fordert uns zum zahlen auf. Wir weigern uns und beginnen von neuem. Aus der umgebenden Menschenmenge tritt ein gebildeter Herr vor, der die Sache augenscheinlich verfolgt hatte. Als er den Schutzmann zur Rede stellt, drängt sich der durch den Haufen und läuft fort. Durch heftiges Winken und Rufen holt der Herr ihn zurück. Nun klärt sich alles. Der Schutzmann hat sich geirrt; selbstverständlich. Der Gondoliere verstummt, empfängt durch Simon seine 2 Lire ohne das übliche Trinkgeld und entfernt sich fluchend. Mühsam irrten wir durch die Straßen und endigten in einer Buchhandlung, wo wir einen vorzüglichen Plan von Venedig kauften, der durch das Los später mir zufiel. – Vom Rest des Tages weiß ich nichts mehr.

Es fiel mir auf, wie schnell Venedig mich als etwas ganz Reales und ganz Selbstverständliches umgab, wie sehr ein 2 oder 3tägiges Leben auch das Fremdeste und Schönste zum Angenehmen oder Unangenehmen, Praktischen oder Widrigen macht. Dabei mag der immerhin großstädtische Zug venezianischen Lebens, das dem Großstädter vertraut entgegen kommt, mitwirken.

Vielleicht fand die geschilderte Gondelfahrt, die wir mit einer Besichtigung von St. Maria Salute unterbrachen, auch erst am folgenden Tage statt und es wäre dann anstatt dieser Fahrt einer Dampferfahrt auf dem Canale grande zu gedenken, auf der wir während der Hin- und Rückfahrt die Paläste des Canale nach dem Führer einigermaßen kennen lernten. Wir versäumten, kurz vor der Endstation auszusteigen, so daß wir die Besichtigung einiger Fresken Tiepolos in einem Palast oder einer Kirche, die wir sonst vielleicht unternommen hätten, versäumten. – Am Nachmittage fuhren wir mit einem Bekannten Simons, den wir getroffen hatten, nach dem Lido. Von der Landungsbrücke aus geht eine breite schattenlose Straße, die man in jedem deutschen Badeort finden könnte, gerade auf das Badeetablissement zu. Auch durchfährt eine Elektrische diese Villenstraße. Vor dem Restaurant-Eingang des Lido hat man Eintritt zu zahlen. Dann hat man eine Art Wintergarten vor sich, in dem Strohmöbel für die Wartenden stehen – zu beiden Seiten des Raumes öffnen sich Bazare. Hinter diesem Raum liegt das Café und weiter die Terrasse mit dem Blick auf das Adriatische Meer. Nach dem Kaffeetrinken und einem kleinen Aufenthalt jenseits des Badestrandes, bekam einer nach dem anderen beim Anblick des stark bewegten Meeres und der Badenden selbst zum Baden Lust. Ich entschloß mich als letzter, da ich sah, daß meine Weigerung die anderen nicht hinderte und ich nicht allein warten wollte. Vorher hatte ich einige Bedenken wegen meiner Gesundheit gehabt und das Bad strengte mich denn auch sehr an. Es war starker Wellenschlag, der Himmel aber bedeckt und wenn man aus dem Wasser an den Strand kam sehr kalt. Am nächsten Tage badeten Katz und ich allein – soweit ich mich entsinne. Es war etwas wärmer, bevor ich ins Wasser ging lag ich nackt im Sande, warf mich auch wieder auf den Boden, als ich aus dem Meere herauskam und wurde über und über so mit Sand bedeckt, daß ich zur Säuberung noch einmal ins Wasser mußte. Diesmal tranken wir nach dem Baden Kaffee – wobei man starken Hunger mit kleinen teuren Kuchen stillen muß. – Zum Abend hatten wir uns alle vier in einem Bierrestaurant verabredet, als aber Simon und ich nach viertelstündigem Warten (und nachdem wir eine Tüte Kirschen gegessen hatten) die anderen nicht fanden aßen wir allein in der Capello Nero. Es war an diesem Abend die zweite, zugleich, wie wir hörten, letzte Illumination des Markus-Platzes. Am Tage bemerkte man an den Fassaden Glühlampen, die die Säulen, Logen, Fenster und Gesimse umgaben. Diese Einrichtung stammt noch von der Feier der Wiedererrichtung des eingestürzten Kampanile, soll aber jetzt beseitigt werden. Als wir aus der Merceria auf den Platz hinaustraten, herrschte das

Bild, das wir schon kannten. Lange irrten wir auf der Suche nach einem günstig gelegenen Tisch vor einem der beiden großen Cafés am Markusplatz. Als wir ihn endlich gefunden, trennte ich mich von Simon, aus dem Bierrestaurant die anderen zu uns zu holen. Ich fand sie. – Es war schwer über den Platz zu kommen, der voller Menschen ist. In der Mitte sitzt auf einer hölzernen Tribüne die Militärkapelle, die mit der Nationalhymne eröffnet. Darauf: die Aufforderung zum Tanz. Hundertstimmiges Johlen und Pfeifen übertönt die ersten leisen Takte. Die Kapelle beginnt von neuem ... dasselbe erfolgt. Niemand weiß, worum es sich handelt. Aber das Volk beruhigt sich nicht, bis die Nationalhymne wiederholt wird. Auch dann störte sie wieder das Webernsche Stück. Die Kapelle spielt 5 mal hintereinander die Nationalhymne und darauf ein lautes, schwerer zu störendes, anderes Stück. – Wir trinken nach einem Vorsatz, der auf der ganzen Reise uns begleitet hatte, eine Flasche Asti. Simon trinkt bescheidener mit, trotz unseres Zuspruchs, denn er ist knapp mit dem Gelde. Heute brennen vor den drei Eingangsbogen der Markuskirche nicht 3 rote Feuer, die während der ersten Illumination einigemale aufleuchteten. Nur unter dem Dach des Kampanile glühen unsichtbare rote Birnen. Der Platz ist übertaghell, der Himmel scheint dicht über ihm in ganz tiefer Schwärze zu liegen. Man glaubt in einer Stadt zu sein, die zum Saal geworden ist. Die Leute bewegen sich in dieser Helle wie in einem Fest. Neben unserem Tisch sitzen Deutsche, Breslauer, mit denen wir ein wenig sprechen. Von Zeit zu Zeit erlöschen alle Birnen auf einige Sekunden. Ein betrübtes Murmeln durchläuft den Platz, lautes Johlen, wenn alles wieder aufleuchtet. Weiße Glühbirnen erleuchten die Fassaden bis auf den Mittelstock des Atrio, dessen Bogenöffnungen stets mit braunen Portieren verhängt sind; braun-gelbe Glühbirnen kränzen jetzt diese Bogen. An den Tischen laufen Jungen vorbei, die Karten von der Illumination verkaufen. Die Bilder geben natürlich gar keinen Eindruck von der Helligkeit des Platzes. Vor 12 Uhr erloschen die Lampen. Simon holte seinen Koffer aus dem Hotel. Katz und der andere Herr waren noch einmal zum Marktplatz gegangen, um Simons Badezeug, das er vom Lido dorthin gebracht und vergessen hatte, zu holen. Ich stand allein an der Riva und wie oft in einer plötzlichen und im Zusammenhange der letzten Tage seltenen Einsamkeit, wurde ich wieder der Ungewißheit meiner Studentenzeit und meines späteren Lebens bewußt. Die anderen kamen mit dem Badezeug, Simon mit seinem Koffer. Er ließ sich zu dem großen Dampfer übersetzen, der um 1 Uhr nach Triest abfuhr. Katz und ich kehrten ins Hotel zurück.

Am nächsten Morgen fuhren wir zur Accademia herüber, besichtigten die letzten Säle, wobei leider bei Neuordnungen unser Führer nicht immer ausreichte und trafen für kurze Zeit auch wieder Simons Freund. Da wir nach langem Suchen kein Brotgeschäft fanden, aßen wir diesen Mittag in der Kapello Nero Risotto. Am Nachmittag fuhren wir zum Lido heraus und nach der Rückkehr fuhren wir noch nach S. Giorgio maggiore hinüber, um den Kampanile zu besteigen. Er gibt einen schönen Blick über Forts, die in der Nähe liegen, Stadt und Lagunen. Der Abstieg war unangenehm, da bis zur Schließung der Kirche nur noch wenige Minuten waren, und wir es nicht mit Treppen, sondern einer Art abschüssiger Hühnerleiter zu tun hatten, die in sozusagen eckigen großen Spiralwindungen durch vollständige Dunkelheit führte. Am Abend wurde gepackt.

Wir waren sehr früh am nächsten Morgen am Bahnhof, tranken dort noch Kaffee und ich verständigte mich mit einem Beamten über Zuschlagfahrkarten, die wir wegen der Verbindung zwischen Venedig und Padua brauchten. Im Coupee mit uns saßen entzükkende Hochzeitsreisende, gegen die ich mich liebenswürdig erwies, indem ich meist zum Fenster hinaussah. In Padua fanden wir uns mit einiger Mühe zurecht, an einer Brücke orientierten wir uns am Stadtplan und standen bald in der Madonna dell' Arena, die ihren Namen wohl von dem Platz hat, den jetzt noch Trümmer eines alten Theaters auszeichnen. Die Kirche ist nichts als ein Tonnengewölbe, das bis hoch hinauf von Giottos Bildern bedeckt ist. Ein Mann sitzt an einem Tisch, auf dem 2 große Bücher mit den Photographien der Fresken liegen, langweilt sich, empfängt die Fremden und gibt ihnen eine Tafel, auf der der Name der Vorgänge und ihr Bildplatz an der Decke zu finden sind. Auch gibt er ihnen einen Karton, der das Suchen erleichtert, indem er Licht abhält. Man muß stets aufwärts blicken und die Betrachtung ist anstrengend. – Nach dem Plan gingen wir weiter zum Gattamelata mit einem Abstecher zur Universität, die in belebterer Gegend liegt.

Wir kauften Kirschen. Kurz vor der Universität sah ich ein Cigarrengeschäft, das ich aber im Zurückgehen, als ich mir ein paar Zigaretten kaufen wollte, nicht mehr fand. Die Universität ist von außen wohl kaum mehr als ein gleichgültiges altes Gebäude. Im Hof sind an der Steinwand die schwarzen Bretter, soweit ich mich erinnere auch ein paar alte Wappen – wir hielten uns nicht lange auf. Von dort verirrten wir uns ein wenig, fanden bald wieder und standen in greller Sonne auf einem weitläufigen, leeren Platz vor dem Gattamelata. Wir hatten diesmal kein Fernglas mit. Neben allem erschwerte der blendende Himmel sehr die Betrachtung, wir krochen an winzigen Schattenflecken herum, einmal setzte ich mich auf eine niedrige Mauer. Von einer verständigen Würdigung war keine Rede. Der Gattamelata erschien mir als feiner pfäfischer Diplomat und ich bemerkte nichts von der Wucht des Colleoni. – In unserer Tageseinteilung waren wir schwankend geworden, da die Stadtbesichtigung bis jetzt viel weniger Zeit, als veranschlagt, gekostet hatte. Wir entschlossen uns in irgendeinem Hotel oder Restaurant ein Kursbuch zu verlangen, wenn möglich einen früheren Zug als beabsichtigt zu nehmen, sonst aber noch weiter in die Stadt zu gehen, wo eine von Baedeker bezeichnete Kirche lag. Nach einem Hotel, das in der Nähe läge, suchten wir im Baedeker vergebens. Wir gingen zurück und kamen an einer kleinen Osteria vorbei. Mutig ging ich mit Katz hinein, stöberte in einem Hof hinter dem Haus die Wirtsfrau auf, bestellte limonata gazzosa und verlangte orario. Auf einem Fetzen, den die Frau mir reichte, waren nur Lokalzüge zu ersehen. Ich ging in den dunklen Küchenraum zurück und flehte: orario Milano, Padua-Milano. Ein Mann, vielleicht ihr Sohn stellte sich ein, zog einen Fahrplan aus der Tasche und gab mir Auskunft. Ein früherer brauchbarer Zug fuhr. Wir bezahlten und gingen in der Richtung des Bahnhofs um eine letzte Kirche mit Fresken Mantegnas zu besichtigen. Die Kirche im Innern der Stadt gaben wir auf; nachher ärgerte ich mich darüber, da wir bei den geringen Entfernungen Paduas auch sie noch hätten sehen können. Unsere letzte Kirche, ein öder Bau, enthält in einem Seitenraum die plastisch und mächtig gemalten Fresken, zum Teil sehr beschädigt. Besonders wuchtig die Architektur auf diesen Bildern, die Farben sind stumpf und starke Schatten heben die Bilder hervor. Im gleichen Raum ist ein altes Grabmal deutscher Studenten, die in Padua studierten. Ein lateinischer Vers, uns nur teilweise verständlich, beklagt die Dahingegangenen. Der Küster bekam sein Trinkgeld und bald waren wir wieder am Bahnhof. Wir fuhren mit dem Personenzuge nach Mailand, gleichmäßige Fruchtfelder unter bedecktem Himmel bilden die Landschaft. – Ein Italiener aus dem Volke saß neben mir und versuchte eine Unterhaltung – doch er konnte nicht deutsch, ich nicht italienisch und es kam eine stokkende Gebärdensprache heraus. Kurz vor Mailand stiegen viele Arbeiter und Frauen ein, der Wagen war überfüllt und doch ging es anständig zu. Ein Geistlicher verteilt einen kleinen violetten Zettel. Der Hausdiener vom Helvetia-Hotel, das wir von der Hinreise her kannten, war nicht am Bahnhof. Nach kurzem Zögern ließen wir das Handgepäck an der Bahn und gingen zu Fuß zum Hotel. Von hier ab rechneten wir ängstlich mit dem italienischen Gelde, um möglichst ohne nochmals zu wechseln, auszukommen. So hatte Katz ein bescheidenes Abendbrot. Sehr schön war die Rückreise des nächsten Tages, auf einer Strecke, die uns zum großen Teil noch fremd war. Ein interessantes Gespräch, das ich über allgemeine Bildung führte, klärte mir halb unbewußte Ideen, indem ich sie aussprechen mußte. Die Fahrt war voller Zweifel. Durch einen letzten Tag am Vierwaldstättersee wollten wir den Übergang von Italien zu Freiburg mildern und in ganz anderer Umgebung unsere Eindrücke zur Ruhe kommen lassen. Doch dachten wir nur an einen Aufenthalt bei gutem Wetter. Die Reise aber führte durch regnerische Gebiete. Immerhin war bis zum Gotthard alles ungewiß. Und als wir aus dem Tunnel herauskamen versprach wirklich die Sonne schönstes Wetter. Ich ging in den Speisesaal, um mein letztes italienisches Geld auszugeben; bekam für 35 cts. einen Sandwich, irrte mich, indem ich zuviel Trinkgeld gab und bekam vom Kellner einen wertlosen Schweizer Frc. zurück. Wutschnaubend ging ich, den letzten Bissen noch im Munde, in meinen Wagen zurück, denn Altdorf war nahe. Im Wagen erfuhren wir, daß der Zug entgegen dem Fahrplan, der uns in Venedig vorgelegen hatte, in Flüelen hielt. Unser Plan war dadurch umgestoßen: wir hatten die Möglichkeit noch an diesem Nachmittag bequem nach Brunnen zu gehen, während wir ursprünglich in Altdorf übernachten und am nächsten Morgen nach Brunnen oder bis Tellsplatte gehen wollten, um am Abend in Freiburg zu sein. Nun stiegen wir in Flüelen aus und gingen die Axenstraße hinauf. Nur ganz kurze Zeit hatten wir den schönsten Blick auf Flüelen. Sehr schnell zogen schwere Wolken herauf, die die Sonne verdeckten und uns den Weg verdarben. Bei dieser Wendung des Wetters entschlossen wir uns, wenn möglich noch am gleichen Abend mit dem letzten Zug in Freiburg zu sein. Da wir einen Dampfer auf die Teilsplatte zusteuern glaubten, liefen wir hinunter. Wir hatten uns getäuscht, sahen den Fahrplan nach und stellten fest, daß vor kurzer Zeit der Dampfer abgefahren war, der uns die schnelle Rückkehr nach Freiburg noch ermöglicht hätte. Ein wenig verstimmt durch die Tücke des Wetters, das uns durch ein paar Sonnenstrahlen aus dem Zug gelockt hatte, warteten wir. Ich rauchte eine Zigarette und studierte überlegen eine gleichfalls wartende Touristenfamilie. Höhnisch langsam fuhr das Schiff an, das spitze Riel sah aus, als wüßte es, daß gerade dieser Dampfer uns nichts mehr nutzen könne. Letzte Möglichkeiten wurden erwogen. Aber die direkte Fahrt nach Luzern war uns genommen, da ich meinen Handkoffer von Flüelen nur nach Brunnen aufgegeben hatte und ich ihn nicht liegenlassen wollte. In Brunnen gingen wir, soviel ich weiß in den Schweizer Hof. Ich habe mich doch sehr nach deutscher Sprache und deutschen Aufschriften und Menschen gesehnt, denen man etwas sicherer gegenüberstände. Katz aß ein wenig, wir gingen spazieren. In einem Geschäft kaufte ich ein paar Karten (vergebens versuchte ich, den schlechten Franc los zu werden) setzte mich ans Ufer und schrieb ein paar Zeilen an Dora und Sachs. Ich kaufte Zigaretten. Wir gingen am See entlang bis zum Ende des Ortes. Es dämmerte schon. Als wir über eine Bretterbrücke gingen hatten wir die Mythen vor uns. Im Ort ging ich erst in eine kleine Bäckerei, nachher in ein größeres Geschäft und kaufte viel Chokolade, die ich schmuggelte. Im Hotel gab es ein sehr gutes Abendbrot; ein älterer Herr saß am Tisch mit uns. Nach dem Essen gingen wir noch auf eine halbe Stunde fort, die Axenstraße hinauf. Es war ganz dunkel und unterdessen war schönes warmes Wetter gekommen. Auf der Höhe über Brunnen setzten wir uns auf die Mauerbrüstung und sahen hinab. Die Lichter des Ortes lagen rechts unter uns an der Bucht, wie ein blitzender Hering schoß ein- oder zweimal ein Scheinwerfer aus den Bergen. Wir waren sehr froh, daß ein Zufall uns die Rückkehr verwehrt und hier festgehalten hatte und ich konnte mich schwer auf den Weg machen zum Hotel zurück. Vor 8 Uhr waren wir am nächsten Morgen auf dem Schiff. Es war schlechtes Wetter, der Himmel wolkig, die Berge halb verhängt. Irgendein katholischer Festtag war, zur Feier wurden Böllerschüsse gelöst. Während der Fahrt über den See entstand ein Gespräch über Ästhetik zwischen Katz und mir, das wir auf der Fahrt von Luzern nach Basel wieder aufnahmen. In Luzern war Zeit, über die Brücke an der Promenade entlang zu gehen. Ich beobachtete fast ungläubig Reisende, die schon jetzt eintreffen. Solange man in der Schule ist, scheint alles natürliche Leben an allen Orten auf die Ferien beschränkt. Ein Menschenstrom und Gesänge machten uns auf eine Prozession aufmerksam. Wir standen und sahen eingekeilt auf einer breiten hohen Kirchentreppe viele weißgekleidete Kinder, sie werden aufgestellt. Unter Gesängen, mit frommen Fahnen kommen andere Züge. Eine Nonne führt sie herauf. Auf der Treppe steht Militair. Ein Zug Priester, wieder Kinder, dann Nonnen. Es ist nicht abzuwarten. Die Häuser zeigen Kruzifixe und Blumen vor den Fenstern, aus denen die Menschen sehen. –

Auf der Fahrt fürchte ich, mein Schmuggel würde entdeckt. Ich verabrede alles umständlich mit Katz. Schließlich in Basel kommt ein Beamter in den Wagen und fragt nur, ob ich Großgepäck habe.

Wie wir nahe bei Freiburg sind überkommt mich schon ein bißchen Ekel und Sehnsucht nach Italien. Am frühen Nachmittag kommen wir an.

Moskauer Tagebuch

1926/1927

9 Dezember. Angekommen bin ich am 6 Dezember. Im Zuge hatte ich mir für den Fall, daß niemand am Bahnhof sein sollte, einen Hotelnamen nebst Adresse eingeprägt. (An der Grenze hatte man mich mit der Angabe, zweiter Klasse sei nicht zu haben, erster nachzahlen lassen.) Es war mir angenehm, daß mich niemand aus dem Schlafwagen steigen sah. Aber auch an der Sperre war niemand. Ich war nicht allzu aufgeregt. Da tritt mir, während ich aus dem weißrussisch-baltischen Bahnhof trete, {Bernhard} Reich entgegen. Der Zug war ohne eine Sekunde Verspätung eingetroffen. Uns und die beiden Koffer verstauten wir in einen Schlitten. Tauwetter war an diesem Tage eingetreten, es war warm. Wir waren durch die breite schnee- und schmutzstrahlende Twerskaja erst einige Minuten gefahren, da winkte Asja {Lacis} vom Weg aus. Reich stieg ab und ging die paar Schritt zum Hotel zu Fuße, wir fuhren. Asja sah nicht schön, wild unter einer russischen Pelzmütze aus, das Gesicht durch das lange Liegen etwas verbreitert. Im Hotel hielten wir uns nicht auf und tranken Tee in einer der sogenannten Konditoreien in der Nähe des Sanatoriums. Ich erzählte von Brecht. Dann ging Asja, die während der Ruhepause entwichen war, um unbemerkt zu bleiben, zum Sanatorium einen Nebenaufgang hinauf, Reich und ich über die Haupttreppe. Hier zum zweiten Male Bekanntschaft mit der Sitte des Galoschenablegens. Das erste Mal im Hotel, wo übrigens nur gerade die Koffer in Empfang genommen wurden; ein Zimmer versprach man uns für den Abend. Asjas Zimmergenossin, eine breite Textilarbeiterin, sah ich erst am folgenden Tage, sie war noch abwesend. Hier blieben wir zum ersten Male unter einem Dach einige Minuten allein. Asja sah mich sehr freundlich an. Anspielung auf das entscheidende Gespräch in Riga. Dann begleitete mich Reich ins Hotel, wir aßen ein wenig auf meinem Zimmer, und gingen dann ins Theater Meyerhold. Es war erste Generalprobe des „Revisors". Mir ein Billet zu verschaffen gelang trotz Asjas Versuch nicht. Ich ging also noch eine halbe Stunde die Twerskaja in der Richtung auf den Kreml hinauf und wieder zurück, vorsichtig an den Ladenschildern buchstabierend und auf dem Glatteise schreitend. Dann kam ich sehr müde (und wahrscheinlich traurig) auf mein Zimmer.

Am 7. morgens holte mich Reich ab. Gang: Petrowka (zur polizeilichen Anmeldung) Institut der Kamenewa (wegen eines 1,50 Rubel Platzes in dem gelehrten Institut; ferner mit dem dortigen deutschen Referenten, einem großen Esel, gesprochen) danach durch die ulitza Gerzena zum Kreml, vorbei an dem ganz mißglückten Leninmausoleum bis zum Blick auf die Isaakskathedrale. Zurück über die Twerskaja und in den Twerskoi-Boulevard zum Dom Gerzena, dem Sitz der proletarischen Schriftstellerorganisation Wap. Gutes Essen, von dem mich die Anstrengung, die das Gehen in der Kälte mich gekostet hatte, wenig genießen ließ. Kogan wurde mir vorgestellt und hielt mir einen Vortrag über seine rumänische Grammatik und sein russisch-rumänisches Wörterbuch. Reichs Berichte, denen ich nur während der langen Gänge aus Müdigkeit oft nur mit halbem Ohr folgen kann, sind unendlich lebendig, voll von Belegen und Anekdoten, scharf und sympathisch. Geschichten von einem fiskalischen Beamten, der Ostern Urlaub nimmt und seinem Dorfe als Pope den Gottesdienst hält. Ferner: Die Gerichtsurteile gegen die Schneiderin, die den alkoholischen Mann erschlug und den Hooligan, der auf der Straße einen Studenten und eine Studentin anfiel. Ferner: Geschichte von dem weißgardistischen Stück bei Stanislawski; wie es zur Zensur kommt und nur einer davon Notiz nimmt und mit dem Vermerk, es müßten Änderungen eintreten, es zurückgibt. Darauf Monate später, nach Vornahme dieser Änderungen schließlich Vorstellung vor der Zensur. Verbot. Stanislawski bei Stalin: er sei ruiniert, in dem Stücke stecke sein ganzes Kapital. Stalin kommt „es sei nicht gefährlich". Premiere unter Opposition von Kommunisten, die durch Miliz entfernt werden. Geschichte von der Schlüsselnovelle, die den Fall Frunse behandelt, der angeblich gegen seinen Willen und auf Stalins Befehl sei operiert worden... Dann die politischen Informationen: Entfernung der Opposition aus den leitenden Stellen. Damit identisch: Entfernung zahlreicher Juden zumal aus den mittleren Chargen.

Antisemitismus in der Ukraine. – Nach Wap gehe ich, völlig erschöpft, zunächst allein zu Asja. Dort wird es bald sehr voll. Es kommt eine Lettin, die neben ihr auf dem Bett sitzt, Schestakoff mit seiner Frau, zwischen den beiden letzten und andererseits Asja und Reich entsteht, russisch, der heftigste Disput über Meyerholds Revisoraufführung. Im Mittelpunkt steht die Verwendung von Samt und Seide, vierzehn Kostüme für seine Frau; übrigens dauert die Aufführung 5½ Stunden. Nach dem Essen kommt Asja zu mir; auch Reich ist bei mir. Asja erzählt vor dem Fortgehen die Geschichte von ihrer Krankheit. Reich bringt sie ins Sanatorium zurück und kommt darauf wieder. Ich liege im Bett – er will arbeiten. Aber er unterbricht sich sehr bald und wir sprechen über die Situation des Intellektuellen – hier und in Deutschland; sowie über die Technik der augenblicklich in diesen beiden Ländern fälligen Schriftstellerei. Dazu über Reichs Bedenken, in die Partei einzutreten. Sein ständiges Thema ist die reaktionäre Wendung der Partei in kulturellen Dingen. Die linken Bewegungen, die zur Zeit des Kriegskommunismus benutzt wurden, werden gänzlich fallen gelassen. Erst ganz kürzlich sind (gegen Trotzki) die proletarischen Schriftsteller als solche staatlich anerkannt worden, doch indem man gleichzeitig ihnen zu verstehen gab, daß sie auf staatliche Unterstützung in keinem Fall rechnen können. Dann der Fall Llelewitsch – das Vorgehen gegen die linke Kulturfront. Llelewitsch hat eine Arbeit über die Methode marxistischer Literaturkritik verfaßt. – Man legt in Rußland das größte Gewicht auf die streng nuancierte politische Stellungnahme. In Deutschland wird politischer Hintergrund, vage und allgemein, ausreichend sein, der aber unerläßlich auch dort gefordert werden sollte. – Methode für Rußland zu schreiben: breit Material zu exponieren und möglichst nichts weiter. Der Bildungsgrad des Publikums ist so niedrig, daß Formulierungen unverstanden bleiben müssen. Dagegen verlangt man in Deutschland nur die: Resultate. Wie man zu ihnen gekommen ist, will niemand wissen. Damit hängt zusammen, daß deutsche Zeitungen dem Referenten nur einen winzigen Raum zur Verfügung stellen; hier sind Artikel von 500 bis 600 Zeilen keine Ausnahme. Dieses Gespräch zog sich lange hin. Mein Zimmer ist gut geheizt und geräumig, der Aufenthalt darin angenehm.

8 Dezember. Am Vormittag war Asja bei mir. Ich gab ihr Geschenke, zeigte ihr flüchtig mein Buch mit der Widmung. Nachts hatte sie infolge von Herzerregung nicht gut geschlafen. Auch den Umschlag zum Buche, den Stone gemacht hat, zeigte (und schenkte) ich ihr. Er gefiel ihr sehr gut. Danach kam Reich. Später ging ich mit ihm zum Wechseln auf die Staatsbank. Wir sprachen kurz dort den Vater von Neumann. 10 Dezember. Dann durch eine neuerbaute Passage in die Petrowka. In der Passage ist eine Ausstellung der Porzellanmanufaktur. Reich hält sich aber nirgends auf. In der Straße, wo das Hotel Liverpool liegt, sehe ich zum zweiten Male die Konditoreien. (Hier trage ich die Geschichte von Tollers Moskauer Aufenthalt nach, die ich am ersten Tage zu hören bekam. Er wurde mit unglaublichem Aufwand empfangen. Schilder kündigen in der ganzen Stadt sein Kommen an. Man gibt ihm einen Stab von Personal, Übersetzerinnen, Sekretärinnen, hübschen Frauen bei. Vorträge von ihm werden angekündigt. Doch zu dieser Zeit ist in Moskau eine Tagung der Komintern. Unter den deutschen Vertretern ist Werner, der Todfeind von Toller. Er veranlaßt oder verfaßt in der Prawda einen Artikel: Toller habe die Revolution verraten, sei Schuld am Scheitern einer deutschen Räterepublik. Die Prawda vermerkt kurz redaktionell dahinter: Verzeihung, wir wußten das nicht. Toller ist in Moskau darauf unmöglich. Er begibt sich, um einen großangekündigten Vortrag zu halten zu einem Versammlungsort – das Gebäude ist verschlossen. Das Institut der Kamenewa benachrichtigt ihn: Verzeihung, der Saal war heute nicht zu haben. Man hat vergessen, Ihnen zu telefonieren.) Mittag wieder im Wap. Eine Flasche Mineralwasser kostet 1 Rubel. Danach gehen Reich und ich zu Asja. Zu ihrer Schonung arrangiert Reich, sehr gegen ihren Willen, und meinen, zwischen ihr und mir im Spielzimmer des Sanatoriums eine Dominopartie. Ich komme mir vor, neben ihr sitzend, wie eine Figur aus einem Roman von Jacobsen. Reich spielt mit einem berühmten alten Kommunisten Schach, einem Mann, der im Krieg oder im Bürgerkrieg ein Auge verloren hat und gänzlich zerstört und aufgebraucht ist, wie viele der besten Kommunisten aus dieser Zeit, wenn sie nicht schon tot sind. Asja und ich sind noch nicht lange in ihr Zimmer zurückgekehrt, als Reich kommt, um mich zu Granowski abzuholen. Ein Stück die Twerskaja hinunter begleitet uns Asja. In einer Konditorei kaufe ich ihr Halwa und sie kehrt um. Granowski ist ein lettischer Jude aus Riga. Seine Schöpfung ist ein chargiertes antireligiöses und dem äußeren Anschein nach gewissermaßen antisemitisches Possentheater, das aus einer Chargierung der Jargonoperette hervorgegangen ist. Er wirkt ganz westlich, steht einigermaßen skeptisch zum Bolschewismus und das Gespräch dreht sich hauptsächlich ums Theater und um Besoldungsfragen. Die Rede kommt auf Wohnungen. Sie werden hier nach m bezahlt. Der Preis des Quadratmeters richtet sich nach der Höhe der Besoldung des Mieters. Außerdem beträgt der Preis für alles was über einen Anteil von 13 m für den Einzelnen hinausgeht, sowohl für Miete als Heizung das Dreifache. Man hatte uns nicht mehr erwartet und statt eines großen Essens gab es ein improvisiertes kaltes Abendessen. Gespräch bei mir mit Reich über die Enzyklopädie.

9 Dezember. Vormittags kam wieder Asja. Ich gab ihr einige Sachen, dann gingen wir bald spazieren. Asja sprach über mich. Beim Liverpool machten wir Kehrt. Ich ging dann nach Hause, wo Reich schon war. Eine Stunde arbeiteten wir jeder – ich an der Redaktion des Goethe-Artikels. Darauf zum Kamenewa-Institut, um Hotel-Ermäßigung für mich zu erwirken. Sodann zum Essen. Diesmal nicht im Wap. Das Essen war hervorragend, besonders eine Suppe von roten Rüben. Sodann zum Liverpool mit seinem freundlichen Besitzer, einem Letten. Es war etwa 12 Grad. Nach dem Essen war ich ziemlich erschöpft und konnte nicht mehr zu Fuß, wie ich die Absicht gehabt hatte, zu Llelewitsch kommen. Wir mußten ein kleines Stück fahren. Dann geht es bald durch ein großes Garten- oder Parkgrundstück, in dem überall Häuserkomplexe liegen. Ganz hinten ein schönes schwarzweißes Holzhaus mit Llelewitschs Wohnung im ersten Stock. Wir begegnen beim Eintritt ins Haus Besmensky, der eben herauskommt. Eine steile Holzstiege und hinter einer Tür zunächst die Küche mit offnem Feuer. Sodann ein primitiver Vorplatz, der von Mänteln voll hängt, dann durch eine Stube, scheinbar mit Alkoven, in Llelewitschs Arbeitszimmer. Seine Erscheinung ist nur schwer darzustellen. Ziemlich hoch gewachsen, in blauer russischer Bluse, bewegt er sich wenig (schon das kleine Zimmer voll Menschen bannt ihn auf den Stuhl vor dem Schreibtisch.) Das Merkwürdige ist sein langes scheinbar unartikuliertes Gesicht mit breiten Flächen. Das Kinn zieht sich so lang, wie ich es wohl bei keinem Menschen außer dem kranken Grommer gesehen habe, hinunter und ist nur sehr wenig eingeschnitten. Er wirkt sehr ruhig aber die ganze zehrende Schweigsamkeit des fanatischen Menschen scheint an ihm spürbar. Er erkundigt sich bei Reich mehrfach nach mir. Gegenüber auf dem Bett sitzen zwei Menschen, der eine in schwarzer Bluse ist jung und sehr schön. Hier sind nur Angehörige der literarischen Opposition versammelt um die letzte Stunde vor seinem Fortgehen bei ihm zu sein. Er wird verschickt. Zuerst war Nowosibirsk die Order. „Sie brauchen“ sagte man ihm „nicht eine Stadt mit ihrem immerhin begrenzten Wirkungskreis sondern ein ganzes Gouvernement.“ Aber es gelang ihm, das abzuwenden und nun sendet man ihn „zur Verfügung der Partei“ nach Saratow, vierundzwanzig Stunden von Moskau, ohne daß er noch weiß, ob er dort Redakteur, Verkäufer in einer staatlichen Produktionsgenossenschaft oder was sonst wird. Im Nebenraum hält sich die meiste Zeit über unter wieder anderen Besuchern seine Frau auf, ein Wesen mit höchst energischem aber ebenso harmonischem Ausdruck, klein, von südrussischem Typus. Sie begleitet ihn für die ersten drei Tage. Llelewitsch hat den Optimismus des Fanatikers: er bedauert, die Rede nicht hören zu können, die Trotzki am folgenden Tage vor der Komintern zu gunsten Sinowjeffs halten wird, meint, die Partei stünde vor einem Umschwung. Beim Abschied auf der Diele lasse ich ihm durch Reich ein paar freundliche Worte sagen. Dann gehen wir zu Asja. Vielleicht gab es erst jetzt die Dominopartie. Am Abend wollten Reich und Asja zu mir kommen. Aber es kam nur Asja. Ich gab ihr Geschenke: Bluse, Hose. Wir sprechen. Ich bemerke, daß sie im Grunde nichts vergißt, was uns angeht. (Nachmittags sagte sie, sie findet daß es gut mit mir steht. Es sei nicht wahr, daß ich in einer Krise bin.) Bevor sie fortgeht, lese ich ihr aus der „Einbahnstraße“ die Stelle von den Runzeln. Ich helfe ihr dann in die Galoschen. Reich kam erst als ich schlief, um Mitternacht, mir Nachricht zu geben, damit ich am nächsten Morgen Asja beruhigen könnte. Er hatte die Vorbereitungen für seinen Umzug getroffen. Denn er wohnt mit einem Verrückten zusammen und die ohnehin schwierigen Wohnangelegenheiten sind dadurch unerträglich kompliziert.

10 Dezember. Am morgen gehen wir zu Asja. Da in der Frühe Besuche nicht erlaubt sind, sprechen wir sie im Vestibül eine Minute. Sie ist nach dem Kohlensäurebad, das sie zum ersten Male nahm und das ihr sehr gut tat. Darauf wieder zum Institut der Kamenewa. Der Schein, der mir Ermäßigung bei den Hotels erwirkt, sollte fertig sein, ist es aber nicht. Dafür gibt es im gewohnten Vorzimmer mit dem unbeschäftigten Herrn und dem Fräulein eine recht ausgedehnte Unterhaltung über Theaterfragen. Am folgenden Tage soll ich von der Kamenewa empfangen werden und für den Abend bemüht man sich um Theaterbillets. Leider sind für das Operettentheater keine zu bekommen. Reich setzt mich im Wap ab; ich bleibe dort mit meiner russischen Grammatik zweieinhalb Stunden; dann erscheint er wieder, mit Kogan, zum Essen. Nachmittags bin ich bei Asja nur kurz. Sie hat Streit wegen der Wohnungsangelegenheiten mit Reich und schickt mich fort. Ich lese auf meinem Zimmer Proust, fresse dazu Marzipan. Abends gehe ich ins Sanatorium, begegne am Eingang Reich, der fort war, um sich Zigaretten zu holen. Im Gang warten wir einige Minuten, dann kommt Asja. Reich setzt uns in die Elektrische und wir fahren ins musikalische Studio. Der Administrator empfängt uns. Er legt uns ein, französisches, Anerkennungsschreiben von Casella vor, führt uns durch alle Räume (im Vestibül ist viel Publikum schon lange vor Anfang versammelt, Leute, die von ihren Arbeitsstätten direkt ins Theater kommen) zeigt uns auch den Konzertsaal. Im Vestibül liegt ein außerordentlich auffallender, wenig schöner Teppich. Wahrscheinlich ein kostbarer Aubusson. Echte alte Bilder hängen an den Wänden (eines ist ungerahmt). Hier, wie übrigens auch im offiziellen Empfangsraum des Institutes für die Kulturbeziehungen zum Ausland sieht man sehr wertvolle Möbel. Unsere Plätze sind in der zweiten Reihe. Man gibt die „Zarenbraut“ von Rimski-Korsakoff – die erste Oper, die neuerdings von Stanislawski einstudiert wurde. Gespräch über Toller, wie Asja ihn ausführte, wie er ihr etwas schenken wollte und sie den billigsten Gürtel sich aussuchte, wie er törichte Bemerkungen machte. In einer Pause gehen wir ins Vestibül. Es gibt aber drei. Sie sind viel zu lang und ermüden Asja. Gespräch über den ockergelben italienischen Shawl, den sie trägt. Ich erkläre ihr, sie geniert sich vor mir. In der letzten Pause tritt der Administrator zu uns heran. Asja redet mit ihm. Er lädt mich zur nächsten Neueinstudierung (Eugen Onegin) ein. Am Schluß ist die Beschaffung der Garderobe sehr schwierig. Zwei Theaterdiener bilden mitten auf der Treppe einen Kordon, um den Zustrom der Leute zu den winzigen Garderoberäumen zu regeln. Nach hause sowie ins Theater in der kleinen, ungeheizten elektrischen Bahn mit vereisten Fenstern.

11 Dezember. Einiges zur Signatur von Moskau. Vor allem bestimmt mich in den ersten Tagen die schwierige Gewöhnung an den Gang auf völlig vereisten Straßen. Ich muß so sehr auf meine Schritte achten, daß ich wenig umherblicken kann. Das wurde besser als Asja mir gestern vormittag (ich schreibe dies am 12 [ten]) Galoschen einkaufte. Das war nicht so schwierig als Reich vermutet hatte. Für die Bauweise der Stadt sind die vielen ein- und zweistöckigen Häuser charakteristisch. Sie geben ihr das Aussehen einer Sommervillenstadt, man verspürt bei ihrem Anblick doppelt die Kälte. Oft findet sich ein bunter Anstrich von schwachem Farbton: vor allem rot, aber auch blau, gelb (und, wie Reich sagt auch) grün. Der Bürgersteig ist auffallend schmal, man ist mit dem Boden ebenso geizig als verschwenderisch mit dem Luftraum. Dazu liegt an der Häuserkante das Eis so dicht, daß ein Teil von dem Trottoir unbenutzbar bleibt. Übrigens profiliert es sich selten deutlich gegen den Fahrdamm: Schnee und Eis nivellieren die verschiedenen Schichten der Straße. Man begegnet sehr häufig, vor staatlichen Läden Kordons; um Butter und andere wichtige Waren stellt man sich an. Es gibt eine Unzahl Läden und noch weit mehr Händler, die nichts als einen Waschkorb mit Äpfeln, mit Mandarinen oder mit Cacaouets vor sich stehen haben. Um die Ware vor der Kälte zu schützen liegt sie unter einem wollnen Tuche, auf welchem die zwei, drei Musterexemplare zu sehen sind. Fülle von Broten und anderem Gebäck: Brötchen in allen Größen, Brezeln, und, in den

Konditoreien, sehr prunkvollen Torten. Aus Zuckerguß sind phantastische Aufbauten oder Blumen gebildet. In einer Konditorei war ich gestern Nachmittag mit Asja. Es gibt in Gläsern Schlagsahne dort. Sie nahm ein Glas mit einem Baiser, ich Kaffee. Wir saßen mitten im Raum an einem Tischchen uns gegenüber. Asja erinnerte an meine Absicht, gegen die Psychologie zu schreiben und ich hatte von neuem festzustellen, wie sehr bei mir die Möglichkeit, solche Themen in Angriff zu nehmen von dem Kontakt mit ihr abhängt. Im übrigen konnten wir diese Stunde im Cafe nicht so ausdehnen, wie wir es gehofft hatten. Ich kam aus dem Sanatorium nicht um vier Uhr fort sondern erst um fünf. Reich wollte, daß wir ihn erwarteten, er war nicht sicher, ob er Sitzung habe. Endlich gingen wir. Auf der Petrowka sahen wir Auslagen an. Ein herrliches Holzwarengeschäft fiel mir auf. Asja kaufte mir drinnen auf meine Bitte eine ganz kleine Pfeife. Ich will dort später für Stefan und Daga Spielsachen einkaufen. Es gibt jene vielfach geschachtelten russischen Eier, Kästchen, welche sich in einanderlegen lassen, geschnitzte Tiere aus schönem weichen Holz. In einem anderen Schaufenster waren russische Spitzen zu sehen und gestickte Tücher, von denen Asja mir sagte, daß die Bauernfrauen auf ihnen die Eisblumen am Fenster nachbilden. Das war an dem Tag schon unser zweiter Spaziergang. Vormittags war Asja zu mir gekommen, hatte erst an Daga geschrieben und dann gingen wir bei sehr schönem Wetter einige Schritte auf der Twerskaja. Im Umkehren machten wir vor einem Geschäft halt, wo Weihnachtskerzen lagen. Asja sprach davon. Später mit Reich wieder im Institut der Kamenewa. Endlich bekomme ich meine Ermäßigung fürs Hotel. Abends wollte man von dort aus mich in Cement schicken. Reich hielt später eine Vorstellung bei Granowski für besser, denn Asja wollte ins Theater gehen und „Cement" wäre für sie zu aufregend gewesen. Jedoch als endlich alles soweit war, ging es Asja nicht gut genug, so daß ich allein ging, während Reich und sie auf mein Zimmer gingen. Es gab drei Einakter, von denen die beiden ersten indiskutabel waren, der dritte, eine Rabbinerversammlung, eine Art chorischer Komödie zu jüdischen Melodien schien weit besser, doch verstand ich den Vorgang nicht und war vom Tag und von den endlosen Pausen so müde, daß ich stellenweise einschlief. – Reich schlief diese Nacht in meinem Zimmer. – Mein Haar ist hier sehr elektrisch.

12 Dezember. Am Morgen ging Reich mit Asja spazieren. Sie kamen dann zu mir – ich war mit Anziehen noch nicht ganz fertig. Asja saß auf dem Bett. Ich hatte große Freude davon, wie sie meine Koffer auspackte und ordnete; dabei behielt sie ein paar Krawatten für sich, die ihr gefielen. Dann erzählte sie wie sie Schundliteratur, als sie klein war, verschlungen hatte. Sie verbarg die kleinen Hefte vor ihrer Mutter unter den Schulbüchern, einmal hatte sie aber ein großes zusammenhängendes Buch „Laura" bekommen, das fiel ihrer Mutter in die Hände. Ein anderes Mal rannte sie mitten in der Nacht von Hause fort, um sich bei einer Freundin die Fortsetzung von einer Kolportagegeschichte zu holen. Deren Vater öffnete ganz verstört – er fragte, was sie denn wolle und da sie sah, was sie angerichtet habe, erwiderte sie, das wisse sie selber nicht. – Mittags mit Reich im kleinen Kellerrestaurant. Der Nachmittag im verödeten Sanatorium war quälend. Bei Asja wieder ständiger Wechsel zwischen du und Sie. Es ging ihr nicht gut. Nachher spazierte man die Twerskaja entlang. Dabei kam es dann, später, als man in einem Café saß, zwischen Reich und Asja zu einer großen Auseinandersetzung, in der Reichs Hoffnung deutlich wurde, sich ausschließlich auf russische Ziele zu konzentrieren, die deutschen Verbindungen daher fallen zu lassen. Abends mit Reich auf meinem Zimmer allein: ich studierte den Führer und er schrieb an der Vorrezension des „Revisors". – Es gibt keine Lastwagen in Moskau, keine Firmenwagen etc. Die kleinsten Einkäufe wie die größten Sendungen muß man auf den winzigen Schlitten durch „Istwostschik" befördern lassen.

13 Dezember. Am Vormittag verbesserte ich meine Orientierung in der Stadt durch einen großen Spaziergang über die inneren Boulevards zur Hauptpost und zurück über den Ljubjanka Platz zum Dom Gerzena. Ich löste das Geheimnis des Mannes mit der Schrifttafel: er verkauft Buchstaben, die man in den Galoschen befestigt, um sie vor Verwechselungen zu schützen. Hier fielen mir beim Spaziergang wieder die vielen Geschäfte im Schmuck des Weihnachtsbaums auf, wie ich sie eine Stunde vorher bei einem kurzen Gange mit Asja auch überall in der Jamskaja Twerskaja gefunden hatte. Hinter den Scheiben der Auslage sieht er manchmal noch glänzender aus als am Baum. Auf diesem Spaziergange in der Jamskaja Twerskaja begegneten wir einem Trupp Komsomolzen, die mit Musik marschierten. Diese, ähnlich wie die der Sowjettruppen, scheint aus einer Kombination des Pfeifens mit dem Gesang zu bestehen. Asja sprach von Reich. Sie trug mir auf, ihm die letzte Nummer der Prawda mitzubringen. Am Nachmittag las Reich bei Asja uns seine Vorbesprechung von Meyerholds Aufführung des Revisors vor. Sie ist sehr gut. Während er (vorher) in Asjas Zimmer auf dem Stuhle einschlief, las ich ihr einiges aus der „Einbahnstraße". Auf meinem großen Rundgang am Vormittag bemerkte ich sonst noch: Marktweiber, Bauernfrauen, die ihren Korb mit Waren neben sich stehen haben (manchmal auch einen Schlitten, wie die, die hier im Winter als Kinderwagen dienen). In diesen Körben liegen Äpfel, Bonbons, Nüsse, Zuckerfiguren, halb unterm Tuche versteckt. Man denkt, eine zärtliche Großmama hat vor dem Weggehen im Hause Umschau gehalten nach allem, womit sie ihr Enkelkind überraschen könnte. Das hat sie zusammengepackt und bleibt nun unterwegs, um sich ein bißchen auszuruhen, auf der Straße stehen. Ich begegnete wieder den Chinesen, die künstliche Papierblumen verkaufen, wie ich sie Stefan aus Marseille mitbrachte. Hier scheinen aber noch häufiger papierne Tiere von der Form exotischer Tiefseefische zu sein. Dann gibt es Männer, die Körbe voll Holzspielzeug haben, Wagen und Spaten, gelb und rot sind die Wagen, gelb oder rot die Schaufeln der Kinder. Andere gehen mit Bündeln von bunten Windfahnen über der Schulter herum. All das ist schlichter und solider als in Deutschland gearbeitet, sein bäuerlicher Ursprung ist deutlich sichtbar. An einer Ecke fand ich eine Frau, die Baumschmuck verkaufte. Die Glaskugeln, gelbe und rote, funkelten in der Sonne, es war wie ein verzauberter Apfelkorb, wo Rot und Gelb je in verschiedene Früchte gefahren sind. Auch gibt es hier eine unmittelbarere Beziehung von Holz und Farbe als sonst wo. Man merkt das an den primitivsten Spielsachen so gut als an den kunstvollsten Lackarbeiten. – An der Mauer von Kitai Gorod stehen Mongolen. Wahrscheinlich ist in ihrer Heimat der

Winter nicht weniger rauh und sind ihre zerlumpten Pelze nicht schlechter als die der Eingeborenen. Aber doch sind das hier die einzigen, die man, des Klimas wegen, unwillkürlich bemitleidet. Sie stehen nicht mehr als fünf Schritt einer vom andern entfernt und handeln mit Ledermappen; ein jeder mit genau der gleichen Ware wie die anderen. Es muß dahinter wohl eine Organisation stecken, denn so einander die aussichtsloseste Konkurrenz zu machen, kann nicht ihr Ernst sein. Hier wie in Riga gibt es eine hübsche primitive Malerei auf Ladenschildern. Schuhe aus einem Korb fallend, mit einer Sandale im Maul rennt ein Spitz davon. Vor einem türkischen Speisehaus sind zwei Schilder, Pendants, die Herren im halbmondgeschmückten Fez vor einem gedeckten Tische darstellen. Asja hat recht, wenn sie sagt, daß es charakteristisch ist, wie das Volk überall, auch bei den Reklamen, irgend einen wirklichen Vorgang will dargestellt sehen. – Am Abend mit Reich bei Illesch. Später kam noch der Direktor des Revolutionstheaters dazu, das am 30 [ten] Dezember die Uraufführung von Illeschs Stück bringen soll. Dieser Direktor ist ein ehemaliger roter General, der an Wrangeis Vernichtung entscheidenden Anteil hat und in Trotzkis Armeebefehl zweimal genannt wurde. Später hat er eine politische Dummheit begangen, die seine Karriere zum Stillstand brachte und da er früher einmal Literat war, gab man ihm diesen leitenden Theaterposten, auf dem er aber nicht viel leisten soll. Er scheint ziemlich dumm. Das Gespräch war nicht sonderlich belebt. Auch war ich, auf Reichs Anweisung, behutsam im Reden. Man sprach von Plechanoffs Kunsttheorie. Das Zimmer enthält nur wenige Möbel, am meisten fällt ein gebrechliches Kinderbett und eine Badewanne auf. Der Junge war als wir kamen, noch auf, wird später schreiend ins Bett gebracht, schläft aber solange wir da sind, nicht ein.

14 Dezember (geschrieben am 15 [ten]). Heute werde ich Asja nicht sehen. Im Sanatorium spitzt die Lage sich zu; gestern abend erlaubte man ihr den Ausgang erst nach langem Parlamentieren und heute früh kam sie nicht, mich, wie verabredet war, abzuholen. Wir wollten einen Stoff für ihr Kleid besorgen. Ich bin erst eine Woche hier und muß schon mit immer erhöhten Schwierigkeiten, sie zu sehen, geschweige denn allein zu sehen, rechnen. – Gestern vormittag kam sie eilig, aufgeregt mehr noch verstörend als verstört, wie so oft, als hätte sie Angst eine Minute in meinem Zimmer zu bleiben, zu mir. Ich begleitete sie zum Haus einer Kommission, zu der sie eine Vorladung hatte. Sagte ihr, was ich am Abend vorher erfahren hatte: daß Reich eine neue Stelle als Theaterkritiker bei einer höchst wichtigen Zeitschrift in Aussicht habe. Wir gingen über die Sadowaja. Im ganzen sprach ich sehr wenig, sie erzählte, sehr aufgeregt, von ihrer Arbeit mit den Kindern auf dem Kinderplatz. Zum zweiten Male hörte ich die Geschichte, wie einem Kind auf ihrem Kinderplatz von einem anderen der Schädel war eingeschlagen worden. Merkwürdigerweise verstand ich diese ganz einfache Geschichte (die für Asja böse Folgen hätte haben können; aber die Ärzte nahmen an, das Kind würde gerettet werden) erst jetzt. Es geht mir so öfter: ich höre kaum, was sie sagt, weil ich so intensiv auf sie sehe. Sie entwickelte ihren Gedanken: wie die Kinder in Gruppen geteilt werden müßten, weil es auf keinen Fall gelingen kann, die wildesten – die sie die begabtesten nennt – mit den andern zusammen zu beschäftigen. Sie fühlen sich von dem gelangweilt, was normale Kinder ganz ausfüllt. Und es ist sehr einleuchtend, daß Asja, wie sie sagt, mit den wildesten Kindern die größten Erfolge hat. Auch sprach Asja von ihrer Schriftstellerei, drei Artikeln in der lettischen kommunistischen Zeitung, die in Moskau erscheint: diese Zeitschrift kommt auf illegalen Wegen nach Riga und dort an dieser Stelle gelesen zu werden ist sehr nützlich für sie. Das Haus der Kommission stand an dem Platz, wo der Straßnoi-Boulevard auf die Petrowka stößt. Die ging ich über eine halbe Stunde wartend auf und ab. Als sie endlich herauskam gingen wir zu der Staatsbank, wo ich zu wechseln hatte. An diesem Morgen fühlte ich sehr viel Kraft und es gelang mir darum, von meinem moskauer Aufenthalt und seinen verschwindend geringen Chancen bündig und ruhig zu sprechen. Das machte Eindruck auf sie. Sie erzählte, der Arzt, der sie behandelt und gerettet habe, hätte mit allem Nachdruck ihr verboten, in der Stadt zu bleiben und ihr befohlen, in ein Waldsanatorium zu gehen. Sie aber sei geblieben, der traurigen Waldeinsamkeit wegen, die sie fürchte und meiner Ankunft halber. Wir blieben vor einem Pelzgeschäft stehen, wo Asja schon bei unserm ersten

Gange über die Petrowka halt gemacht hatte. Es hing da an der Wand ein herrliches mit bunten Perlen besetztes Pelzkostüm. Um nach dem Preise zu fragen, traten wir ein und wir erfuhren, das sei tungusische Arbeit (nicht also ein Kostüm der „Eskimossen“, wie Asja vermutet hatte). Zweihundertfünfzig Rubel sollte es kosten, Asja wollte es haben. Ich sagte: „Wenn ich es kaufe, muß ich gleich abreisen.“ Aber sie ließ sich das Versprechen von mir geben, später einmal ihr ein großes Geschenk zu machen, das für das ganze Leben ihr bliebe. Zur Gosbank geht es von der Petrowka durch eine Passage, in der ein großes Kommissionsgeschäft für Antiquitäten ist. Im Schaufenster stand ein selten herrlicher Empireschrank in eingelegter Arbeit. Weiter nach dem Ende zu wurde bei hölzernen Ausstellungsgerüsten Porzellan verpackt oder ausgewickelt. Während wir zur Omnibushaltestelle zurückgingen, einige sehr gute Minuten. Darauf meine Audienz bei der Kamenewa. Nachmittags irre ich durch die Stadt; zu Asja kann ich nicht kommen, Knorrin ist bei ihr – ein sehr wichtiger lettischer Kommunist, der Mitglied von der obersten Zensurbehörde ist. (Und so auch heute; während ich dies schreibe, ist Reich allein bei ihr.) Mein Nachmittag endet im französischen Café auf Staleschnikow vor einer Tasse Kaffee. – Zur Stadt: die byzantinische Kirche scheint keine eigene Form des Kirchenfensters ausgebildet zu haben. Ein zauberischer Eindruck, der wenig anheimelt; die profanen, unscheinbaren Fenster, die aus den Türmen und Versammlungsräumen der Kirchen in byzantinischem Stil wie aus Wohnräumen auf die Straße gehen. Hier wohnt der orthodoxe Priester wie der Bonze in seiner Pagode. Der untere Teil an der Basiliuskathedrale könnte der Grundstock eines herrlichen Bojarenhauses sein. Die Kreuze über den Kuppeln aber sehen oft wie riesenhaft in den Himmel gestellte Ohrgehänge aus. – Luxus, der sich in der verarmten leidenden Stadt wie Zahnstein in einem erkrankten Munde festgesetzt hat: das Schokoladengeschäft von N. Kraft, das vornehme Modenmagazin auf der Petrowka, wo große Porzellanvasen kalt, scheußlich zwischen den Pelzen herumstehen. – Der Bettel ist nicht aggressiv wie im Süden, wo die Aufdringlichkeit des Zerlumpten noch immer einen Rest von Vitalität verrät. Hier ist er eine Korporation von Sterbenden. Die Straßenecken, jener Viertel zumal, in denen Ausländer geschäftlich zu tun haben, sind mit Lumpenbündeln belegt wie Betten in dem großen Lazarett „Moskau“, das unter freiem Himmel daliegt. Anders organisiert ist der Bettel in den Trambahnen. Bestimmte Schleifenlinien haben auf der Strecke längeren Aufenthalt. Dann schieben sich Bettler hindurch oder in eine Waggonecke stellt sich ein Kind und fängt an zu singen. Dann sammelt es sich Kopeken ein. Sehr selten sieht man jemanden geben. Der Bettel hat seine stärkste Grundlage verloren, das schlechte gesellschaftliche Gewissen, das soviel weiter als das Mitleid die Taschen öffnet. – Passagen. Sie haben, wie es sich nirgend sonst findet, verschiedene Stockwerke, Emporen, in denen es gewöhnlich ebensoleer aussieht, wie in denen der Dome. – Das große Filzschuhwerk, in dem die Bauern und wohlhabende Damen herumgehen, läßt den enganliegenden Stiefel als intime Bekleidung mit allen Peinlichkeiten des Korsetts erscheinen. Die Walinkis sind Prunkgewänder der Füße. Noch zu den Kirchen: sie stehen wohl meist ungepflegt, so leer und kalt wie ich die Basiliuskathedrale im Inneren fand. Aber die Glut, die von den Altären nur vereinzelt noch in den Schnee hinausleuchtet ist wohl bewahrt geblieben in den hölzernen Budenstädten. In ihren schneebedeckten engen Gängen ist es still, man hört nur den leisen Jargon der Kleiderjuden, die da ihren Stand neben dem Kram der Papierhändlerin haben, die versteckt hinter silbernen Kasten thront, Lametta und wattierte Weihnachtsmänner vor ihr Gesicht gezogen hat, wie eine Orientalin ihren Schleier. Am schönsten sah ich solche Buden auf der Arbatskaja Plotschtad. – Vor einigen Tagen auf meinem Zimmer Gespräch über den Journalismus mit Reich. Kisch hat ihm einige goldene Regeln verraten, zu denen ich noch neue formuliere. 1) Ein Artikel muß soviel Namen enthalten als irgend möglich. 2) Der erste und der letzte Satz müssen gut sein; auf die Mitte kommt es nicht an. 3) Die Phantasievorstellung die ein Name wachruft als Hintergrund der Schilderung benutzen, welche ihn darstellt, wie er wirklich ist. Ich möchte hier mit Reich zusammen das Programm einer materialistischen Enzyklopädie schreiben, zu der er ausgezeichnete Ideen hat. – Nach sieben Uhr kam Asja. (Reich ging aber mit ins Theater.) Man gab „Die Tage der Turbin“ bei Stanislawski. Dekorationen im naturalistischen Stile hervorragend gut, das Spiel ohne besondere Mängel noch Verdienste, das Drama von Bulgakoff eine durchaus revoltierende Provokation. Besonders der letzte Akt, in welchem sich die Weißgardisten zu den Bolschewiken „bekehren“ ist ebenso abgeschmackt in der dramatischen Fabel als verlogen in der Idee. Der Widerstand der Kommunisten gegen die Aufführung ist begründet und einleuchtend. Ob dieser letzte Akt auf Veranlassung der Zensur hinzugefügt wurde, wie Reich vermutet oder ursprünglich da war, ist nicht belangvoll für die Einschätzung des Stücks. (Das Publikum sehr merkbar von dem unterschieden, welches ich in den beiden anderen Theatern sah. Es waren wohl so gut wie keine Kommunisten dort, nirgends war eine schwarze oder blaue Bluse zu sehen.) Die Plätze lagen nicht zusammen und ich saß neben Asja nur während des ersten Bildes. Dann setzte Reich sich zu mir; er meinte, das Übersetzen sei ihr zu anstrengend.

15 Dezember. Reich ging nach dem Aufstehen einen Augenblick fort und ich hoffte, Asja allein begrüßen zu können. Aber sie kam überhaupt nicht. Nachmittags erfuhr Reich, es sei ihr am Morgen schlecht gegangen. Er ließ mich aber auch am Nachmittag nicht zu ihr. Vormittags blieben wir eine Zeit lang zusammen; er übersetzte mir die Rede, die Kamenew vor der Komintern gehalten hat. – Man kennt eine Gegend erst, wenn man sie in möglichst vielen Dimensionen erfahren hat. Auf einen Platz muß man von allen vier Himmelsrichtungen her getreten sein, um ihn inne zu haben, ja auch nach allen diesen Richtungen ihn verlassen haben. Sonst springt er einem drei, vier Mal ganz unvermutet in den Weg, ehe man gefaßt ist, auf ihn zu stoßen. Ein Stadium weiter und man sucht ihn auf, benutzt ihn als Orientierung. So auch die Häuser. Was in ihnen steckt, erfährt man erst, wenn man an anderen entlang sich bis zu einem ganz bestimmten durchzufinden sucht. Aus den Torbogen, an den Rahmen der Haustür springt in verschieden großen, schwarzen, blauen, gelben und roten Buchstaben, als Pfeil das Bild von Stiefeln oder frisch gebügelter Wäsche, als ausgetretene Stufe oder als solider Treppenabsatz ein stumm in sich verbissenes, streitendes Leben an. Man muß auch in der Tram die Straßen durchfahren haben, um aufzufangen, wie sich dieser Kampf durch die

Etagen fortsetzt um dann endlich auf Dächern in sein entscheidendes Stadium zu treten. Bis dahin halten nur die stärksten ältesten Parolen der Firmenschilder durch und erst vom Flugzeug aus hat man die industrielle Elite der Stadt (hier einige Namen) vor Augen. – Am Vormittag in der Basiliuskathedrale. In warmen heimeligen Farben strahlt die Außenseite über den Schnee. Der ebenmäßige Grundriß hat einen Aufbau entstehen lassen, der von keiner Richtung aus in seiner Symmetrie übersehbar ist. Immer behält er sich etwas zurück und überrumpeln könnte die Betrachtung diesen Bau nur von der Höhe des Flugzeuges aus, gegen welches ihre Erbauer sich zu salvieren vergaßen. Man hat das Innere nicht nur ausgeräumt, sondern wie ein erlegtes Wild es ausgeweidet, und der Volksbildung als „Museum" schmackhaft gemacht. Mit der Entfernung der künstlerisch z. T. wahrscheinlich zum großen Teil – nach den verbliebenen Barockaltären zu schließen – wertlosen Inneneinrichtung, ist das bunte vegetabilische Geschlinge, das durch alle Gänge und Wölbungen als Wandmalerei fortwuchert, hoffnungslos bloßgestellt; traurigerweise hat es eine gewiß viel ältere Bemalung des Steins, die sparsam in den Innenräumen die Erinnerung an die farbigen Spiralen der Kuppeln wachhielt in eine Spielerei des Rokoko verzerrt. Die gewölbten Gänge sind eng, weiten sich plötzlich auf Altarnischen oder runde Kapellen, in die von oben aus den hohen Fenstern so wenig Licht dringt, daß einzelne Devotionalien, die man stehen ließ, kaum zu erkennen sind. Es gibt aber ein helles Zimmerchen, durch das ein roter Flurteppich läuft. In ihm hat man Ikonen der Schulen von Moskau und von Novgorod aufgestellt, dazu einige wahrscheinlich unschätzbare Evangeliare, Wandteppiche die Adam und den Christus unverhüllt, doch ohne Geschlechtsorgane, weißlich auf grünem Grunde erscheinen lassen. Hier wacht ein dickes Weib vom Aussehen einer Bäuerin: ich hätte gerne die Erklärungen gehört, die sie einigen Proletariern die kamen zu diesen Bildern gab. – Vorher ein kurzer Gang durch die Passagen, die die „oberen Handelsreihen" heißen. Ich versuchte ohne Erfolg aus dem Schaufenster eines Spielzeugladens sehr interessante Figuren, tönerne, bunt gefärbte Reiter einzukaufen. Zum Essen Fahrt in der Tram längs der Moskwa, vorbei an der Erlöserkathedrale, über den Arbatskajaplatz. Nachmittags nochmals in der Dunkelheit dahin zurück, in den Reihen der Holzbuden spaziert, dann durch die Frunsestraße am Kriegsministerium vorbei, das sehr elegant wirkt, endlich verirrt. Nach Hause mit der Tram. (Zu Asja wollte Reich alleine gehen.) Abends über ganz frisches Glatteis zu Panski. In der Tür seines Hauses stößt er auf uns, im Begriffe, mit seiner Frau ins Theater zu gehen. Auf Grund eines Mißverständnisses, das erst am folgenden Tage sich aufklärt, bittet er uns in den nächsten Tagen auf sein Büro zu kommen. Darauf in das große Haus beim Straßnoiplatz, um einen Bekannten von Reich aufzusuchen. Im Fahrstuhl treffen wir dessen Frau, die uns sagt, der Mann sei in einer Versammlung. Da aber in dem gleichen Hause, einer Art riesigem Boardinghouse, die Mutter von Sophia wohnt, so entschließen wir uns, dort guten Abend zu sagen. Wie alle Zimmer, die ich bisher sah (die bei Granowski, bei Illesch) ist das ein Raum mit wenig Möbeln. Deren trostlose, kleinbürgerliche Figur wirkt noch um vieles niederschlagender, weil das Zimmer dürftig möbliert ist. Zum kleinbürgerlichen Einrichtungsstil aber gehört das Komplette: Bilder müssen die Wände bedecken, Kissen das Sofa, Decken die Kissen, Nippes die Konsolen bunte Scheiben die Fenster. Von alledem ist wahllos nur das eine oder andere erhalten. In diesen Räumen, welche aussehen wie ein Lazarett nach der letzten Musterung, halten die Menschen das Leben aus, weil sie durch ihre Lebensweise ihnen entfremdet sind. Ihr Aufenthalt ist das Büro, der Klub, die Straße. Der erste Schritt in diesem Zimmer läßt die erstaunliche Beschränktheit in Sophias resoluter Natur als Mitgift dieser Familie erkennen, von der sie sich doch, wenn nicht losgesagt, so losgelöst hat. Ich erfahre von Reich auf dem Rückwege deren Geschichte. Sophias Bruder ist eben der General Krylenko, der zuerst zu den Bolschewiken sich schlug und der Revolution ganz unschätzbare Dienste geleistet hat. Da seine politische Begabung gering war, so hat man ihm später den repräsentativen Posten eines obersten Staatsanwalts gegeben. (Er war auch der Ankläger im Prozeß Kindermann.) Vermutlich ist auch die Mutter organisiert. Sie muß um siebenzig Jahre sein und zeigt noch Spuren großer Energie. Unter der haben nun Sophias Kinder zu leiden, die zwischen Großmutter und Tante hin- und her geschoben werden und die Mutter nun schon jahrelang nicht gesehen haben. Sie stammen beide aus deren erster Ehe mit einem Adligen, der im Bürgerkriege auf Seite der Bolschewiken stand und gestorben ist. Die jüngere Tochter war da als wir kamen. Sie ist hervorragend schön, von höchster Bestimmtheit und Anmut in ihren Bewegungen. Sie scheint sehr verschlossen. Gerade war ein Brief von ihrer Mutter gekommen, und weil sie ihn geöffnet hatte, gab es Streit mit der Großmutter. Aber er war an sie adressiert. Sophia schreibt, daß man in Deutschland ihr den Aufenthalt nicht länger gestatten will. Von ihrer illegalen Arbeit ahnt die Familie; sie ist eine Kalamität und die Mutter zeigt sich sehr beunruhigt. Vom Zimmer herrlicher Blick über den Twerskoi-Boulevard auf eine große Lichterreihe.

16 Dezember. Ich schrieb am Tagebuch und glaubte nicht mehr, daß Asja noch kommen würde. Da klopfte sie. Als sie hereinkam, wollte ich sie küssen. Wie meist, mißlang es. Ich holte die Karte an Bloch hervor, die ich begonnen hatte und gab sie ihr, um heranzuschreiben. Neuer vergeblicher Versuch ihr einen Kuß zu geben. Ich las, was sie geschrieben hatte. Auf ihre Frage, sagte ich ihr: „Besser, als wie Du an mich schreibst." Und für diese „Unverschämtheit" küßte sie mich doch, umarmte mich sogar dabei. Wir nahmen einen Schlitten in die Stadt und gingen in viele Geschäfte der Petrowka, um Stoff zu ihrem Kleide, ihrer Uniform zu kaufen. So nenne ich es, weil das neue genau denselben Schnitt haben soll wie das alte, das aus Paris stammt. Zuerst in einem Staatsmagazin, gab es in der oberen Hälfte der Längswände aus Pappfiguren gestellte Bilder zu sehen, die für Vereinigung von Arbeiter- und Bauernschaft warben. Die Darstellungen in dem süßlichen Geschmack, der hier verbreitet ist: Sichel und Hammer, ein Zahnrad und anderes Handwerkszeug sind, unsagbar widersinnig, aus sammetüberzogener Pappe nachgebildet. In diesem Laden gab es nur Ware für Bauern und Proletarier. Neuerdings unter dem „Regime Ökonomie" stellt man in staatlichen Fabriken keine anderen mehr her. Die Tische sind umlagert. Andere Läden, die leer sind, verkaufen Stoffe nur gegen Bezugsscheine oder – frei – zu unerschwinglichen Preisen. Ich kaufe durch Asja bei einem Straßenhändler eine kleine Puppe, Stanka-Wanka, für Daga ein, hauptsächlich um bei dieser Gelegenheit für mich selbst auch eine zu bekommen. Dann bei einem anderen eine Taube aus Glas für den Weihnachtsbaum. Gesprochen haben wir, soviel ich weiß, nicht viel. – Später mit Reich ins Büro von Panski. Er aber hatte uns in der Meinung bestellt, daß es sich um Geschäftliches handle. Weil ich einmal da war, schob er mich in den Vorführungsraum ab, wo zwei amerikanischen Journalisten Filme gezeigt wurden. Leider ging, als ich nach zahllosen Präliminarien endlich hinaufgelangte, die Aufführung des „Potemkin" gerade zu Ende; ich sah nur den letzten Akt. Es folgte „Nach dem Gesetz" – ein Film, der nach einer Erzählung von London gemacht ist. Die Premiere, die vor wenigen Tagen in Moskau stattgefunden hatte, war ein Mißerfolg gewesen. Technisch ist dieser Film gut – sein Regisseur Kulischoff hat einen sehr guten Namen. Doch führt die Fabel durch gehäufte Gräßlichkeiten ihr Motiv ins Absurde. Angeblich sollte dieser Film eine anarchistische Tendenz gegen das Recht überhaupt haben. Gegen Ende der Vorführung kam Panski selbst in den Vorführungsraum hinauf und nahm mich schließlich noch in sein Büro mit. Das Gespräch hätte sich dort noch lange ausgedehnt, wenn ich nicht Angst gehabt hätte, Asja zu versäumen. Zum Mittagessen war es ohnehin zu spät geworden. Als ich ins Sanatorium kam, war Asja schon fort. Ich ging nach Hause und sehr bald kam Reich, kurz nach ihm auch Asja. Sie hatten für Daga Walinki u. a. eingekauft. Wir sprachen in meinem Zimmer und kamen dabei auch auf das „Klavier" als Möbel, das in der Kleinbürgerwohnung das eigentliche dynamische Zentrum der in ihr herrschenden Traurigkeit und Zentrum aller Katastrophen in der Wohnung ist. Von dem Gedanken war Asja elektrisiert; sie wollte mit mir darüber einen Artikel schreiben, Reich den Gegenstand in einem Sketch verarbeiten. Einige Minuten blieben Asja und ich allein. Ich erinnere mich nur noch, daß ich die Worte: „auf ewig, am liebsten" sagte und daß sie darauf so lachte, daß ich sah: sie hat es verstanden. Abends aß ich mit Reich in einem vegetarischen Restaurant, wo die Wände mit propagandistischen Aufschriften bedeckt waren. „Kein Gott – die Religion eine Erfindung – keine Schöpfung" etc. Vieles, was sich auf das Kapital bezog, konnte Reich mir nicht übersetzen. Nachher, zu hause, gelang es mir endlich, Roth telefonisch durch Vermittlung von Reich zu sprechen. Er erklärte am folgenden Nachmittag abzureisen und nach einigem Überlegen blieb nichts übrig, als eine Einladung zum Abendessen um ½ 12 in seinem Hotel anzunehmen. Anders hätte ich kaum mehr darauf rechnen können ihn zu sprechen. Sehr ermüdet setzte ich mich gegen viertel zwölf in den Schlitten. Reich hatte mir den Abend über aus eigenen Arbeiten vorgelesen. Sein Versuch über den Humanismus, der freilich noch in einem ersten Stadium sich befindet, beruht auf der fruchtbaren Fragestellung: wie konnte die französische Intelligenz, eine Vorkämpferin der großen Revolution so bald nach 1792 verabschiedet und zu einem Instrumente der Bourgeoisie werden? Mir kam in dem Gespräch darüber der Gedanke, die Geschichte der „Gebildeten" müsse materialistisch als Funktion und im strengen Zusammenhange mit einer „Geschichte der Unbildung" dargestellt werden. Deren Beginn liegt in der Neuzeit, da die mittelalterlichen Formen der Herrschaft aufhören, Formen einer, wie auch immer beschaffenen (kirchlichen) Bildung der Beherrschten zu werden. Cuius regio eius religio zertrümmert die geistige Autorität der weltlichen Herrschaftsformen. Eine solche Geschichte der Unbildung würde lehren, wie in den ungebildeten Schichten ein jahrhundertelanger Prozeß die revolutionäre Energie aus deren religiöser Verpuppung herausbildet und die Intelligenz würde nicht nur immer als das von der Bourgeoisie sich scheidende Heer der Überläufer sondern als vorgeschobner Posten der „Unbildung" sich zu erkennen geben. Die Schlittenfahrt erfrischte mich sehr, Roth saß bereits im geräumigen Speisesaal. Mit lärmender Musikkapelle, zwei Riesenpalmen, die nur bis zu halber Höhe des Raumes hinaufragen, mit bunten Bars und Büfetts und farblos, vornehm angerichteten Tischen empfängt er den Besucher als weit nach dem Osten vorgeschobenes europäisches Luxushotel. Ich trank zum ersten Mal in Rußland Wodka, wir aßen Kaviar, kaltes Fleisch und Kompott. Wenn ich den ganzen Abend überschaue, macht Roth mir einen weniger guten Eindruck als in Paris. Oder – und das ist wahrscheinlicher – ich wurde in Paris derselben, damals noch verdeckten, Dinge inne, deren zu Tage liegende Erscheinung mich diesmal frappierte. Wir setzten ein bei Tisch begonnenes Gespräch intensiver auf seinem Zimmer fort. Er begann damit, mir einen großen Artikel über russisches Bildungswesen vorzulesen. Ich sah mich im Zimmer um, der Tisch war bedeckt mit den Resten eines scheinbar ausgiebigen Tees, den hier zu mindest drei Personen mußten eingenommen haben. Roth lebt scheinbar auf großem Fuße, das Hotelzimmer – ebenso europäisch wie das Restaurant eingerichtet – muß viel kosten, ebenso seine große Informationsreise, die sich bis nach Sibirien nach dem Kaukasus und der Krim ausdehnte. In dem Gespräche, das auf seine Vorlesung folgte, nötigte ich ihn schnell, Farbe zu bekennen. Was dabei sich ergab, das ist mit einem Wort: er ist als (beinah) überzeugter Bolschewik nach Rußland gekommen und verläßt es als Royalist. Wie üblich, muß das Land die Kosten für die Umfärbung der Gesinnung bei denen tragen, die als rötlich-rosa schillernde Politiker (im Zeichen einer „linken" Opposition und eines dummen Optimismus) hier einreisen. Sein Gesicht ist von vielen Falten durchzogen und hat ein unangenehmes witterndes Aussehen. Das fiel mir zwei Tage später als ich im Institut der Kamenewa ihm wiederbegegnete (er hatte seine Abreise verschieben müssen) wieder auf. Seine Einladung zu den Schlitten nahm ich an und fuhr gegen zwei Uhr in mein Hotel zurück. Stückweise, vor den großen Hotels und vor einem Café in der Twerskaja, gibt es Nachtleben in der Straße. Die Kälte macht, daß sich an diesen Stellen Menschen rudelweise zusammenballen.

17 Dezember. Besuch bei Daga. Sie sieht besser aus als ich sie früher je sah. Die Disziplin des Kinderheims wirkt stark auf sie. Ihr Blick ist ruhig und beherrscht, das Gesicht viel voller und weniger nervös. Die frappante Ähnlichkeit mit Asja ist geringer geworden. Ich wurde in der Anstalt selbst herumgeführt. Sehr interessant waren die Klassenzimmer mit ihren stellenweise dicht von Zeichnungen und Pappfiguren bedeckten Wänden. Eine Art Tempelmauer, an der die Kinder als Geschenke an das Kollektivum eigene Arbeiten stiften. Rot herrscht an diesen Flecken vor. Sie sind durchsetzt mit Sowjetsternen und Leninköpfen. In den Klassen sitzen die Kinder nicht vor Schulpulten sondern an Tischen auf langen Bänken. Sie sagen „Strasstweitje" wenn man hereinkommt. Da sie nicht von der Anstalt eingekleidet werden, so sehen viele sehr ärmlich aus. In der Nähe des Sanatoriums spielen andere Kinder von den Bauernhöfen, welche daneben liegen. Hin- und Rückfahrt von Mytischtin im Schlitten gegen den Wind. Nachmittags im Sanatorium bei Asja, sehr verstimmt. Dominopartie zu sechs im Spielzimmer. Zum Abendbrot, mit Reich, in einer Konditoreja eine Tasse Kaffee und einen Kuchen. Früh zu Bett.

18 Dezember. Am Morgen kam Asja. Reich war schon fort. Wir gingen den Stoff einkaufen, vorher zur Gosbank wechseln. Schon im Zimmer sagte ich Asja von der Verstimmung des letzten Tages. Es wurde an diesem Morgen gut, so sehr das möglich war. Der Stoff war sehr teuer. Auf dem Rückweg gerieten wir in eine Filmaufnahme. Asja erzählte mir, wie man das schildern müsse, wie die Menschen hierbei sofort den Kopf verlieren, stundenlang mitlaufen, dann verstört ins Amt kommen und nicht sagen können, wo sie gewesen sind. Es kommt einem wahrscheinlich vor, wenn man hier beobachtet, wie oft, um endlich zustande zu kommen, hier eine Sitzung angesetzt werden muß. Daß nichts so eintrifft, wie es angesetzt war und man es erwartet, dieser banale Ausdruck für die Verwicklung des Lebens, kommt hier in jedem Einzelfall so unverbrüchlich und so intensiv zu seinem Recht, daß der russische Fatalismus sehr schnell begreiflich wird. Wenn langsam sich im Kollektivum zivilisatorische Berechnung durchsetzt, so wird dies vorderhand die Einzelexistenz nur verwickelter machen. In einem Hause, wo es nur Kerzen gibt, ist man besser versehen als wo elektrisches Licht angelegt ist, aber die Kraftzentrale allstündlich gestört ist. Auch gibt es hier Leute, die sich um Worte nicht kümmern und die Dinge ruhig so nehmen wie sie sind, Kinder z. B., die auf der Straße sich Schlittschuhe anschnallen. Hasard, den eine Fahrt in der Elektrischen hier bietet. Durch die vereisten Scheiben kann man nie erkennen, wo man sich befindet. Erfährt man es, so ist der Weg zum Ausgang durch eine Masse dichtgekeilter Menschen versperrt. Denn da man hinten einzusteigen hat aber vorn den Wagen verläßt, so hat man sich durch die Masse hindurchzuarbeiten und wann man damit zu stande kommt, das hängt vom Glück und von der rücksichtslosen Ausnützung der Körperkräfte ab. Demgegenüber gibt es manchen Komfort, den man in Westeuropa nicht kennt. Die staatlichen Lebensmittel-Geschäfte stehen bis abends elf Uhr offen und die Häuser bis Mitternacht oder noch länger. Es gibt zu viel Mieter und Untermieter: man kann nicht jedem Hausschlüssel geben. – Man hat bemerkt, daß die Leute auf der Straße hier „in Serpentinen" gehen. Das ist ganz einfach die Folge der Übervölkerung der engen Bürgersteige, so eng, wie man nur hier und da in Neapel sie findet. Die Trottoirs geben Moskau etwas Landstädtisches oder vielmehr den Charakter einer improvisierten Großstadt, der ihre Stellung über Nacht zufiel. – Wir kauften einen guten braunen Stoff. Darauf ging ich ins „Institut", ließ mir einen Ausweis für Meyerhold geben und traf auch Roth. Im Dom Gerzena spielte ich nach dem Essen mit Reich Schach. Da kam Kogan mit dem Reporter heran. Ich erfand, ein Buch machen zu wollen, welches die Kunst unter der Diktatur behandeln solle: die italienische unterm Regime des Facismus und die russische unter der proletarischen Diktatur. Ferner sprach ich über die Bücher von Scheerbart und Emil Ludwig. Reich war mit diesem Interview aufs höchste unzufrieden und erklärte, ich habe, durch überflüssige theoretische Auseinandersetzungen mir gefährliche Blößen gegeben. Bisher ist dieses Interview noch nicht erschienen (ich schreibe am 21 ten), man muß die Wirkung abwarten. – Asja ging es nicht gut. Eine Kranke, die infolge von Genickstarre wahnsinnig geworden ist und die sie schon aus dem Krankenhaus kannte, war in das Zimmer neben dem ihren gelegt worden. In der Nacht stiftete dann Asja unter den andern Frauen einen Aufruhr an und das hatte den Erfolg, daß die Kranke fortgeschafft wurde. Reich brachte mich in das Theater Meyerhold, wo ich mit Fanny Jelowja zusammentraf. Aber das Institut steht mit Meyerhold schlecht: es hatte ihn daher nicht angerufen und wir bekamen keine Karten. Nach einem kurzen Aufenthalte in meinem Hotel fuhren wir in die Gegend der Krassnie worota, um einen Film zu sehen, von dem mir Panski erklärt hatte, er werde den Erfolg des „Potemkin" schlagen. Zunächst waren keine Plätze mehr frei. Wir lösten unsere Karten zur nächsten Vorstellung und gingen in das nahgelegene Zimmer der Jelowja, um Tee zu trinken. Auch dieses war kahl, wie alle, die ich bisher gesehen habe. An der grauen Wand die große Photographie, die Lenin zeigt, wie er die „Prawda" liest. Auf einer schmalen Etagere standen ein paar Bücher, an der Schmalwand, neben der Türe zwei Reisekörbe und an den beiden Längswänden ein Bett, gegenüber ein Tisch und zwei Stühle. Der Aufenthalt in diesem Zimmer bei einer Tasse Tee und einem Stück Brot war an diesem Abend das Beste. Denn der Film erwies sich als unerträgliches Machwerk und wurde noch dazu so rasend schnell abgerollt, daß man ihn weder sehen noch verstehen konnte. Wir gingen bevor er zu Ende war. Die Rückfahrt in der Straßenbahn war wie eine Episode aus der Inflationszeit. In meinem Zimmer traf ich noch Reich an, der wieder bei mir übernachtete.

19 Dezember. Ich erinnere mich nicht mehr genau, wie der Vormittag verlief. Ich glaube, daß ich Asja sah und dann, nachdem ich sie in das Sanatorium zurückgebracht hatte, in die Tretjakovgalerie wollte. Aber ich fand sie nicht und irrte bei schneidender Kälte am linken Ufer der Moskwa zwischen Baustellen, Exerzierplätzen und Kirchen umher. Ich sah, wie Rotarmisten exerzierten und Kinder mitten zwischen ihnen Fußball spielten. Mädchen kamen aus einer Schule. Gegenüber der Haltestelle, an der ich dann endlich eine Elektrische nahm, um zurückzufahren, stand eine leuchtende rote Kirche mit langer roter Mauer gegen die Straße, Turm und den Kuppeln. Noch matter machte mich dies Umherirren, weil ich ein unhandliches Päckchen mit drei Häuschen aus Buntpapier trug, welche ich für den riesigen Preis von je 30 Kopeken aus einem Kramladen in einer Hauptstraße des linken Ufers mir mit größter Mühe verschafft hatte. Nachmittag bei Asja. Ich ging fort, um ihr Kuchen zu holen. Als ich im Gehen in der Türe stand, fiel mir Reichs merkwürdiges Gebaren auf, er antwortete nicht auf mein “Adieu“. Ich schob das auf eine Verstimmung. Denn während er einige Minuten das Zimmer verlassen hatte, hatte ich Asja gesagt, er hole wohl Kuchen und als er zurückkam, war sie enttäuscht. Als ich einige Minuten später mit Kuchen wiederkam, lag Reich auf dem Bett. Er hatte einen Herzanfall gehabt. Asja war sehr aufgeregt. Mir fiel auf, daß sie bei diesem Unwohlsein von Reich sich ähnlich verhielt, wie ich es früher tat, wenn Dora krank war. Sie schimpfte, suchte auf unkluge provokatorische Art zu helfen und tat wie einer, der dem andern zum Bewußtsein bringen will, welches Unrecht er hat, krank geworden zu sein. Reich erholte sich langsam. Aber zum Theater Meyerhold mußte ich infolge dieses Zwischenfalls allein gehen. Später brachte Asja Reich in mein Zimmer. Er übernachtete in meinem Bett und ich schlief auf dem Sofa, das mir Asja zurechtgemacht hatte. – Der „Revisor“ dauerte trotzdem er gegen die Erstaufführung um eine Stunde verkürzt worden war, noch immer von ¾ 8 bis nach 12. Das Stück hatte drei Abteilungen von insgesamt (wenn ich nicht irre) 16 Bildern. Durch zahlreiche Äußerungen von Reich war ich in etwas auf das Gesamtbild dieser Aufführung vorbereitet. Dennoch nahm mich der ungeheure Aufwand, der getrieben wurde, wunder. Und zwar schienen mir nicht die reichen Kostüme das Bemerkenswerteste zu sein, sondern die dekorativen Aufbauten. Mit ganz wenigen Ausnahmen spielten die Szenen sich auf dem winzigen Raum einer schiefen Ebene ab, die jedesmal von einem andern Mahagoniaufbau im Empirestil und mit anderem Ameublement bestellt war. Es kamen auf diese Weise viele entzückende Genrebilder zu stande und das entsprach der undramatischen, soziologisch analysierenden Grundrichtung dieser Aufführung. Man mißt ihr hier große Bedeutung bei, als der Adaptation eines klassischen Stücks für das revolutionäre Theater, aber zugleich sieht man den Versuch als mißglückt an. So hat auch die Partei Parole gegen die Inszenierung ausgegeben und die gemäßigte Besprechung des Theaterkritikers der „Prawda“ ist von der Redaktion zurückgewiesen worden. Im Theater war der Beifall spärlich und vielleicht geht auch das mehr auf die offizielle Losung zurück als auf den ursprünglichen Eindruck des Publikums. Denn eine Augenweide war die Aufführung sicher. Aber dergleichen hängt wohl zusammen, mit der allgemeinen Vorsicht bei öffentlicher Meinungsäußerung, die hier herrscht. Fragt man eine Person, mit der man erst wenig bekannt ist, nach ihrem Eindruck von einem sehr gleichgültigen Theaterstück oder Film so erfährt man nur: „Hier wird gesagt, das sei so und so“ oder „man hat sich meistens in dem und dem Sinne ausgesprochen“. Das Regieprinzip der Aufführung, die Konzentrierung der szenischen Vorgänge auf einen sehr kleinen Raum führt zu einer höchst luxuriösen Häufung aller Werte, nicht zuletzt des Schauspielermaterials. Bei einer Festszene, die als Regieleistung ein Meisterstück war, fand dies seinen Höhepunkt. Auf dem kleinen Felde waren, zwischen papierenen, nur angedeuteten Pilastern gegen fünfzehn Menschen in gedrängter Gruppe versammelt. (Reich sprach von der Aufhebung der linearen Anordnung.) Im ganzen kommt die Wirkung eines Tortenaufbaus heraus (ein sehr moskoviter Vergleich – es gibt nur hier Torten, die ihn verständlich machen) besser noch die Gruppierung der tanzenden Püppchen auf einer Spieluhr, deren Musik der Gogolsche Text macht. Es gibt zudem viel richtige Musik im Stück und eine kleine Quadrille, die gegen Schluß vorkam, würde in jedem bürgerlichen Theater ein Attraktionsstück sein; in einem proletarischen erwartet man sie nicht. Dessen Formen treten am deutlichsten in einer Szene heraus, bei der eine langgestreckte Ballustrade die Bühne teilt; vor ihr steht der Revisor, hinter ihr die Masse, die all seinen Bewegungen folgt und ein sehr ausdrucksvolles Spiel mit seinem Mantel entwickelt – bald mit sechs oder acht Händen ihn hält, bald ihn dem an der Brüstung lehnenden Revisor überwirft. – Die Nacht auf dem harten Bette verlief ganz gut.

20 Dezember. Ich schreibe am 23 ten und weiß vom Vormittag nichts mehr. Anstatt ihn aufzuzeichnen, einiges über Asja und unser Verhältnis zu einander, trotzdem Reich neben mir sitzt. Ich bin vor eine fast uneinnehmbare Festung geraten. Allerdings sage ich mir, daß schon mein Erscheinen vor dieser Festung, Moskau, einen ersten Erfolg bedeutet. Aber jeder weitere, entscheidende scheint fast unüberwindlich schwierig. Reichs Position ist stark, durch die offenkundigen Erfolge, die er nach einem überaus schweren halben Jahre, in dem er, sprachunkundig, hier gefroren und vielleicht auch gehungert hat, einen nach dem andern verzeichnen kann. Heut morgen sagte er mir, nach einem halben Jahr hoffe er hier eine Stellung zu haben. Er findet sich weniger leidenschaftlich, aber leichter als Asja in die Moskauer Arbeitsverhältnisse. In der ersten Zeit nach ihrer Ankunft aus Riga wollte Asja sogar gleich nach Europa zurück, so aussichtslos schien der Versuch, hier eine Stelle zu bekommen, ihr zu sein. Als es ihr dann gelang, wurde sie, nach einigen Wochen Arbeit auf ihrem Kinderplatz, von der Krankheit zurückgeworfen. Hätte sie nicht ein oder zwei Tage vorher die Eintragung in eine Gewerkschaft erhalten, so hätte sie ohne Pflege dargelegen und wäre vielleicht gestorben. Es ist sicher, daß sie einen Drang nach Westeuropa auch jetzt noch hat. Das ist nicht nur der Drang nach Reisen, fremden Städten, und den Annehmlichkeiten einer mondänen Bohème, sondern auch der Einfluß der befreienden Durchbildung, den ihre eigenen Gedanken in Westeuropa, hauptsächlich im Umgange mit Reich und mir erfahren haben. Wie es überhaupt möglich war, daß Asja hier in Rußland so zu scharfen Einstellungen gelangt ist, wie sie sie nach Westeuropa schon mitbrachte, ist in der Tat, wie Reich neulich sagte, fast rätselhaft. Für mich ist Moskau jetzt eine Festung; das harte Klima, das mich sehr angreift, so gesund es mir ist, die Unkenntnis der Sprache, Reichs Anwesenheit, Asjas sehr eingeschränkte Lebensweise sind ebensoviele Bastionen und nur die gänzliche Unmöglichkeit, weiter vorzudringen, Asjas Kranksein, zum mindesten ihre Schwäche, die alles Persönliche, was sie betrifft, etwas in den Hintergrund schiebt, bewirkt, daß mich dies alles nicht vollständig niederdrückt. Wieweit ich den Nebenzweck meiner Reise, der tödliehen Melancholie der Weihnachtstage zu entgehen, erreiche, steht noch dahin. Daß ich mich ziemlich kräftig halte, kommt auch daher, daß ich trotz allem eine Bindung Asjas an mich erkenne. Das Du zwischen uns scheint sich zu behaupten, und ihr Blick, wenn sie lange mich ansieht – ich erinnere mich nicht, daß eine Frau so lange Blicke und so lange Küsse gewährte – hat nichts von seiner Gewalt über mich verloren. Heute sagte ich ihr, daß ich jetzt ein Kind von ihr haben möchte. Seltene aber spontane Bewegungen, die bei der Beherrschung, die sie in erotischen Dingen sich jetzt auferlegt, nicht bedeutungslos sind, sagen daß sie mich gern hat. So fing sie mich, als ich gestern, um einem Streit zu entgehen, ihr Zimmer verlassen wollte, gewaltsam ab und fuhr mit den Händen durchs Haar. Sie nennt auch oft meinen Namen. Einmal sagte sie mir in diesen Tagen, es sei nur meine Schuld, daß wir jetzt nicht auf einer „wüsten Insel" lebten und schon zwei Kinder hätten. Daran ist etwas Wahres. Drei oder viermal habe ich mich einer gemeinsamen Zukunft, direkter oder indirekter, entzogen: als ich in Capri nicht mit ihr „floh" – aber wie? – mich weigerte, von Rom aus sie nach Assisi und Orvieto zu begleiten, im Sommer 1925 nicht mit nach Lettland kommen und im

Winter nicht mich verpflichten wollte, in Berlin auf sie zu warten. Es waren nicht nur ökonomische Erwägungen dabei im Spiel, sogar nicht allein meine fanatische Reisesucht, die in den letzten zwei Jahren sich gemindert hat, sondern auch Furcht vor feindlichen Elementen in ihr, denen ich mich nur heute erst eher gewachsen fühle. Auch sagte ich in diesen Tagen ihr, hätten wir damals uns mit einander verbunden, ich weiß nicht, ob wir jetzt nicht schon lange entzweit wären. Alles, was sich jetzt außer und in mir abspielt, wirkt zusammen, mir den Gedanken, von ihr getrennt zu leben, weniger unerträglich erscheinen zu lassen als er bisher mir war. Vor allem freilich spricht dabei die Furcht mit, später, wenn Asja einmal gesund ist und in gefestigten Verhältnissen mit Reich hier lebt, nur unter großen Leiden an die Grenze unseres Verhältnisses stoßen zu können. Ob ich aber dem werde entgehen können, weiß ich noch nicht. Denn ganz mich von ihr zu lösen, habe ich jetzt keinen genauen Anlaß, vorausgesetzt auch, daß ich fähig dazu wäre. Am liebsten wäre ich mit ihr durch ein Kind verbunden. Ob ich aber, selbst heute, dem Leben mit ihr mit seiner erstaunlichen Härte und, bei all ihrer Süßigkeit, ihrer Lieblosigkeit gewachsen wäre, weiß ich nicht. – Hier ist das Leben im Winter um eine Dimension reicher: der Raum verändert sich buchstäblich, je nachdem er heiß oder kalt ist. Man lebt auf der Straße wie in einem frostigen Spiegelsaal, jedes Einhalten und Besinnen wird unglaublich schwer: es braucht schon einen halbtägigen Vorsatz, um einen Brief in den Kasten zu stecken und trotz der strengen Kälte bedeutet es eine Willensleistung, in ein Geschäft einzutreten, um etwas zu kaufen. Bis auf ein riesenhaftes Lebensmittelgeschäft an der Twerskaja, wo tafelfertige Gerichte so leuchtend dastehen, wie ich sie nur aus Abbildungen in den Kochbüchern meiner Mutter kenne, und wie sie nicht üppiger zur Zeit des Zarismus da figuriert haben können, sind auch die Läden nicht zum Aufenthalt geeignet. Zudem sind sie provinziell. Schilder, die weithin lesbar den Namen der Firma tragen, wie sie in den Hauptstraßen der westlichen Städte üblich sind, kommen sehr selten vor; meist wird allein die Warengattung angegeben und manchmal sind die Schilder, mit Uhren, Koffern, Stiefeln, Pelzen, etc. bemalt. Auch hier haben die Lederhandlungen das traditionelle, ausgebreitete Fell, auf ein

Blechschild gepinselt. Hemden sind gewöhnlich auf eine Tafel gemalt, über der „Kitaiskaja Pratschetschnaja" steht – chinesische Wäscherei. Man sieht viele Bettler. Sie flehen in langen Reden die vorübergehenden an. Einer beginnt jedesmal, wenn ein Passant, von dem er sich etwas verspricht, vor ihm vorbeigeht, ein leises Heulen. Ich sah auch einen Bettler genau in der Haltung des Unglücklichen, dem der heilige Martin mit dem Schwert seinen Mantel durchschneidet, kniend mit einem vorgestreckten Arme. Kurz vor Weihnachten saßen an immer der gleichen Stelle in der Twerskaja zwei Kinder an der Mauer des Revolutionsmuseums im Schnee, mit einem Fetzen bedeckt, und wimmerten. Im übrigen scheint es ein Ausdruck von dem wandellosen Elend dieser Bettelnden, vielleicht aber auch ist es die Folge einer klugen Organisation, daß von allen Moskauer Institutionen sie allein verläßlich sind, und unveränderlich ihren Platz behaupten. Denn sonst steht alles hier im Zeichen der Remonte. In den kahlen Zimmern werden allwöchentlich die Möbel umgestellt das ist der einzige Luxus, den man sich mit ihnen gestatten kann, und zugleich doch ein radikales Mittel die „Gemütlichkeit" samt der Melancholie, mit der sie bezahlt wird, aus dem Haus zu vertreiben. Die Ämter, Museen und Institute ändern fortwährend ihren Ort und auch die Straßenhändler, die anderswo ihre bestimmten Plätze haben, tauchen alltäglich anderswo auf. Alles: Schuhcreme, Bilderbücher, Schreibzeug, Kuchen und Brote, selbst Handtücher werden auf offener Straße verkauft, als herrsche nicht Moskauer Winter mit 25° Grad Frost sondern ein neapolitanischer Sommer. – Nachmittags sagte ich bei Asja, ich wolle in der „Literarischen Welt" über Theater schreiben. Es gab einen kurzen Streit, aber dann bat ich sie, Domino mit mir zu spielen. Und schließlich sagte sie zu: „Wenn Du bittest. Ich bin schwach. Ich kann nichts abschlagen, worum man mich bittet." Nachher aber als Reich kam, brachte Asja von neuem die Sprache auf jenes Thema und es kam zu einem äußerst heftigen Zank. Nur vor dem Weggehen als ich aus einer Fensternische aufstand und Reich auf die Straße nachfolgen wollte, nahm Asja dann doch meine Hand und sagte: „Es ist nicht so schlimm." Abends noch kurze Auseinandersetzung darüber auf meinem Zimmer. Er ging dann nach Hause.

21 Dezember. Ich ging den ganzen Arbat entlang und kam auf den Markt am Smolensk-Boulevard. Es war an diesem Tage sehr kalt. Ich aß im Gehen Schokolade, die ich unterwegs mir gekauft hatte. Der Markt war mit Weihnachtsbuden, Spielzeug- und Papierständen in seiner ersten Reihe bestanden, die an der Straße entlanglief. Dahinter Verkauf von Eisenwaren, Wirtschaftsartikeln, Schuhen u.s.w. Er ähnelte etwas dem Markte an der Arbatskaja Plotschtad, nur waren glaube ich keine Lebensmittel hier. Noch ehe man aber an die Buden gelangt ist, säumen den Weg so dicht, daß man beinahe nicht vom Fahrdamm auf das Trottoir gelangen kann, Körbe mit Eßwaren, Baumschmuck und Spielsachen. An einer Bude kaufte ich eine Kitschpostkarte ein, anderswo eine Balalaika und ein papiernes Häuschen. Auch hier begegnete ich den Straßen mit Weihnachtsrosen, Gruppen heroischer Blumen, die aus Schnee und Eis kräftig herausleuchten. Es fiel mir schwer, mit meinen Sachen bis zum Spielzeugmuseum durchzufinden. Vom Smolenskboulevard war es in die Ulitza Krapotkina verlegt und als ich es endlich gefunden hatte, war ich so erschöpft, daß ich fast an der Schwelle umgekehrt wäre: ich hielt die Tür, die nicht gleich nachgab, für verschlossen. Nachmittag bei Asja. Abends zu einem schlechten Stück (Alexander I und Iwan Kusmitsch) im Theater Korsch. Der Autor erwischte Reich in einer Pause – er bezeichnete den Helden in seinem Stück als Geistesverwandten des Hamlet –, und wir entkamen, seine Achtsamkeit betrügend, nur mit Mühe den letzten Akten. Nach dem Theater kauften wir, wie ich mich zu erinnern glaube, noch Essen. Reich schlief bei mir.

22 Dezember. In den Besprechungen mit Reich gerate ich auf manches Wichtige. Wir sprechen oft am Abend lange über Rußland, Theater und Materialismus. Reich ist sehr enttäuscht von Plechanoff. Ich suchte ihm zu entwickeln, welcher Gegensatz zwischen materialistischer und universalistischer Darstellungsweise besteht. Die universalistische sei immer idealistisch, weil undialektisch. Die Dialektik nämlich dringe notwendig in der Richtung vor, daß sie jede Thesis oder Antithesis, auf die sie stoße, wieder als Synthese triadischer Struktur darstelle, sie komme auf diesem Wege immer tiefer ins Innere des Gegenstandes hinein und stelle ein Universum nur in ihm selber dar. Jeder andere Begriff eines Universums sei gegenstandslos, idealistisch. Ich suchte ferner das unmaterialistische Denken von Plechanoff an der Rolle zu erweisen, welche bei ihm die Theorie spielt und berief mich auf einen Gegensatz von Theorie und Methode. Die Theorie schwebt, im Bestreben Allgemeines darzustellen, über der Wissenschaft, während für die Methode charakteristisch ist, daß jede prinzipielle allgemeine Untersuchung sofort wieder einen ihr eigenen Gegenstand findet. (Beispiel die Untersuchung der Beziehung der Begriffe Zeit und Raum in der Relativitätstheorie.) Ein andermal Gespräch über den Erfolg als das entscheidende Kriterium der „mittleren" Schriftsteller und über die eigentümliche Struktur der „Größe" bei den großen Schriftstellern – die „groß" seien weil ihre Wirkung historisch sei, nicht aber umgekehrt historische Wirkung durch ihre schriftstellerische Gewalt besäßen. Wie man diese „großen" Schriftsteller nur durch die Linsen der Jahrhunderte sähe, die vergrößernd und färbend auf sie ausgerichtet seien. Ferner: wie dies zu einer absolut konservativen Haltung gegenüber den Autoritäten führe und wie doch eben diese konservative Haltung einzig und allein sich materialistisch begründen lasse. Wir unterhielten uns ein anderes Mal über Proust (ich las ihm aus der Übersetzung etwas vor), dann über russische Kulturpolitik: das „Bildungsprogramm" für die Arbeiter, aus dem heraus man ihnen die ganze Weltliteratur nahe zu bringen suche, die Preisgabe der linken Schriftsteller, die in der Zeit des heroischen Kommunismus die Führung gehabt hätten, die Förderung reaktionärer Bauernkunst (die Ausstellung des Acher). Dies alles schien mir wieder einmal sehr aktuell als ich am Vormittag dieses Tages mit Reich auf dem Büro der „Enzyklopädie" war. Dieses Unternehmen soll auf dreißig bis vierzig Bände angelegt sein und ein eigener Band für Lenin reserviert werden. Es saß da (als wir zum zweiten Mal, unser erster Gang dahin war vergeblich) hinter seinem Schreibtisch ein sehr wohlwollender junger Mann, dem Reich mich vorstellte und meine Kenntnisse empfahl. Als ich sodann das Schema zu meinem „Goethe" ihm auseinandersetzte, zeigte sich seine intellektuelle Unsicherheit sofort. Manches an diesem Entwurf verschüchterte ihn und er kam schließlich darauf hinaus, ein soziologisch untermaltes Lebensbild zu fordern. Im Grunde aber kann man materialistisch nicht ein Dichterleben schildern sondern nur seine historische Nachwirkung. Denn dies Dasein und selbst das bloße zeitliche oeuvre eines Künstlers bietet, wenn man von seinem Nachleben abstrahiert, der materialistischen Analyse gar keinen Gegenstand. Wahrscheinlich ist auch hier dieselbe unmethodische Universalität und Direktheit, die die völlig idealistischen, metaphysischen Fragestellungen in Bucharins „Einführung in den historischen Materialismus" kennzeichnet. Nachmittags bei Asja. Es liegt in ihrem Zimmer neuerdings eine jüdische Kommunistin, die ihr sehr gut gefällt und mit der sie viel spricht. Mir ist deren Anwesenheit weniger angenehm, weil ich jetzt, selbst wenn Reich nicht zugegen ist, Asja kaum mehr allein spreche. Abends zu Hause.

23 Dezember. Ich war am Vormittag im Kustarny-Museum. Es gab wieder sehr schönes Spielzeug zu sehen; die Ausstellung ist auch hier vom Leiter des Spielzeugmuseums angeordnet. Am schönsten sind vielleicht die Pappmachefiguren. Sie stehen oft auf einem kleinen Sockel, entweder einem winzigen Leierkasten, an dem man dreht oder auf einer schiefen Ebene, die sich zusammendrücken läßt und einen Laut von sich gibt. Es gibt auch sehr große Figuren aus dieser Masse, die leicht ins groteske spielende Typen darstellen und schon einer Verfallsperiode angehören. Im Museum war ein ärmlich gekleidetes, sympathisches Mädchen, die mit zwei kleinen Jungen, deren Gouvernante sie war, französisch über das Spielzeug sich unterhielt. Alle drei waren Russen. Das Museum hat zwei Säle. Der größere, in dem auch das Spielzeug steht, enthält sonst Muster von lackierten Holzarbeiten und Textilien, der kleinere alte Holzschnitzereien und Kästen in Form von Enten oder anderen Tieren, Handwerkszeug etc. und schmiedeeiserne Arbeiten. Mein Versuch irgendwelche Gegenstände vom Charakter der alten Spielwaren in dem Magazin aufzutreiben, das unten in einem großen Saale untergebracht und an das Museum angeschlossen ist, mißlang. Ich sah dort aber ein so großes Lager von Baumschmuck wie nirgends sonst bisher. – Danach war ich im Institut der Kamenewa, um mir Karten für „Ljeß" abzuholen und traf mit Basseches zusammen. Wir gingen ein Stück mit einander und es war halb vier als ich endlich zum Dom Gerzena kam. Reich kam noch später als ich schon fertig mit Essen war. Ich bestellte wieder Kaffee, wie schon einmal und schwor mir, ihn nicht wieder anzurühren. Nachmittags gab es eine Dominopartie zu vieren, wo ich mit Asja zum ersten Male Partei bildete. Wir gewannen sehr glänzend gegen Reich und ihre Zimmerkollegin. Mit der traf ich mich dann nachher im Theater Meyerhold, während Reich Sitzung des „Wapp“ hatte. Sie sprach, um sich mit mir zu verständigen jiddisch. Bei längerer Übung wäre es schon gegangen, aber fürs erste hatte ich nicht viel davon. Der Abend ermüdete mich sehr, denn wir kamen, wohl durch eine Verfehlung oder auch durch ihre Unpünktlichkeit zu spät, mußten den ersten Akt stehend vom Rang aus ansehen. Dazu kam das Russisch. Asja schlief nicht, bevor ihre Zimmergenossin nach Hause kam. Dann aber, so erzählte sie am nächsten Tag, hatten sie deren regelmäßige Atemzüge zum Schlafen gebracht. Die berühmte Harmonikaszene im Ljeß ist wirklich sehr schön, aber durch Asjas Erzählung war sie in meine Vorstellung schon so herrlich sentimental und romantisch getreten, daß ich mich in die Bühnenwirklichkeit der Stelle nicht gleich hineinfand. Auch sonst ist diese Aufführung voll von den herrlichsten Einfällen: das Spiel des angelnden Exzentrik-Komödianten, der die Illusion des zappelnden Fischs mit dem Spiele der zuckenden Hand wachruft, die Liebesszene, die sich am Rundlauf entwickelt, das ganze Spiel auf dem Steg, der von einem Gerüst auf die Bühne hinabführt. Ich begriff zum ersten Mal deutlicher die Funktion der konstruktivistisch eingerichteten Szene, die mir bei Tairoff in Berlin, geschweige denn etwa aus Fotographien bei weitem nicht so deutlich wurde.

24 Dezember. Einiges über mein Zimmer. Alle Möbel in ihm tragen eine Blechmarke: „Moskauer Gasthöfe“, dann die Inventarnummer. Die Gasthöfe stehen sämtlich unter Verwaltung des Staates (oder der Stadt?). Die Doppelfenster in meinem Zimmer sind jetzt, winters, verkittet. Man kann nur eine kleine Klappe oben öffnen. Der kleine Waschtisch ist aus Blech, das unten lackiert, oben sehr blank ist und er trägt einen Spiegel.

Das Becken ist auf dem Grunde mit Abflußlöchern versehen, die man nicht schließen kann. Aus einem Hahn fließt ein dünner Wasserstrahl. Geheizt wird der Raum von außen, aber durch eine besondere Lage des Zimmers ist auch der Fußboden warm und bei mäßig kaltem Wetter herrscht sowie das Fensterchen zu ist, drückende Hitze. Morgens vor 9 Uhr, wenn geheizt ist, klopft immer ein Angestellter und fragt, ob auch die Klappe geschlossen ist. Das ist das einzige, worauf man sich hier verlassen kann. Das Hotel hat keine Küche, so daß man nicht einmal eine Tasse Tee haben kann. Und als wir einmal, am Vorabend des Tages, da wir zu Daga fuhren, darum baten, geweckt zu werden, entspann sich zwischen dem Schweizer (das ist der russische Name für den Hoteldiener) und Reich eine shakespearesche Unterhaltung über das Motiv „wecken". Der Mann, auf die Frage, ob wir geweckt werden könnten: „Wenn wir daran denken, dann werden wir wecken. Wenn wir aber nicht daran denken, dann werden wir nicht wecken. Eigentlich, meistens denken wir ja daran, dann wecken wir eben. Aber gewiß, wir vergessen es auch manchmal, wenn wir nicht daran denken. Dann wecken wir nicht. Verpflichtet sind wir ja nicht, aber wenn es uns noch zur rechten Zeit einfällt, dann tun wir es doch. Wann wollen Sie denn geweckt sein? – Um sieben. Dann wollen wir das aufschreiben. Sie sehen ich tue den Zettel dahin, er wird ihn doch finden? Natürlich, wenn er ihn nicht findet, wird er nicht wecken. Aber meistens wecken wir ja." Am Ende wurden wir natürlich dann nicht geweckt und man erklärte: „Sie waren ja wach, was sollten wir da noch wecken." Es scheint von solchen Schweizern eine ganze Menge in dem Hotel zu geben. Sie sind in einem Stübchen im Erdgeschoß. Unlängst fragte Reich, ob Post für mich da sei. Der Mann sagte „nein", obwohl die Briefe ihm vor der Nase lagen. Als man ein andermal mich telefonisch im Hotel zu erreichen suchte, hieß es: „Er ist inzwischen ausgezogen." Auf dem Flur ist das Telefon und ich höre im Bett oft noch nach 1 Uhr nachts laute Gespräche. Dies Bett hat in der Mitte eine große Kute und bei der leisesten Bewegung knarrt es. Da Reich oft in der Nacht so laut schnarcht, daß ich aufwache, wäre das Schlafen schwierig, wenn ich nicht immer todmüde ins Bett käme. Am Nachmittage schlafe ich hier ein. Die Rechnung muß man alltäglich zahlen, weil auf jede, die den Betrag von 5 Rubeln übersteigt, eine Steuer von 10% liegt. Welch ungeheure Zeit- und Kraftverschwendung das bedeutet, versteht sich von selbst. – Reich und Asja hatten sich auf der Straße getroffen und kamen zusammen. Asja fühlte sich schlecht und hatte der Birse für den Abend abgesagt. Man wollte bei mir sein. Sie hatte ihren Stoff bei sich, und wir gingen fort. Ich brachte sie, bevor ich ins Spielzeugmuseum ging, zu ihrer Schneiderin. Unterwegs traten wir bei einem Uhrmacher ein. Asja gab ihm meine Uhr. Es war ein Jude, der Deutsch konnte. Als ich mich dann von Asja verabschiedet hatte, nahm ich mir zum Museum einen Schlitten. Ich fürchtete, zu spät zu kommen, weil ich noch immer an russisches Zeitmaß mich nicht gewöhnt habe. Führung durchs Spielzeugmuseum. Der Leiter towaritsch Bartram schenkte mir seine Schrift „Vom Spielzeug zum Kindertheater“, die mein Weihnachtsgeschenk für Asja wurde. Danach in die Akademie; aber Kogan war abwesend. Ich hatte mich, um zurückzufahren, an einer Omnibushaltestelle postiert. Da sah ich an einer geöffneten Tür die Aufschrift „Museum“ und wußte bald, daß ich die „zweite Sammlung der neuen Kunst des Westens“ vor mir hatte. Dies Museum lag nicht in meinem Besichtigungsplan. Weil ich nun aber davor stand, ging ich hinein. Vor einem außerordentlich schönen Bilde von Cézanne kam mir der Einfall, wie die Rede von „Einfühlung“ sprachlich schon falsch ist. Mir schien, soweit man ein Gemälde erfaßt, dringt man durchaus nicht in seinen Raum ein, vielmehr stößt dieser Raum, zunächst an ganz bestimmten, unterschiednen Stellen, vor. Er öffnet sich uns in Winkeln und Ecken, in denen wir sehr wichtige Erfahrungen der Vergangenheit glauben lokalisieren zu können; es ist etwas unerklärlich Bekanntes an diesen Stellen. Dies Bild hing an der Mittelwand des ersten der beiden Cézanne-Säle, genau dem Fenster gegenüber im vollen Licht. Es stellte eine Chaussee dar, wo sie durch Wald läuft. An einer Seite hat sie eine Häusergruppe. Nicht ganz so außerordentlich wie die große Cézanne-Sammlung ist die Renoir-Kollektion dieses Museums. Immerhin sind sehr schöne, besonders frühe Bilder auch in ihr. In den ersten Sälen aber berührten am stärksten mich zwei Bilder von den Pariser Boulevards, die als Pendants einander gegenüber hängen. Das eine ist von Pissarro, das andere von Monet. Beide geben die breite Straße von erhöhtem Standort aus, der bei dem ersten in der Mitte, bei dem zweiten seitlich liegt. So seitlich, daß die Silhouetten zweier Herren, die sich vom Gitter eines Balkons auf die Straße hinabbeugen, seitlich, als seien sie dicht neben dem Fenster, in welchem gemalt wird, ins Bild hineinragen. Und während bei Pissarro der graue Asphalt mit den unzähligen Equipagen über den größten Teil der Bildfläche sich breitet, ist sie bei Monet zur Hälfte von einer leuchtenden Hauswand eingenommen, die halb durch herbstlich gelbe Bäume schimmert. Am Fuße dieses Hauses sind vom Laub fast ganz verborgen Stühle und Tische eines Cafes wie ländliche Möbel im sonnigen Wald zu erraten. Pissarro aber gibt den Ruhm von Paris; die Linie der schornsteinbesäten Dächer wieder. Ich fühlte eine Sehnsucht nach dieser Stadt. – In einem hinteren Kabinett neben Zeichnungen von Louis Legrand und Degas ein Bild von Odilon Redon. – Nach der Autobusfahrt begann ein langes Umherirren und eine Stunde nach der festgesetzten Zeit kam ich endlich in dem kleinen Kellerrestaürant an, in dem ich mit Reich verabredet war. Wir mußten uns, weil es schon gegen vier Uhr war, gleich trennen und gaben uns im großen Lebensmittelladen auf der Twerskaja Rendezvous. Es war nur wenige Stunden vorm Weihnachtsabend und der Laden war überfüllt. Während wir Kaviar, Lachs, Obst kauften, begegnete uns Basseches, mit Paketen, vergnügter Laune. Reichs Stimmung dagegen war schlecht. Er war sehr unwillig über mein verspätetes Kommen und ein chinesischer Papierfisch, den ich vormittags auf der Straße erstanden hatte, und zu allen übrigen Sachen mit herumschleppen mußte, stimmte, als Zeugnis einer Sammelmanie ihn nicht heiterer. Endlich hatten wir noch Kuchen und Süßigkeiten, so wie ein schleifengeschmücktes Bäumchen beisammen und mit alledem fuhr ich im Schlitten nach hause. Es war längst dunkel geworden. Die Fülle von Menschen, durch die ich mit Baum und Paketen mich hatte drängen müssen, hatte mich müde gemacht. Im Zimmer legte ich mich aufs Bett, las Proust und aß von den gezuckerten Nüssen, die wir gekauft hatten, weil Asja sie gern hat. Nach sieben kam Reich, etwas später auch Asja. Sie lag den ganzen Abend über auf dem Bett und neben ihr saß Reich auf einem Stuhl. Als dann nach langem Warten endlich auch ein Samovar gekommen war – erst hatte man vergeblich darum gebeten, weil angeblich ein Gast sie sämtlich auf dem Zimmer eingeschlossen hatte und fort war – als zum ersten Male sein Summen mir ein russisches Zimmer erfüllte und ich Asja die gegenüber lag, dicht ins Gesicht sehen konnte, da hatte ich nahe bei dem Tannenbäumchen im Topf zum ersten Mal seit vielen Jahren das Gefühl, am Weihnachtsabend geborgen zu sein. Wir sprachen über die Stelle, die Asja annehmen sollte, später kamen wir auf mein Trauerspielbuch, und ich las die Vorrede vor, die gegen die Universität Frankfurt gerichtet ist. Für mich kann wichtig werden, daß Asja meinte, ich solle trotz allem ganz einfach schreiben: Abgelehnt von der Universität Frankfurt a/M. An diesem Abend waren wir uns sehr nah. Asja lachte sehr über manches was ich ihr sagte. Anderes, wie der Gedanke eines Artikels: Die deutsche Philosophie als Werkzeug der deutschen Innenpolitik, erregte sie zu heftiger Zustimmung. Sie wollte sich nicht zum Gehen entschließen, fühlte sich gut und müde. Schließlich war es aber noch nicht elf Uhr als sie ging. Ich legte mich gleich zu Bett, weil mein Abend erfüllt, wenn auch noch so kurz gewesen war. Ich sah, daß es für uns keine Einsamkeit gibt, wenn gleichzeitig der Mensch, welchen wir lieben, wenn auch an einem andern Ort, wo wir ihn nicht erreichen können, einsam ist. So scheint im Grunde das Gefühl von Einsamsein ein reflexives Phänomen zu sein, das uns nur trifft wenn es von uns bekannten Menschen, am meisten von dem Menschen den wir lieben, wenn sie sich ohne uns gesellig vergnügen, auf uns zurückstrahlt. Und sogar der an sich, im Leben überhaupt, Vereinsamte, fühlt sich nur einsam im Gedanken an die, wenn auch unbekannte, Frau oder an einen Menschen, die nicht einsam sind und in deren Gemeinschaft auch er es nicht wäre.

25 *Dezember.* Ich habe mich resigniert, mit dem wenigen Russisch, das ich herstammeln kann, auszukommen und vorläufig nicht weiter zu lernen, weil ich hier meine Zeit zu nötig zu anderem brauche: zum Übersetzen und für Artikel. Falls ich wieder einmal nach Rußland komme, wird es freilich nicht möglich sein, ohne daß ich einige Sprachkenntnis mitbringe, die ich dann vorher mir erwerben müßte. Aber weil ich nun keinen Offensivplan für die Zukunft aufstelle, ist mir das nicht unbedingt

gewiß geworden: es könnte in anderen Verhältnissen, die noch ungünstiger als die jetzigen sind, vielleicht allzu schwer für mich werden. Das mindeste wäre, eine zweite Reise nach Rußland, sehr fest in literarischen und finanziellen Zusammenhängen zu verankern. Die Unkenntnis des Russischen ist mir bisher nie störender und quälender gewesen, als am ersten Weihnachtsfeiertag. Wir waren bei Asjas Zimmergenossin zu Tisch – ich hatte das Geld für eine Gans gegeben und das war vor einigen Tagen Anlaß zu Streit zwischen Asja und mir gewesen. Nun kam die Gans in einzelnen Portionen auf Tellern auf den Tisch. Sie war schlecht gekocht, zähe. Gegessen wurde auf einem Schreibtisch, um welchen sechs bis acht Personen saßen. Es wurde nur russisch gesprochen. Gut war die kalte Vorspeise, ein Fisch auf jüdische Art, auch die Suppe. Ich ging nach Tisch ins Nebenzimmer und schlief ein. Danach lag ich noch, sehr traurig, eine zeitlang wach auf dem Sofa und mir erschienen, wie dann so oft, Bilder aus jener Zeit, wo ich von München als Student nach Seeshaupt herauskam. Hin und wieder versuchten dann später wohl Reich oder Asja mir vom Gespräch ein Stückchen zu übersetzen, aber dadurch wurde es doppelt anstrengend. Eine Zeit lang sprach man darüber, daß an der Kriegsakademie ein General, der früher Weißgardist gewesen sei und jeden im Bürgerkrieg gefangenen Rotarmisten habe aufhängen lassen, Professor geworden sei. Man stritt darüber wie das zu beurteilen sei. Am orthodoxesten und sehr fanatisch war im Gespräche eine junge Bulgarin. Endlich gingen wir, Reich mit der Bulgarin voran, Asja mit mir ihnen folgend. Ich war völlig erschöpft. An diesem Tage ging keine Straßenbahn. Und da wir, Reich und ich, mit dem Autobus nicht mitkommen konnten, blieb uns nichts übrig, als die lange Strecke bis zum zweiten Michad zu Fuß zu gehen. Reich wollte, um sein Material über „Die Gegenrevolution auf der Bühne“ zu vervollständigen, dort die Orestie sehen. Man gab uns Plätze in der Mitte der zweiten Reihe. Parfümgeruch empfing mich schon beim Eintritt in den Saal. Ich sah keinen einzigen Kommunisten in blauer Bluse, wohl aber einige Typen, die in jedem Album von George Grosz Platz finden könnten. Die Aufführung hatte durchweg den Stil eines völlig verstaubten Hoftheaters. Dem Regisseur fehlte nicht nur jedwedes fachliche Können, sondern der

Vorrat primitivster Informationen, ohne die man an eine äschyleische Tragödie nicht herangehen kann. Ein verschossenes Salon-Griechentum scheint seine ärmliche Phantasie ganz auszufüllen. Fast ohne Unterbrechung dauerte Musik an, darunter viel Wagner: Tristan, der Feuerzauber.

26 Dezember. Asjas Sanatoriumsaufenthalt scheint zu Ende zu gehen. In den letzten Tagen haben Liegestunden im Freien ihr gut getan. Sie freut sich, wenn sie im Sack liegt und in der Luft die Raben schreien hört. Auch glaubt sie, daß die Vögel sich genau organisiert haben und von dem Führer über das, was sie zu tun haben, verständigt werden; bestimmte Schreie, denen eine lange Pause vorher geht, sind, meint sie, Befehle, die von allen befolgt werden. Ich habe Asja in den letzten Tagen kaum allein gesprochen, aber in den wenigen Worten, die wir wechseln, glaube ich ihre Nähe zu mir so deutlich zu fühlen, daß ich sehr beruhigt bin und mich gut fühle. Ich weiß kaum etwas, das heilsam, aber mit solcher Gewalt auf mich einwirkt, wie die geringsten Fragen, die sie über meine Angelegenheiten an mich stellt. Gewiß tut sie das nicht oft. An diesem Tage aber erkundigte sie sich z. B. mitten bei Tisch, während sonst russisch gesprochen wurde, bei mir, was für Post ich am Vortag erhalten habe. Vor Tische hatte man zu drei Parteien Domino gespielt. Nach dem Essen aber war es weit besser als am Vortage. Man sang kommunistische Umdichtungen (kaum als Parodien gemeinte, wie ich vermute) von jiddischen Liedern. Bis auf Asja waren wohl alle im Zimmer Juden. Es war auch ein Gewerkschaftssekretär aus Wladiwostok dabei, der zum siebten Gewerkschaftskongreß hier nach Moskau gekommen war. So war eine ganze Kollektion Juden von Berlin bis Wladiwostok am Tische versammelt. Asja brachten wir frühzeitig nach Hause. Ich lud dann Reich vor dem Nachhausegehen zu einer Tasse Kaffe ein. Und er begann: Je mehr er sich umsähe, sähe er, Kinder seien eine große Plage. Bei der Genossin war auch ein kleiner, übrigens außerordentlich artiger Junge zu Besuch gewesen, der aber endlich, als alle beim Domino saßen, und man schon an zwei Stunden auf das Essen gewartet hatte, zu weinen begonnen hatte. In Wirklichkeit hatte aber Reich natürlich Daga im Sinne. Er sprach von Asjas chronischen Angstzuständen, die meistenteils sich mit Daga beschäftigten und er rollte noch einmal die ganze Geschichte ihres Aufenthaltes in Moskau auf. Ich hatte im Umgang mit ihr schon oft seine große Geduld bewundert. Und es kam auch jetzt nichts von Verstimmung, kein Groll nur eben die Spannung heraus, die sich in dem Gespräche mit mir löste. Daß Asjas „Egoismus" gerade jetzt, da alles für sie darauf ankomme, die Dinge ruhig gehen und sich treiben zu lassen, versage beklagte er. Die Unruhe über den nächsten Aufenthalt, der Gedanke an Übersiedlung, die möglicherweise bevorstand, quälte sie sehr. Ihre Ansprüche gehen im Grunde jetzt auf ein paar Wochen ruhiger und bequemer bürgerlicher Existenz, wie sie auch Reich in Moskau ihr natürlich nicht schaffen kann. Mir war im übrigen ihre Unruhe noch nicht aufgefallen. Ich sollte sie erst am folgenden Tage bemerken.

27 Dezember. Asjas Zimmer im Sanatorium. Wir sind fast täglich von vier bis sieben dort. Gewöhnlich beginnt gegen fünf für eine Stunde oder eine halbe in einem benachbarten Räume eine Patientin, mit Zitherspielen sich zu beschäftigen. Sie kommt nie über traurige Akkorde hinaus. Musik paßt zu diesen kahlen Wänden sehr schlecht. Aber Asja scheint das monotone Gezupfe nicht sehr zu stören. Sie liegt gewöhnlich, wenn wir kommen, auf dem Bett. Ihr gegenüber steht auf einem Tischchen Milch, Brot und ein Teller mit Zucker und Eiern, die Reich gewöhnlich mitbekommt. An diesem Tage gab sie ihm eines für mich mit und schrieb darauf „Benjamin". Über dem Kleid hat Asja einen grauen wollnen Sanatoriumskittel. Im übrigen gibt es in dem ihr reservierten komfortableren Teile des Zimmers drei ungleiche Stühle, darunter den tiefen Sessel, auf dem ich meist sitze sowie den Nachttisch mit Zeitschriften, Büchern, Arzeneien, einer kleinen bunten Schale, die ihr wahrscheinlich gehört, dem Cold Cream, den ich ihr aus Berlin mitbrachte, einem Handspiegel, den ich ihr einmal geschenkt habe und lange lag da auch der Deckelentwurf der „Einbahnstraße", den Stone für mich gemacht hatte. Asja arbeitet oft an einer Bluse, die sie sich machen will, zieht Fäden aus einem Stoff aus. – Lichtquellen der Moskauer Straße. Das sind: der Schnee, der die Beleuchtung so stark reflektiert, daß die Straßen fast alle hell sind, die starken Karbidlampen in den Verkaufsbuden und die Blendlaternen der Autos, welche auf hunderte von Metern voraus ihren Schein durch die Straßen werfen. In andern Großstädten sind diese Autolichter verboten: hier läßt sich nichts Aufreizenderes denken als diese freche Betonung der wenigen Fahrzeuge, die im Dienste einiger Nepleute (freilich auch für die Machthaber) die allgemeine Schwierigkeit der Fortbewegung überwinden. – Für diesen Tag ist wenig wichtiges zu vermerken. Vormittag bei der Arbeit zu Hause. Nach dem Essen spielte ich Schach mit Reich, in zwei Partien wurde ich geschlagen. Asja war an diesem Tag in der schlechtesten Stimmung, es kam deutlicher als ich es je beobachten konnte, die böse Schärfe heraus, die ihr Spiel von Hedda Gabler so überzeugend machen muß. Sie duldete nicht einmal die kleinste Frage nach ihrem Ergehen. Schließlich blieb garnichts übrig als sie allein zu lassen. Aber unsere – meine und Reichs – Hoffnung, sie würde uns zum Dominospiel nachfolgen erfüllte sich nicht. Vergeblich wandten wir uns jedesmal um, wenn jemand ins Spielzimmer trat. Nach der Partie gingen wir wieder in ihr Zimmer aber bald zog ich mich mit einem Buche nochmals ins Spielzimmer zurück, um erst ganz kurz vor sieben wieder zu erscheinen. Asja entließ mich sehr unfreundlich, aber dann sandte sie mir durch Reich ein Ei nach, auf das sie „Benjamin“ geschrieben hatte. Wir waren noch nicht lange auf meinem Zimmer, als sie eintrat. Es war ein Umschwung in ihrer Stimmung erfolgt, sie sah alles wieder in besserem Licht und sicher tat ihr das Verhalten vom Nachmittag leid. Aber wenn ich alles in allem die letzte Zeit überblicke, so finde ich, daß ihre Besserung, zumindest die ihres nervösen Zustands, seit meiner Ankunft kaum vorangeschritten ist. – Am Abend hatten Reich und ich ein langes Gespräch über meine Schriftstellerei und über den Weg, den sie in Zukunft einzuschlagen habe. Er meinte, ich entließe meine Sachen in einem zu späten Stadium. In dem gleichen Zusammenhange formulierte er sehr zutreffend, in der großen Schriftstellerei sei das Verhältnis der Satzanzahl überhaupt zur Menge schlagender, prägnanter, formulierter Sätze wie 1:30 – bei mir wie 1:2. Dies alles ist richtig. (Und in dem letzten liegt sogar vielleicht der Überrest von jenem starken Einfluß, den früher einmal Philipp Keller auf mich gehabt hat.) Ich mußte ihm aber dennoch Gedanken entgegenhalten, welche seit meiner lange zurückliegenden Schrift über „Sprache überhaupt und die Sprache des Menschen“ mir niemals zweifelhaft geworden sind: ich verwies ihn auf die Polarität aller sprachlichen Wesenheit: Ausdruck und Mitteilung zugleich zu sein. Hier mußte anklingen, was über „Sprachzerstörung“ als eine Tendenz der gegenwärtigen russischen Literatur von uns schon oft war berührt worden. Denn die rücksichtslose Ausbildung des Mitteilenden in der Sprache führt eben unbedingt auf Sprachzerstörung hinaus. Und auf anderem Wege endet dort, nämlich im mystischen Schweigen die Erhebung ihres Ausdruckscharakters ins Absolute. Die aktuellere Tendenz von beiden scheint augenblicklich die auf Mitteilung mir zu sein. Aber in irgend einer Form ist immer ein Kompromiß nötig. Die kritische Situation meiner eigenen Autorschaft aber gab ich zu. Ich sagte ihm, da nur konkrete Aufgaben und Schwierigkeiten mich wirklich weiterzubringen vermöchten, nicht aber bloße Überzeugungen noch auch abstrakte Entschließungen, so sähe ich hier keinen Ausweg vor mir. Hier aber verwies er mich auf meine Aufzeichnungen über Städte. Das war mir sehr ermutigend. Ich begann, zuversichtlicher an eine Darstellung Moskaus zu denken. Um abzuschließen las ich ihm mein Portrait von Karl Kraus vor, weil auch auf ihn die Rede gekommen war.

28 Dezember. Ich glaube, soviele Uhrmacher wie in Moskau gibt es in keiner Stadt. Das ist umso seltsamer, als die Leute hier nicht viel Aufhebens von der Zeit machen. Es wird aber wohl historische Gründe haben. Wenn man beachtet, wie sie sich auf der Straße bewegen, so wird man selten jemanden eilen finden, es müßte denn gerade sehr kalt sein. Aus Schlendrian geht man in Serpentinen. (Sehr bezeichnend ist, daß, wie Reich mir erzählte, irgendwo in einem Clublokal an der Wand, mahnend, ein Schild hängt, auf welchem steht: Lenin hat gesagt, daß Zeit Geld ist. Um diese Banalität auszusprechen, muß also hier die höchste Autorität herangezogen werden.) Ich holte an diesem Tage meine Uhr ab, die repariert worden war. – Am Morgen schneite es und auch tagsüber fiel oft Schnee. Später trat etwas Tauwetter ein. Ich verstehe, daß Asja Schnee in

Berlin vermißte und unter dem nackten Asphalt litt. Hier geht der Winter, wie ein Bauer in weißer Schafwolle, unter einem dichten Schneepelz dahin. – Morgens erwachten wir spät und gingen dann in Reichs Zimmer. Es ist ein Stück Kleinbürgerwohnung, wie man es sich nicht schrecklicher träumen kann. Bei Anblick der hundert Decken, Konsolen, gepolsterten Möbel, Gardinen kann man vor Beklemmung kaum atmen; die Luft muß dick von Staub sein. In einer Fensterecke stand ein hoher Weihnachtsbaum. Selbst der war häßlich mit seinen mageren Ästen und einem unförmlichen Schneemann als Bekrönung. Mir nahm der ermüdende Weg von der Trambahnstation und der Schrecken dieses Raumes den Überblick über die Lage und ich stimmte Reichs Vorschlag, im Januar dies Zimmer mit ihm zu beziehen, etwas voreilig zu. Solche Kleinbürgerzimmer sind Schlachtfelder, über die der verheerende Ansturm des Warenkapitals siegreich dahingefegt ist, es kann nichts Menschliches mehr da gedeihen. Aber meine Arbeit würde ich, bei meiner Neigung zu Höhlenräumen, vielleicht nicht schlecht in diesem Räume erledigen. Nur will überlegt sein, ob ich die ausgezeichnete strategische Position meines jetzigen Zimmers aufgeben oder selbst um den Preis sie beibehalten soll, darüber den täglichen Kontakt mit Reich, der mir für meine Informationen sehr wichtig ist, zu vermindern. Sodann liefen wir lange durch Vorstadtstraßen: Ich sollte durch eine Fabrik geführt werden, in der vor allem Baumschmuck hergestellt wird. Die „Prärie der Architektur", wie Reich Moskau genannt hat, hat in diesen Straßen noch wilderen Charakter als im Zentrum. Zu beiden Seiten der breiten Allee wechseln Bauten im Stile der bäurischen hölzernen Dorfhäuser mit Jugendstilvillen oder der nüchternen Fassade eines sechsstöckigen Hauses. Der Schnee lag hoch und entstand plötzlich eine Stille, so konnte man glauben, tief drinnen in Rußland in einem überwinternden Dorfe zu sein. Hinter einer Reihe von Bäumen stand eine Kirche mit blauen und goldenen Kuppeln, und, wie immer, vergitterten Fenstern an ihrer Straßenmauer. Übrigens tragen die Kirchen hier oft noch Heiligenbilder an ihrer Fassade, wie man es in Italien nur an den ältesten sieht. (z. B. Sto. Freginiano in Lucca). Zufällig war die Arbeiterin gerade abwesend und die Fabrik bekamen wir nicht zu Gesicht. Bald trennten wir uns. Ich ging

Kusnetzki-Most hinunter und sah die Buchläden an. In dieser Straße liegt Moskaus größte Buchhandlung (dem Anscheine nach zu schließen). Ich sah auch ausländische Literatur in den Fenstern, jedoch zu unverschämten Preisen. Die russischen Bücher kommen so gut wie ausnahmslos nur ungebunden auf den Markt. Das Papier ist hier dreimal so teuer als in Deutschland, hauptsächlich Importware, und man spart an der Ausstattung der Bücher soviel es mir. Ich kaufte unterwegs – nachdem ich auf der Bank gewechselt hatte eine der warmen Pasteten, die überall auf den Straßen zu haben sind. Nach wenigen Schritten stürzte ein kleiner Junge sich auf)mich, dem ich ein Stück davon gab, als ich endlich verstanden hatte, daß er nicht Geld sondern Brot wolle. – Mittags gewann ich die Schachpartie gegen Reich. Nachmittags bei Asja, wo es ganz farblos, wie in den letzten Tagen war, da Asja durch Angstzustände abgestumpft ist, beging ich den großen Fehler, Reich gegen sehr törichte Vorwürfe in Schutz zu nehmen. Am folgenden Tag sagte er mir sodann, daß er allein zu Asja gehen werde. Am Abend dagegen schien er sich sehr freundlich verhalten zu wollen. Zu der Generalprobe von Illeschs Stück zu gehen, wie wir geplant hatten, war es zu spät und da Asja nicht mehr kam, gingen wir, um einer „Gerichtsverhandlung“ im Krestanski-Club beizuwohnen. Bis wir dorthin kamen, war es halb neun und wir erfuhren, daß man schon seit einer Stunde begonnen habe. Der Saal war überfüllt und niemand wurde mehr hereingelassen. Aber eine kluge Frau machte sich meine Anwesenheit zu nutze. Sie merkte, daß ich fremd sei, stellte Reich und mich als Ausländer vor, deren Führung sie habe und brachte so sie selber und mich unter. Wir traten in einen rot ausgeschlagenen Saal, in dem gegen dreihundert Menschen Platz hatten. Er war dicht gefüllt, viele standen. In einer Nische eine Leninbüste. Die Verhandlung fand auf der Estrade der Bühne statt, die rechts und links von gemalten Proletarierfiguren, einem Bauern und einem Industriearbeiter, eingerahmt wurde. Am oberen Bühnenrahmen die Sowjetembleme. Die Beweisaufnahme war schon beendet, als wir kamen, ein Sachverständiger hatte das Wort. Er saß mit seinem Kollegen an einem Tischchen, ihm gegenüber der Tisch des Verteidigers, beide die Schmalseite zur Bühne gewandt. Der Tisch des Richterkollegiums stand frontal zum Publikum, vor ihm saß in schwarzer Kleidung auf einem Stuhle, einen dicken Stock in Händen, die Angeklagte, eine Bäuerin. Alle Mitwirkenden waren gut gekleidet. Die Anklage lautete auf Kurpfuscherei mit tödlichem Erfolge. Die Bäuerin hatte bei einer Entbindung (oder Abtreibung) Beistand geleistet und durch einen Fehler den unglücklichen Ausgang herbeigeführt. Die Argumentation bewegte sich in äußerst primitiven Bahnen um diesen Vorfall herum. Der Sachverständige gab sein Gutachten ab: die Schuld am Tode der Frau sei allein auf den Eingriff zurückzuführen. Der Verteidiger plädierte: kein böser Wille, auf dem Lande fehle es an sanitärer Hilfe und Aufklärung. Der Staatsanwalt beantragt die Todesstrafe. Die Bäuerin in ihrem Schlußwort: immer sterben Menschen. Danach wendet der Vorsitzende sich ans Publikum: sind Fragen vorhanden? Auf der Estrade erscheint ein Komsomolz und plädiert für äußerst strenge Bestrafung. Danach zieht das Gericht sich zur Beratung zurück – eine Pause entsteht. Die Urteilsverkündung wird von allen stehend angehört. Zwei Jahre Gefängnis unter Zubilligung mildernder Umstände. Von Einzelhaft wird daher abgesehen. Der Vorsitzende weist seinerseits auf die Notwendigkeit hygienischer Versorgungsund Bildungszentralen auf dem Lande hin. Man ging auseinander. Ich hatte bisher niemals ein derartig einfaches Publikum in Moskau beisammen gesehen. Es waren wahrscheinlich viele Bauern darunter, denn dieser Klub dient ganz besonders den Bauern. Man führte mich durch die Räume hindurch. Im Lesesaal fiel mir, genau wie in dem Kindersanatorium, auf, daß die Wände ganz mit Anschauungsmaterial bedeckt sind. Hier waren es besonders Statistiken, die zum Teile, mit Bildchen farbig illustriert, von Bauern selber waren gestellt worden (Dorfchronik, landwirtschaftliche Entwicklung, Produktionsverhältnisse und kulturelle Institutionen waren aufgezeichnet) aber auch Werkzeugbestandteile, Maschinenstücke, Retorten mit Chemikalien etc. sind überall an den Wänden hier ausgestellt. Neugierig trat ich vor eine Konsole, von der zwei Negermasken heruntergrinsten. Aber beim Näherkommen erwiesen sie sich als Gasmasken. Endlich brachte man mich auch in die Schlafräume des Klubs. Er ist für Bauern und Bäuerinnen, einzelne und ganze Gesellschaften, bestimmt, die eine

„Kommandirowka" in die Stadt bekommen. In großen Zimmern stehen meist sechs Betten; die Kleider legt ein jeder die Nacht über auf sein eigenes. Die Waschräume wieder müssen woanders gelegen sein. Die Zimmer selber haben keine Waschgelegenheit. An den Wänden sind Bilder von Lenin, Kalinin, Rykow u. a. Hier geht der Kultus insbesondere mit dem Leninbilde unabsehbar weit. Man findet auf Kusnetzki-Most ein Geschäft, in dem er Spezialartikel ist und in allen Größen, Haltungen und Materialien zu haben ist. Im Unterhaltungszimmer des Klubs, wo gerade Radiokonzert zu hören war, ist ein sehr ausdrucksvolles Reliefbild, das ihn in Lebensgröße, bis zur Brust, als Redner zeigt. Aber ein bescheideneres Bildchen von ihm hängt auch in Küchen, Wäschekammern u.s.w. der meisten öffentlichen Institute. Das Haus hat für über vierhundert Gäste Platz. Unter der zunehmend lästigen Begleitung der Führerin, die uns hineingeholfen hatte, gingen wir fort und entschlossen uns, als wir endlich allein waren, noch eine Piwnaja aufzusuchen, in der es gerade Abendunterhaltung gab. Vor der Tür bemühten sich, als wir eintraten, einige Leute um den Abtransport eines Betrunkenen. In dem nicht allzugroßen, dennoch aber nicht ganz vollbesetzten Räume saßen einzelne Personen sowie kleine Gruppen beim Bier. Wir nahmen ziemlich nahe an der brettenen Estrade Platz, die hinten von einer süßlich verschwommen)en Aue, mit einem Stückchen wie in Luft zergehender Ruine abgeschlossen wurde. Aber für die ganze Länge der Bühne reichte dieser Prospekt nicht aus. Nach zwei Gesangsnummern kam die Hauptattraktion des Abends, eine „Inszenirowka" – d. h. ein im Grunde anderswoher, aus Epik oder Lyrik stammender Stoff fürs Theater bearbeitet. Hier schien der dramatische Rahmen für eine Anzahl Liebes- und Bauerngesänge gegeben zu werden. Zuerst trat nur eine Frau auf und lauschte einem Vogel. Dann kam aus der Kulisse ein Mann und so ging es weiter bis die ganze Bühne voll war und alles mit einem Chorgesang unter Tanz endete. Dies alles unterschied sich nicht sehr von geselliger Familienvergnügung, aber mit dem Untergang dieser Veranstaltungen in der Wirklichkeit sind sie wahrscheinlich dem Kleinbürger auf der Bühne nur anziehender geworden. Zum Bier gibt es eine eigentümliche Zukost:

winzige Stückchen getrocknetes Weißbrot, Schwarzbrot, mit einer Salzkruste überbacken und getrocknete Erbsen in Salzwasser.

29 Dezember. Rußland beginnt dem Mann aus dem Volke Gestalt anzunehmen. Ein großer Propagandafilm „Der sechste Teil der Welt" steht bevor. Auf der Straße, im Schnee, liegen Landkarten von SSSR, aufgestapelt von Straßenhändlern, die sie dem Publikum anbieten. Meyerhold verwendet die Landkarte in „Dajosch-Europa" – der Westen ist darauf ein kompliziertes System kleiner russischer Halbinseln. Die Landkarte ist ebenso nahe daran, ein Zentrum neuen russischen Bilderkults zu werden wie Lenins Portraits. Indessen geht der alte in den Kirchen fort. Ich trat an diesem Tage auf meinem Rundgang in die Kirche der Kasaner Muttergottes ein, von der mir As ja gesagt hatte, daß sie sie liebt. Sie liegt an einer Ecke des roten Platzes. Man tritt zuerst in ein geräumiges Vorzimmer mit einigen spärlichen Heiligenbildern. Hauptsächlich scheint es einer Frau zu dienen, die die Kirche überwacht. Es ist düster; sein Halbdunkel eignet zu Konspirationen. In solchen Räumen kann man sich über die bedenklichsten Geschäfte, wenn es sich trifft auch über Pogrome beraten. Daran stößt der eigentliche Andachtsraum. Im Hintergrunde hat er ein paar Treppchen, die zu der schmalen, niedrigen Estrade führen, auf der man an den Heiligenbildern sich entlangschiebt. In kurzem Abstand folgt Altar auf Altar, ein glimmendes rotes Lichtchen bezeichnet jeden. Die Seitenflächen werden von sehr großen Heiligenbildern eingenommen. Alle Teile der Wand, die so nicht von Bildern bedeckt sind, sind mit leuchtendem Gold überzogen. Von der süßlich bemalten Decke hängt ein kristallner Kronleuchter herab. Von einem der Stühle am Eingang des Raumes betrachtete ich mir die Zeremonien. Es sind die der alten Bilderverehrung. Die großen Heiligenbilder werden durch Bekreuzigen begrüßt, ein Kniefall, bei welchem die Stirne den Boden berühren muß, folgt und unter neuer Bekreuzigung wendet der Betende oder Büßende sich zu dem nächsten. Vor kleinen Heiligenbildern, die einzeln oder in Reihen auf kleinen Pulten, unter Glas liegen, bleibt der Kniefall fort; man beugt sich über sie und küßt das Glas. Ich trat hinzu und bemerkte, daß neben kostbaren alten Stücken auf ein und demselben Pult die Dutzendware wertloser Öldrucke lag. Moskau hat viel mehr Kirchen als man zu Anfang annimmt. Der Westeuropäer sucht sie in ihren Türmen, hoch oben. Man muß sich erst gewöhnt haben, die langen Mauern und Haufen niedriger Kuppeln zu breiten Komplex(en) von Klosterkirchen oder Kapellen zusammenzufassen. Dann wird auch klar, warum an vielen Stellen Moskau so abgedichtet wie eine Festung aussieht: niedrige Türme kennzeichnen im Westen den profanen Wohnbau. Ich kam vom Postamt, hatte dann telegrafiert und endlich auf einem langen Rundgang durch das Polytechnische Museum vergebens nach der Ausstellung von Zeichnungen Geisteskranker gesucht. Ich entschädigte mich durch einen Gang längs der Buden, die an der Mauer von Kitai Gorod stehen. Hier ist das Zentrum des Antiquariatsmarkts. Nach Interessantem aus außerrussischer Literatur hier nachzuspüren wäre fruchtlos. Aber auch russische Ausgaben aus älterer Zeit kommen hier (nach den Einbänden zu schließen) nicht vor. Dennoch müssen im Laufe dieser letzten Jahre ungeheure Bibliotheken aufgelöst worden (sein). Aber vielleicht nur in Leningrad? Und nicht in Moskau, wo sie seltener gewesen sein mögen? In einer der Buden auf dem Kitai-Projo kaufte ich Stefan eine Harmonika. – Weiteres zum Straßenhandel. Alle Weihnachtsartikel (Lametta, Kerzen, Kerzenhalter, Baumschmuck, auch Weihnachtsbäume) werden noch nach dem 24ten Dezember angeboten. Ich denke bis zur zweiten, kirchlichen Weihnachtsfeier. – Verhältnis der Preise in den Buden zu denen in den staatlichen Geschäften. Berliner Tageblatt vom 20 November am 8 Dezember gekauft. Auf Kusnetzki-Most ein Knabe, der Tongefäße, winzige Teller und Schüsselchen, an einander schlägt, um ihre Solidität zu beweisen. Auf Ochotni Rjad eine merkwürdige Erscheinung: Frauen, in offner Hand auf einer Lage Stroh ein einziges Stück rohes Fleisch, ein Huhn oder dergleichen(,) stehen und bieten es den Passanten an. Das sind Verkäuferinnen ohne Konzession. Sie haben kein Geld, die Konzession für einen Stand zu bezahlen und keine Zeit, um die für einen Tag oder eine Woche sich anzustellen. Wenn ein Milizionär kommt, dann laufen sie einfach mit ihrer Ware davon. – Vom Nachmittag weiß ich nichts mehr. Abends mit Reich zu einem schlechten Film (mit Ilinski) in der Nähe meines Hotels.

30 Dezember. Der Weihnachtsbaum steht noch immer in meinem Zimmer. Allmählich komme ich auch zur Systematik der Geräusche, die mich hier umgeben. Die Ouvertüre setzt am frühen Morgen ein und bringt sämtliche Leitmotive: zuerst das Stampfen auf der Treppe, die meinem Zimmer gegenüber, ins Souterrain führt. Wahrscheinlich kommt von dort das Personal zur Arbeit herauf. Dann beginnt das Telefon im Flur und setzt bis gegen ein oder zwei Uhr nachts nur selten ab. Es ist in Moskau vorzüglich, besser als in Berlin oder Paris. In drei bis vier Sekunden ist jede Verbindung gelöst. Besonders viel höre ich eine laute Kinderstimme ins Telefon sprechen. Die vielen Nummern gewöhnen das Ohr, das sie hört, an die russischen Zahlen. Dann kommt gegen neun Uhr ein Mann, klopft an eine Zimmertür nach der andern und fragt, ob die Klappe geschlossen ist. Um diese Zeit wird geheizt. Reich vermutet, daß kleine Mengen von Kohlengas durch die Klappe, auch wenn sie geschlossen ist, bei mir einströmen. Nachts ist es oft so erstickend im Zimmer, daß das wohl möglich ist. Übrigens kommt auch vom Fußboden her Wärme, er hat, wie vulkanische Erde, ganz heiße Stellen. Ist man nun noch nicht aus dem Bett, so durchschüttert den Schlaf ein rhythmisches Klopfen, als würden riesenhafte Beefsteaks bearbeitet; das ist das Holzspalten im Hofe. Und bei alledem atmet mein Zimmer Ruhe. Ich habe selten einen Raum bewohnt, in dem das Arbeiten leichter fällt. – Notizen zur Lage Rußlands. In Gesprächen mit Reich habe ich ausgeführt, wie zwiespältig zur Zeit die Lage Rußlands ist. Nach außen sucht die Regierung den Frieden, um Handelsverträge mit imperialistischen Staaten zu führen; vor allem aber sucht sie, den militanten Kommunismus zu suspendieren, sie strebt einen Klassenfrieden auf Zeit einzusetzen, das bürgerliche Leben zu entpolitisieren, soweit das nur möglich ist. Andererseits wird in Pionierverbänden, im Komsomolz die Jugend „revolutionär“ erzogen. Das bedeutet, das Revolutionäre kommt ihr nicht als Erfahrung, sondern als Parole zu. Man macht den Versuch, die Dynamik des revolutionären Vorgangs im Staatsleben abzustellen – man ist, ob man will oder nicht, in die Restauration eingetreten, will aber dem ungeachtet revolutionäre Energie in der Jugend wie elektrische Kraft in einer Batterie aufspeichern. Das geht nicht. Es muß daraus in jungen Menschen, oft der ersten Generation, die eine mehr als notdürftige Bildung erhält, der Kommunistenhochmut entwickelt)werden, für den es schon ein eignes Wort in Rußland gibt. Die außerordentlichen Schwierigkeiten der Restauration treten sehr greifbar auch im Bildungsproblem heraus. Man hat, um der katastrophalen Unbildung zu begegnen, die Parole ausgegeben, Kenntnis der russischen und westeuropäischen Klassiker müsse verbreitet werden. (Nebenbei gesagt ist es vor allem darum, daß der Meyerholdschen Einstudierung des „Revisor" und ihrem Mißerfolg so große Bedeutung beigemessen worden ist.) Und wie sehr diese Parole not tut läßt sich ermessen, wenn man hört, daß vor kurzem, in einer Debatte Lebidinski zu Reich über Shakespeare geäußert hat: der habe vor der Erfindung der Buchdruckerkunst gelebt. Andererseits: diese bürgerlichen Kulturwerte selbst sind mit dem Verfalle der bürgerlichen Gesellschaft in ein äußerst kritisches Stadium getreten. Sie können, so wie sie heute vorliegen, in den Händen der Bourgeoisie sich während der letzten hundert Jahre gestaltet haben, nicht expropri ert werden, ohne zugleich ihren letzten, wenn auch noch so fragwürdigen, ja schlechten Belang einzubüßen. Diese Werte haben gewissermaßen, wie kostbares Glas einen weiten Transport durchzumachen, den sie unverpackt nie überstehen werden. Verpacken heißt aber unsichtbar machen und ist mithin der Gegensatz zur Popularisierung dieser Werte, die offiziell von der Partei gefordert wird. Jetzt zeigt sich in Sowjet-Rußland, daß diese Werte genau in eben der entstellten, trostlosen Gestaltung popularisiert werden, die sie zuletzt dem Imperialismus zu danken hat. Ein Mann wie Walzel ist zum Mitglied der Akademie ernannt worden und in „Wetschernie Moskwa" schreibt Kogan, deren Vorsitzender, einen Artikel über westliche Literatur, der völlig kenntnislos Beliebiges zusammenkoppelt (Proust und Bronnen!) und an Hand einiger Namen „Informationen" über das Ausland zu geben sucht. Wahrscheinlich sind aber die einzigen Kulturverhältnisse des Westens, für welche Rußland ein so lebendiges Verständnis mitbringen)kann, daß die Auseinandersetzung mit ihnen verlohnt, die Amerikas. Die kulturelle Völkerverständigung als solche, d.h. ohne die Grundlage konkreter wirtschaftlicher Beziehungen ist ein Interesse der pazifistischen Spielart des Imperialismus und für Rußland Restaurationserscheinung. Übrigens wird durch Rußlands Abschnürung vom Ausland die Schwierigkeit der Information sehr erhöht. Genauer gesagt: die Fühlung mit dem Ausland geht im Wesentlichen durch die Partei und betrifft hauptsächlich politische Fragen. Die Großbourgeoisie ist vernichtet; das neu entstehende Kleinbürgertum ist materiell und geistig nicht in der Lage, Beziehungen zum Auslande zu vermitteln. Zur Zeit kostet das Visum für eine Reise ins Ausland, die nicht im staatlichen oder Partei-Aufträge unternommen wird, 200 Rubel. Unzweifelhaft weiß man in Rußland über das Ausland weit weniger als man im Ausland (etwa mit Ausnahme der romanischen Länder) von Rußland weiß. Man ist hier aber vor allem damit beschäftigt, in dem ungeheueren Territorium selbst den Kontakt der einzelnen Nationalitäten mit einander, vor allem aber den Kontakt der Arbeiter und Bauern unter sich herzustellen. Man kann sagen, mit dem wenigen, was man von fremder Kultur in Rußland weiß, ist es wie mit dem Tscherwoneff: in Rußland selbst ist er sehr teures Geld und im Ausland notiert man ihn nicht. Es ist höchst bezeichnend, daß ein sehr mäßiger russischer Filmschauspieler, Ilinski, ein skrupelloser, wenig graziöser Nachahmer Chaplins hier den Ruf eines großen Komikers ganz einfach darum hat, weil Chaplins Filme so teuer sind, daß man)sie hier nicht zu sehen kriegt. Die russische Regierung nämlich legt im allgemeinen für fremde Filme nur wenig an. Sie rechnet mit dem Interesse der konkurrierenden Industrien, den russischen Markt für sich zu erobern und kauft im Ramsch ein, läßt sich Filme gewissermaßen als Reklamemuster, Werbeproben halb geschenkt geben. Der russische Film selbst aber ist, wenn man von den Spitzenleistungen absieht, im Durchschnitt nicht allzu gut. Er kämpft um die Stoffe. Die Filmzensur nämlich ist streng; ganz im Gegensatz zur Theaterzensur, beschneidet sie, wahrscheinlich mit Rücksicht aufs Ausland, ihm den Stoffkreis. Ernsthafte Kritik an Sowjetmännern ist hier, anders als im Theater, unmöglich. Unmöglich aber ist auch Darstellung des bourgeoisen Lebens.

Für die amerikanische Groteskkomödie ist hier ebensowenig Raum. Sie beruht auf einem hemmungslosen Spiele mit der Technik. Alles Technische aber hat hier Weihe, nichts wird ernster genommen als Technik. Vor allem aber weiß der russische Film nichts von Erotik. Die Bagatellisierung des Liebes- und Sexuallebens gehört bekanntlich zum kommunistischen Kredo. Tragische Liebesverwicklungen im Film oder Theater dargestellt würde als gegenrevolutionäre Propaganda angesehen. Bleibt die Möglichkeit einer satirischen Gesellschaftskomödie, deren Zielscheibe im wesentlichen das neue Bürgertum wäre. Ob auf dieser Basis der Film, eine der vorgeschobensten Maschinerien imperialistischer Massenbeherrschung expropriiert werden kann, das ist sehr die Frage. – Vormittags gearbeitet, darauf mit Reich in den Gosfilm. Panskij war aber abwesend. Wir fuhren alle zum Polytechnischen Museum. Der Eingang zu der Ausstellung von Bildern Geisteskranker war in einer Seitenstraße. Die Ausstellung selbst bot mäßiges Interesse; das Material war künstlerisch fast ohne Ausnahme uninteressant, aber gut angeordnet und wissenschaftlich sicherlich verwendbar. Eine kleine Führung fand während unserer Anwesenheit statt: man erfuhr aber nur, was schon auf kleinen Zetteln neben den ausgestellten Sachen vermerkt war. Reich fuhr von dort aus ins Dom Gerzena, ich kam nach, um vorher im Institut mir für den Abend Karten zu Tairoff geben zu lassen. Der Nachmittag bei Asja wieder eintönig. Reich verschaffte sich im Sanatorium (von dem Ukrainer) leihweise einen Pelz für den nächsten Tag. Ins Theater kamen wir noch rechtzeitig. Man gab „Lieben unter Ulmen“ von O'Neill. Die Aufführung war sehr schlecht, besonders enttäuschend, völlig uninteressant die Koonen. Interessant (wie Reich aber richtig nachwies, untunlich) war die Zerstücklung in einzelne Szenen (Kinofizierung) durch Fallen des Vorhangs und Beleuchtungswechsel. Das Tempo war viel schneller als sonst hier üblich und wurde durch die Dynamik der Dekoration noch gesteigert. Sie gab drei Räume zugleich im Querschnitt: zu ebner Erde eine große Stube mit Blick ins Freie und Ausgang. An gewissen Stellen sah man ihre Wände in einem Winkel von 180° sich aufheben und dann schien von allen Seiten das Freie herein. Zwei andere Räume waren im ersten Stock und in einem mit Latten gegens Publikum abgeschlossenen Verschlage führte die Treppe hinauf. Das Auf- und Absteigen der Figuren quer durch dies Gatter zu verfolgen war spannend. Der Asbestvorhang zeigt in sechs Rubriken den Spielplan der nächsten Tage. (Montag ist hier spielfrei). Ich schlief auf Reichs Bitte nachts auf dem Sofa und versprach ihn am nächsten Morgen zu wecken.

31 Dezember. An diesem Tage fuhr Reich zu Daga. Gegen zehn Uhr kam Asja (ich war noch nicht fertig) und wir gingen zu ihrer Schneiderin. Dieser ganze Ausflug war stumpf und farblos. Mit Vorwürfen begann er: daß ich Reich mit mir herumschleppe und ermüde. Später gestand sie mir, die ganzen Tage habe sie gegen mich eine Wut, der Seidenbluse wegen, die ich ihr mitgebracht habe. Sie sei beim ersten Male, da sie sie übergezogen, gerissen. Dummerweise sagte ich noch, daß ich bei Wertheim sie gekauft habe. (Eine *halbe* Lüge – was immer dumm ist.) Im übrigen aber konnte ich umso weniger etwas sagen, als schon die zermürbende und ständige Erwartung einer Nachricht aus Berlin auf mich zu wirken begann. Am Ende setzten wir für wenige Minuten uns in ein Café. Aber es war so gut, als hätten wir es nicht getan. Asja dachte nur an das eine: pünktlich ins Sanatorium zurückzukehren. Woran es liegt, daß in den letzten Tagen alles Lebendige aus unserm Zusammensein und unsern Blicken aufeinander gewichen ist, weiß ich nicht. Die Unruhe, in der ich bin, macht es mir aber unmöglich das zu vertuschen. Und Asja verlangt eine so ungeteilte, beschwörende Aufmerksamkeit, wie ich sie, ohne jedwede Ermutigung und Freundlichkeit von ihr nicht aufbringen kann. Ihr selber geht es Dagas wegen schlecht, von der Reich Nachricht brachte, die zumindest sie nicht zufriedenstellte. Ich denke daran, meine Nachmittagsbesuche seltner zu machen. Denn auch das Zimmerchen, in dem jetzt nur selten noch drei, meist vier, und wenn Asjas Zimmergenossin Besuch hat, noch mehr Menschen sind, bedrückt mich: ich höre viel russisch, verstehe nichts, schlafe ein oder lese. Am Nachmittag brachte ich Asja Kuchen mit. Sie schalt nur darauf, ihre Laune war die schlechteste. Reich war schon eine halbe Stunde vor mir zu ihr gegangen (ich hatte einen Brief an Hessel fertig schreiben wollen) und was er von Daga berichtete, erregte sie sehr. Die ganze Zeit über blieb es sehr trist. Ich entfernte mich früh, um ins Theater Meyerhold zu gehen und Karten für sie und mich für „Dajosch Ewropa“ zu holen, das am Abend gegeben wurde. Vorher noch einen Augenblick ins Hotel, um die Nachricht zu geben, man beginne um ¼ 8. Ich sah bei der Gelegenheit nach Post: es war nichts da. Mittags hatte mich Reich mit Meyerhold verbunden, der mir Karten bewilligt hatte. Mit großer Mühe schlug ich mich nun, um sie abzuholen, zum zweiten Direktor durch. Überraschender Weise kam Asja zur Zeit. Sie hatte ihr gelbes Tuch wieder mit. Ihr Gesicht hat in diesen Tagen eine unheimliche Glätte. Als wir vor Anfang der Vorstellung vor einem Anschlagzettel standen, sagte ich: „Eigentlich ist Reich ein fabelhafter Kerl.“ „?“ „Wenn ich heute Abend allein irgendwo sitzen müßte, ich würde vor Trübsal mich aufhängen.“ Aber auch diese Worte belebten unser Gespräch nicht. Die Revue war sehr interessant und einmal fühlten wir – ich weiß nicht mehr an welcher Stelle das war – uns wieder einander näher. Doch – es war die Szene „Café Riche“ mit der Musik und den Apachentänzen. „Fünfzehn Jahre“, so sagte ich Asja, „geht nun diese Apachenromantik durch ganz Europa, und wohin sie kommt, fallen die Leute ihr zu.“ In den Pausen sprachen wir Meyerhold. Er ließ uns in der zweiten von einer Dame ins „Museum“ führen, wo die Modelle seiner Dekorationen aufbewahrt werden. Dort sah ich die vorzügliche Einrichtung für den „Cocu magnifique“, die berühmte Dekoration von „Bubus“ mit ihrer Bambuseinfassung (die Rohre begleiten Auftreten und Abgang der Schauspieler sowie alle wichtigen Stellen des Stücks mit lauterem oder leiserem Anschlagen), dem Schiffsvorderteil von „Rischi Kitai“ mit Wasser im Vordergrunde der Bühne und anderes. Ich trug mich in ein Buch ein. Im letzten Akt störte Asja das Schießen. Auf der Treppe, als wir, während der ersten Pause Meyerhold suchten (erst ganz am Ende der Pause fanden wir ihn) ging ich auf einen Augenblick voran. Da fühlte ich an meinem Halse Asjas Hand. Mein Rockkragen hatte sich umgelegt und sie klappte ihn wieder zurecht. Mir wurde bei dieser Berührung inne, wie lange schon mich keine Hand freundlich berührt hat. Um halb zwölf waren wir wieder auf der Straße. Asja schalt, daß ich nichts besorgt hatte, sonst, sagte sie, wäre sie noch, um Sylvester zu feiern, zu mir gekommen. Vergebens forderte ich sie auf, noch in ein Café einzutreten. Auch, daß Reich vielleicht Essen besorgt habe, ließ sie nicht gelten. Traurig und schweigsam begleitete ich sie nach Haus. Der Schnee hatte an diesem Abend Sternglanz. (Ich habe auch, ein andermal, auf ihrem Mantel, Schneekristalle gesehen, wie sie wahrscheinlich in Deutschland nie vorkommen.) Fast aus Trotz und mehr um sie zu erforschen als aus einem wahren Gefühle heraus, bat ich, vorm Hause angekommen, sie noch um einen Kuß, im alten Jahr. Aber sie gab ihn nicht. Ich kehrte um, nun, um die Jahreswende doch einsam, aber nicht traurig. Denn ich wußte auch Asja allein. Schwach läutete eine Glocke gerade als ich vor meinem Hotel stand. Ich blieb eine Weile und hörte sie an. Reich öffnete enttäuscht. Er hatte viel eingekauft: Portwein, Halwa, Lachs, Wurst. Nun verstimmte es mich von neuem, daß Asja nicht zu mir gekommen war. Aber bald brachte ein lebendiges Gespräch uns über die Stunde hinweg. Und während ich auf dem Bette lag, verzehrte ich viel und trank ein paar gute Schluck Portwein, so daß ich zuletzt die Unterhaltung nur mehr mühsam, mechanisch durchführte.

1 Januar. Auf den Straßen verkauft man Neujahrssträuße. Im Vorübergehen sah ich auf dem Strastnoiplatz einen, der lange Gerten in der Hand hielt, die mit grünen, weißen, blauen, roten Papierblüten bis an die Spitze beklebt waren, je an einem Zweig eine Farbe. Ich möchte über „Blumen" in Moskau schreiben und dabei nicht nur von den heroischen Weihnachtsrosen, sondern auch den riesenhaften Stockrosen der Lampenschirme sprechen; die stolz erhoben von den Händlern durch die Stadt getragen werden. Dann von den süßen Zuckerbeeten auf Torten. Es gibt aber auch Torten als Füllhörner, aus denen Knallbonbons sich drängen oder Pralines in buntem Papier. Kuchenbrote in Form einer Lyra. Der „Zuckerbäcker" aus den alten Jugendschriften scheint nur in Moskau noch zu überleben. Nur hier gibt es Gebilde aus nichts als gesponnenem Zucker, süße Zapfen an denen die Zunge für die bittere Kälte Revanche nimmt. Auch von dem, was der Frost hier eingibt, wäre zu reden, den bäurischen Tüchern, auf denen die Muster, die mit blauer Wolle ausgenäht sind, Eisblumen von den Scheiben nachbilden. Das Inventar der Straßen ist unerschöpflich. Ich bemerkte die blauen Brillen der

Optiker, durch die der Abendhimmel plötzlich sich südlich färbt. Dann die breiten Schlitten mit den drei Fächern, für Cacaoeuts, Haselnüssen und Semitschki (Sonnenblumenkörner, die nun, nach der Verordnung des Sowjets, an öffentlichen Plätzen nicht mehr gekaut werden dürfe). Dann sah ich einen Händler mit kleinen Schlitten für Puppen. Endlich die Zinnbehälter – man darf auf der Straße nichts fortwerfen. Ferner noch zu den Schildern: einzelne lateinische Aufschriften: Café, Tailleur. Das Schild jeder Bierstube: Piwnaja – gemalt auf einen Hintergrund, in dem ein stumpfes Grün am oberen Rande allmählich und verwaschen in schmutziges Gelb übergeht. Sehr viele Ladenschilder treten im rechten Winkel auf die Straße heraus. – Am Neujahrsmorgen blieb ich lange zu Bett. Reich stand nicht spät auf. Wir sprachen wohl über zwei Stunden. Worüber eigentlich ist mir entfallen. Gegen Mittag gingen wir aus. Da wir das Kellerrestaurant geschlossen fanden, in dem wir an Feiertagen gewöhnlich essen, so gingen wir ins Hotel Liverpool. Es war an diesem Tage außerordentlich kalt, ich hatte Schwierigkeit, vorwärts zu kommen. Bei Tische hatte ich eine gute Ecke, rechts neben mir das Fenster auf einen Hof voller Schnee. Es ist mir jetzt gelungen, das Trinken bei Tisch nicht zu entbehren. Wir bestellten das kleine Menü. Es wurde nur leider zu rasch serviert, ich hätte gern in dem holzgetäfelten Raum mit den wenigen Tischen noch länger gesessen. Es war keine Frau im Lokal. Mir war das sehr wohltuend. Ich bemerke, wie das große Ruhebedürfnis, das jetzt mit der Lösung meiner quälenden Abhängigkeit von Asja mich überkommt, überall Quellen findet, an denen es sich befriedigt. Natürlich, bekanntermaßen, vor allem Essen und Trinken. Selbst die Vorstellung meiner langen Rückreise hat etwas Wohltätiges für mich bekommen (so lange nicht, wie in den letzten Tagen, die Unruhe um die Dinge zu Hause hineinspielte), die Vorstellung, in einem Kriminalroman zu lesen (ich tue das ja kaum mehr, aber ich spiele mit dem Gedanken) und das tägliche Dominospiel im Sanatorium, in dem sich manchmal meine Spannung gegen Asja austrägt. An diesem Tage aber spielten wir, soviel ich weiß, nicht. Ich bat Reich, für mich Mandarinen zu kaufen, die ich dann Asja schenken wollte. Das tat ich nicht so sehr, weil sie am Vorabend mich drum gebeten hatte, sie ihr am nächsten Tage zu bringen – da hatte ich ihr das sogar abgeschlagen – als um auf unserem Eilmarsch durch die Kälte Gelegenheit zum Ausruhen zu bekommen. Aber Asja nahm die Tüte (auf die ich, ohne es ihr zu sagen, „Fröhliches Neujahr" geschrieben hatte) sehr mürrisch hin (und die Aufschrift bemerkte sie nicht). Abends zu Hause, geschrieben und gesprochen. Reich begann im Barockbuch zu lesen.

2 Januar. Ich frühstückte sehr ausgiebig. Denn da wir auf Mittagessen nicht rechnen konnten, hatte Reich einige Einkäufe gemacht. Auf ein Uhr war die Pressevorstellung von Illeschs Stück „Attentat" im Theater der Revolution angesetzt. Aus einer schiefen Rücksicht auf das Sensationsbedürfnis des Publikums hatte man ihm den Obertitel: „Kaufen Sie einen Revolver" gegeben und so die Schlußpointe, in der ein weißgardistischer Attentäter im Augenblick da sein Anschlag von den Kommunisten entdeckt wird, wenigstens den Revolver an sie loszuschlagen sucht, von vornherein vernutzt. Das Stück hat eine wirksame Szene im Sinne des Grand-Guignol und im übrigen große politisch-theoretische Ambitionen. Denn es soll in ihm die ausweglose Lage des Kleinbürgertums geschildert werden. Die prinzipienlose, unsichere und mit hundert kleinen Effekten ins Publikum schielende Aufführung, brachte das nicht heraus. Sie gab sogar die großen Trümpfe preis, die ihr das packende Milieu eines Konzentrationslagers, eines Cafes, einer Kaserne im verfallenden, schmutzigen, trostlosen Österreich des Jahres 1919 sicherte. Die Einrichtung des Bühnenraumes war so haltlos, wie ich sie kaum je gesehen habe: Auftritte und Abgänge mußten ganz unwirksam bleiben. Man konnte sehr deutlich beobachten, was aus Meyerholds Bühne wird, wenn ein ahnungsloser Regisseur es versucht, sie zu übernehmen. Das Haus war ganz vergeben. Es gab sogar bei dieser Gelegenheit etwas wie Toiletten zu sehen. Illesch wurde herausgerufen. Es war sehr kalt. Ich hatte Reichs Mantel an, da er im Theater aus Prestigegründen anständig auftreten wollte. In der Pause machten wir die Bekanntschaft von Gorodetzki und seiner Tochter. Am Nachmittag, bei Asja, geriet ich in eine endlose politische Diskussion hinein, an der auch Reich sich etwas beteiligte. Der Ukrainer und Asjas Zimmergenossin machten die eine, sie selber und Reich die andere Partei. Es ging wieder um die Opposition in der Partei. Aber in dem Streit war keine Verständigung, geschweige denn Einigung zu erreichen; für den Verlust an ideologischem Prestige, den nach Asjas und Reichs Ansicht der Austritt der Opposition aus der Partei bedeuten mußte, hatten die anderen kein Verständnis. Worum aber dieser ganze Streit ging, erfuhr ich erst, als ich unten mit Reich eine Zigarette rauchte. Das russische Gespräch unter fünf Menschen (denn auch eine Freundin von Asjas Zimmergenossin war da) das mich bei seite sitzen ließ, hatte mich wieder einmal deprimiert und ermüdet. Ich war entschlossen, wenn es dauern sollte, fortzugehen. Aber als wir wieder heraufkamen, entschloß man sich, Domino zu spielen. Reich und ich bildeten Partei gegen Asja und den Ukrainer. Es war Sonntag nach Neujahr, die „gute" Schwester hatte die Aufsicht und daher blieben wir denn über das Abendessen hinaus dort und spielten mehrere erbitterte Partien. Ich fühlte mich dabei sehr wohl, der Ukrainer hatte gesagt, ich gefalle ihm gut. Als wir endlich gingen, tranken wir noch etwas Warmes in einer Konditorei. Zu Hause folgte ein langes Gespräch über meine Position als freier Schriftsteller, außerhalb von Partei und Beruf. Was Reich zu mir sagte, war richtig, ich hätte jedem anderen, der mir gegenüber das vorgebracht hätte, was ich sagte, dasselbe erwidert. Und ich erklärte ihm das auch offen.

3 Januar. Wir gingen von Hause früh fort in die Fabrik, in der Reichs Zimmerwirtin arbeitet. Es gab da sehr viel zu sehen, wir hielten uns gegen zwei Stunden auf. Mit der Lenin-Ecke beginne ich. Ein weißgetünchter Raum ist an der Hinterwand rot ausgeschlagen, von der Decke hängt rote Borte mit vergoldeten Fransen herab. Links gegen diesen roten Hintergrund ist die Gipsbüste Lenins gestellt – sie ist so weiß wie die getünchten Wände. Aus dem Nebensaal, in dem die Lamettafabrikation untergebracht ist, ragt eine Transmission ins Zimmer hinein. Das Rad läuft um und durch ein Loch in der Wand gleiten die ledernen Riemen. An den Wänden hängen Werbeplakate und die Portraits berühmter Revolutionäre oder Bilder, die stenographisch die Geschichte des russischen Proletariats zusammenfassen. Die Zeit von 1905-1907 ist im

Stile einer riesenhaften Ansichtspostkarte behandelt. Sie zeigt, einander überschneidend, Barrikadenkämpfe, Gefängniszellen, den Aufstand der Eisenbahner, den „schwarzen Sonntag“ vor dem Winterpalais. Viele Anschläge richten sich gegen die Trunksucht. Auch die Wandzeitung behandelt das Thema. Programmäßig erschiene sie jeden Monat, in Wirklichkeit aber seltener. Sie hat im ganzen den Stil kindlicher bunter Witzblätter: Bilder, Prosa oder Reime dazwischen in abwechslungsreicher Verteilung. Vor allem aber gilt die Zeitung einer Chronik des Kollektivs, das in dieser Fabrik versammelt ist. Daher verzeichnet sie einzelne anstößige Vorgänge satirisch, aber auch mit statistischen Illustrationen die Bildungsarbeit, die im letzten Zeitabschnitt geleistet worden ist. Andere Plakate an der Wand gelten der hygienischen Aufklärung: Gazetücher gegen die Fliegen werden empfohlen, die Vorteile des Milchkonsums werden dargestellt. Es arbeiten hier (in drei Schichten) insgesamt 150 Personen. Haupterzeugnisse sind: Gummibänder, gespultes Garn, Bindfaden, Silberlitzen und Christbaumschmuck. Es ist die einzige Fabrik dieser Art in Moskau. Aber ihr Aufbau ist wohl weniger Resultat einer „vertikalen“ Organisation als Zeugnis des Tiefstands in der industriellen Differenzierung. Man kann hier, wenige Meter voneinander in ein- und demselben Räume, den gleichen Arbeitsvorgang maschinell und im Handbetriebe verfolgen. Rechts rollt eine Maschine lange Fäden Garn auf kleine Spulen ab, links kurbelt die Hand einer Arbeiterin ein großes Holzrad: beides der gleiche Prozeß. Der größte Teil der Angestellten sind Bäuerinnen, und unter ihnen nicht viele Parteimitglieder. Sie sind nicht uniform gekleidet, haben nicht einmal Arbeitsschürzen, sondern sitzen an ihrem Platz, als hätten sie mit häuslichen Verrichtungen zu tun. Hausmütterlich, geruhig beugen sie den ins wollene Tuch gewickelten Kopf über die Arbeit. Aber sie sind umgeben von Plakaten, die alle Schrecken des Maschinenbetriebs beschwören. Da ist ein Arbeiter dargestellt wie sein Arm zwischen die Speichen eines Triebrads gerät, ein anderer, der mit dem Knie zwischen zwei Kolben geraten ist, ein dritter, der in der Trunkenheit Kurzschluß durch falsche Bedienung seiner Schaltung verursacht. Die Herstellung des feineren Christbaumschmucks ist ganz auf Handarbeit angewiesen. In einem hellen Atelierraum sitzen drei Frauen. Die eine schneidet die versilberten Fäden zu kurzen Stückchen zurecht, ergreift ein Bündel davon und wickelt es mit einem Draht, der langsam sich von einer Rolle abspult, zusammen. Wie einen Spalt durchläuft dieser Draht ihre Zähne. Dann zupft sie glänzende Bündel zur Sternform zurecht und so kommt es an eine Kolleg in, die einen papiernen Schmetterling, Vogel oder Weihnachtsmann darauf klebt. In einer anderen Ecke dieses Saals sitzt eine Frau, die Kreuze aus Lametta, eines in der Minute, auf ähnliche Weise herstellt. Als ich mich, um ihr zu zu sehen, über das Rad beuge, das sie dreht, kann sie vor Lachen nicht an sich halten. Anderswo stellt man silberne Litzen her. Diese Fabrikations-Arbeit für das exotische Rußland, es sind Litzen für persische Turbans. (Unten Lamettafabrikation: der Mann, der mit dem Schleifstein den Faden bearbeitet. Die Drahtstücke werden auf den zweihundertsten oder dreihundertsten Teil ihrer Stärke gebracht und danach versilbert oder mit andern metallischen Farben überzogen. Gleich darauf kommen sie ins Dachgeschoß des Hauses, wo sie bei starker Hitze getrocknet werden.) – Später kam ich an der Arbeitsbörse vorbei. Um Mittag postieren sich Garküchen vor ihrem Eingang, hier werden heiße Kuchen und gebratene Wurst in Scheiben verkauft. Von der Fabrik aus fuhren wir zu Gnedin. Er wirkt längst nicht mehr so jugendlich wie vor zwei Jahren auf dem Abend in der russischen Botschaft, als ich seine Bekanntschaft machte. Aber klug und sympathisch noch immer. Ich antwortete sehr vorsichtig auf seine Fragen. Nicht nur weil hier die Leute im allgemeinen empfindlich sind und Gnedin besonders an den kommunistischen Ideen hängt, sondern weil eine vorsichtige Außerungsweise geeignet ist, einen hier als ernstzunehmenden Gesprächspartner zu beglaubigen. Gnedin ist Referent im Außenministerium für Zentraleuropa. Seine nicht unbedeutende Karriere (er hat schon eine größere Chance ausgeschlagen) soll damit zusammenhängen, daß er ein Sohn von P. ist. Vor allem billigte er sehr, daß ich betonte, wie unmöglich der Vergleich von russischen Lebensverhältnissen mit denen Westeuropas im Einzelnen sei. Auf der Petrowka kam ich um eine Aufenthaltsverlängerung von sechs Wochen ein. Nachmittags wollte Reich allein zu Asja. Ich blieb also zu Hause, aß etwas und schrieb. Gegen sieben kam Reich. Wir gingen zusammen ins Theater Meyerhold und trafen dort Asja. Der Abend stand für sie und Reich im Zeichen der Diskussionsrede, die Reich auf ihren Wunsch halten sollte. Es kam aber nicht dazu. Immerhin mußte er über zwei Stunden im Kreis der übrigen, die sich zur Diskussion gemeldet hatten, auf dem Podium aushalten. An einer langen grünen Tafel saßen Lunatscharski, Pelsche, der Leiter der künstlerischen Abteilung im Glaw-Polit-Proswet, Diskussionsleiter, Majakowski, Andre Bjely, Levidoff und viele andere. In der ersten Parkettreihe Meyerhold selber. Asja ging in der Pause und ich begleitete sie noch ein Stück, da ich allein den Reden ja doch nicht folgen konnte. Als ich zurückkam, sprach mit demagogischer Heftigkeit ein Redner der Opposition. Aber trotzdem im Saale Meyerholds Gegner die Mehrheit hatten, konnte er das Publikum doch nicht gewinnen. Und als endlich Meyerhold selber auftrat, begrüßte ihn ein stürmischer Beifall. Zu seinem Unglück aber verließ er sich dann ganz auf sein rednerisches Temperament. Dabei kam eine Ranküne zum Vorschein, die alle abstieß. Als er dann endlich einen der Kritiker verdächtigte, nur darum ihn angegriffen zu haben, weil er als ehemaliger Angestellter Meyerholds mit seinem Chef Differenzen gehabt habe, war jeder Kontakt mit der Masse verloren. Die Flucht auf sein Dossier und eine Anzahl sachlicher Rechtfertigungen angefochtener Momente aus der Vorstellung halfen ihm nicht mehr. Schon während seiner Rede gingen viele und auch Reich sah die Unmöglichkeit, jetzt noch einzugreifen, ein und kam noch ehe Meyerhold geendet hatte, zu mir. Als er endlich schloß, gab es ganz dürftigen Beifall. Wir warteten den weiteren Verlauf, der nicht viel und nichts Neues mehr bringen konnte, nicht ab sondern gingen.

4 Januar. Mein Besuch bei Kogan fällig. Aber am Morgen telefonierte Niemen mich an und teilte mir mit, um halb zwei solle ich mich im Institute einfinden, es sei Kremlbesichtigung. Vormittags blieb ich zu Hause. Im Institut versammelten sich fünf oder sechs Personen, außer mir scheinbar sämtlich Engländer. Es ging dann unter Führung eines wenig sympathischen Herrn zu Fuß in den Kreml. Man ging rasch, es machte mir die größte Mühe zu folgen; schließlich mußte am Kremleingang die

Gesellschaft auf mich warten. Das erste was innerhalb der Mauer frappiert, ist das übermäßig gepflegte Äußere der Regierungsgebäude. Ich kann es einzig mit dem Eindruck vergleichen, den man von allen Bauten in der kleinen Musterstadt Monaco erhält, eine privilegierte Siedlung in der nächsten Nähe der Regierenden. Sogar der helle weiße oder cremegelbe Anstrich der Fronten ist ähnlich. Während dort aber im scharfen Spiele von Licht und Schatten alles Partei nimmt, herrscht hier die ausgeglichene Helle des Schneefelds, aus der die Farben gelaßner heraustreten. Als es dann später allmählich dunkler wurde, schien dies Feld sich weiter und weiter zu dehnen. Nahe den strahlenden Fenstern der Amtsgebäude hoben sich Türme und Kuppeln gegen den Nachthimmel: überwundene Denkmäler, die Posten stehen vor den Toren der Sieger. Lichtbündel aus den übermäßig hellen Autolampen jagen auch hier durch Dunkel. In ihrem Schein scheuen die Pferde der Kavalleristen, die hier im Kreml ein großes Übungsfeld haben. Fußgänger schlagen sich mühsam zwischen Autos und ungeberdigen Gäulen durch. Lange Folgen von Schlitten, auf denen man Schnee abtransportiert, einzelne Reiter. Stumme Rabenschwärme haben im Schnee sich niedergelassen. Vorm Kremltore stehen in blenden dem Licht die Posten in den frechen ockergelben Pelzen. Über ihnen funkelt das rote Licht, das den Verkehr in der Durchfahrt regelt. Alle Farben Moskaus schießen hier, im Zentrum der russischen Macht, prismatisch zusammen. Der Klub der Rotarmisten sieht auf dies Feld hinaus. Wir gingen hinein bevor wir den Kreml verließen. Die Räume sind hell und sauber, sie scheinen etwas einfacher und strenger als die anderer Klubs gehalten. Im Lesesaal stehen viele Schachtische. Durch Lenin, welcher selber spielte, ist in Rußland das Schach sanktioniert. An der Wand hängt ein hölzneres Relief: die Karte Europas in vereinfacht schematisiertem Umriß. Dreht man an einer Kurbel, die daneben angebracht ist, so erleuchten sich, einer nach dem anderen in Rußland und im übrigen Europa in chronologischer Folge die Punkte, an denen Lenin gelebt hat. Aber der Apparat funktionierte schlecht, es leuchteten immer viele Orte zugleich auf. Der Klub hat eine Leihbibliothek. Mir machte ein Anschlag Freude, der in Text und hübschen bunten Zeichnungen verdeutlichte, auf wieviel Arten nicht ein

Buch sich verderben läßt. Im übrigen war die Führung schlecht organisiert. Es war gegen halb drei, als man endlich im Kreml ankam und als dann nach der Besichtigung der Oruschejnaja Palata endlich die Kirchen betreten wurden, war es so dunkel, daß man innen nichts mehr erkennen konnte. Allerdings bleiben sie durch die winzigen hoch angebrachten Fenster in jedem Fall auf die Beleuchtung im Inneren angewiesen. Zwei Kathedralen wurden betreten: die Archangels- und die Uspenski-Kathedrale. Diese letzte ist Krönungskirche der Zaren gewesen. In ihren zahlreichen aber sehr kleinen Räumen, mußte die Macht in der höchsten Enthaltung sich repräsentieren. Die Spannung, die dadurch in diese Zeremonien gekommen sein muß, ist heute schwerlich mehr vorstellbar. Hier in den Kirchen trat der lästige Manager der Besichtigung zurück und sympathische alte Kustoden leuchteten langsam, mit Kerzen, die Wände ab. Zu erkennen war trotzdem wenig. Auch kann das Vielerlei der äußerlich wahrscheinlich gleichförmigen Bilder dem Ungeschulten nichts sagen. Immerhin war es noch hell genug, die herrlichen Kirchen von außen zu sehen. Besonders erinnere ich eine Galerie am großen Kreml-Palais, die dicht mit kleinen farbig glänzenden Kuppeln bestanden war; ich glaube, daß sie die Gemächer der Prinzessinnen enthielt. Der Kreml ist einmal ein Wald gewesen – die Kirche des Erlösers im Walde heißt die älteste seiner Kapellen. Er ist dann später ein Wald von Kirchen geworden und wie die letzten Zaren auch gerodet haben, um Platz für neue belanglose Bauten zu schaffen – es ist noch immer genug geblieben, um ein Labyrinth von Kirchen zu schaffen. Auch hier haben viele Heiligenbilder außen an der Fassade Posten bezogen und blicken von den obersten Gesimsen unter dem blechernen Wetterdach wie geflüchtete Vögel hinunter. Aus ihren geneigten Retorten-Köpfen spricht Trübsal. Leider wurde die meiste Zeit an diesem Nachmittag den großen Sammlungen des Oruschejnaja-Palata zugewandt. Ihre Pracht ist verwirrend, aber sie zerstreuen nur, wo man alle Kraft auf die großartige Topographie und die Architektur des Kreml selbst richten möchte. Leicht übersieht man eine Grundbedingung seiner Schönheit: keiner der weiten Plätze trägt ein Denkmal. Dagegen gibt es in Europa beinahe keinen Platz, dem nicht im Lauf des 19 ten Jahrhunderts die geheime Struktur durch ein

Denkmal profaniert und verletzt worden wäre. Besonders fiel mir in den Sammlungen eine Kalesche auf, die ein Fürst Rasumofski einer Tochter Peters des Großen zum Geschenk gegeben hat. Ihre ausladende, wogende Ornamentik könnte auf festem Lande einen schwindeln machen, ehe man sich vorstellt, wie sie über Landstraßen schaukeln mag; erfährt man aber, daß sie aus Frankreich zur See kam, so ist das Mißbehagen vollkommen. All dieser Reichtum ist auf eine Art erworben, die keine Zukunft hat – nicht nur ihr Stil sondern ihre Erwerbsform selber ist tot. Sie müssen auf den letzten Besitzern gelastet haben, und es ist vorstellbar, daß das Gefühl, darüber zu verfügen, sie beinahe um den Verstand bringen konnte. Jetzt aber hängt am Eingang dieser Sammlungen ein Lenin-Bild, wie an einem Orte, wo früher den Göttern geopfert wurde, von bekehrten Heiden ein Kreuz erstellt wurde. – Der Rest des Tages war ziemlich verfehlt. Zum Essen kam es nicht mehr, es war gegen vier als ich den Kreml verließ. Dennoch war Asja als ich zu ihr kam, von der Schneiderin noch nicht zurück. Ich fand nur Reich und die ganz unvermeidliche Genossin vor. Reich aber konnte nicht länger warten und gleich danach erschien Asja. Leider kam später die Rede auf das Barockbuch, sie brachte das übliche vor. Dann las ich etwas aus der „Einbahnstraße“. Am Abend waren wir bei Gorodinski (?) eingeladen. Aber auch hier, wie damals bei Granowski kamen wir um das Abendessen. Denn ehe wir gingen, kam Asja, um Reich noch zu sprechen und als wir mit einer Stunde Verspätung an Ort und Stelle erschienen, trafen wir nur seine Tochter. Mit Reich war an diesem Abend nichts anzufangen. Wir irrten lange nach einem Restaurant umher, in dem ich noch ein wenig hätte essen können, gerieten dabei in ein äußerst primitives Separe mit rohen Holzverschlägen und kamen endlich in einer unsympathischen Piwnaja bei der Lubjanka zu schlechtem Essen. Dann eine halbe Stunde bei Illesch – er selber war fort und seine Frau machte uns vorzüglichen Tee – und dann nach Hause. Ich hätte gerne noch in Reichs Begleitung den „sechsten Teil der Erde“ im Kino gesehen, aber er war zu müde.

5 Januar. Moskau ist die stillste von allen Großstädten und im Schnee ist sie es doppelt. Das Hauptinstrument im Orchester der Straße, die

Autohupe, ist hier schwach besetzt; es gibt wenig Autos. Ebenso gibt es, im Vergleich zu anderen Zentren, sehr wenig Zeitungen, im Grunde nur ein Boulevardblatt, die einzige Abendzeitung, die täglich gegen drei Uhr erscheint. Endlich aber sind hier auch die Ausrufe der Verkäufer sehr leise. Der Straßenhandel ist zum großen Teile illegal und lenkt die Aufmerksamkeit nicht gerne auf sich. Auch wendet er an die Passanten sich weniger mit Ausrufen als mit Reden, gesetzten, wenn nicht geflüsterten, in denen etwas vom bittenden Tone der Bettler liegt. Nur eine Kaste zieht hier laut durch die Straßen: das sind die Lumpenhändler mit dem Sack auf dem Rücken; ihr melancholischer Ruf durchzieht ein oder mehrmals wöchentlich jede Moskauer Straße. Mit diesen Straßen ist eins sonderbar: das russische Dorf spielt in ihnen Versteck. Tritt man durch irgend eine der großen Torfahrten – oft sind sie durch schmiedeeiserne Gitter verschließbar, aber ich habe nie eines versperrt gefunden – dann steht man am Beginn einer geräumigen Siedlung, die oft so breit und ausladend angelegt ist, als ob der Raum in dieser Stadt nichts kostet. So öffnet sich ein Gutshof oder ein Dorf. Der Grund ist uneben, Kinder fahren in Schlitten, schaufeln den Schnee, Schuppen für Holz, Gerät oder Kohlen füllen die Winkel, Bäume stehen herum, primitive Holzstiegen oder Anbauten geben der Seitenfront oder Rückfront von Häusern, die nach der Straße sich sehr städtisch präsentieren, das Äußere eines russischen Bauernhauses. So wächst die Straße um die Dimension der Landschaft. – Moskau sieht freilich überall nicht recht wie die Stadt selbst aus sondern eher wie ihr Weichbild. Der aufgeweichte Grund, die Bretterbuden, lange Transporte von Rohmaterialien, Vieh, das zum Schlächter getrieben wird, dürftige Schenken trifft man in den zentralsten Teilen der Stadt an. Das wurde mir sehr deutlich als ich an diesem Tage die Sucharewskaja entlang ging. Ich wollte den berühmten Sucharewspark sehen. Der ist mit seinen mehr als hundert Buden wie der Nachfahre einer großen Messe. Vom Viertel der Alteisenhändler geriet ich hinein. Es liegt als nächstes an der Kirche (Nikolasjewsk-Kathedrale) deren blaue Kuppeln sich über den Markt heben. Die Leute haben hier ihre Ware einfach im Schnee liegen. Man findet alte Schlösser, Meterstäbe, Handwerkszeug, Küchengerät, elektrotechnisches Material u.a.m. An Ort und Stelle führt man auch Reparaturen aus; ich sah über einer Stichflamme löten. Sitze gibt es hier nirgends, alles steht aufrecht, schwatzt oder handelt. Der Markt zieht sich bis zur Sucharewskaja hinunter. Beim Schreiten über die vielen Plätze, Alleen aus Buden, wurde mir klar, wie diese Anordnung von Markt und Messe, die hier herrschte, auch große Teile der Moskauer Straße bestimmte. Es gibt Uhrmachergegend und Konfektionsviertel, Zentren für den elektrotechnischen Bedarf und den Maschinenhandel und dann wieder Straßenzüge, in denen nicht ein Laden sich findet. Hier auf dem Markt läßt die architektonische Funktion der Waren sich erkennen: Tücher und Stoffe bilden Pilaster und Säulen, Schuhe, Walinki, die an Schnüren gereiht überm Verkaufstische hängen werden zu Dächern der Bude, große Garmoschkas bilden tönende Mauern, Memnonsgemäuer gewissermaßen. Hier fand ich, in der Gegend der Spielzeugbuden, endlich auch meinen Samowar als Weihnachtsbaumschmuck. Zum ersten Male sah ich in Moskau Stände mit Heiligenbildern. Die meisten sind nach alter Weise mit Silberblech überzogen, in das die Falten des Madonnenmantels gestanzt sind. Nur Kopf und Hände allein sind farbige Flächen. Es gibt auch kleine Glaskästen, in denen das Haupt des heiligen Joseph(?) mit leuchtenden Papierblumen garniert zu sehen ist. Dann diese Blumen, große Sträuße, in Freiheit. Sie leuchten mehr als bunte Decken oder rohes Fleisch über den Schnee. Weil aber dieser ganze Verkaufszweig zum Papier- und Bilderhandel gehört, kommen diese Buden mit Heiligenbildern neben die Stände mit Papierwaren zu stehen, so daß sie überall von Leninbildern flankiert werden, wie ein Verhafteter von Gendarmen. Weihnachtsrosen auch hier. Sie allein haben keinen bestimmten Platz und tauchen bald zwischen Lebensmitteln, bald zwischen Webwaren oder Geschirrbuden auf. Aber sie überstrahlen alles, rohes Fleisch, bunte Decken und glänzende Schüsseln. Gegen die Sucharewskaja verengt der Markt sich zu einem schmalen Gang zwischen Mauern. Da stehen Kinder; sie verkaufen hauswirtschaftlichen Bedarf, kleine Bestecke, Tücher u. dgl., zwei sah ich an der Mauer stehen und singen. Hier traf ich auch zum ersten Male seit Neapel auf einen Zauberverkäufer. Er hatte eine kleine Flasche vor sich in der ein großer

Affe aus Stoff saß. Man begriff nicht, wie er hineingefunden hatte. In Wirklichkeit hatte man nur ein kleines Stofftier, wie dieser Mann es zum Verkaufe anbot, in die Flasche zu setzen. Das Wasser ließ es aufschwellen. Ein Neapolitaner verkaufte Blumensträuße von der gleichen Art. Ich spazierte noch ein wenig über die Sadowaja und fuhr dann gegen halb eins zu Basseches. Er erzählt viel, manches Instruktives, dabei aber dauernde Wiederholungen und Mitteilungen ohne Interesse, aus denen nur sein Wunsch nach Anerkennung spricht. Aber er ist gefällig und mir durch Informationen, Verleihung von deutschen Zeitschriften und Nachweis einer Sekretärin nützlich. – Nachmittags ging ich nicht sogleich zu Asja: Reich wollte sie allein sprechen und bat mich um halb sechs zu kommen. Ich kann zu Asja in der letzten Zeit fast nichts mehr reden. Erstens war ihre Gesundheit von neuem sehr angegriffen. Sie hat Temperaturen. Aber das würde sie zu einem ruhigen Gespräche vielleicht nur geneigter machen, wäre nicht, neben der weit diskreteren von Reich die lähmende Gegenwart ihrer Zimmergenossin, die laut und leidenschaftlich spricht, jedem Gespräche die Richtung gibt und zudem soviel Deutsch versteht, daß sie, was etwa mir von Energie noch übrig bleibt, still legt. In einer der seltenen Minuten als wir allein waren, fragte mich Asja, ob ich nochmals nach Rußland kommen würde. Ich sagte, nicht ohne etwas Russisch. Und auch dann hinge es von manchem anderem noch ab, vom Geld, von meinem Ergehen, von ihren Briefen. Die hingen wieder, sagte sie ausweichend – aber ich weiß ja, daß sie fast immer ausweicht, von ihrer Gesundheit ab. Ich ging und brachte auf ihre Bitte noch Mandarinen und Halwa, die ich unten im Sanatorium der Schwester ablieferte. Für den Abend wollte Reich mein Zimmer, um dort mit seiner Übersetzerin zu arbeiten. Allein zu „Dentsch y Notsch“ bei Tairoff zu gehen, vermochte ich mich nicht entschließen. Ich sah mir den „sechsten Teil der Erde“ an (in dem Kinotheater am Arbat.) Aber mir entging vieles.

6 Januar. Zu Doras Geburtstag hatte ich am Nachmittag des Vortags ein Telegramm abgesandt. Dann war ich noch die ganze Mjassitzkaja bis an das rote Tor hinauf gegangen und hatte danach eine der breiten Seitenstraßen eingeschlagen, die von dort ausgehen. Auf diesem Gang entdeckte ich, schon in der Finsternis, die Moskauer Hoflandschaft. Ich war nun einen Monat in Moskau. Dieser Tag verlief so farblos, daß fast nichts einzutragen. Morgens beim Kaffeetrinken in der sympathischen kleinen Konditorei, an die ich mich wahrscheinlich noch oft erinnern werde, setzte mir Reich den Inhalt des Kinoprogramms auseinander, das ich am Vorabend erstanden hatte. Dann ging ich zum Diktieren zu Basseches. Er hatte eine hübsche sympathische Daktylographin zu meiner Verfügung, die hervorragend arbeitet. Aber sie kostet drei Rubel die Stunde. Ob ich das werde durchführen können, weiß ich noch nicht. Nach dem Diktat begleitete er mich ins Dom Gerzena. Wir aßen zu dreien. Sofort nach dem Essen ging Reich zu Asja. Ich mußte noch etwas bei Basseches zurückbleiben, und mir gelang auch, für den nächsten Abend mir ein Rendezvous zum „Storm" mit ihm zu geben. Endlich begleitete er mich noch bis zum Sanatorium. Oben war es trostlos. Alles stürzte sich auf die deutschen Zeitschriften, die ich unvorsichtigerweise mit herauf genommen hatte. Zuguterletzt erklärte Asja, zur Schneiderin gehen zu wollen und Reich, daß er sie dorthin begleiten werde. Ich sagte Asja durch die Tür „Auf Wiedersehen" und trollte mich nach Hause. Meine Hoffnung, sie am Abend noch bei mir eintreten zu sehen, ging nicht in Erfüllung.

7 Januar. In Rußland hat der Staatskapitalismus viele Züge der Inflation konserviert. Vor allem Rechtsunsicherheit im Innern. Der Nep ist auf der einen Seite konzessioniert, auf der andern doch nur im Staatsinteresse zugelassen. Einem Umschwung in der Finanzpolitik, ja auch nur einer vorübergehenden offiziellen Demonstration, kann jeder Nep-Mann fristlos zum Opfer fallen. Dennoch sammeln sich in manchen Händen – vom russischen Standpunkt gesehen: ungeheure – Vermögen. Ich hörte von Leuten, die mehr als 300 000 Rubeln Steuern zahlen. Solche Bürger stellen das Gegenstück zum heroischen Kriegskommunismus, den heroischen Nepp. Sie kommen in den meisten Fällen ganz unabhängig von den eigenen Dispositionen in diese Bahn. Denn eben das Charakteristische der Neppzeit ist Beschränkung der staatlichen Voranlagen für Innenhandel auf die strikten Bedarfsgegenstände. Das schafft für die Operationen des Nepp-Manns eine sehr günstige

Konjunktur. Zum Gesicht der Inflation gehören auch die Bezugsscheine, mit denen allein viele Warengattungen in den Staatsgeschäften beziehbar sind, daher das Anstellen. Die Währung ist fest, aber in der Gestalt dieser Scheine, der Preistafeln in vielen Auslagen, nimmt das Papier im Wirtschaftsleben immer noch großen Raum ein. Selbst die Achtlosigkeit in der Kleidung ist Westeuropa nur im Zeichen der Inflation bekannt geworden. Freilich beginnt die Konvention des lässigen Anzugs erschüttert zu werden. Aus einer Uniform der herrschenden Klasse droht er zum Zeichen des im Existenzkampf Schwächeren zu werden. In den Theatern wagen sich schüchtern wie Noahs Taube nach dem wochenlangen Regen die ersten Toiletten heraus. Aber noch immer gibt es viel Uniformes, Proletarisches im Auftreten: die westeuropäische Form der Kopfbedeckung, der weiche oder steife Hut, sind scheinbar gänzlich verschwunden. Es herrscht die russische Pelzkappe oder die Sportmütze, die auch sehr viel von Mädchen in kleidsamen, aber provozierenden Varianten (mit weit vorstoßenden Schirmen) getragen wird. Im allgemeinen nimmt man sie in öffentlichen Lokalen nicht ab, auch sonst ist der Gruß lockerer geworden. In der übrigen Kleidung herrscht bereits orientalische Vielfältigkeit. Pelzjoppen, Samtjacketts und Lederjacken, städtische Eleganz und dörfliche Tracht gehen bei Männern und Frauen durch einander. Hier und da, wie in andern Großstädten auch – trifft man (bei Frauen) noch bäurische Nationaltracht an. – Vormittags blieb ich an diesem Tage lange zu Hause. Sodann zu Kogan, dem Vorsitzenden der Akademie. Ich war von seiner Belanglosigkeit nicht betroffen; man hatte mich allerseits darauf vorbereitet. Im Büro der Kamenewa nahm ich Theaterkarten. Während der nicht enden wollenden Wartezeit durchblätterte ich ein Werk über das russische Revolutionsplakat, mit vielen vorzüglichen, teilweise farbigen Abbildungen. Mir fiel dabei auf, daß – so wirksam viele dieser Plakate sind – unter ihnen nichts ist, was nicht sehr zwanglos aus den Stilelementen eines, zum Teil noch nicht einmal sehr vorgeschobenen, bürgerlichen Kunstgewerbes sich erklären ließe. Im Dom Gerzina traf ich Reich nicht an. Bei Asja war ich anfangs allein, sie war sehr matt, tat vielleicht auch nur so, so daß wir nicht ins Gespräch kamen. Dann erschien Reich. Ich ging, um mit Basseches den

Theaterbesuch am Abend zu vereinbaren und da ich ihn telefonisch nicht zu erreichen vermochte, mußte ich hingehen. Den ganzen Nachmittag Kopfschmerzen. Später gingen wir dann mit seiner Freundin, einer Operettensängerin, zu „Storm". Die Freundin schien sehr schüchtern, außerdem nicht auf dem Posten und fuhr gleich nach dem Theater nach Hause. „Storm" stellt Vorgänge aus dem Kriegskommunismus dar, die um eine Typhusepedemie auf dem Lande gruppiert sind. Basseches übersetzte hingebend und es wurde besser als sonst gespielt, so daß ich viel von dem Abend hatte. Dem Stück fehlt, wie den russischen (nach Reich) immer, eine Handlung. Es schien mir nur das informatorische Interesse einer guten Chronik zu haben und dieses Interesse ist kein dramatisches. Gegen 12 Uhr aß ich mit Basseches im „Krujock" auf der Twerskaja. Da aber erster Weihnachtsfeiertag (nach alter Rechnung) war, ging es im Klub nicht allzu lebhaft zu. Das Essen war vorzüglich; der Wodka mit einer Kräuteressenz versetzt, die ihn gelb färbte und leichter trinkbar machte. Plan einer Berichterstattung über französische Kunst und Kultur für russische Blätter besprochen.

8 Januar. Vormittags Geld gewechselt und danach diktiert. Ein Referat über die Diskussion bei Meyerhold ist vielleicht einigermaßen geglückt, dagegen kam ich mit einem Moskauer Bericht fürs „Tagebuch" nicht weiter. In der Frühe gab es eine Auseinandersetzung mit Reich, weil ich mit Basseches (etwas gedankenloser Weise) in das Dom Gerzena gekommen war. Neue Belehrung, wie groß die Vorsicht ist, die man hier anwenden muß. Sie ist eines der sinnfälligsten Symptome für die durchdringende Politisierung des Lebens. Ich war sehr froh, in der Gesandtschaft, beim Diktieren, Basseches nicht zu sehen, der noch im Bett war. Um nicht ins Dom Gerzena zu müssen, kaufte ich mir Caviar und Schinken ein und aß zu Hause. Als ich gegen halb fünf zu Asja kam war Reich noch nicht da. Er blieb noch über eine Stunde aus und sagte mir später, daß er, auf dem Wege zu Asja, von neuem einen Herzanfall gehabt habe. Asja ging es schlechter und sie war so mit sich selber beschäftigt, daß Reichs Verspätung ihr nicht sehr auffiel. Sie hat wieder Temperaturen. Fast ununterbrochen war die nachgerade unausstehliche

Genossin im Zimmer und erhielt später selbst noch Besuch. Ihr Verhalten ist übrigens ständig freundlich – wäre nicht ihre Anwesenheit um Asja. Ich las Asja den Entwurf für das „Tagebuch“ vor und sie machte dazu einige sehr zutreffende Bemerkungen. Es klang sogar zuletzt aus dem Gespräche eine gewisse Freundlichkeit heraus. Dann spielten wir, im Zimmer, Domino. Reich kam. Darauf zu vieren. Abends hatte Reich Sitzung. Gegen sieben trank ich in unserer gewohnten Conditorei mit ihm Kaffee, dann ging ich nach Hause. Mir wird immer mehr klar, daß ich für die nächste Zeit ein festes Gerüst meiner Arbeit brauche. Als solches kommt natürlich Übersetzen nicht in Frage. Vorbedingung für dessen Konstruktion ist wiederum Stellungnahme. Was mich vom Eintritt in die K.P.D. zurückhält sind ausschließlich äußerliche Bedenken. Es wäre jetzt der richtige Zeitpunkt, den zu verpassen vielleicht gefährlich ist. Denn gerade weil möglicherweise die Zugehörigkeit zur Partei für mich nur eine Episode ist, ist es nicht geraten sie zu verschieben. Sind und bleiben die äußerlichen Bedenken, unter deren Druck ich mich frage, ob nicht eine linke Außenseiterstellung durch intensive Arbeit sachlich und ökonomisch so zu lasieren wäre, daß sie mir weiter die Möglichkeit umfassender Produktion in meinem bisherigen Arbeitskreis sichert. Aber ob diese Produktion ohne Bruch in ein neues Stadium überzuführen ist, das ist eben die Frage. Und selbst dann müßte das „Gerüst“ noch durch äußere Umstände, etwa einer Redakteursstelle, gestützt sein. Jedenfalls scheint die kommende Epoche für mich von den vorhergehenden sich darin zu unterscheiden, daß die Bestimmung durch Erotisches nachläßt. Daran, mir das bewußt zu machen, hat die Beobachtung von Reichs und Asjas Verhältnis einen gewissen Anteil. Ich bemerke, daß Reich allen Schwankungen Asjas gegenüber fest und von Verhaltungsweisen, die mich krank machen würden, wenig beeinflußt ist oder scheint. Und selbst das letzte ist schon sehr viel. Dies liegt an dem „Gerüst“, das er für seine Arbeit hier gefunden hat. Zu den realen Beziehungen, in die sie ihn versetzt, kommt freilich hinzu, daß er hier Angehöriger der herrschenden Klasse ist. Diese Neuformung einer ganzen Herrschaftsgewalt macht ja das Leben hier so außerordentlich inhaltsreich. Es ist so in sich abgeschlossen und ereignisreich, arm und im gleichen Atem voller

Perspektiven, wie das Goldgräberleben in Klondyke. Es wird von früh bis spät nach Macht gegraben. Die ganze Kombinatorik der westeuropäischen Existenz einer Intelligenz ist überaus ärmlich im Vergleich mit den zahllosen Konstellationen, die hier im Laufe eines Monats an den Einzelnen herantreten. Freilich kann ein gewisser Rauschzustand die Folge sein, so daß ein Leben ohne Sitzungen und Kommissionen, Debatten, Resolutionen und Abstimmungen (und das alles sind Kriege oder zumindest Manöver des Machtwillens) sich gar nicht mehr denken läßt. Aber es ist x mit der dies das Schrifttum, das so ganz unbedingt auf Stellungnahme dringt, das die Frage stellt, ob man im feindlichen und exponierten, unwirtlichen und zugigen Zuschauerräume aushalten oder so oder so seine Rolle auf der dröhnenden Bühne hinnehmen will.

9. Januar. Weitere Erwägung: in die Partei gehen? Entscheidende Vorzüge: feste Position, ein, wenn auch nur virtuelles Mandat. Organisierter, garantierter Kontakt mit Menschen. Dagegen steht: Kommunist in einem Staate zu sein, wo das Proletariat herrscht, bedeutet die völlige Preisgabe der privaten Unabhängigkeit. Man tritt die Aufgabe, das eigene Leben zu organisieren sozusagen an die Partei ab. Wo aber das Proletariat unterdrückt wird, heißt es, zur unterdrückten Klasse sich schlagen mit allen Konsequenzen, die das früher oder später haben kann. Das Verführerische der Schrittmacher-Position – wenn man in ihr keine Kollegen hätte, deren Wirken bei jeder Gelegenheit einem selber das Zweifelhafte dieser Stellung demonstriert. In der Partei: der gewaltige Vorzug, die eigenen Gedanken gleichsam in ein vorgegebnes Kraftfeld proj zieren können. Über das Außenstehen aber und seine Zulässigkeit entscheidet schließlich die Frage, ob man sich außerhalb mit nachweisbarem eigenem und sachlichem Nutzen postieren könne, ohne zum Bürgertum überzugehen, bezw. die Arbeit zu schädigen. Ob eine konkrete Rechenschaft für meine fernere Arbeit, besonders die wissenschaftliche, mit ihren formalen und metaphysischen Grundlagen sich geben läßt. Was „Revolutionäres" in ihrer Form sei und ob es in ihr sei. Ob mein illegales Incognito unter den bürgerlichen Autoren einen

Sinn hat. Und ob es entscheidend förderlich für meine Arbeit, gewissen Extremen des „Materialismus“ aus dem Wege zu gehen, oder ob ich die Auseinandersetzung mit ihnen in der Partei suchen muß. Der Kampf geht hier um all die Vorbehalte, die in der spezialisierten Arbeit stecken, die ich bisher leistete. Und er muß mit dem Eintritt in die Partei – zumindest einem experimentellen – enden, wenn auf dieser schmalen Basis diese Arbeit nicht dem Rhythmus meiner Überzeugungen folgen und meine Existenz organisieren kann. Solange ich reise, ist der Eintritt in die Partei freilich kaum zu erwägen. – Es war Sonntag. Vormittags übersetzt. Mittags im kleinen Restaurant in der Bolschaja Dimitrowka. Nachmittags bei Asja, die sich sehr schlecht fühlte. Abends allein im Zimmer, übersetzt.

10 Januar. Es gab am Morgen eine höchst unangenehme Auseinandersetzung mit Reich. Er kam nämlich auf meine Anregung zurück, das Referat über die Diskussion bei Meyerhold ihm vorzulesen. Ich hatte jetzt schon nicht mehr das Bedürfnis dazu, tat es mit instinktivem Widerstreben aber doch. Nach den vorangegangenen Unterhaltungen über die Referate an die „Literarische Welt“ konnte ja auch nichts Gutes dabei heraus kommen. Ich las also rasch. Aber ich war, auf meinem Stuhl, der mich ins Licht sehen ließ, derart unglücklich postiert, daß ich den Erfolg aus dem allein schon vorausgewußt hätte. Reich hörte in krampfhaft gelassener Haltung zu und es bedurfte als ich geendet hatte, nur weniger Worte. Der Ton in dem er sie sprach, entfachte augenblicklich den Streit, der um so auswegloser war, als das, was ihm eigentlich zu Grunde lag, nicht mehr berührt werden konnte. Mitten in dem Wortwechsel klopfte es – Asja kam. Sie ging bald wieder. Während ihrer Anwesenheit sprach ich wenig; ich übersetzte. In der schlechtesten Verfassung ging ich, um bei Basseches Briefe und einen Artikel zu diktieren, die Sekretärin ist mir ganz sympathisch, wenn auch ziemlich damenhaft. Als ich hörte, sie wolle wieder nach Berlin zurück, gab ich ihr meine Karte. Mir lag nicht daran, Mittags mit Reich zusammenzutreffen. Ich kaufte also einiges ein und aß auf dem Zimmer. Auf dem Wege zu Asja trank ich Kaffee und später als ich von ihr nach Hause ging, tat ich's noch einmal. Asja fühlte sich schlecht, wurde früh müde, so daß ich sie allein ließ, damit sie schlafen könne. Aber es gab ein paar Minuten, in denen wir allein im Zimmer waren (oder in denen sie so tat, als ob wir es wären). Da sagte sie, wenn ich nochmals nach Moskau käme und sie würde gesund sein, dann brauchte ich ja nicht so einsam herum zu gehen. Aber wenn sie hier nicht gesund würde, dann würde sie nach Berlin kommen, ich müßte ihr eine Ecke in meinem Zimmer geben mit einem Wandschirm, und sie würde sich bei deutschen Ärzten behandeln lassen. Am Abend war ich allein zu Hause. Reich kam spät und erzählte noch einiges. Soviel aber stand infolge des Zwischenfalls am Morgen mir fest, daß ich auf Reich nichts mehr von meiner Anwesenheit bauen wollte und wenn sie sich ohne ihn nicht nutzbringend organisieren ließe, Abfahrt das einzig Vernünftige sei.

11 Januar. Asja soll von neuem Einspritzungen bekommen. Sie wollte sich an diesem Tag in die Klinik begeben und am Vortag war abgemacht worden, sie werde mich abholen, damit ich sie im Schlitten hinbrächte. Aber sie kam erst gegen zwölf Uhr. Die Einspritzung hatte man ihr schon im Sanatorium gemacht. Sie war davon in etwas erregtem Zustand und als wir auf dem Korridor allein waren (ich hatte zu telefonieren und sie auch) umschlang sie meinen Arm in einer Anwandlung des alten Übermuts. Reich hatte im Zimmer Post gefaßt und machte nicht Miene zu gehen. Selbst also als nun Asja wieder einmal vormittags zu mir ins Zimmer kam, war es vollständig zwecklos. Es half nichts, daß ich mein Fortgehen um einige Minuten verzögerte. Sie erklärte nicht, mitgehen zu wollen. Ich ließ also Reich und sie allein, ging auf die Petrowka (konnte jedoch meinen Paß noch nicht erhalten) und dann ins Museum für Malkultur. Dieser kleine Vorfall bestimmte mich, endgültig die Abreise, zu der ohnehin die Zeit heranrückt, zu beschließen. Im Museum gab es recht wenig zu sehen. Später hörte ich, Larionoff, Gontscharowa seien berühmte Namen. Mit ihren Sachen ist nichts los. Sie scheinen ebenso wie die meisten andern Sachen, die in den drei Sälen hängen, vollständig beeinflußt von gleichzeitigen pariser und berliner Bildern und kopieren sie ohne Geschick. – Mittags hielt ich mich stundenlang im Kulturbüro auf, um für das Malaia Theater Karten für Basseches, seine Freundin und mich zu holen. Da es aber nicht gelang, gleichzeitig das Theater telefonisch zu avisieren, so wurde dann am Abend der Ausweis nicht anerkannt. Basseches war ohne die Freundin gekommen. Ich wäre gern mit ihm in ein Kino gegangen, aber er wollte essen und so begleitete ich ihn in das Savoy. Es ist viel bescheidener als die Bolschaia Moskowskaja. Übrigens war es mit ihm recht langweilig. Er ist nicht imstande, von anderen Angelegenheiten als seinen privatesten zu reden; tut er es doch, so mit dem sichtlichen Bewußtsein, wie informiert er sei und wie vorzüglich er andere zu informieren wisse. Er blätterte und las immerzu in der „Roten Fahne“. Ein Stück begleitete ich ihn nachher im Auto und fuhr direkt nach Hause, wo ich noch übersetzte. – Am Vormittag dieses Tages kaufte ich den ersten Lackkasten (auf der Petrowka) ein. Es kamen nun ein paar Tage, wo ich, wie das öfter mir geht, beim Gehen durch die Straßen nur auf eines achtete: nämlich in diesem Falle auf die Lackkästen. Eine kurze, leidenschaftliche Verliebtheit. Ich möchte drei kaufen – bin mir über die Verteilung der beiden, die ich inzwischen habe, noch nicht ganz einig. An diesem Tage kaufte ich das Kästchen mit den beiden Mädchen, welche am Samowar sitzen. Es ist sehr schön – nur tritt nirgends das reine Schwarz, das oft an diesen Arbeiten das schönste ist, (hervor).

12 Januar. An diesem Tage kaufte ich im Kustarny-Museum einen größeren Kasten, auf dessen Deckel vor dem schwarzen Grund, eine Zigarettenverkäuferin gemalt war. Neben ihr steht ein dünnes Bäumchen und daneben ein Junge. Es ist eine Winterszene, denn am Boden liegt Schnee. Zwar kann man an Schneeluft auch bei den beiden Mädchen denken, denn die Stube, in der sie sitzen, hat ein Fenster, in dem frostblaue Luft zu stehen scheint. Aber das ist nicht sicher. Dieser neue Kasten war viel teurer. Ich suchte ihn unter einer großen Auswahl heraus; es war viel unschönes dabei: sklavische Kopien alter Meister. Besonders teuer scheinen Kästen zu sein, die Gold in der Bemalung haben (und auch das geht wohl auf ältere Vorbilder zurück), mir aber gefallen die nicht. Das Sujet auf dem größeren Kästchen ist wohl ganz neu; wenigstens steht „Mosselprom“ auf der Schürze der Händlerin. Ich weiß, daß ich schon einmal sehr lange in der Rue du faubourg Saint-Honoré im Schaufenster eines vornehmen Geschäft es solche Kästen sah und lang davor stand. Damals wies ich aber die Versuchung, mir eines zu kaufen, mit dem Gedanken zurück, ich müsse es von Asja bekommen – oder vielleicht auch nur aus Moskau. Die Leidenschaft geht auf den starken Eindruck zurück, den in Blochs Wohnung, die er mit Else in Interlaken hatte, ein solcher Kasten immer ausgeübt hatte; ich kann von da aus ermessen, wie unvergeßlich solche Bilder auf dem schwarzlackierten Grunde sich Kindern einprägen müssen. Aber das Sujet auf Blochs Kasten habe ich vergessen. – Am gleichen Tage fand ich tolle Postkarten, wie ich sie lange gesucht hatte, alte Ladenhüter aus der zaristischen Zeit, hauptsächlich Bilder in farbiger Kartonpressung, dann Ansichten aus Sibirien (mit deren einer ich Ernst zu mystifizieren suche) u.s.w. Es war in einem Geschäft auf der Twerskaja, da der Besitzer deutsch konnte, fiel die Anstrengung fort, mit der ich sonst hier einkaufe und ich nahm mir Zeit. Übrigens war ich an diesem Tage früh auf und von Hause fortgegangen. Denn gegen 10 Uhr war Asja erschienen. Sie hatte Reich noch zu Bett gefunden. Eine halbe Stunde war sie geblieben und hatte uns Schauspieler karikiert und den Sänger nachgemacht, der das Cabaret-Lied von „San-Francisco“ gedichtet hatte und von dem sie es, wahrscheinlich öfter, gehört hatte. Ich kannte das Lied schon aus Capri, dort sang sie es manchmal. Anfänglich hatte ich gehofft, sie am Vormittag begleiten und dann mit ihr noch in einem Café sitzen zu können. Aber es wurde zu spät. Ich ging mit ihr fort, setzte sie in die Bahn und ging dann allein. Dieser Morgenbesuch wirkte wohltätig auf den ganzen Tag. Zuerst freilich war ich in der Tretjakoff-Galerie etwas unzufrieden. Denn die beiden Säle, auf die ich mich am meisten gefreut hatte, waren geschlossen. Dagegen brachten die anderen Säle eine herrliche Überraschung: ich konnte durch dieses Museum gehen, wie sonst noch nie durch eine unbekannte Sammlung; ganz entspannt und einer Lust an kindischer Betrachtung dessen hingegeben, was die Bilder erzählten. Denn das Museum besteht zur Hälfte aus Bildern russischer Genremalerei; der Gründer hat gegen 1830 (?) mit Ankäufen begonnen, und fast nur Zeitgenössisches berücksichtigt. Später ist der Kreis seiner Sammlung bis gegen 1900 erweitert worden. Und da – von den Ikonen abgesehen – die frühesten Sachen aus der zweiten Hälfte des XVIII Jahrhunderts zu sein scheinen, so gibt dieses Museum im ganzen die Geschichte der russischen Malerei im XIX Jahrhundert. Das war eine Epoche, in der Genrebild und Landschaftsmalerei herrschten. Was ich sah, läßt mich annehmen, daß die Russen unter den europäischen Völkern die Genremalerei am intensivsten ausgebildet haben. Und diese Wände voll erzählender Bilder, Darstellungen von Szenen aus dem Leben der verschiedensten Stände, machen die Galerie zu einem großen Bilderbuch. Es waren denn auch hier noch viel mehr Besucher, als in allen andern Sammlungen, die ich sah. Man braucht nur zu sehen, wie sie sich durch die Räume bewegen, in Gruppen, manchmal um einen Führer, oder allein stehen, um die große Unbefangenheit zu erkennen in der nichts von der trostlosen Gedrücktheit der seltenen Proletarier zu merken ist, die man in westlichen Museen finden kann, um zu gewahren: einmal daß hier das Proletariat wirklich Besitz von den bürgerlichen Kulturgütern zu nehmen begonnen hat, zweitens, daß gerade diese Sammlung ihm höchst vertraut und ansprechend entgegenkommt. Er findet in ihr Sujets aus seiner Geschichte: „Arme Gouvernante trifft in dem Haus des reichen Kaufmanns ein" „Ein Konspirator von Gendarmen überrascht", und daß dergleichen Szenen ganz im Geist der bürgerlichen Malerei gegeben sind, das schadet nicht nur nicht – es macht sie für ihn selber viel besser zugänglich. Kunsterziehung wird ja (wie Proust bisweilen sehr gut zu verstehen gibt) nicht gerade durch Betrachtung der „Meisterwerke" gefördert. Vielmehr das Kind oder der Proletarier, der sich eben bildet, erkennt, mit Recht, ganz anderes als Meisterwerke, denn der Sammler an. Solche Bilder haben für ihn eine sehr vorübergehende aber solide Bedeutung und der strengste Maßstab ist nur der aktuellen Kunst gegenüber im Recht, die sich auf ihn, seine Klasse und seine Arbeit bezieht. – In einem der ersten Säle stand ich lange vor zwei Bildern von Schtschedrin, dem Hafen von Sorrent und einem anderen Gemälde aus der Gegend; beide zeigten die unaussprechliche Silhouette von Capri, die mir immer mit Asja bunden sein wird. Ich wollte ihr eine Zeile schreiben, aber ich hatte den Bleistift vergessen. Und diese Versenkung in das Sujet gleich zu Anfang meines Gangs durch die Sammlung bestimmte auch den

Geist meiner ferneren Betrachtung. Ich sah gute Portraits von Gogol, Dostojewski, Ostrowski, Tolstoi. In einem unteren Geschoß, zu dem Treppen hinunterführten, gab es viel von Wereschtschagin zu sehen. Aber ich hatte dafür kein Interesse. – Sehr froh gestimmt trat ich aus dem Museum. Im Grunde war ich in dieser Stimmung schon eingetreten und daran hatte am meisten die ziegelrot angestrichene Kirche schuld, die an der Haltestelle der Trambahn stand. Es war ein kalter Tag, nur vielleicht nicht so kalt wie damals als ich zum ersten Male hier nach dem Museum umhergeirrt war und, zwei Schritt nur von ihm entfernt, es doch nicht auffinden konnte. Endlich gab dann dieser Tag zuletzt noch eine gute Minute bei Asja. Reich war kurz vor sieben gegangen, sie hatte ihn hinunterbegleitet, war lange geblieben und als sie endlich wieder eintrat, war ich zwar noch allein aber es blieben uns nur wenige Minuten. Was dann vorfiel, weiß ich nicht mehr: plötzlich konnte ich Asja sehr freundlich ansehen und empfand, wie sie sich zu mir hingezogen fühlte. Einen Augenblick erzählte ich ihr von dem, was ich tagsüber getan hatte. Aber ich mußte fort. Ich gab ihr die Hand und sie hielt sie mit ihren beiden Händen. Sie hätte jetzt gern weiter mit mir gesprochen und wenn wir uns fest bei mir verabreden könnten wollte ich, sagte ich ihr, die Vorstellung bei Tairoff nicht sehen, zu der ich zu gehen vorgehabt hatte. Zuletzt aber war sie doch zweifelhaft, ob der Arzt sie auch fortgehen ließe. Wir besprachen, daß Asja mich an einem der folgenden Abende besuchen solle. – Bei Tairoff gab es „Tag und Nacht“ nach einer Operette von Lecocq. Ich traf den Amerikaner, mit dem ich mich verabredet hatte. Aber von seiner Übersetzerin hatte ich wenig, sie wandte sich nur an ihn. Und da die Handlung einigermaßen kompliziert war, so mußte ich mich an die hübschen Ballettszenen halten.

13 Januar. Der Tag war bis auf den Abend verfehlt. Außerdem beginnt es jetzt, sehr kalt zu werden: Durchschnittstemperatur um 26° Reaumur. Ich fror entsetzlich. Selbst meine Handschuhe helfen mir nichts, denn sie haben Löcher. Zu Anfang des Vormittags ging es noch: ich fand das Reisebüro in der Petrowka, als ich dieHoffnung darauf schon aufgegeben hatte und ich erfuhr auch die Fahrpreise. Sodann wollte ich mit Autobus 9 zum Spielzeugmuseum fahren. Da aber beim Arbat der Wagen einen Defekt bekam, und ich (irrigerweise) glaubte, er werde dort lange stehen bleiben, so stieg ich aus. Gerade hatte ich im Vorüberfahren mit Sehnsucht den Arbatskaja-Markt betrachtet, auf dem ich zuerst die schönen Weihnachtsbuden Moskaus kennengelernt hatte. Diesmal war mir das Glück auf andere Weise hier günstig. Als ich am Vorabend nämlich müde und abgespannt in der Hoffnung, vor Reich in meinem Zimmer zu sein, nach Hause gekommen war, war doch Reich schon da. Ich war verstimmt, auch jetzt nicht allein zu sein (seit der Auseinandersetzung über meinen Meyerhold-Artikel reizte Reichs Anwesenheit mich oft) und machte mich sofort über die Lampe her, um sie auf einen Stuhl neben meinem Bett zu stellen, wie mir das öfter schon gelungen war. Die provisorische Verbindung mit der elektrischen Leitung löste sich wieder einmal; ungeduldig beugte ich mich über den Tisch, um in so unbequemer Lage zu versuchen, den Kontakt wiederherzustellen und nach längerem Basteln brachte ich Kurzschluß zustande. – An eine Reparatur war in diesem Hotel nicht zu denken. Bei dem Licht von der Decke her zu arbeiten, war unmöglich und damit die Frage der ersten Tage wieder aktuell. Als ich im Bett lag, fiel mir ein „Kerzen". Aber auch das war sehr schwierig. Reich um Besorgungen zu bitten, wurde immer untunlicher; er hatte selbst eine Unzahl von Dingen zu erledigen und seine Laune war schlecht. Blieb, mit einer Vokabel bewaffnet, sich allein auf den Weg zu machen. Aber selbst diese Vokabel hätte ich erst von Asja mir holen müssen. Daher war es wirklich ein Glücksfall, daß ich hier, in der Auslage einer Bude, unverhofft Kerzen fand, auf die ich einfach zeigen konnte. Damit aber war die glückliche Seite des Tags schon erledigt. Ich fror sehr. Ich wollte die Graphik-Ausstellung im Dom Petschat ansehen: geschlossen. Ebenso das Museum für Ikonographie. Jetzt begriff ich: es war Sylvester nach dem alten Kalender. Schon als ich aus dem Schlitten stieg, den ich mir nach dem ikonographischen Museum genommen hatte, da es weit, in einer Gegend, die ich nicht kannte, lag und ich vor Kälte kaum mehr weiterkonnte, sah ich, daß es geschlossen war. In solchen Fällen, da man nur wegen sprachlicher Ohnmacht etwas Sinnloses tun muß, wird einem der ungeheure Kraft- und Zeitverlust, den dieser

Zustand mit sich bringt, doppelt bewußt. Ich fand, in einer anderen Richtung die Trambahn näher als ich geglaubt hatte und fuhr nach Hause. – Im Dom Gerzena war ich früher als Reich. Als er dann kam, begrüßte er mich mit den Worten: „Sie haben Pech!" Er war nämlich in dem Büro der Enzyklopädie gewesen und hatte mein Expose über Goethe dort abgegeben. Zufällig war gerade Radek dazugekommen, hatte das Manuscript am Tische liegen sehen und es aufgegriffen. Mißtrauisch hatte er sich erkundigt, von wem es sei. „Da kommt ja auf jeder Seite zehnmal Klassenkampf vor." Reich wies ihm nach, das sei nicht richtig und sagte, man könne übrigens Goethes Wirken, welches in eine Zeit von großen Klassenkämpfen falle, nicht entwickeln, ohne dies Wort zu gebrauchen. Radek: „Es kommt nur darauf an, daß es an der richtigen Stelle geschieht." Die Aussichten für die Annahme dieses Exposés sind hiernach äußerst gering. Denn die armseligen Leiter dieses Unternehmens sind viel zu unsicher, um auch dem schlechtesten Witz irgendeiner Autorität gegenüber die Möglichkeit eigner Meinung sich zu behaupten. Reich war der Zwischenfall unangenehmer als mir. Mir wurde er es vielmehr erst am Nachmittag, als ich mit Asja darüber sprach. Sie begann nämlich gleich, etwas müsse an dem, was Radek sage, schon richtig sein, gewiß, ich werde etwas schon falsch gemacht haben, wisse nicht, wie man hier etwas angreifen müsse und dergleichen mehr. Nun sagte ich ihr auf den Kopf zu, aus ihren Worten spreche nur die Feigheit und ein Bedürfnis unbedingt, um jeden Preis, den Mantel nach dem Winde zu hängen. Ich ging als Reich gekommen war, bald aus dem Zimmer. Denn da ich wußte, er werde darüber berichten, wollte ich machen, daß ers nicht in meinem Beisein täte. Für diesen Abend erhoffte ich Asjas Besuch. So sagte ich denn in der Türe, trotz Gegenwart von Reich, noch ein Wort davon. Ich kaufte allerhand ein: Caviar, Kuchen, Süßigkeiten, auch für Daga, zu der Reich am folgenden Tage hinausfahren sollte. Dann setzte ich mich in mein Zimmer und aß Abendbrot und schrieb. Kurz nach acht hatte ich schon die Hoffnung auf das Kommen von Asja aufgegeben. Ich hatte sie aber lange nicht mehr so erwartet (auch, den Umständen nach, sie ja gar nicht erwarten können.) Und gerade hatte ich begonnen, diese Erwartung in einem schematischen Bild für sie aufzuzeichnen, da klopfte es. Sie war es, und ihre erste Mitteilung, man habe sie nicht herlassen wollen. Zuerst verstand ich das von meinem Hotel. Hier ist nämlich ein neuer Sowjetduschi eingezogen, der es streng nehmen soll. Aber es galt von Iwan Petrowitsch. So war auch dieser Abend, vielmehr diese knappe Stunde, von allen Seiten beschnitten und ich lag im Gefecht mit der Zeit. Im ersten Gang war ich allerdings siegreich. Schnell zeichnete ich das Schema, das mir im Kopf lag und als ich es ihr erklärte, drückte sie ihre Stirn fest gegen meine. Dann las ich das Expose vor; und auch das ging sehr gut, es gefiel ihr, sie fand es sogar außerordentlich klar und sachlich. Ich sprach mit ihr von dem, was eigentlich für mich das Interessante an dem Thema „Goethe" ausmacht: wie so ein Mann, der so durchaus in Kompromissen existiert habe wie Goethe, dennoch so Außerordentliches habe leisten können. Hier erwidere ich, daß bei einem proletarischen Dichter das entsprechende ganz undenkbar sei. Aber der Klassenkampf der Bourgeoisie sei grundverschieden von dem proletarischen gewesen. „Untreue" „Kompromiß" in diesen beiden Bewegungen könne man nicht schematisch einander gleichsetzen. Ich erwähnte auch Lukács' These, der historische Materialismus sei im Grunde nur auf die Geschichte der Arbeiterbewegung selber anwendbar. Asja wurde aber schnell müde. Da griff ich auf das „Moskauer Tagebuch" zurück und las ihr auf gut Glück vor, worauf mein Blick gerade fiel. Das ging aber weniger gut aus. Ich war gerade auf die Ausführungen über kommunistische Erziehung geraten. „Das ist ja alles Unsinn" sagte Asja. Sie war unzufrieden und sagte, daß ich Rußland garnicht kennte. Natürlich bestritt ich das nicht. Nun fing sie selbst zu sprechen an; was sie sagte, war wichtig, aber das Sprechen erregte sie sehr. Sie redete davon, wie sie anfangs selbst Rußland garnicht begriffen habe, in den ersten Wochen nach ihrer Ankunft nach Europa habe zurückkehren wollen und gemeint habe, in Rußland sei alles aus, die Opposition habe ganz und gar recht. Allmählich sei ihr aufgegangen, was hier vor sich gehe: die Umstellung der revolutionären Arbeit in die technische. Jetzt werde jedem Kommunisten begreiflich gemacht, die revolutionäre Arbeit dieser Stunde sei nicht der Kampf, der Bürgerkrieg, sondern Elektrifizierung, Kanalbau, Fabrikeinrichtung. Und diesmal erwähnte nun ich selber Scheerbart, wegen dessen ich von ihr und von

Reich hier bereits soviel auszustehen hatte: kein anderer Autor habe so den revolutionären Charakter der technischen Arbeit herauszustellen gewußt. (Es tut mir nur leid, daß ich diese gute Formel nicht in dem Interview zum Ausdruck brachte). Mit alledem hielt ich sie einige Minuten über ihre Zeit hinaus fest. Dann ging sie und, wie es manchmal geschieht, wenn sie sich mir nah fühlt, forderte sie mich nicht auf, sie zu begleiten. Ich blieb im Zimmer. Die ganze Zeit hatten die beiden Kerzen auf dem Tisch gestanden, die seit dem Kurzschluß abends immer bei mir brennen. Später, als ich schon zu Bett lag, kam Reich.

14 Januar. Dieser Tag und der folgende wurden unangenehm. Die Uhr steht auf „Abfahrt". Es wird immer kälter (bleibt zum mindesten ständig über zwanzig Grad) und die Erledigung der noch verbleibenden Obliegenheiten wird schwieriger. Auch wurden die Vorzeichen von Reichs Krankheit, die inzwischen ausgebrochen ist (was ihm fehlt, weiß ich noch nicht) deutlicher, so daß er immer weniger für mich tun kann. An diesem Tage war er, gut verpackt, zu Daga hinausgefahren. Ich benutzte den Vormittag, um die drei Bahnhöfe, die am Kalantschewskaja-Platz liegen, mir anzusehen: den Kursker Bahnhof, den Oktoberbahnhof, von dem die Züge nach Leningrad abgehen und den Jaroslawski-Bahnhof, von diesem aus gehen die Züge nach Sibirien ab. Der Speisesaal des Bahnhofs ist dicht mit Palmen bestellt und von ihm aus geht der Blick auf einen blaugetünchten Warteraum. So kommt man sich wie in dem Antilopenhaus im Zoo vor. Ich trank dort Tee und dachte an die Abreise. Vor mir hatte ich einen schönen roten Beutel mit herrlichem Krimtabak, den ich in einer der Buden vor dem Bahnhof gekauft hatte. Später trieb ich neue Spielsachen auf. Am Ochotny Rjad stand ein Händler mit hölzernen Spielwaren. Mir fällt auf, daß gewisse Waren schubweise hier im Straßenhandel erscheinen. So sah ich hier zum ersten Male Holzäxte für Kinder mit Brandmalerei, von denen ich dann anderswo an einem der folgenden Tage einen ganzen Korb voll bemerkte. Ich kaufte das possierliche Holzmodell einer Nähmaschine, deren „Nadel" durch Drehen einer Kurbel in Bewegung gesetzt wird, und eine Schaukelpuppe aus Papiermache auf Musikkasten, ein schwaches Exemplar einer

Spielzeuggattung, die ich in den Museen gefunden hatte. Danach konnte ich es vor Kälte nicht mehr aushalten und wankte in eine Kaffeestube. Das schien ein Lokal von besonderem Gepräge zu sein: in dem kleinen Raum standen einige Rohrmöbel; durch eine verschließbare Lücke der Wand schob man die Speisen aus der Küche herein und auf einem großen Ladentisch prangten Sakuskas: Aufschnitt, Gurken, Fische. Auch eine Auslage gab es, wie in den französischen und italienischen Restaurants. Ich wußte keine der Speisen zu bezeichnen, die mich gelockt hätten und wärmte mich bei einer Tasse Kaffee. Dann ging ich hinaus und sah mich in den oberen Handelsreihen nach der Auslage des Geschäfts um, in dem die Tonpuppen mir an einem der ersten Tage aufgefallen waren. Sie standen noch drin. Beim Passieren des Durchgangs, der von dem Revolutionsplatz auf den Roten Platz führt sah ich mich nach den Straßenhändlern genauer um, suchte mir Einiges zu merken, was mir bisher entgangen war: Verkauf von Damenwäsche (Miedern), von Krawatten, Shawls, von Kleiderbügeln. – Ich erreichte endlich, gänzlich erschöpft, gegen zwei Uhr, das Dom Gerzena, wo es aber Essen erst gegen halb drei gibt. Um das Paket mit Spielsachen loszuwerden fuhr ich nach dem Essen nach Hause. Gegen halb fünf war ich im Sanatorium. Als ich eben die innere Treppe heraufkam, begegnete mir Asja, fertig zum Ausgehen. Sie wollte zur Schneiderin. Ich sagte ihr unterwegs, was ich inzwischen von Reich (der gleich nach mir mein Zimmer betreten hatte) über Dagas Ergehen gehört hatte. Das lautete günstig. So gingen wir neben einander als plötzlich Asja die Frage stellte, ob ich ihr nicht Geld geben könne. Aber ich hatte erst am Vortage mit Reich besprochen, mir 150 M zur Rückreise von ihm zu borgen, sagte ihr also, ich hätte keines, ohne noch zu wissen, wozu sie es nötig hatte. Sie erwiderte, wenn man Geld von mir nötig habe, so könne man es nie haben, ging auf Vorwürfe über, sprach von dem Zimmer in Riga, das ich ihr hätte nehmen sollen u.s.w. Ich war an diesem Tage sehr erschöpft, zudem durch das Gespräch, das sie sehr ungeschickt begonnen hatte äußerst aufgebracht. Es ergab sich, daß sie Geld wollte, um eine Wohnung zu nehmen, von der sie gehört hatte, daß sie zu haben sei. Ich wollte schon einen andern Weg einschlagen, aber sie hielt mich, klammerte sich an mich, wie sie es kaum je getan hat, sprach aber dabei stets im gleichen Sinne weiter. Ich sagte schließlich, außer mir vor Zorn, sie habe mich belogen. Denn brieflich habe sie mir zugesagt, gleich mir das Geld für meine berliner Auslagen zu ersetzen, und bisher hätten weder sie noch Reich mit einem Sterbenswort davon gesprochen. Das machte sie sehr betroffen. Ich wurde heftiger, verfolgte meinen Angriff weiter und schließlich ging sie mitten darin fort, schneller die Straße entlang. Ich folgte ihr nicht, bog vielmehr senkrecht ab und ging nach Hause. – Für den Abend war ich mit Gnedin verabredet. Er sollte mich abholen und zu sich nach Hause nehmen. Zwar kam er, aber wir blieben auf meinem Zimmer. Er bat mich um Verzeihung, daß er mich nicht zu sich nahm: seine Frau stehe vor einem Examen, so daß sie keine Zeit habe. Unser Gespräch dauerte bis gegen elf, ungefähr drei Stunden. Ich begann mit der Erklärung meiner Betrübnis und Verstimmung, noch weniger von Rußland kennen gelernt zu haben, als ich erwartet hatte. Und wir einigten uns bald, daß nur, sehr viele Menschen zu sprechen, von den Verhältnissen ein Bild geben könne. Er war übrigens bemüht, mir vor meiner Abreise noch dies oder jenes zugänglich zu machen. So traf er für den übernächsten Mittag – einen Sonntag – mit mir für das Theater des Proletkult eine Verabredung. Aber als ich dann kam, fand ich ihn nicht da und ging wieder nach Hause. Auch versprach er mir, zu einer Klubvorstellung mich einzuladen, die aber noch nicht anberaumt war. Das geplante Programm bestand in einigen sozusagen experimentellen Vorführungen neuer Zeremonien für Namengebung, Eheschließung u.s.w. Hier will ich einfügen, daß ich vor einiger Zeit von Reich die Namen der Babys in der kommunistischen Hierarchie erfuhr. Sie heißen von der Zeit ab, wo sie schon auf das Leninbildnis zeigen können „Oktjabrs". Noch eine seltsame Vokabel lernte ich am gleichen Abend kennen. Das ist der Ausdruck „gewesene Leute" für die von der Revolution depossedierten Bürgerkreise, die sich den neuen Verhältnissen nicht haben anpassen können. Weiter sprach Gnedin von dem unaufhörlichen Organisationswandel, der noch auf Jahre hinaus bestehen bleiben werde. Jede Woche treten organisatorische Veränderungen ein und man bemüht sich, die besten Methoden herauszufinden. Auch über das Eingehen des Privatlebens wurde gesprochen. Es bleibt eben keine Zeit. Gnedin erzählte, daß er in der Woche keinen Menschen bis auf die sieht, mit denen er in der Arbeit zu tun hat und seine Frau und sein Kind. Und Umgang, der für den Sonntag dann verbleibt, ist labil, denn wenn man nur drei Wochen außer Kontakt mit Bekannten gekommen ist, kann man schon ganz überzeugt sein, sehr lange nichts mehr von ihnen zu hören, weil inzwischen bei ihnen neue Bekanntschaften sich an die Stelle der alten gesetzt haben. Später begleitete ich Gnedin zur Bahn und wir sprachen auf der Straße noch von Zollangelegenheiten.

15 Januar. Vergeblicher Weg ins Spielzeugmuseum. Es war geschlossen, trotzdem, nach dem Führer, es Sonnabend geöffnet ist. Am Morgen kam endlich die „Literarische Welt" – durch Hessel-, auf die ich schon so ungeduldig gewartet hatte, daß ich jeden Tag telegrafisch in Berlin um ihre Zusendung bitten wollte. Asja verstand den „Wandkalender" nicht, Reich schien er nicht sonderlich zu gefallen. Vormittags irrte ich wieder herum, suchte zum zweiten Male vergeblich in die graphische Ausstellung einzudringen und schlug mich endlich, wiederum halb erfroren, in die Schtschukin-Galerie durch. Der Gründer war ebenso wie sein Bruder, Textilindustrieller und vielfacher Millionär. Beide waren Mäzene. Von einem stammt der Bau des Historischen Museums (sowie ein Teil von dessen Sammlungen) von dem anderen diese großartige Galerie neuer französischer Kunst. Wenn man durchfroren die Treppe hinaufsteigt, erblickt man oben, im Stiegenhaus die berühmten Wandbilder von Matisse, nackte Gestalten in rhythmischer Anordnung auf einem Hintergrund von gesättigtem rot, so warm und strahlend, wie man ihn bei russischen Ikonen findet. Matisse, Gauguin und Picasso waren die großen Passionen dieses Sammlers. Von Gauguin sind in einem Saal 29 Gemälde an die Wände gepfercht. (Ich machte übrigens von neuem die Erfahrung – soweit das flüchtige Durchstreifen dieser großen Sammlung diese Bezeichnung gestattet – daß Gauguins Bilder mich feindlich anmuten, und daß alles Gehässige aus ihnen mir entgegenschlägt, was der Nichtjude gegen Juden fühlen kann.) – Picassos Werden kann man wahrscheinlich nirgends entfernt so von den frühen Bildern des Zwanzigjährigen bis 1914 verfolgen, wie hier. Er muß oft monatelang, z. B. während der „gelben Periode" nur für Schtschukin gemalt haben. Seine Bilder füllen drei aneinanderstoßende Kabinette. Im ersten die Frühzeit, und unter diesen frühen Bildern zumal zwei, die mir auffielen: ein pierrotartig gekleideter Mann, der mit der rechten Hand etwas wie einen Becher umspannt und ein Bild „Absinthtrinkerin". Dann die kubistische Periode um 1911 als Montparnasse im Werden war und endlich die gelbe Periode, u. a. mit der Amitié und Studien dazu. Unweit davon hat Derain ein ganzes Zimmer. Neben sehr schönen Bildern seiner gewohnten Art sah ich ein ganz und gar befremdliches „le samedi". Das große düstere Bild zeigt um einen Tisch Frauen in flämischer Tracht bei häuslicher Beschäftigung versammelt. Figuren und Ausdruck erinnern aufs stärkste an Memling. Bis auf das kleine Zimmer mit den Rousseaubildern sind die Säle sehr hell. Fenster mit großen ungeteilten Scheiben gehen auf die Straße und auf den Hof des Hauses hinaus. Hier gewann ich zum ersten Male eine flüchtige Vorstellung von Malern wie Van Dongen oder Le Fauconnier. Auf einem Bildchen von Marie Laurencin – ein Frauenkopf mit der zugehörigen, ins Bild hineinragenden Frauenhand, aus der sich eine Blume entwickelt, erinnerte mich in der physiologischen Bildung an Münchhausen und machte mir seine verflossene Liebe zu Marie Laurencin evident. – Mittags erfuhr ich von Niemen, mein Interview sei erschienen. So ging ich mit der „Wetschernie Moskwa" und der „Literarischen Welt" versehen zu Asja. Aber der Nachmittag fiel dennoch nicht gut aus. Reich kam erst sehr viel später. Asja übersetzte für mich das Interview. Ich hatte inzwischen eingesehen – nicht zwar daß es „gefährlich" erscheinen könne, wie Reich es vermutet hatte, wohl aber – daß es in seinem Abschluß weniger durch die Erwähnung von Scheerbart als durch die unsichere und unpräzise Art dieser Erwähnung schwach sei. Leider kam diese Schwäche denn auch zum Vorschein, während der Anfang, die Konfrontation mit der italienischen Kunst, gut herauskam. Ich denke, es bleibt im ganzen doch nützlich, daß es erschienen ist. Vom Anfang war Asja gefesselt, aber das Ende war ihr mit Recht ärgerlich. Das beste ist, daß es sehr groß aufgemacht wurde. Ich hatte, des Streites am Vortage wegen, unterwegs Kuchen für Asja gekauft. Sie nahm sie. Später erklärte sie, gestern, nachdem wir uns getrennt hätten, habe sie nichts mehr von mir wissen wollen, gemeint wir würden uns nicht mehr (oder lange nicht mehr) sehen. Aber am Abend war sie, zu ihrer eigenen Verwunderung, anders gestimmt, und hat gefunden, daß sie überhaupt nicht lange auf mich böse sein kann. Wenn etwas vorgefallen sei, dann ende es immer so, daß sie zuletzt nicht frage, ob nicht sie mich beleidigt habe. Leider, wie, weiß ich nicht mehr kam es dann später, dieser Worte ungeachtet, doch zum Streit.

15. Januar (Fortsetzung). Kurz: nachdem ich Asja die Zeitung und die Zeitschrift gezeigt hatte, fiel das Gespräch wohl wieder auf das Mißlungene an meinem Hiersein zurück und als dann gar nochmals auf meine berliner Besorgungen die Rede kam und Asja eines daran ausstellte, verlor ich die Selbstbeherrschung und rannte wie verzweifelt zum Zimmer hinaus. Noch im Gang aber besann ich mich – besser gesagt, fühlte ich, nicht die Kraft zum Weggehn zu haben und kam wieder zurück mit den Worten: „Ich möchte hier noch ein wenig ganz ruhig sitzen." Dann fanden wir uns sogar langsam ins Gespräch zurück und als Reich kam, waren wir zwar beide erschöpft aber ruhig. Hiernach nahm ich mir vor, es unter keinen Umständen mehr zu solchem Streit kommen zu lassen. Reich sagte, er fühle sich nicht wohl. In der Tat hatte der Krampf im Kinnbacken angehalten oder war schlimmer geworden. Er konnte nicht mehr kauen. Das Zahnfleisch war geschwollen und bald bildete sich ein Geschwür. Trotzdem, so sagte er, müsse er diesen Abend in den deutschen Klub gehen. Er war nämlich zum Mittler zwischen der deutschen Gruppe des Mapp und den moskauer Kulturdelegierten der Wolga-Deutschen gemacht worden. Als wir dann allein im Vestibül waren, sagte er mir, er habe auch Fieber. Ich fühle es an seiner Stirn und erklärte, keinesfalls könne er in den Klub gehen. Er schickte also mich hin, um für ihn abzusagen. Das Haus lag nicht weit ab, aber ich hatte es mit so schneidendem Winde zu tun, daß es mir kaum gelang, vorwärts zu kommen. Und endlich fand ich das Haus nicht. Erschöpft kam ich zurück und blieb zu Hause.

16 Januar. Meine Abreise hatte ich auf Freitag, den 21 ten festgesetzt. Die Nähe des Termines machte meine Tage sehr anstrengend. Es waren viele Dinge kurz nach einander zu erledigen. Für den Sonntag hatte ich mir zweierlei vorgenommen. Nämlich nicht nur gegen 1 Uhr im Proletkulttheater Gnedin zu treffen, sondern vorher in das Museum für Malerei und Ikonographie (Astrauchoff) zu gehen. Das erste Vorhaben gelang schließlich, das zweite nicht. Wieder war es sehr kalt, die Scheiben der Trambahn durch eine dicke Eisschicht ganz undurchsichtig. Ich fuhr zunächst weit über die Haltestelle hinaus, an der ich aussteigen mußte. Dann wieder zurück. Im Museum traf es sich glücklich, daß ein Kustode, der anwesend war, Deutsch sprach und mit mir die Sammlung durchging. Dem unteren Stockwerk, in dem russische Bilder vom Ende des vorigen und vom Anfang dieses Jahrhunderts hängen, widmete ich nur zum Schluß ein paar Minuten. Ich tat gut, gleich anfangs in die Ikonensammlung hinaufzugehen. Sie ist im ersten Stock des niedrigen Hauses in schönen hellen Räumen untergebracht. Der Besitzer der Sammlung lebt noch. Die Revolution hat nichts an seinem Museum geändert, ihn zwar enteignet, als Direktor der Sammlung aber belassen. Dieser Astrauchoff ist Maler und hat vor vierzig Jahren die ersten Ankäufe gemacht. Er war vielfacher Millionär, reiste überall herum und wollte endlich auch zum Sammeln früher russischer Holzplastik übergehen, als der Krieg ausbrach. Das älteste Stück seiner Sammlung, ein byzantinisches Heiligenportrait, mit Wachsfarben auf eine Holztafel gemalt, geht ins sechste Jahrhundert zurück. Der größte Teil der Bilder stammt aus dem fünfzehnten und sechzehnten. Ich lernte unter Anweisung meines Führers die Hauptunterschiede der Stroganoffschen und der Novgoroder Schule kennen und bekam manche ikonographische Erklärung. Zum ersten Male bemerkte ich die Allegorie des besiegten Todes am Fuße des Kreuzes, die auf den hiesigen Ikonen so häufig ist. Auf schwarzem Grunde (wie gespiegelt in einer schlammigen Pfütze) ein Totenkopf. Andere ikonographisch sehr merkwürdige Darstellungen sah ich einige Tage darauf in der Ikonensammlung des historischen Museums. So ein Stilleben der Marterwerkzeuge, auf dem Altar, um den sie gruppiert sind, spaziert der heilige Geist als Taube auf einem in herrlichem Rosa gemalten Tuche. Dann zwei schreckliche Fratzen mit der Gloriole zu Christi Seiten: offenbar die Schacher, die so als eingegangen in das Paradies bezeichnet werden. Eine andere Darstellung – Mahlzeit dreier Engel, die öfter auftritt und im Vordergrunde immer die Schlachtung eines Lamms verkleinert und gleichsam emblematisch enthüllt, war mir unklar. Ganz unzugänglich sind mir natürlich im Stofflichen die gemalten Legenden. Als ich dann aus dem ziemlich kühlen Geschoß wieder herunterkam, war im Kamin inzwischen ein Feuer gemacht worden und das wenige Personal saß ringsherum und vertrieb sich den Sonntagvormittag. Gern wäre ich geblieben, mußte aber hinaus in die Kälte. Die letzte Wegstrecke vom Telegraphenamt – dort war ich ausgestiegen – bis zum Theater des Proletkult war fürchterlich. Dann stand ich eine Stunde lang im Vorraum postiert. Mein Warten war aber ganz umsonst. Einige Tage später hörte ich dann, in genau demselben Räume sei auch Gnedin gewesen und habe auf mich gewartet. Es ist fast unerklärlich, wie das zugegangen sein kann. Daß ich, erschöpft wie ich war und bei meinem schlechten Gedächtnis für Physiognomien ihn, in Mantel und Mütze, nicht wiedererkannte, ist denkbar, aber daß es ihm ebenso gegangen sei, klingt unglaublich. Nun fuhr ich zurück, wollte ursprünglich in unserem Sonntagskeller essen, fuhr aber über die rechte Station hinaus und fühlte mich endlich so matt, daß ich lieber als ein Stück zu Fuß zu gehen ganz auf das Mittagessen verzichten wollte. Dann aber nahm ich am Triumfalnaja-Platz meinen Mut zusammen und öffnete die Tür einer Stalowaja, die ich nicht kannte. Es sah sehr wirtlich aus und das Essen, das ich mir geben ließ, war nicht schlecht; der Borschtsch freilich nicht zu vergleichen mit dem, den wir sonst sonntäglich gewohnt waren. So hatte ich Zeit gewonnen, mich lange auszuruhen, bevor ich bei Asja erschien. Als sie mir dann beim Eintritt ins Zimmer gleich sagte, Reich sei krank, kam das mir nicht überraschend. Er hatte schon am Vorabend sich nicht mehr zu mir begeben sondern in das Zimmer von Asjas Genossin im Sanatorium. Nun lag er fest und bald ging Asja mit Manja zu ihm. Ich trennte mich von ihnen vor der Tür des Sanatoriums. Da fragte Asja, was ich am Abend vorhabe. „Nichts, sagte ich, ich bleibe zu Hause." Sie erwiderte nichts. Ich ging zu Basseches. Er war nicht da; es lag ein Zettel da, in dem er mich bat zu warten. Mir war es so eben recht; ich saß im Sessel mit dem Rücken dem nahen Ofen zugewandt, ließ mir Tee geben und sah deutsche Zeitschriften durch. Es dauerte eine Stunde bis er kam. Dann aber bat er mich, über den Abend zu bleiben. Ich kombinierte, sehr unruhig. Einerseits wollte ich gern wissen, wie dieser Abend, zu dem ein weiterer Gast erwartet wurde, sich entwickeln werde. Auch war Basseches dabei, mir ein paar nützliche Informationen über den russischen Film zu geben. Endlich erwartete ich auch ein Abendbrot. (Diese Erwartung wurde später betrogen.) Asja telefonisch zu bestellen, daß ich bei Basseches bliebe, war unmöglich; es meldete sich niemand im Sanatorium. Endlich wurde ein Bote dorthin abggefertigt: Ich hatte Angst, er möchte zu spät kommen, ohne daß ich freilich gewußt hätte, ob schließlich Asja würde zu mir kommen wollen. Am nächsten Tage sagte sie mir, das habe sie vorgehabt. Aber auf alle Fälle bekam sie den Brief zur Zeit. Er lautete: „Liebe Asja ich bin abends bei Basseches. Morgen komme ich um 4 Uhr. Walter". „Abends" und „bei" hatte ich erst in einem Worte geschrieben, dann einen schrägen trennenden Strich dazwischen gezogen. Und so kam es, daß Asja im ersten Augenblick „Ich bin abends frei" las. – Es erschien später ein Dr. Kroneker, der in einer großen russischoesterreichischen Gesellschaft als österreichischer Angestellter hier arbeitet. Von Basseches hörte ich, er sei Sozialdemokrat. Er machte aber einen klugen Eindruck, ist sehr weit gereist, und sprach sachlich. Die Unterhaltung kam auf den Gaskrieg. Ich sprach darüber und es machte auf beide Eindruck.

17 Januar. An meinem Besuche bei Basseches an dem Vortage war das Wichtigste, daß mir gelang, ihn zu veranlassen, mir bei den Abreiseformalitäten behilflich zu sein. Also hatte er mich gebeten, am Montag (den 16ten) früh ihn abzuholen. Ich kam und er lag noch im Bett. Es war sehr schwer, ihn herauszuholen. Und es war viertel eins als wir schließlich auf dem Triumfalnaja-Platz standen; schon um elf war ich bei ihm erschienen. Vorher hatte ich in der gewohnten kleinen Konditorei Kaffee getrunken und einen Kuchen gegessen. Das war gut, denn durch die Menge der Besorgungen kam ich an diesem Tage um das Mittagessen.

Zuerst gingen wir auf eine Bank in der Petrowka, weil Basseches Geld abheben mußte. Ich selber wechselte und behielt nur noch 50 Mark zurück. Danach zog Basseches mich mit sich in ein kleines Kabinett, um einem Bankdirektor, den er kannte, mich vorzustellen. Es war ein Dr. Schick, Direktor der Außenabteilung. Dieser Mann hatte sehr lange in Deutschland gelebt, dort studiert, stammt zweifellos aus sehr reichem Hause und hat neben der Ausbildung im Fach immer künstlerische Interessen gepflegt. Er hatte mein Interview in der „Wetschernie Moskva" gelesen. Zufällig kannte er von seiner deutschen Studienzeit her Scheerbart persönlich. Der Kontakt war also sofort hergestellt und die kurze Besprechung endete mit einer Einladung zum Essen für den 20 [ten]. Danach in der Petrowka, ich erhielt meinen Paß. Sodann, im Schlitten, zum Narkomproß, wo ich zum Grenzübertritt meine Papiere mir versiegeln ließ. Endlich glückte an diesem Tage mein wichtiger Anschlag: ich konnte Basseches veranlassen, sich nochmals in einen Schlitten zu setzen und mit mir in das staatliche Warenhaus „Gum" in den oberen Handelsreihen zu fahren, wo die begehrten Puppen und Reiter waren. Wir kauften mit einander alles was noch davon vorhanden war und die zehn besten Stücke suchte ich mir heraus. Jedes kostete nur 10 Kopeken. Meine scharfe Beobachtung hatte mich nicht betrogen: im Laden sagte man uns, diese Waren, die in Wjatka gemacht werden, kommen nicht mehr nach Moskau herein: sie haben hier keinen Markt mehr. Was wir aufkauften waren also die letzten Stücke. Dazu kaufte Basseches noch Bauernstoff. Er ging mit seinen Paketen zum Essen ins Savoy, während ich nur eben Zeit hatte, zu Hause alles abzustellen. Dann war es vier Uhr und ich mußte zu Asja. Man blieb nicht lange auf ihrem Zimmer, sondern ging zu Reich. Manja war schon dort. Aber es waren doch wieder ein paar Minuten, die wir auf diese Weise allein für uns hatten. Ich bat Asja, am Abend zu mir zu kommen – bis halb elf sei ich frei – und sie versprach, nach Möglichkeit es zu tun. Reich ging es viel besser. An das, was bei ihm gesprochen wurde, erinnere ich mich nicht mehr. Gegen sieben gingen wir fort. Nach dem Abendessen wartete ich auf Asja vergeblich und gegen viertel elf fuhr ich zu Basseches. Aber auch dort war niemand. Es hieß, er sei den ganzen Tag nicht zurückgekommen. Die Zeitschriften dort kannte ich oder sie widerten mich an. Ich war gerade im Begriff, nach halbstündigem Warten die Treppe herunterzugehen, als mir seine Freundin begegnete und – warum weiß ich nicht genau: vielleicht weil sie im Klub nicht allein mit ihm sein wollte – mich dringend aufforderte, noch zu warten. Ich tat es. Basseches kam dann auch; er hatte der Rede beiwohnen müssen, die Rykow auf dem Kongresse der Aviachim gehalten hatte. Ich ließ ihn meinen Fragebogen zum Gesuch um das Ausreisevisum ausfüllen und damit gingen wir. Schon in der Elektrischen wurde ich einem Dramatiker, Komödienschreiber, vorgestellt, der auch in den Klub ging. Kaum hatten wir im überfüllten Raum einen Tisch gefunden und uns zu dreien daran plaziert, als, zum Zeichen, es beginne das Konzert, das Licht ausging. Man mußte aufstehen. Ich nahm mit Basseches im Vorzimmer Platz. Nach einigen Minuten erschien – im Smoking, eben von einem Diner kommend, das eine große englische Gesellschaft in der Bolschaia Moskowskaja gegeben hatte – der deutsche Generalkonsul. Er war gekommen, um sich mit zwei Damen, welche er dort getroffen hatte, Rendezvous zu geben, hielt sich aber, da sie nicht kamen, an uns. Eine Dame – angeblich eine ehemalige Prinzessin – sang mit sehr schöner Stimme Volkslieder. Ich stand bald im dunklen Speisesaal, vor dem Durchgang zum erhellten Musiksaal, bald saß ich im Vorzimmer. Einiges sprach ich mit dem Generalkonsul, der sich durchaus zuvorkommend benahm. Aber sein Gesicht war roh, von Intelligenz nur sehr oberflächlich angeschliffen und er paßte durchaus zu dem Bild, das ich seit meiner Seereise und den Zwillingsgestalten Frank und Zorn mir vom deutschen Auslandsvertreter mache. Beim Essen waren wir nun vier, denn auch der Botschaftssekretär nahm mit uns am Tische Platz und hier konnte ich ihn sehr bequem beobachten. Das Essen war gut, es gab wieder den gewürzten Wodka, Vorspeisen, zwei Gänge und Eis. Das Publikum war das Schlechteste. Wenig Künstler – von welcher Art immer – desto mehr Nep-Bourgeoisie. Es ist auffallend, wie diese neue Bourgeoisie durchaus verfehmt sogar bei den Vertretern der ausländischen ist – nach den Worten des Generalkonsuls über sie zu schließen, die mir in diesem Fall ehrlich gemeint zu sein scheinen. Die ganze povere Natur dieser Klasse zeigte sich bei dem nachfolgenden Tanz, der einem unappetitlichen kleinstädtischen Schwof glich. Getanzt wurde sehr schlecht. Leider dehnte sich durch die Tanzlust der Freundin von Basseches das Vergnügen bis vier aus. Mich hatte der Wodka tod)müde gemacht, der Kaffee nicht ermuntert und dazu hatte ich Leibschmerzen. Ich war froh, als ich endlich im Schlitten saß und ins Hotel fuhr; gegen halb fünf kam ich zu Bett.

18 Januar. Am Vormittag besuchte ich in Manjas Zimmer Reich. Ich hatte ihm einiges zu bringen. Daneben aber kam ich in der Absicht, durch Freundlichkeit die Reibungen der letzten Tage vor seiner Erkrankung beizulegen. Indem ich aufmerksam dem Exposé, das er für ein Buch über Politik und Theater, das er in einem russischen Verlag erscheinen lassen will, folgte, gewann ich ihn. Wir besprachen daneben den Plan eines Buches über Theaterbauten, wie er mit Poelzig es hätte schreiben können und wie es jetzt, nach den mehrfachen theaterwissenschaftlichen Untersuchungen über Szenenbild und Kostüm bestimmt auf großes Interesse stoßen würde. Bevor ich ging, holte ich ihm von der Straße noch Zigaretten herauf und nahm einen Auftrag für das Dom Gerzena entgegen. Dann ging ich ins Historische Museum. Hier blieb ich länger als eine Stunde in der außerordentlich reichen Ikonensammlung, wo ich in großer Menge auch spätere Werke des XVII und XVIII Jahrhunderts fand. Wie lange aber das Christuskind braucht, um die Bewegungsfreiheit auf dem Arm der Mutter zu gewinnen, die es in jenen Epochen ausübt. Und ebenso dauert es Jahrhundertelang, bis sich die Hand des Kindes und die Hand der Gottesmutter finden: die Maler von Byzanz stellen sie nur einander gegenüber. Flüchtig durchschritt ich nachher die archäologische Abteilung und verweilte nur noch vor einigen Tafeln vom Athos. Beim Verlassen des Museums kam ich dem Geheimnis der erstaunlichen Wirkung der Blagoweschtschenski-Kathedrale ein wenig näher, die mein erster großer einzeln zu bezeichnender Eindruck in Moskau gewesen war. Es ist an dem, daß der rote Platz wenn man vom Revolutionsplatz her ihn betritt, ein wenig ansteigt und die Kuppeln der Kathedrale allmählich so wie hinter einem Berg auftauchen. Es war an diesem Tage sonnig und schön und ich erblickte sie wieder mit großer

Freude. Im Dom Gerzena bekam ich kein Geld für Reich. Als ich um viertel fünf vor Asjas Zimmertüre stand, war drinnen alles dunkel. Zweimal klopfte ich leise und da mir drinnen niemand Antwort gab, ging ich ins Spielzimmer, um zu warten. Ich las die Nouvelles Littéraires. Als aber auch eine Viertelstunde später keine Antwort kam, öffnete ich und fand niemanden vor. Verstimmt – daß As ja schon so früh, ohne auf mich zu warten, fortgegangen war, ging ich zu Reich, um dennoch den Versuch zu machen, für den Abend mich mit ihr zu verabreden. Mit ihr ins Malaia Theater zu gehen, wie ich es vorgehabt hatte, hatte Reich mir unmöglich gemacht, indem er sich, am Morgen, dagegen geäußert hatte. (Als ich dann später wirklich die Billetts für diesen Abend erhielt, konnte ich keinen Gebrauch davon machen.) Oben legte ich meine Sachen gar nicht ab und blieb sehr schweigsam. Manja erklärte wieder irgend etwas, höchst eifrig und mit schrecklich lauter Stimme. Sie zeigte Reich einen statistischen Atlas. Plötzlich wandte sich Asja an mich und sagte mir unvermittelt, am letzten Abend sei sie nicht gekommen, sie hätte große Kopfschmerzen gehabt. Ich lag im Paletot auf dem Sofa und rauchte die kleine Pfeife, die ich in Moskau ganz ausschließlich benutzte. Schließlich gelang mir, bei Asja irgendwie anzubringen, sie solle nach dem Abendbrot zu mir kommen, wir würden fortgehen oder ich würde ihr die lesbische Szene vorlesen. Und darauf nahm ich mir vor nur noch wenige Minuten zu bleiben, damit es nicht den Anschein hätte, ich sei nur gekommen, um das zu sagen. Also stand ich bald auf, sagte, ich wolle gehen. „Wohin?“ „Nach Hause.“ „Ich dachte, Du kommst noch mit in das Sanatorium.“ „Bleibt Ihr nicht bis sieben hier?“ fragte ich etwas scheinheilig. Ich hatte ja am Vormittag gehört, daß bald Reichs Sekretärin kommen solle. Schließlich blieb ich wohl, ging aber nicht mit Asja ins Sanatorium. Ich hielt ihr Kommen abends für wahrscheinlicher, wenn ich ihr jetzt die Zeit gab, sich auszuruhen. Indessen kaufte ich Caviar, Mandarinen, Konfekt, Kuchen für sie ein. Auch hatte ich zwei Tonpuppen auf dem Fensterbrett, wo ich die Spielsachen verstaue, stehen, von denen sie eine sich aussuchen sollte. Und wirklich kam sie – erst mit der Erklärung: „Ich kann nur fünf Minuten bleiben und muß gleich wieder zurück sein.“ Aber diesmal war es nur Scherz. Gewiß hatte ich gefühlt, daß sie in den letzten

Tagen – unmittelbar nach den heftigen Streitigkeiten – sich stärker zu mir hingezogen gefühlt hatte. Aber ich wußte nicht, in welchem Grad. Ich war guter Laune als sie kam, denn ich hatte eben viel Post mit einigen angenehmen Nachrichten von Wiegand, Müller-Lehning, Else Heinle erhalten. Die Briefe lagen noch auf dem Bette, wo ich sie gelesen hatte. Dann schrieb mir Dora, es gehe Geld ab und so beschloß ich, meinen Aufenthalt noch etwas zu verlängern. Das sagte ich ihr, und darauf fiel sie mir um den Hals. Ich war durch eine wochenlange sehr schwierige Konstellation der Dinge von der Erwartung solcher Geste so meilenweit entfernt, daß es Zeit brauchte, bis sie mich glücklich machte. Ich war wie ein Gefäß mit engem Halse, in das man Flüssigkeit aus einem Eimer schüttet. So hatte ich mich willentlich allmählich verengt, daß ich für volle starke Eindrücke von außen kaum mehr zugänglich war. Aber das wich dann im Laufe des Abends von mir. Erst bat ich Asja noch unter den herkömmlichen Beteuerungen um einen Kuß. Dann aber war es auf einmal, als kehre man eine elektrische Schaltung um, und nun forderte sie, während ich sprach oder vorlesen wollte, immer von neuem, daß ich sie küsse. Wir holten Zärtlichkeiten, die beinah vergessen waren, herauf. Unterdessen gab ich ihr, was ich zu essen gebracht hatte und die Puppen; sie wählte eine und jetzt steht sie gegenüber von ihrem Bett im Sanatorium. Auch kam ich noch einmal auf den Aufenthalt in Moskau zu sprechen. Und da sie am Vortage, als wir zu Reich auf dem Wege waren, wirklich mir die entscheidenden Worte gesagt hatte, so brauchte ich sie nur zu wiederholen: „In meinem Leben ist Moskau nun einmal so angelegt, daß ich es nur durch Dich erfahren kann – das ist wahr, ganz abgesehen von Liebesgeschichten, Sentimentalität etc." Dann aber, und auch das hatte sie mir zuerst ausgesprochen, sind ja sechs Wochen nur eben die Zeit, in einer Stadt sich ein wenig heimisch zu machen, zumal wenn man die Sprache nicht kennt und Widerstand durch diese auf Schritt und Tritt erfährt. Asja ließ mich die Briefe wegräumen und legte sich aufs Bett. Wir küßten uns viel. Aber die tiefste Erregung ging mir von der Berührung ihrer Hände aus, von denen sie mir ja auch früher schon sagte, wie alle, die an sie gebunden seien, die stärksten Kräfte von ihnen ausstrahlen fühlten. Ich legte die rechte Innenhand ganz dicht an ihre linke und so blieben wir lange. Asja erinnerte an den schönen ganz winzigen Brief, den ich ihr einmal nachts in der via Depretis in Neapel gegeben hatte, als wir vor einem kleinen Café auf der fast menschenleeren Straße am Tische saßen. Ich will in Berlin nachsehen, daß ich ihn finde. Dann las ich die lesbische Szene aus Proust vor. Asja begriff den wilden Nihilismus darin: wie Proust gewissermaßen in das wohlgeordnete Kabinett im Inneren des Spießers dringt, das die Aufschrift „Sadismus" trägt und erbarmungslos alles zu Stücken haut, so daß von der blitzblanken, arrangierten Konzeption der Lasterhaftigkeit nichts bleibt, vielmehr an allen Bruchstellen das Böse überdeutlich „Menschlichkeit", ja „Güte", seine wahre Substanz zeigt. Und während ich das Asja auseinandersetzte, wurde mir klar, wie sehr das mit der Tendenz meines Barockbuches übereingeht. Ganz wie mir am Abend vorher, als ich einsam im Zimmer las und auf die außerordentliche Darlegung über die Caritas des Grotto geriet, mir klar wurde, daß Proust an ihr eine Auffassung entwickelt, die sich mit allem dem deckt, was unter dem Begriff der Allegorie ich selbst zu erfassen suchte.

19 Januar. Zu diesem Tag ist fast nichts zu bemerken. Da die Abreise hinausgerückt war, erholte ich mich etwas von den Besorgungen und den Besichtigungen der letzten Tage. Reich hatte zum ersten Mal wieder bei mir geschlafen. Morgens kam Asja. Sie mußte aber bald weiter, zu einer Besprechung die auf ihre Anstellung sich bezog. In der kurzen Zeit ihrer Anwesenheit gab es ein Gespräch über den Gaskrieg. Erst widersprach sie mir dabei heftig; aber Reich griff ein. Am Ende sagte sie, ich solle das schreiben, was ich gesagt habe und ich nahm mir vor, einen Artikel über die Frage für die „Weltbühne" zu verfassen. Kurze Zeit nach Asja ging auch ich. Ich traf Gnedin an. Unser Gespräch war flüchtig; wir stellten das Mißgeschick vom Sonntag mit einander fest, er lud mich für den nächsten Sonntag abend zu Wachtangoff ein und gab mir dann noch einige Weisungen für die Gepäckverzollung. Auf dem Hin- und Rückweg zu Gnedin passierte ich das Tscheka-Gebäude. Davor geht immerzu ein Soldat mit aufgepflanztem Bajonette auf und ab. Sodann zur Post; ich telegrafierte um Geld. Mittag aß ich in unserm sonntäglichen Keller, fuhr dann nach Hause und ruhte mich aus. Im Vestibül des Sanatoriums begegnete mir von der einen Seite Asja und gleich darauf, von der anderen, Reich. Asja mußte baden. Ich spielte solange mit Reich auf ihrem Zimmer Domino. Dann kam Asja und erzählte von den Aussichten, die ihr der Vormittag eröffnet hatte, der Möglichkeit, die Stelle einer Hilfsregisseurin in einem Theater auf der Twerskaja zu bekommen, in welchem zweimal in der Woche für proletarische Kinder gespielt wird. Abends war Reich bei Illesch. Ich ging nicht mit. Gegen elf erschien er auf meinem Zimmer; nun war aber nicht mehr Zeit, wie wir es geplant hatten, in ein Kino zu gehen. Kurzes, ziemlich ergebnisloses Gespräch über die Leiche im vorshakespeareschen Theater.

20 Januar. Vormittags schrieb ich längere Zeit auf meinem Zimmer. Da Reich um ein Uhr auf der Enzyklopädie zu tun hatte, so wollte auch ich bei dieser Gelegenheit hingehen, weniger um mein Goethe-Exposé durchzudrücken (darauf machte ich mir durchaus keine Hoffnung) als um einem Vorschlag Reichs nachzukommen und in seinen Augen nicht indolent zu erscheinen. Auch hätte er andernfalls bei der Ablehnung des Goethe-Exposés mangelndem Eifer bei mir die Schuld geben können. Ich konnte mir schwer das Lachen verbeißen, als ich dann endlich dem betreffenden Professor gegenübersaß. Kaum hatte er meinen Namen erfahren, so sprang er auf, holte mein Expose heran sowie zu seiner Unterstützung einen Sekretär. Der begann, mir Artikel über Barock anzubieten. Ich machte die Übertragung des Schlagwortes „Goethe“ zu der Bedingung jeder anderen Mitarbeit. Dann zählte ich meine erschienenen Schriften auf, stellte, wie Reich mich angewiesen hatte, mein Vermögen ins Licht und als ich gerade dabei war, trat Reich ein. Er nahm aber entfernt von mir Platz und sprach mit einem anderen Beamten. Mir sagte man Bescheid in wenigen Tagen zu. Im Vorzimmer hatte ich dann noch lange auf Reich zu warten. Wir gingen endlich; er erzählte mir, daß man erwäge, Walzel den Artikel „Goethe“ anzutragen. Wir gingen zu Pansky. Es ist unglaubhaft – aber dennoch möglich – daß er, wie Reich mir später sagte, siebenundzwanzig Jahre alt ist. Die Generation, die in der Revolutionszeit aktiv war, wird alt. Es ist als hätte die Stabilisierung der staatlichen Verhältnisse in ihr eigenes Leben eine Ruhe, ja Gleichgültigkeit einziehen lassen, wie man gewöhnlich sie erst im Alter gewinnt. Übrigens ist Pansky durchaus nicht liebenswürdig und die Moskauer sollen es überhaupt nicht sein. Für den kommenden Montag stellte er mir die Vorführung einiger Filme in Aussicht, die ich vor Abfassung eines Artikels gegen Schmitz, um den die „Literarische Welt" mich gebeten hatte, sehen wollte. Wir gingen essen. Nach dem Essen ging ich nach Hause, weil Reich zunächst allein mit Asja sprechen wollte. Später kam ich noch auf eine Stunde herauf und ging dann zu Basseches. Der Abend bei dem Bankdirektor Maximilian Schick brachte die eine große Enttäuschung, daß es kein Abendbrot gab. Ich hatte mittags fast nichts gegessen und war ausgehungert. So fraß ich denn ganz unverschämt von dem Gebäck, als endlich der Tee serviert wurde. Schick ist aus sehr reicher Familie, hat in München, Berlin und Paris studiert und bei der russischen Garde gedient. Jetzt bewohnt er mit Frau und einem Kind ein Zimmer, aus welchem freilich durch Portieren und Verschläge drei gemacht sind. Er ist wahrscheinlich ein recht gutes Muster von dem, was man hier einen „gewesenen Menschen" nennt. Er ist das nicht nur in soziologischer Beziehung (in der ist er es nicht einmal durchaus, denn er hat eine sicherlich nicht unansehnliche Stellung). „Gewesen" ist seine produktive Periode. Er schrieb Gedichte etwa in der Zukunft und Artikel in heute längst verschollenen Zeitschriften. Aber er hält an seinen alten Passionen fest und hat in seinem Arbeitszimmerchen eine nicht allzu große aber erlesene Bibliothek französischer und deutscher Werke aus dem XIX Jahrhundert stehen. Von manchen, sehr wertvollen dieser Bücher erzählte er Einkaufspreise, die beweisen, daß sie vom Händler für Makulatur gehalten wurden. Beim Tee versuchte ich, Informationen über die neue russische Literatur von ihm zu erhalten. Diese Mühe war ganz vergeblich. Er geht in seinem Verständnis kaum über Brjussoff hinaus. Dabei saß immer eine kleine ganz niedliche Frau, der man es ansieht, daß sie nicht arbeitet. Sie interessiert sich aber auch für Bücher nicht und es traf sich gut, daß Basseches sich etwas mit ihr beschäftigte. Für einige Gefälligkeiten, die er in Deutschland sich von mir erhofft, überhäufte er mich mit wertlosen, uninteressanten Kinderbüchern, die ich nicht alle ablehnen konnte. Nur eines nahm ich gern mit, das zwar auch kaum Wert besitzt, aber hübsch ist. Beim Fortgehen lockte mich Basseches mit dem Versprechen, mir ein Hurencafé zeigen zu wollen, glücklich noch bis in die Twerskaja. Ich sah zwar im Café nichts Bemerkenswertes, kam aber jedenfalls dazu noch etwas kalten Fisch und einen Krebs zu essen. In einem Galaschlitten fuhr er mich bis an die Kreuzung der Sadowaja und der Twerskaja zurück.

21 Januar. Das ist der Todestag Lenins. Alle Vergnügungslokale bleiben geschlossen. Der Feiertag für Läden und Büros ist aber, aus Rücksicht auf das „Regime Ökonomie" erst am folgenden Tag einem Sonnabend, der ohnehin nur halber Arbeitstag ist. Früh fuhr ich zu Schick auf die Bank und dort erfuhr ich, daß für Sonnabend der Besuch bei Muksin festgesetzt wurde, bei dem ich eine Kinderbüchersammlung ansehen sollte. Gewechselt und ins Spielzeugmuseum gefahren. Diesmal kam ich endlich einen Schritt weiter. Für Dienstag versprach man mir Auskunft über die Photographien, die ich anfertigen lassen wollte. Dann aber bekam ich Bilder zu sehen, zu denen Negative vorhanden sind. Da sie sehr viel weniger kosten, so bestellte ich ungefähr zwanzig davon. Auch diesmal studierte ich besonders die Tonwaren aus Wjatka. – Mich hatte am Vorabend, als ich gerade am Fortgehen war, Asja aufgefordert, um zwei Uhr Mittags mit ihr in das Kindertheater zu kommen, das in der Twerskaja, im Hause des Kino „Ars" spielt. Aber als ich hinkam, war das Theater verlassen; ich sah, daß man an diesem Tage schwerlich spielen werde. Endlich verwies mich auch mit der Bemerkung, daß das Theater geschlossen sei, der Aufseher aus einem Vestibül, in dem ich mich wärmen wollte. Nachdem ich draußen eine Weile gestanden hatte, kam Manja mit einem Zettel von Asja. Darauf stand, sie habe sich geirrt und die Aufführung sei Sonnabend, nicht Freitag. Hierauf kaufte ich mit Manjas Unterstützung Kerzen ein. Meine Augen waren schon ganz entzündet vom Kerzenlicht. Weil ich für die Arbeit Zeit sparen wollte, ging ich nicht in das Dom Gerzena (das übrigens an diesem Tage vermutlich geschlossen hatte) sondern in die Stolowaja in meiner Nähe. Das Essen war teuer aber nicht schlecht. Auf dem Zimmer aber schrieb ich nicht am Proust, wie ich mir das vorgesetzt hatte, sondern an einer Entgegnung auf den schlechten und frechen Nekrolog, den Franz Blei über Rilke verfaßt hatte. Später las ich ihn bei Asja vor und was Asja darüber sagte, veranlaßte mich, noch am gleichen Abend und am folgenden Tage ihn umzuarbeiten. Übrigens ging es ihr nicht gut. – Später aß ich mit Reich im gleichen Restaurant, in dem ich mittags gewesen war. Er ging zum ersten Male dort hinein. Dann kauften wir etwas ein. Am Abend war er bis gegen halb zwölf bei mir und wir gerieten in ein Gespräch, in dem wir einander ausführlich alles berichteten, was wir von unserer Knabenlektüre behalten hatten. Er saß im Sessel, ich lag auf dem Bett. Ich kam in diesem Gespräch der merkwürdigen Tatsache auf die Spur, daß ich als Junge schon mich in der Lektüre abseits von dem hielt, was allgemeiner Lesestoff war. Der „Neue deutsche Jugendfreund" von Hoffmann ist fast die einzige damals typische Jugendlektüre, die ich auch las. Daneben natürlich die ausgezeichneten Hoffmann-Bände, Lederstrumpf, Schwabs Sagen des klassischen Altertums. Aber weder habe ich von Karl May mehr als einen Band gelesen noch kenne ich den „Kampf um Rom", noch die Seeromane von Wörishöffer. Auch von Gerstäcker las ich nur einen Band und der muß eine etwas schwüle Liebesgeschichte enthalten haben (oder las ich ihn nur, weil ich das von einem Buch des Verfassers gehört hatte?) nämlich, die Regulatoren von Arkansas. Auch entdeckte ich, daß meine ganze Kenntnis der klassischen dramatischen Literatur auf das Lesekränzchen zurückgeht.

22 Januar. Ich war noch nicht gewaschen, saß aber schreibend am Tisch als Reich kam. An diesem Morgen war ich zur Geselligkeit noch weniger als an anderen aufgelegt. Ich ließ mich auch in der Arbeit nur wenig stören. Als ich aber gegen halb zwei fortgehen wollte und Reich mich fragte „wohin" erfuhr ich, daß auch er in das Kindertheater ging, zu dem Asja mich eingeladen hatte. Mein ganzer Vorzug also war, schon einen Tag früher eine halbe Stunde vergeblich vor dem Portal gestanden zu haben. Nichtsdestoweniger ging ich voraus, um in dem gewohnten Café etwas Warmes zu trinken. Aber auch Cafés waren an diesem Tage geschlossen und dieses noch dazu in der „Remonte" begriffen. So ging ich also langsam die Twerskaja bis zum Theater entlang. Später kam Reich, dann auch Asja mit Manja. Da wir eine Gesellschaft zu vieren geworden waren, war mein Interesse an der Sache nur noch sehr gering. Bis zum Ende konnte ich sowieso nicht bleiben, weil ich um halb vier bei Schick sein mußte. Ich forcierte auch nicht, in der Bahn Platz neben Asja zu nehmen, sondern saß zwischen Reich und Manja. Asja hielt Reich an, mir zu übersetzen, was gesagt wurde. Das Stück schien von der Gründung einer Conservenfabrik zu handeln und einen stark chauvinistischen Einschlag gegen England zu haben. In der Pause ging ich. Nun bot mir Asja sogar, um mich zum Bleiben zu veranlassen, den Platz neben sich an, aber ich wollte nicht zu spätund vor allem nicht erschöpft bei Schick ankommen. Er selber war noch garnicht ganz fertig. Im Omnibus sprach er von seiner Pariser Zeit, wie Gide ihn einmal besucht hatte u.s.w. Der Besuch bei Mußkin war lohnend. Ich sah zwar nur ein wirklich bedeutendes Kinderbuch, einen Schweizer Kinderkalender auf 1837, ein schmales Bändchen mit drei sehr schönen kolorierten Tafeln, aber von russischen Kinderbüchern sah ich so viel, daß ich mir einen Begriff vom Stande der Illustration in ihnen machen konnte. Sie hängt im allerstärksten Maß von der deutschen ab. Zu vielen Büchern wurden die Illustrationen in lithographischen Anstalten Deutschlands hergestellt. Viele deutsche Bücher wurden kopiert. Die russischen Ausgaben des Struwwelpeter, die ich dort sah, sind sehr roh und unschön. Muskin legte Zettel in die einzelnen Bücher und vermerkte darauf die Angaben, die ich ihm machte. Er ist Leiter der Abteilung des Gosverlages, die sich mit Kinderbüchern beschäftigt. Einige Stücke seiner Produktion zeigte er mir, es waren Bücher dabei, zu denen er selber den Text gemacht hatte. Ich setzte ihm meinen großen Plan über das Dokumentarwerk „Die Phantasie“ auseinander. Er schien nicht viel davon zu begreifen und überhaupt machte er einen mittelmäßigen Eindruck. Zu sehen, wie seine Bibliothek gehalten war, war ein Jammer. Er hatte keinen Platz, die Bücher aufzustellen, wie es nötig ist, und alles stand und lag auf Regalen im Korridor durcheinander. Der Teetisch war ziemlich reich bestellt und ohne daß man mich ermuntert hätte, aß ich sehr viel, da ich an diesem Tage weder Mittag- noch Abendessen hatte. Wir blieben gegen zweieinhalb Stunden. Zum Schluß gab er mir noch zwei Bücher des Verlages mit, die ich im Stillen Daga versprach. Abends zu Hause am Rilke und am Tagebuche gearbeitet. Aber-wie auch jetzt eben – mit so schlechtem Schreibmaterial, daß mir nichts einfällt.

23 Januar. (Ich habe lange nicht am Tagebuch geschrieben und muß zusammenfassend berichten.) An diesem Tage bereitete Asja alles zum Verlassen des Sanatoriums vor. Sie kam zur Rachlin; und damit endlich in ein angenehmes Milieu. Ich konnte in den folgenden Tagen ermessen, welche Möglichkeiten sich mir in Moskau geboten hätten, wenn ein solches Haus sich früher für mich geöffnet hätte. Jetzt war es zu spät, um irgendwelche dieser Möglichkeiten auszunutzen. Die Rachlin wohnt im Hause des Zentralarchivs, in einer großen sehr sauberen Stube. Sie lebt mit einem Studenten, der aber sehr arm sein und aus Stolz nicht bei ihr wohnen soll. Am zweiten Tage unserer Bekanntschaft, das war am Mittwoch, machte sie mir schon einen kaukasischen Dolch zum Geschenk, eine sehr schöne Silberarbeit, wenn auch nicht kostbar und für Kinder bestimmt. Asja behauptete, dieses Geschenk hätte ich ihr zuzurechnen. Für meine Begegnungen mit Asja waren die Tage ihres Aufenthalts bei der Rachlin übrigens kaum günstiger als die im Sanatorium. Denn es war da immer ein roter General, der erst zwei Monate verheiratet war, aber Asja auf alle erdenkliche Art den Hof machte und sie bat, mit ihm nach Wladiwostok zu fahren. Dorthin war er nämlich kommandiert. Seine Frau, so sagte er, wolle er hier in Moskau lassen. In diesen Tagen, genau gesagt am Montag, erhielt Asja einen Brief von Astachoff aus Tokio von Elvira aus Riga nachgesandt. Sie sagte mir am Donnerstag, als wir gemeinsam Reich verließen, ganz genau seinen Inhalt, sprach auch am Abend dieses Tages noch mit mir davon. Astachoff scheint sehr an sie zu denken und da sie einen Schal mit Kirschblüten von ihm wollte, so hat er sagte ich ihr – wahrscheinlich ein halbes Jahr lang in Tokio nichts in den Auslagen beachtet als Shawls mit Kirschblüten. Am Vormittag dieses Tages diktierte ich die Notiz gegen Blei und einige Briefe. Nachmittags war ich sehr gut gestimmt, sprach mit Asja, erinnere mich aber nur noch, daß Asja, als ich eben ihr Zimmer verlassen hatte, um mit ihrem Koffer zu mir nach Hause zu gehen, noch einmal aus der Tür trat und mir die Hand gab. Ich weiß nicht, was sie von mir erwartete, vielleicht garnichts. Ich begriff erst am nächsten Tage, daß Reich eine ganze Intrigue angezettelt hatte, um mich den Koffer tragen zu lassen, weil er sich unwohl fühlte. Am übernächsten Tage, nach der Übersiedlung von Asja, legte er sich in Manjas Zimmer zu Bett. Aber der grippeartige Zustand besserte sich schnell. Ich blieb in den Geschäften meiner Abreise also weiter ganz auf Basseches angewiesen. Eine Viertelstunde nach meinem Fortgang aus dem Sanatorium trafen wir uns an der Omnibushaltestelle. Ich war am Abend mit Gnedin im Theater Wachtangoff verabredet, mußte aber vorher mit Reich noch zu dessen Übersetzerin herangehen, um wenn möglich sie für den nächsten Vormittag zu gewinnen, wo ich im Goskino Filme zu sehen bekommen sollte. Das gelang auch. Darauf setzte mich Reich in einen Schlitten und ich fuhr zu Wachtangoff. Eine Viertelstunde nach Beginn der Vorstellung kamen Gnedin und seine Frau. Ich war gerade dabei, mich endgültig zum Aufbrechen zu entschließen und hatte mich in Erinnerung an den letzten Sonntag im Proletkulttheater schon gefragt, ob Gnedin verrückt sei. Nun gab es auch keine Karten mehr. Schließlich gelang es ihm doch, noch welche aufzutreiben; wir saßen aber nicht zusammen und es traten während der verschiedenen Akte alle möglichen Permutationen unter uns ein, denn zwei Sitze lagen beieinander, einer für sich. Gnedins Frau war breit, freundlich und still und hat trotz sehr ausgeglichener Züge einigen Charme. Beide begleiteten mich nach dem Theater noch zum Smolensk-Plotschad, wo ich die Bahn nahm.

24 Januar. Dieser Tag war überaus anstrengend und wenn ich auch zuletzt fast überall zu meinen Zwecken kam, verdrießlich. Es begann mit einem endlosen Antichambrieren im Goskino. Nach zwei Stunden begann die Vorführung. Ich sah „Matj", „Potemkin" und einen Teil vom „Prozeß um drei Millionen". Diese Sache kostete mich einen Tscherwonez, weil ich aus Rücksicht auf Reich der Frau, die er mir vermittelt hatte, etwas geben wollte, sie aber keine Summe nannte und ich sie schließlich fünf Stunden hatte beanspruchen müssen. Es war sehr anstrengend, so lange in dem kleinen Räume, in dem wir meist die einzigen Zuschauer waren ohne Musikbegleitung soviel Film vor sich abrollen zu sehen. Im Dom Gerzena traf ich Reich. Er ging nach dem Essen zu Asja, ich erwartete die beiden bei mir, um dann mit ihnen gemeinsam zur Rachlin zu fahren. Aber zunächst kam nur Reich. Da ging ich weg, um meinen Geldbrief von der Post, die in der Nähe lag, abzuholen. Das dauerte gegen eine Stunde. Die Szene wäre eine Beschreibung wert. Die Beamtin stellte sich mit diesem Briefe an, als ob ich ihr leibliches Kind ihr wegnehmen wolle und wäre nicht nach einiger Zeit eine Frau an den Schalter getreten, die ein wenig französisch sprechen konnte, so wäre ich unverrichteter Dinge wieder abgezogen. Erschöpft kam ich im Hotel an. Nach einigen Minuten brachen wir mit Koffer, Mänteln und Decke beladen zur Rachlin auf. Asja war unterdessen direkt hingefahren. Dort fand sich also eine große Gesellschaft zusammen, außer dem roten General war eine Freundin der Rachlin da, die mir eine Bestellung an eine pariser Freundin, eine Malerin mitgeben wollte. Es blieb weiterhin anstrengend. Denn die Rachlin – ein nicht unsympathisches Wesen – redete sehr viel auf mich ein; indessen fühlte ich unbestimmt, wie sehr der General sich für Asja interessiere und war dauernd bestrebt auf das, was zwischen den beiden vorging, zu achten. Dazu kam dann noch Reichs Anwesenheit. Ich mußte die Hoffnung, ein Wort mit Asja allein reden zu können, aufgeben; die wenigen, die ich im Fortgehen wechselte, waren bedeutungslos. Darauf ging ich noch einen Augenblick zu Basseches heran, um Abreisetechnisches zu besprechen, und dann nach Hause. Reich schlief in Manjas Zimmer.

25 Januar. Die Wohnungsnot bringt hier einen sonderbaren Effekt hervor: geht man abends durch die Straßen so sieht man, anders als in anderen Städten, in großen und kleinen Häusern fast jedes Fenster erleuchtet. Wäre der Lichtschein, der aus diesen Fenstern dringt, nicht so ungleichmäßig, so könnte man an eine Illumination sich erinnert fühlen. Noch eines habe ich in den letzten Tagen bemerkt: es ist nicht nur der Schnee, der einem Sehnsucht nach Moskau würde machen können, sondern auch der Himmel. In keiner andern Großstadt hat man soviel

Himmel über sich. Das machen die oft sehr niedrigen Häuser. Der weite Horizont der russischen Ebene ist in dieser Stadt immer zu fühlen. Neu und erfreulich war auf der Straße ein Knabe, der ein Brett mit ausgestopften Vögeln vor sich her trug. Also auch solche Vögel verkauft man hier auf der Straße. Noch viel merkwürdiger war mir, dieser Tage einem „roten" Leichenzug auf der Straße zu begegnen. Sarg, Wagen, Aufzäumung der Pferde waren rot. Ein anderesmal sah ich einen Wagon der Elektrischen, der mit politischen Propagandabildern bemalt war, leider fuhr er schnell vorbei, so daß ich Einzelheiten nicht erkennen konnte. Es bleibt immer erstaunlich, wieviel Exotisches aus der Stadt herausspringt. Mongolische Gesichter sehe ich jeden Tag soviel ich will in meinem Hotel. Aber neulich standen davor auf der Straße Figuren in roten und gelben Mänteln, buddhistische Priester, wie mir Basseches sagte, die augenblicklich in Moskau einen Kongreß abhalten. Die Schaffnerinnen in der Elektrischen dagegen erinnern mich an primitive Völker im Norden. Sie stehen angepelzt auf ihrem Platz in der Elektrischen, wie Samojedenfrauen auf ihrem Schlitten. – An diesem Tag konnte verschiedenes positiv erledigt werden. Der Vormittag ging über Reisevorbereitungen hin. Ich hatte törichterweise meine Paßbilder versiegeln lassen, und ließ mich nun von einem Schnellphotographen am Straßnoi-Boulevard aufnehmen. Dann andere Gänge. Am Vorabend hatte ich, von der Rachlin aus, mich mit Illesch in Verbindung gesetzt und verabredet, ihn gegen zwei Uhr aus dem Narkompróß abzuholen. Nach einiger Mühe fand ich ihn auf. Wir verloren viel Zeit, indem wir zu Fuß vom Ministerium zum Goskino gingen, wo Illesch mit Panski zu sprechen hatte. Ich war kurz vorher unglückseligerweise auf den Gedanken gekommen, durch das Goskino mir Bilder vom „Sechsten Teil der Welt" zu verschaffen und trug diesen Wunsch Panski vor. Da bekam ich nun die abstrusesten Dinge zu hören: der Film solle im Ausland garnicht genannt werden; es seien Ausschnitte fremdländischer Filme hineinmontiert worden, man wisse nicht einmal aus welchen eigentlich, müsse Unannehmlichkeiten befürchten – kurz er machte ein furchtbares Aufhebens. Weiter kam noch dazu, daß er mit aller Gewalt Illesch veranlassen wollte, in der Angelegenheit der Verfilmung von „Attentat" sich sogleich mit ihm auf den Weg zu machen. Anständigerweise blieb aber Illesch bei seiner Ablehnung, so daß in einem nahegelegenen Café (Lux) mein Gespräch mit ihm schließlich zu stände kam. Es brachte den erwarteten Ertrag; ich erhielt von ihm ein sehr interessantes Schema der gegenwärtigen literarischen Gruppierung in Rußland auf Grund der politischen Orientierung der verschiedenen Autoren. Danach ging ich sofort zu Reich. Abends war ich wieder bei der Rachlin, Asja hatte mich gebeten zu kommen. Ich war äußerst erschöpft und nahm einen Schlitten. Oben fand ich den unvermeidlichen Iljuscha vor, der einen Berg von Süßigkeiten eingekauft hatte. Ich selber brachte zwar nicht Wodka mit, wie Asja mich gebeten, denn den bekam ich nicht mehr, aber Portwein. An diesem Tage wie vor allem am folgenden hatten wir lange Telefongespräche, die sehr unseren berlinischen ähnelten. Asja liebt sehr, ins Telefon wichtige Dinge zu sagen. Sie sprach davon, im Grunewald bei mir wohnen zu wollen und war sehr unzufrieden, daß ich sagte, das werde nicht gehen. Von der Rachlin also bekam ich an diesem Abend den kaukasischen Säbel geschenkt. Ich blieb, bis auch Iljuscha ging; ganz zufrieden war ich wohl nicht; später am meisten, als Asja den Platz neben mir auf einem Sessel mit zwei Sitzen einnahm, wo die, welche dort Platz genommen haben, einander den Rücken zukehren. Aber sie kniete auf ihrem Sitz und hatte meinen seidenen pariser Kragenschoner umgenommen. Leider hatte ich schon zu Hause Abendbrot gegessen, so daß ich von den vielen Süßigkeiten, die auf dem Tisch standen, nicht viel nehmen konnte.

26 Januar. An all diesen Tagen herrschte herrliches warmes Wetter. Moskau rückt mir wieder viel näher. Ich bekomme, wie in den ersten Tagen meines Aufenthaltes, Lust russisch zu lernen. Da es so warm ist und auch die Sonne nicht blendet, so sehe ich mich besser auf den Straßen um und betrachte jeden Tag als doppelt und dreifach geschenkt, weil er so schön ist, weil Asja mir jetzt öfter nahe ist und weil ich selbst ihn über die geplante Dauer meines Aufenthalts hinaus mir gegönnt habe. Ich sehe also auch vieles neue. Vor allem wieder andere Verkäufer: einen Mann, der Kinderpistolen in einem Bündel vorn die Schulter herunterhängen hat, hin und wieder aus einer, die er in der Hand hält, knallt, daß es durch die klare Luft die Straße entlang schallt. Auch viele Korbverkäufer mit allerhand Korbarten, bunten, die denen etwas ähnlich sehen, welche man überall auf Capri kaufen kann, doppelte Henkelkörbe mit einem strengen Quadratmuster, auf denen vier bunte Tupfen in der Mitte der Quadrate sitzen. Ich sah auch einen Mann mit einem großen Reisekorb, durch dessen Geflecht sich grün und rot gefärbte Strohbänder zogen; aber das war kein Verkäufer. – An diesem Morgen versuchte ich vergeblich, auf dem Zollamte meinen Koffer abfertigen zu lassen. Da ich den Paß nicht hatte (er war zur Erteilung des Ausreisevisums abgeliefert) so nahm man den Koffer zwar an, fertigte ihn jedoch nicht ab. Im übrigen konnte ich vormittags nichts erledigen, aß in dem kleinen Kellerrestaurant und ging nachmittags zu Reich, dem ich auf Asjas Wunsch Äpfel mitbrachte. Ich sah Asja an diesem Tage nicht, hatte aber, nachmittags und abends, zwei lange Telefongespräche mit ihr. Abends an der Erwiderung auf den Potemkin-Aufsatz von Schmitz geschrieben.

27 Januar. Ich trage immer den Mantel von Basseches. – Das war ein wichtiger Tag. Vormittags war ich nochmals im Spielzeugmuseum und es besteht nun eine Chance, daß die Sache mit den Photographien in Ordnung kommt. Ich sah die Gegenstände, die Bartram in seinem Arbeitszimmer hat. Sehr auffallend war eine rechteckige Wandkarte, schmal aber lang, die die Geschichte als eine Reihe von Strömen, verschiedenfarbigen kurvenreichen Bändern allegorisch vorstellte. Ins Strombette waren jeweilen die Daten und Namen in chronologischer Folge eingetragen. Die Karte stammte aus dem Anfang des neunzehnten Jahrhunderts, ich hätte sie einhundertfünfzig Jahre früher angesetzt. Daneben gab es ein interessantes Spielwerk, eine Landschaft, welche an der Wand in einem gläsernen Kasten hing. Das Werk war entzwei, auch die Uhr ausgebrochen, bei deren Schlägen früher Windmühlen, Brunnenzüge, Fensterläden und Personen sich bewegt hatten. Rechts und links hingen daneben, auch unter Glas, ähnliche Reliefkompositionen, der Brand von Troja und Moses, wie er Wasser aus dem Felsen schlägt. Sie waren jedoch nicht beweglich. Sonst noch Kinderbücher, eine

Spielkartensammlung und vieles andere mehr. Das Museum war an diesem Tage (Donnerstag) nicht geöffnet und ich gelangte zu Bartram durch einen Hof. Man hat neben sich eine besonders schöne alte Kirche. Es gibt im Stil der Kirchtürme hier eine ganz erstaunliche Verschiedenheit. Ich vermute, die schmalen, zierlichen, die von der Form eines Obelisken sind, mögen aus dem achtzehnten Jahrhundert stammen. Diese Kirchen stehen auf den Höfen nicht anders als Dorfkirchen in der Mitte einer architektonisch nur spärlich bestellten Landschaft. Sofort darauf ging ich nach Hause, um einer riesigen Tafel mich zu entledigen – eines seltenen aber beschädigten und leider auf Karton geklebten Einblattdruckes, den Bartram mir als Duplikat aus seiner Sammlung zum Geschenk gegeben hatte. Darauf zu Reich. Dort traf ich Asja und Manja, die gerade gekommen waren. (Die Bekanntschaft der reizenden Dascha, einer ukrainischen Jüdin, die in diesen Tagen für Reich kocht, machte ich erst beim folgenden Besuch.) Ich kam in eine gereizte Atmosphäre und vermied nur mit Mühe, daß sie sich nicht schon über mir entlud. Die Ansätze bekam ich zu fühlen aber die Gegenstände waren zu belanglos, als daß ich Lust hätte, sie zu erinnern. So kam es denn gleich nachher zwischen Reich und Asja zu einem Ausbruch, als Asja ihm, maulend und ärgerlich, das Bett machte. Endlich gingen wir. Asja war innerlich mit den verschiedenen Bemühungen beschäftigt, welche sie gerade unternahm, um zu einer Stelle zu kommen und davon sprach sie unterwegs. Übrigens gingen wir zusammen nur bis zu der nächsten Haltestelle der Elektrischen. Eine gewisse Hoffnung bestand, sie am Abend zu sehen, ein Telefongespräch sollte jedoch erst entscheiden, ob sie nicht Knorrin aufzusuchen hätte. Ich hatte mich gewöhnt, so wenig Hoffnung wie möglich auf solche Verabredungen zu setzen. Und als sie mich dann am Abend anrief, daß sie Knorrin wegen zu großer Müdigkeit abgesagt hatte, nun aber unerwartet von der Schneiderin die Nachricht erhalten hatte, sie müsse noch an diesem Abend kommen, ihr Kleid abzuholen, denn am nächsten sei niemand mehr in der Wohnung die Schneiderin sollte ins Krankenhaus kommen – da machte ich mir garkeine Hoffnung mehr, sie am Abend zu sehen. Es kam aber anders: Asja bat mich, vorm Hause der Schneiderin sie zu treffen, und versprach, nachher mit mir noch irgendwo hin zu gehen. Wir dachten an eines der Lokale am Arbat. Beinahe gleichzeitig kamen wir beim Hause der Schneiderin an, das neben dem Theater revoluzie liegt. Davor mußte ich dann fast eine Stunde warten – und glaubte zuletzt bestimmt, Asja durch eine ganz kurze Abwesenheit bei der Besichtigung eines Hofes an diesem Hause, das deren nicht weniger als drei hatte, verfehlt zu haben. Seit zehn Minuten hatte ich mir wiederholt, mein Warten sei ohne alle Vernunft, als sie endlich doch kam. Zum Arbat fuhren wir. Und dort gingen wir nach kurzem Schwanken in ein Gasthaus namens „Prag". Wir stiegen die breite Treppe hinauf, die im Bogen von unten in den ersten Stock führte und kamen in einen sehr hellen Saal, mit vielen Tischen, die zumeist unbesetzt waren. Am rechten Ende erhob sich eine Estrade und von da kam mit großen Zwischenpausen Orchestermusik oder die Stimme eines Konferenziers oder Lieder eines ukrainischen Chores. Wir wechselten gleich zu Anfang den Platz, es zog Asja am Fenster. Sie schämte sich, weil sie mit zerrissenen Schuhen in ein so „feines" Lokal gekommen war. Bei der Schneiderin hatte sie das neue Kleid angezogen, das aus altem schwarzen von Motten bereits angefressenen Stoffe gemacht worden war. Es stand ihr sehr gut, im ganzen ähnelte es dem blauen. Anfangs sprachen wir von Astachoff. Asja bestellte Schaschlik und ich ein Glas Bier. So saßen wir uns gegenüber, dachten manchmal an meine Abreise, sprachen davon und sahen uns an. Hier sagte es mir nun Asja, vielleicht zum ersten Male rund heraus, daß sie eine Zeitlang sehr gerne mich hätte heiraten wollen. Und wenn es nicht geschehen sei, so hätte, wie sie denke, nicht sie verspielt sondern ich. (Vielleicht sagte sie nicht gerade so ein scharfes Wort „verspielt"; ich weiß es nicht mehr.) Ich sagte, mich heiraten zu wollen – bei diesem Willen seien auch ihre Dämonen im Spiel gewesen. – Ja, sie habe daran gedacht, wie unglaublich komisch das sei, wenn sie als meine Frau zu meinen Bekannten gekommen wäre. Nun aber, nach der Krankheit, habe sie keine Dämonen mehr. Sie sei ganz passiv. Jetzt werde aber nichts mehr aus uns werden. Ich: Aber ich halte an Dir fest, ich werde auch, wenn Du in Wladiwostok bist, nach Wladiwostok kommen. – Willst Du da auch beim roten General den Hausfreund spielen? Wenn er so dumm ist wie Reich, und Dich nicht herausschmeißt. Ich habe nichts dagegen. Und wenn er Dich herausschmeißt habe ich auch nichts dagegen. – Ein anderes Mal sagte sie: „Ich habe Dich schon sehr gewöhnt.“ Ich sagte ihr aber zuletzt: „Als ich herkam, habe ich Dir in den ersten Tagen gesagt, jetzt würde ich Dich sofort heiraten. Ich weiß aber doch nicht, ob ich es tun würde. Ich glaube, ich würde es nicht aushalten.“ Und nun sagte sie etwas sehr Schönes: Warum nicht? Ich bin ein treuer Hund. Ich habe so eine barbarische Stellung, wenn ich mit einem Mann lebe – es ist ja falsch, aber da kann ich nichts machen. Wenn Du mit mir zusammen wärest, dann würdest Du das alles nicht kennen, die Angst, oder Traurigkeit, was Du so oft hast. – So sprachen wir vieles. Ob ich nur immer den Mond ansehen und dabei an die Asja denken wolle. Ich sagte, daß ich hoffe, es werde, wenn wir das nächste Mal uns sehen, besser werden. – Daß Du dann wieder vierundzwanzig Stunden auf mir liegen kannst? – Ich sagte, daran hätte ich gerade jetzt nicht gedacht, sondern ihr näher zu sein, mit ihr zu reden. Wenn ich ihr näher sei, dann werde erst dieser andere Wunsch wiederkommen. „Ganz angenehm“ sagte sie. – Mich machte das Gespräch den folgenden Tag, ja schon die Nacht durch, sehr unruhig. Mein Wille zu reisen war aber doch eben stärker als der Trieb zu ihr gewesen, wenn auch wahrscheinlich nur, wegen der vielen Hemmungen, auf die dieser letzte traf. So wie er noch jetzt auf sie trifft. Das Leben in Rußland ist mir zu schwer innerhalb der Partei und außerhalb ihrer viel chancenloser aber kaum weniger schwer. Sie aber wurzelt doch mit sehr vielem hier in Rußland. Freilich, dann gibt es wieder ihre Sehnsucht nach Europa, die sehr mit dem zusammenhängt, was ihr an mir anziehend scheinen könnte. Und in Europa mit ihr zu leben, das könnte, wenn sie dafür zu gewinnen wäre, eines Tages mir das Wichtigste, Nächstliegende werden. In Rußland – das glaube ich nicht. Wir fuhren im Schlitten bis zu ihrer Wohnung, dicht aneinander gedrängt. Es war dunkel. Das war das einzige Dunkel, das wir in Moskau gehabt hatten – auf offener Straße und auf dem schmalen Sitz eines Schlittens.

28 Januar. Bei herrlichem Tauwetter früh ausgegangen, um die Straßen rechts vom Arbat kennenzulernen, wie ich es längst schon vorhatte. Ich kam also auf den Platz, wo früher der Hundezwinger der Zaren gestanden hatte. Er wird von niedrigen Häusern gebildet, die teilweise säulengetragne Portale haben. Dazwischen stehen aber auf einer Seite häßliche hohe Häuser, die neuer sind. Hier ist das „Museum der Lebensweise der vierziger Jahre“ – kurz ein niedriges dreistöckiges Haus dessen Räume sehr geschmackvoll im Stile der Wohnung eines reichen Bürgers aus der Zeit gehalten sind. Es gibt schöne Möbel, mit vielen Anklängen an den Stil Louis Philippe, Kästchen, Leuchter, Trumeaus, Wandschirme (einen sehr eigentümlichen, der dickes Glas zwischen hölzernem Fachwerk hat). All diese Räume hat man so eingerichtet, als seien sie noch eben bewohnt gewesen, Papier, Zettel, Schlafröcke, Shawls liegen auf Tischen oder hängen über den Stühlen. Immerhin hat man dies alles sehr schnell durchschritten. Ich fand zu meinem Erstaunen kein eigentliches Kinderzimmer (daher auch kein Spielzeug), vielleicht hatte man damals keine besonderen Spielzimmer? Oder fehlte es? Oder war es im abgesperrten obersten Geschoß? Danach spazierte ich weiter durch Seitenstraßen. Endlich kam ich wieder auf den Arbat, blieb an einem Bücherstand stehen und fand ein Buch von Victor Tissot aus dem Jahre 1882 „La Russie et les Russes“. Ich kaufte es für 25 Kopeken, es bot immerhin eine Chance, einige Tatsachen und Namen kennen zu lernen, die mir für meine Auffassung von Moskau und den geplanten Artikel über die Stadt von Nutzen sein konnten. Ich legte dieses Buch zu Hause ab, dann ging ich zu Reich. Diesmal ging es besser mit unserm Gespräch; ich hatte mir fest vorgenommen, es zu keiner Spannung kommen zu lassen. Wir sprachen über „Metropolis“ und die Ablehnung, die der Film in Berlin, wenigstens bei den Intellektuellen, gefunden hatte. Reich wollte alle Schuld an dem mißglückten Experiment den überspannten Forderungen der Intellektuellen zuschieben, die zu solchen Wagnissen antreiben. Ich bestritt das. Asja kam nicht – sie sollte erst am Abend kommen. Aber eine Zeit lang war Manja dort. Dann war auch Dascha im Zimmer, eine kleine ukrainische Jüdin, die dort wohnt und jetzt für Reich kocht. Sie gefiel mir sehr gut. Die Mädchen sprachen jiddisch, ich verstand aber nicht, was sie sagten. Zu Hause wieder angelangt, rief ich Asja an und bat sie, zu mir zu kommen, nachdem sie Reich verlassen habe. Sie kam auch später wirklich. Sie war sehr müde und legte sich gleich auf das Bett. Ich war zuerst sehr befangen, konnte kaum ein Wort aus der Kehle bringen vor Furcht, sie sogleich wieder fortgehen zu sehen. Ich holte mein großes Mäuseblatt vor, das Bartram mir zum Geschenk gemacht hatte und zeigte es ihr. Dann sprachen wir auch vom Sonntag: ich versprach, doch zu Daga sie zu begleiten. Wir küßten uns wieder und sprachen davon, in Berlin zusammen zu leben, zu heiraten, mit einander wenigstens einmal zu fahren. Asja sagte, es sei ihr noch von keiner Stadt der Abschied so schwer geworden wie von Berlin, ob das mit mir zusammenhänge? Zusammen nahmen wir zur Rachlin einen Schlitten. Es lag nicht einmal genug Schnee in der Twerskaja, um dem Schlitten schnelle Fahrt zu erlauben. Desto besser ging es in den Seitenstraßen: er nahm einen Weg, den ich nicht kannte, wir kamen an einem Bad vorbei und sahen einen wundervollen abgelegnen Winkel Moskaus. Asja erzählte mir von den russischen Badestuben; daß es die eigentlichen Zentren der Prostitution sind, wie sie in Deutschland es im Mittelalter waren, hatte ich schon erfahren. Ich erzählte ihr von Marseilles. Niemand war bei der Rachlin zu Besuch als wir kurz vor zehn dort hinkamen. Es war ein schöner ruhiger Abend. Sie erzählte allerlei Einzelheiten aus dem Archiv. Unter anderm, daß man in den chiffrierten Stellen aus dem Briefwechsel einiger Mitglieder der Zarenfamilie die unbeschreiblichste Pornographie gefunden hätte. Gespräch, ob man das zu veröffentlichen habe oder nicht. Ich kam auf die Wahrheit der klugen Bemerkung von Reich, der die Rachlin und Manja unter die Kategorie der „moralischen“ Kommunisten begriffen hatte, die immer in mittleren Stellungen bleiben werden und niemals die Möglichkeit der eigentlich „politischen“ vor sich haben. Ich saß auf dem großen Diwan dicht neben Asja. Es gab Grütze mit Milch und Tee. Ich ging gegen dreiviertelzwölf. Auch nachts war das Wetter wundervoll warm.

29 Januar. Der Tag war fast in jeder Einzelheit verfehlt. Morgens erschien ich gegen elf Uhr bei Basseches und fand ihn wider Erwarten schon wach, bei der Arbeit. Darum kam ich aber ums Antichambrieren doch nicht herum. Diesmal gab es eine Verzögerung dadurch, daß seine Post verlegt worden war; und bis man sie entdeckte, verging zumindest eine halbe Stunde. Darauf wurde noch auf die Fertigstellung einer Maschinenabschrift gewartet und in der Zwischenzeit bekam ich wie gewöhnlich irgendwelche frisch entstandenen Leitartikel im Manuscript zu lesen. Kurz, die ohnehin schwierigen Formalitäten der Abreise wurden durch diesen Weg, sie zu erledigen, noch mühseliger. Es stellte sich im Laufe dieser Tage heraus, wie gänzlich verkehrt der Rat von Gnedin, in Moskau mein Gepäck verzollen zu lassen, gewesen war. Und wenn ich dann mitten in den unausdenklichen Schwierigkeiten und in den Chikanen, denen ich durch ihn ausgesetzt wurde, an ihn dachte, prägte sich mir fester als je meine alte Reisemaxime ein: Niemals auf den Rat eines Menschen zu achten, der ihn ungefragt abgibt. Dazu gehört natürlich komplementär die Praxis, wenn man schon seine Angelegenheiten (so wie ich das tat) in die Hand eines anderen legt, sich strikt nach dessen Ratschlägen zu richten. So aber sprang mir denn schließlich, am letzten entscheidenden Tage der Abreise Basseches ab und ich hatte eine unausdenkliche Mühe, am 1 Februar, wenige Stunden vor meiner Abfahrt, mit dem Diener, den er mir mitgegeben hatte, die Aufgabe des Koffers zu bewerkstelligen. An diesem Vormittag konnte fast garnichts ausgerichtet werden. Wir holten aus der Miliz den Paß mit dem Ausreisevisum. Viel zu spät kam mir der Gedanke, es sei Sonnabend und kaum Aussicht, daß das Zollamt länger als ein Uhr geöffnet sei. Als wir endlich am Narkomindel standen war es nach zwei. Denn wir waren in aller Ruhe zu Fuß die Petrowka hinunterspaziert, dann noch in das Verwaltungsgebäude des Bolschoi Theater, wo ich durch Basseches Vermittlung Karten für das Ballett am Sonntag zugesichert bekam, endlich in die Staatsbank gegangen. Als wir endlich gegen halb drei am Kalantschewskajaplatz waren, hieß es denn auch, soeben seien die Beamten fortgegangen. Ich nahm mit Basseches in einem Auto Platz und ließ mich, um zur Rachlin zu fahren, an einer Haltestelle der Tram absetzen. Es war verabredet worden, daß ich um halb drei sie abhole, um mit ihr zu den Leninbergen hinauszufahren. Sie und Asja waren zu Hause. Die Nachricht, daß ich Karten zum Ballett erhalten werde, nahm Asja nicht so vergnügt auf, wie ich erwartet hatte. Wichtiger sei es, zum Montag Billetts zu bekommen. Im „Großen Theater“ werde man den

„Revisor“ geben. Ich war durch die Fehlschläge des Vormittags so sehr erschöpft und gereizt, daß ich nichts zu erwidern vermochte. Indessen lud die Rachlin mich ein, nach der Rückkehr von unserem Gange bei ihr zu essen. Ich sagte zu und vergewisserte mich, daß Asja noch da sein werde. Mit diesem Spaziergang ging es nun aber so: In der Nähe des Hauses fuhr die Elektrische uns gerade vor der Nase fort. Wir gingen in der Richtung des Revolutionsplatzes weiter – wahrscheinlich gedachte die Rachlin dort zu warten, weil wir mehr Linien zur Verfügung hätten. Ich weiß es aber nicht. Die paar Schritt strengte mich zwar nicht das Gehen, wohl aber die Unterhaltung mit ihren Halb- oder Mißverständnissen so an, daß ich aus lauter Schwäche „ja“ sagte, als sie mich fragte, ob wir auf einen vorüberkommenden Straßenbahnwagen, der in Fahrt war, aufspringen wollten. Mein Fehler war schon, ihre Aufmerksamkeit durch meinen Blick auf diesen Wagen gelenkt zu haben, der ihr sonst sicher entgangen wäre. Als sie dann auf der Plattform stand und gleich darauf die Bahn etwas schneller lief, rannte ich zwar noch ein paar Schritte neben ihr her, sprang aber nicht auf. Sie rief mir zu „Ich warte auf Sie da“ und ich ging langsam über den Roten Platz auf die Haltestelle der Trambahn zu, welche in seiner Mitte liegt. Sie mußte mich dort wohl einen Augenblick früher erwartet haben, denn als ich kam war sie bereits nicht mehr zu finden. Sie hatte sich, wie später herauskam, in der Nähe nach mir umgesehen. Ich stand indessen dort und begriff nicht, wo sie sich aufhalten könne. Endlich erklärte ich mir ihren Zuruf so: Sie wolle an der Endstation der Trambahn auf mich warten, bestieg den nächsten Wagen der betreffenden Linie und fuhr ungefähr eine halbe Stunde lang in ziemlich gerader Linie durch die jenseits der Moskwa gelegene Stadt bis an die Endstation. Vielleicht hatte ich es auf solche einsame Fahrt im Grunde auch angelegt. Tatsache ist, daß eine gemeinsame mit ihr mir wahrscheinlich, wohin immer sie mich geführt haben mochte, weit weniger genußreich gewesen wäre. Dafür war ich zu müde. Nun aber war ich bei dieser aufgedrungenen und beinah ziellosen Fahrt durch einen mir ganz fremden Teil der Stadt sehr glücklich. Jetzt erst ermaß ich die volle Ähnlichkeit gewisser Vorstadtteile mit napolitaner Hafenstraßen. Ich sah auch den großen moskauer Sender, der anders als alle, die ich sonst sah, geformt ist. Die Chaussee, die die Bahn entlangfuhr, hatte zur Rechten ab und zu Herrenhäuser, zur Linken einzelne Schuppen oder Häuschen, meist freies Feld. Was vom Dorfe in Moskau steckt, das tritt in den Vorstadtstraßen plötzlich ganz unverkleidet, deutlich und unbedingt heraus. Es gibt auch vielleicht keine Stadt, in der die riesenhaften Plätze so dörflich gestaltlos und immer wie vom schlechten Wetter, tauendem Schnee oder Regen aufgelöst daliegen. An einem solchen Platze, allerdings keinem städtischen, ja kaum mehr einem dorfartigen, vor einer Wirtschaft endete die Strecke, natürlich war die Rachlin nicht dort. Ich fuhr sogleich zurück und hatte noch gerade die Energie, nach Hause zurückzukehren, anstatt der Einladung zum Essen, die sie mir gegeben hatte, zu folgen. Anstelle eines Mittagessens aß ich ein paar von den staatlichen Waffeln. Kaum war ich zu Hause, so rief die Rachlin an. Ich war grundlos gereizt gegen sie, hielt mich gewissermaßen in Defensivstellung und wurde also doppelt angenehm durch ihre freundlichen, einlenkenden Worte überrascht. Vor allem ersah ich aus ihnen, daß sie den Vorfall nicht in allzu lächerlicher Form vor Asja würde kommen lassen. Aber sogleich zum Essen zu ihr zu kommen, schlug ich doch ab; dazu war ich zu müde. Wir verblieben, ich solle um sieben Uhr kommen. Zu meiner angenehmsten Überraschung war ich mit Asja und ihr allein. Ich weiß nicht mehr, wovon die Rede war. Nur daran entsinne ich mich, daß als ich ging – die Rachlin war, mir voraus, aus dem Zimmer gegangen – Asja mir eine Kußhand nachwarf. Dann ein vergeblicher Versuch, in einem Restaurant am Arbat etwas Warmes zu essen. Ich wollte Suppe bestellen und man brachte zwei kleine Scheiben Käse.

30 Januar. Ich trage einiges über Moskau nach, das mir erst hier in Berlin aufging (wo ich seit dem 5ten Februar diese Eintragungen, beginnend mit dem 29 Januar zu Ende führe). Berlin ist für den, der aus Moskau kommt, eine tote Stadt. Die Menschen auf der Straße erscheinen einem ganz trostlos vereinzelt, jeder hat es sehr weit zum andern und ist inmitten eines großen Stücks Straße vereinsamt. Weiterhin: mir kam, wie ich vom Bahnhof Zoo in den Grunewald fuhr, die Gegend, durch die ich mußte, geputzt und gescheuert, unmäßig gereinigt, unmäßig komfortabel vor. Es ist mit dem Bilde der Stadt und der Menschen dasselbe wie mit dem Bilde der geistigen Zustände: die neue Optik, die man auf sie gewinnt, ist der unzweifelhafteste Ertrag eines russischen Aufenthalts. Mag man auch Rußland noch so wenig kennen lernen – was man lernt, ist Europa mit dem bewußten Wissen von dem, was sich in Rußland abspielt, zu beobachten und zu beurteilen. Das fällt dem einsichtsvollen Europäer als erstes in Rußland zu. Darum ist andererseits auch der russische Aufenthalt für die ausländischen Besucher ein so sehr genauer Prüfstein. Es wird jeden nötigen, seinen Standpunkt zu wählen und genau zu präzisieren. Der wird im allgemeinen an schnellfertigen Theorien um so fruchtbarer sein, je mehr er abseitig und privat, und dem Format des russischen Geschehens unangemessen ist. Wer tiefer in die russischen Zustände eindringt, wird sich sobald zu Abstraktionen, wie sie dem Europäer ohne Mühe eingehen, nicht gedrungen fühlen. – In den letzten Tagen von meinem Aufenthalt schienen mir die mongolischen Verkäufer mit den bunten Papierwaren wieder häufiger aufzutreten. Ich sah einen Mann – keinen Mongolen zwar sondern einen Russen – neben Korbwaren kleine Käfige feilhalten, die aus Glanzpapier gemacht waren und im Innern papierne Vögelchen enthielten. Aber auch ein wirklicher Papagei, ein weißer Aron, begegnete mir: auf der Mjaßnitzkaja saß er auf einem Korbe, in dem eine Frau Weißwaren zum Verkaufe an Passanten aufbewahrte. – Anderswo sah ich Kinderschaukeln im Straßenhandel. Moskau ist so gut wie befreit vom Glockengeläute, das eine so unwiderstehliche Traurigkeit in den Großstädten zu verbreiten pflegt. Auch das ist etwas, was man erst nach der Rückkehr erkennen und lieben lernt. – Als ich am Jaroslawski-Bahnhof ankam, war Asja schon dort. Ich hatte mich verspätet, weil ich auf die Tram eine Viertelstunde hatte warten müssen und am Sonntag morgen kein Autobus ging. Zum Frühstücken war keine Zeit mehr. Der Tag, zumindest der Vormittag ging unter Beklemmungsanfällen dahin. Erst auf der Rückfahrt vom Sanatorium kam ich ganz zum Genuß der herrlichen Schlittenfahrt. Das Wetter war ganz milde, und die Sonne lag uns im Rücken, ich konnte, als ich die Hand auf Asjas Rücken legte, sogar fühlen, sie wärmte. Unser Istwosschik war ein Sohn des Mannes, der Reich immer fuhr. Diesmal erfuhr ich, die entzückenden kleinen Häuschen, an denen man anfangs entlangfuhr seien nicht Datschen sondern Häuser wohlhabender Bauern. Asja war während der Fahrt sehr glücklich, um so schmerzhafter war der Rückschlag bei ihrer Ankunft. Daga war nicht draußen unter den Kindern, die in der warmen Sonne im tauenden Schnee spielten. Drinnen rief man nach ihr. Mit verweintem Gesicht, zerrissenen Schuhen und Strümpfen, so gut wie barfuß, kam sie die steinerne Treppe hinunter ins Vestibül. Es stellte sich heraus, daß das Paket mit Strümpfen, das ihr zugesandt worden war, sie nicht erreicht hatte und daß im Laufe der vergangenen vierzehn Tage man sich überhaupt kaum um sie bekümmert hatte. Asja war so erregt, daß sie kaum ein Wort herausbringen, auch gegen die Ärztin nicht auftreten konnte, wie sie es gewollt hätte. Sie saß beinahe die ganze Zeit neben Daga auf einer hölzernen Bank im Vorraum und nähte verzweifelt an Schuhen und Strümpfen. Aber auch das warf sie später sich vor: daß sie die Schuhe zu flicken gesucht habe. Es waren völlig zerrissene Hausschuhe, die das Kind nicht mehr wärmen konnten. Und sie befürchtete, man möchte sie ihr nun wieder überziehen anstatt sie in Schuhen oder in Walinki laufen zu lassen. Wir hatten uns vorgenommen, fünf Minuten in unserm Schlitten mit Daga spazieren zu fahren; aber das war nicht möglich. Wir waren schon längst von allen Gästen die letzten als Asja immer noch saß und nähte und Daga zum Essen gerufen wurde. Wir gingen; Asja in der trostlosesten Verfassung. Da wir gerade einige wenige Minuten nach Abgang eines Zuges am Bahnhof ankamen, hatten wir beinah eine volle Stunde lang zu warten. Wir spielten erst lange: wo sitzen? Asja beharrte auf einem Platze, an welchem ich durchaus nicht sitzen wollte. Als sie aber dann schließlich nachgab, blieb ich eigensinnig und beharrte beim einmal gewählten Platze. Wir ließen uns Eier, Schinken und Tee geben. Auf der Rückfahrt sprach ich von dem Dramenstoff, auf welchen mich das Stück von Illesch gebracht hatte: die Geschichte von einem Waren-Transport in der Revolutionszeit (etwa einer für die Gefangenen bestimmten Lebensmittelsendung) auf die Bühne zu bringen. Wir fuhren von der Bahn im Schlitten zu Reich, der inzwischen das neue Quartier bezogen hatte. Am nächsten Tage zog dann auch Asja ein. Wir blieben sehr lange oben und warteten auf das Essen.

Reich befragte mich wieder wegen des Aufsatzes über Humanismus und ich erklärte ihm, wie man nach meiner Meinung ganz besonders darauf achten müsse, daß mit dem eigentlichen Siege der Bourgeoisie und dem Verfall der Stellung der Literaten zusammenfällt das Auseinandertreten der beiden ehemals geeinten (zumindest in der Gestalt des Gelehrten vereinigten) Typen von Literat und Gelehrtem. Es ist festzuhalten, daß im Zeitalter der sich vorbereitenden Revolution die einflußreichsten Literaten mindestens zu gleichen Teilen Gelehrte wie Dichter gewesen seien. Ja, wahrscheinlich hätten sogar Gelehrte das Übergewicht gehabt. Ich begann die Schmerzen im Rücken zu fühlen, die mir in den letzten Moskauer Tagen noch zusetzten. Endlich kam das Essen, das die Nachbarin brachte. Es war sehr gut. Wir gingen danach, Asja und ich, um jeder noch nach Hause zu gehen und abends uns im Ballett zu treffen. Vorbei an einem, der betrunken auf der Straße lag und eine Zigarette rauchte. Ich setzte Asja in die Bahn und fuhr dann selber ins Hotel. Hier fand ich die Theaterkarten vor. Man gab am Abend „Petruschka" von Strawinski, „Die Sylven" – ein Ballett von einem unbedeutenden Komponisten, und „Spanisches Caprichio" von Rimski-Korsakoff. Ich war früh da und während ich im Vestibül auf Asja wartete: mit dem Bewußtsein, dieses ist der letzte Abend jetzt in Moskau, an dem wir uns allein sprechen werden, hatte ich nur den einen Wunsch, einmal ganz früh mit ihr im Theater zu sitzen und lange auf das Hochgehen des Vorhangs zu warten. Asja kam spät, immerhin nahmen wir unsere Plätze noch eben gerade zur rechten Zeit ein. Hinter uns saßen Deutsche; in der gleichen Reihe wie wir war ein japanisches Ehepaar mit zwei Töchtern zu sehen, die ihr blendendschwarzes Haar auf japanische Art trugen. Wir saßen in der siebenten Reihe von der Bühne. Im zweiten Ballett trat die berühmte, nun schon alte Balletteuse Geizer auf, die Asja in Orel gekannt hatte. Die „Sylven" sind ein vielfach läppisches Ballett, aber sie geben eine vorzügliche Vorstellung von dem Stil, den dies Theater früher hatte. Vielleicht stammt dieses Stück aus der Zeit von Nikolaus I. Es gibt ein Vergnügen, das dem der Paraden äußerst ähnelt. Zum Schluß das herrlich einstudierte, windschnell vorübereilende Ballet von Rimski-Korsakoff. Es gab zwei Pausen. Ich hatte mich in der ersten von Asja getrennt und versucht, vor dem Theater noch ein Programm zu bekommen. Als ich zurückkam, sah ich sie mit einem Manne im Gespräch an der Wand stehen. Mit Schrecken sagte ich mir, wie unverschämt ich ihn fixiert habe, als ich von Asja erfuhr, das sei Knorrin gewesen. Er duzt sie immer – mit Gewalt und ihr bleibt nichts übrig, als auch ihn zu duzen. Auf seine Frage, ob sie allein im Theater sei, hatte sie ihm erwidert: „Nein“, sie sei mit einem Journalisten aus Berlin hier. Sie hatte ihm schon früher mich erwähnt. Asja hatte an diesem Abend das neue Kleid an, zu welchem ich den Stoff ihr geschenkt hatte. Über den Schultern trug sie das gelbe Umschlagetuch, das ich aus Rom ihr nach Riga mitgebracht hatte. Da auch die Farbe ihres Gesichtes teils von Natur teils von Krankheit und der Aufregung dieses Tages ein Gelb war, in das kein Schimmer von Rot sich mischte, so bildete ihre ganze Erscheinung die Grenze dreier eng benachbarter Farbtöne. Mir blieb nach dem Theater nur eben noch Zeit, für den folgenden Abend mich mit ihr zu besprechen. Da ich den ganzen Tag abwesend sein mußte, wenn ich den Ausflug nach Troitza wirklich durchführen wollte, blieb nur der Abend. Sie aber wollte ihre Wohnung nicht verlassen, weil sie am übernächsten Tage in der Frühe wieder zu Daga hinauszufahren vorhatte. So wurde denn besprochen, daß ich bestimmt am Abend kommen sollte und sogar das ward nur mit knapper Not vereinbart. Mitten im Gespräche wollte Asja auf einen Trambahnwagen springen – ließ aber davon ab. Wir standen im Getriebe auf dem großen Theaterplatz. Unwillen über sie und Liebe zu ihr sprangen windschnell in mir um; schließlich grüßten wir uns, sie von der Plattform ihrer Tram herab – ich zurückbleibend, vielmehr erwägend, ob ich nicht ihr nach, noch zu ihr aufspringen solle.

31 Januar. Meine Abreise war durch Bestellung des Platzes, die ich am 30ten veranlaßt hatte, nun auf den 1ten unwiderruflich festgesetzt. Es galt aber endlich, den Koffer zu verzollen. Wie vereinbart war ich also um ¼ 8 bei Basseches, um dann so zeitig mit ihm auf dem Zollamt zu sein, daß der Zug, der um zehn fuhr, noch zu erreichen sei. In Wirklichkeit ging der Zug erst um halb elf. Das erfuhren wir aber nicht zeitig genug, um diese halbe Stunde mehr noch ausnützen zu können. Nur hatten wir es ihr zu verdanken, daß unser Ausflug nach Troitza überhaupt noch zustande kam. Denn wenn der Zug um 10 Uhr wirklich abgegangen wäre, so hätten wir ihn überhaupt nicht mehr erreicht. Die Formalitäten im Zollamt zogen sich qualvoll in die Länge und wir wurden an diesem Tage nicht fertig. Natürlich hatte ich wieder ein Auto zu zahlen. Die ganze Veranstaltung war umsonst, denn von den Spielwaren nahm man nicht einmal Notiz und hätte es sicher an der Grenze ebensowenig getan als hier. Der Diener war mit um hier am Zollamt meinen Paß in Empfang zu nehmen und sogleich zum polnischen Konsulat zu fahren um dort das Visum für mich einzuholen. Also: wir erreichten nicht nur den Zug sondern hatten zwanzig Minuten im Waggon auf den Abgang zu warten. Ich aber sagte mir, nicht ohne Ärger, indessen hätten wir die Verzollung erledigen können. Da aber Basseches schon verstimmt genug war, so ließ ich mir nicht viel merken. Die Fahrt war eintönig. Ich hatte vergessen, mir Lektüre mitzunehmen und schlief während eines Teiles der Reise. Nach zwei Stunden langten wir an. Noch hatte ich von meiner Absicht, hier Spielsachen zu kaufen, nicht gesprochen. Ich fürchtete, ihm möchte die Geduld reißen. Da ergab es sich, daß gleich die ersten Schritte uns an einem Spielwarenlager vorbeiführten. Nun rückte ich also mit der Sprache heraus. Aber gleich mit mir in das Magazin hineinzugehen, dazu vermochte ich ihn nicht zu veranlassen. Vor uns lag etwas erhöht der große festungsartige Komplex der Klostergebäude. Weit großartiger war dieser Anblick als ich ihn vermutet hatte. In seiner städtisch wehrhaften Geschlossenheit konnte er an Assisi erinnern; mir aber fiel merkwürdigerweise zuerst Dachau ein; dort hebt sich der Berg mit der Kirche ganz ähnlich als Stadtkrone aus der Stadt wie hier die langgestreckten Wohnbauten mit der großen Kirche in ihrer Mitte. An diesem Tage war es ziemlich tot: die zahlreichen Buden der Schneider, Uhrmacher, Bäcker, Schuster, die unten an dem Fuß des Klosterhügels sich entlangziehen waren alle geschlossen. Auch hier war das schönste, wärmste Winterwetter; die Sonne kam freilich nicht zum Vorschein. Der Anblick des Spielwarenmagazins hatte den Wunsch, neues Spielzeug hier aufzutreiben, in den Vordergrund treten lassen und machte mich bei der Besichtigung der Klosterschätze ungeduldig; ich hatte die Allüren eines

Typs von Reisenden, den sonst niemand mehr hassen kann als ich. Desto liebenswürdiger war unser Führer, der Verwalter des Museums, das aus dem Kloster war gemacht worden. Mein Drängen hatte freilich noch andere Gründe. In den meisten der Räume, wo die unschätzbaren Webereien, Silber- und Goldgeräte, Manuscripte, Devotionalien in gläsernen Schreinen aufbewahrt wurden, von denen ein Diener, welcher uns voranging, die Vorhänge und Tücher fortzog, war es schneidend kalt und auf diesem einstündigen Rundgang holte ich mir wahrscheinlich die Keime einer schweren Erkältung, die in Berlin, nach meiner Rückkehr, zum Ausbruch kam. Endlich hat die unabsehbare Menge der Kostbarkeiten, deren eigentlicher Kunstwert dazu sich meist nur sehr speziellen Kennern erschließen kann, durchaus etwas Abstumpfendes, ja sie fordert zu einer Art von Brutalität in der Besichtigung geradezu heraus. Basseches hatte dazu den Drang nach „kompletter" Durchmusterung von allem, was es zu sehen gab und ließ sich sogar in die Gruft hinabführen, in der unter Glas die Gebeine des heiligen Sergius liegen, der dieses Kloster gegründet hat. Mir ist nicht möglich, noch so unvollkommen aufzuzählen, was alles zu sehen war. Gegen eine Mauer gelehnt stand das berühmte Bild von Rubloff, das zum Wahrzeichen dieses Klosters geworden ist. Später sahen wir in der Kathedrale selbst den leeren Platz an der Ikonostase, wo es gehangen hatte und von dem es zu Zwecken der Konservierung entfernt worden war. Die Wandbilder der Kathedrale sind ernstlich gefährdet. Denn da die Zentralheizung nicht benutzt wird, im Frühling also eine jähe Erwärmung der Mauern stattfindet, so entstehen in der Wand Sprünge und Risse, durch die Feuchtigkeit eindringt. In einem Wandschrank sah ich die riesige goldene mit Edelsteinen über und über ausgelegte Metallverkleidung, die für das Bild Rubloffs später gestiftet wurde. Sie läßt am Körper der Engel nichts frei als die unbekleideten Stellen: Gesicht und Hände. Über alles andere legt sich die massive Goldschicht und Hals und Arme müssen, wenn sich die Schablone übers Bild legt, wie eingepreßt in schwere metallische Ketten den Engeln etwas von chinesischen Verbrechern geben, die in Halseisen ihre Untaten büßen. Im Zimmer unseres Führers endete der Rundgang. Der alte Mann war verheiratet, denn im Zimmer zeigte er die

Ölbilder seiner Frau und seiner Tochter an der Wand. Jetzt lebt er in diesem großen hellen mönchischen Räume allein, nicht ganz von der Welt abgeschnitten, denn es besuchen viele Ausländer das Kloster. Auf einem kleinen Tisch lag eine eben ausgepackte Sendung von wissenschaftlichen Büchern, die aus England gekommen waren. Auch hier Eintragung in ein Gästebuch. Die Sitte scheint in Rußland auch unter der Bourgeoisie sich weit länger gehalten zu haben als hier, zumindest, wenn ich daraus einen Schluß ziehen darf, daß auch bei Schick mir so ein Album vorgelegt wurde, in das ich mich eintragen mußte. – Aber war nicht weit großartiger als alles im Innern die Anlage des Klosters selber. Wir hatten ehe wir den weiten Raum mit seiner wehrhaften Umfassung betreten hatten, vor dem Portal Halt gemacht. Rechts und links war auf zwei Bronzetafeln eingetragen, was man an unentbehrlichen Daten zur Geschichte des Klosters kennt. Schöner und schlichter als die gelbrosa getönte Kirche im Rokokostil, die in der Hofmitte sich erhebt, umgeben von kleineren älteren Bauten – darunter dem Mausoleum des Boris Godunoff – schlichter sind die langen Wirtschafts- und Wohngebäude, die sich im Rechteck um den riesigen Freiplatz herumziehen. Am schönsten das große bunte Refektorium. Der Blick aus den Fenstern des Innern führt bald auf diesen Freiplatz, bald auf Schächte, Gänge zwischen den Mauern, ein Labyrinth festungsartiger Steinwälle. Es hat auch einen unterirdischen Gang hier gegeben, den zwei Mönche mit Preisgabe ihres Lebens, um während einer Belagerung das Kloster zu retten, in die Luft sprengten. Wir aßen in einer Stolowaja, die schräg dem Eingang in den Klosterhof gegenüberliegt. Sakuska, Wodka, Suppe und Fleisch. Mehrere große Stuben waren mit Menschen angefüllt. Es gab wirkliche Typen aus dem russischen Dorf, bezw. der Kleinstadt – Sergejevo ist vor kurzem zur Stadt erklärt worden. Während wir aßen kam ein Hausierer, der Drahtgestelle zu verkaufen hatte, welche im Handumdrehn sich von einem Lampenschirm in einen Teller oder einen Aufsatz für Obst verwandeln ließen. Basseches meinte, dies Gewerbe stamme aus Kroatien. Ich selber fand eine sehr alte Erinnerung beim Anblick dieser eher unschönen Spielerei in mir sich regen. Mein Vater muß wohl wie ich klein war bei einem Aufenthalt in der Sommerfrische (in Freudenstadt?) so etwas einmal gekauft haben. Vom Kellner ließ sich Basseches unterm Essen Adressen von Spielzeughändlern angeben und sodann machten wir uns auf den Weg. Wir hatten aber noch nicht zehn Minuten marschiert als eine kurze Auskunft, die Basseches einholte, uns veranlaßte umzukehren und uns in einen Schlitten zu setzen, der gerade leer dort entlangfuhr. Das Gehen nach dem Essen hatte mich angestrengt, so daß ich nicht einmal fragen mochte, was eigentlich unser Umkehren veranlaßt hatte. Soviel schien sicher, daß wir dort in den Magazinen nahe der Bahn die größte Chance hatten, meinen Wunsch zu erfüllen. Sie lagen beide dicht neben einander. Das erste enthielt Holzwaren. Man machte Licht, als wir es betraten, es dunkelte schon. Wie ich es erwartet hatte, konnte ein Lager hölzerner Spielsachen mir nicht sehr viel Unbekanntes zeigen. Ich kaufte einige Stücke mehr auf Drängen von Basseches als mit eigner Entschließung, freue mich aber nun, es getan zu haben. Auch hier verloren wir Zeit, ich mußte lange warten, bis ein Tscherwonez in der Nähe war gewechselt worden. Nun brannte ich vor Unruhe, das Lager der Papiermachéspielzeuge zu sehen; ich fürchtete, man möchte dort schon geschlossen haben. Das war nun nicht der Fall. Wohl aber war es, als wir glücklich dort waren, innen im Hause schon ganz finster und hier gab es im Lagerraum keinerlei Beleuchtung. Wir mußten auf gut Glück auf den Gestellen herumtasten. Ab und zu schlug ich ein Streichholz an. So fiel mir einiges sehr Schöne in die Hände, das mir wohl anders nicht geworden wäre, denn dem Mann konnten wir natürlich nicht begreiflich machen, was ich suchte. Als wir endlich im Schlitten saßen, hatten wir jeder zwei große Pakete – Basseches dazu noch einen Haufen Broschüren, die er im Kloster gekauft hatte, um sich mit Material für einen Artikel zu versehen. Die lange Wartezeit in der trübselig erhellten Bahnhofsrestauration kürzten wir uns noch einmal mit Tee und Sakuska. Ich war müde, begann auch, mich etwas unwohl zu fühlen. Nicht ohne Zusammenhang damit stand die Angst, mit der ich an das Viele dachte, was in Moskau noch zu erledigen war. Die Rückfahrt war pittoresk. Im Waggon brannte eine Laterne, aus der unterwegs das Stearinlicht gestohlen wurde. Unweit von unsern Plätzen stand ein eiserner Ofen. Unter den Bänken lagen, aufs Geratewohl verstreut, große Holzklötze. Ab und zu aber ging jemand vom Personal auf einen Sitz zu, hob ihn auf und entnahm dem so geöffneten truhenartigen Behälter weiteren Brennstoff. Es war 8 Uhr als wir in Moskau ankamen. Das war mein letzter Abend, Basseches nahm ein Auto. Vor meinem Hotel ließ ich halten, um zuvörderst einmal die gekauften Spielwaren abzustellen und in aller Eile die Manuscripte an mich zu nehmen, die ich nach einer Stunde Reich heraufzubringen hatte. Bei Basseches langwierige Instruktion seines Dieners, den ich gegen halb zwölf abzuholen versprach. Sodann setzte ich mich auf die Bahn, erriet mit Glück die Haltestelle, an der ich auszusteigen hatte, um zu Reich zu gehen und war eher dort als ich gehofft hatte. Sehr gern hätte ich freilich einen Schlitten benutzt, aber das war unmöglich: ich kannte weder den Namen der Straße, in welcher Reich wohnte noch fand ich auf dem Stadtplan den des nahegelegenen Platzes. Asja lag schon im Bett. Sie sagte, daß sie lange auf mich gewartet habe, nun aber garnicht mehr auf mich gezählt habe. So hätte (sie) sogleich mit mir fortgehen wollen, um mir ganz in der Nähe eine Kaschemme zu zeigen, in die sie durch Zufall geraten war. Auch ein Bad war unweit von hier. Sie war auf das alles gestoßen, als sie vom Wege abgekommen war und durch Höfe und Nebengassen sich hierher durchgeschlagen hatte. Reich war auch im Zimmer, es wuchs ihm allmählich ein Bart. Ich war sehr erschöpft, so sehr daß ich auf einige der gewohnten ängstlichen Erkundigungen von Asja (nach ihrem Schwämmchen etc.) unter ausdrücklicher Betonung meiner großen Abspannung ziemlich grob wurde. Aber es gab sich alles sehr schnell. Ich berichtete von meinem Ausfluge so gut es eben in der Kürze gehen wollte. Dann kamen die Aufträge für Berlin: Anrufe an die allerverschiedensten Bekannten. Später ging Reich hinaus, ließ mich eine Weile mit Asja allein und hörte im Radio die Übertragung der Aufführung des „Revisors" mit Tschechow im großen Theater. Am nächsten Morgen sollte Asja zu Daga fahren und ich mußte mit der Möglichkeit rechnen, vor meiner Abreise sie nicht mehr zu sehen. Ich küßte sie. Als Reich hereinkam, ging Asja ins Nebenzimmer, um Radio zu hören. Ich blieb nicht mehr sehr lange. Bevor ich ging aber zeigte ich noch die Ansichtskarten, die ich vom Kloster mir nach Hause mitgenommen hatte.

1 Februar. Morgens ging ich noch einmal in meine gewohnte Conditorei, bestellte Kaffee und aß dazu eine Pastete. Dann ins Spielzeugmuseum. Nicht alle Photos, die ich bestellt hatte, waren angefertigt worden. Ich nahm es nicht schwer, denn auf diese Weise gelangte ich in dem Augenblick, da ich Geld am allernotwendigsten hatte, in den Besitz von 10 Tscherwonjez. (Die Photographien nämlich hatte ich vorher bezahlt.) Ich hielt mich im Spielzeugmuseum nicht lange auf, fuhr vielmehr schleunigst in das Institut der Kamenewa, wo ich von Dr. Njemen mich verabschiedete. Von dort im Schlitten zu Basseches. Von dort mit dem Diener ins Fahrkartenbüro und dann im Auto weiter zum Zollamt. Was von neuem dort durchzumachen war, ist nicht zu beschreiben. Vor einem Kassenschalter, {an dem} gerade Tausende durchgezählt wurden, hatte man zwanzig Minuten zu warten. Im ganzen Hause wollte niemand fünf Rubel wechseln. Es war sehr nötig, daß dieser Koffer, in dem nicht nur die schönen Spielsachen sondern auch all meine Manuscripte waren, den Zug erreichte, zu dem ich selbst das Billett hatte. Denn da man ihn nicht weiter als bis zur Grenze aufgeben konnte, so war meine Anwesenheit an der Grenze zur Zeit seines Eintreffens unerläßlich. Endlich gelang das. Aber von neuem hatte ich die Erfahrung zu machen, wie den Leuten das Knechtstum noch in den Knochen steckt. So wehrlos war dieser Diener aller Schikane und Indolenz der Zollbeamten gegenüber. Ich atmete auf, als ich mit einem Tscherwonez ihn entlassen konnte. Selber hatte die Aufregung meine Schmerzen im Rücken wieder geweckt. Ich war froh, einige ruhige Stunden vor mir zu haben. Langsam schlenderte ich an der schönen Budenreihe des Platzes vorbei, kaufte mir wieder einen roten Beutel mit Krimtabak und bestellte mir dann im Restaurant des Jaroslawski-Bahnhofs ein Mittagessen. Auch besaß ich noch Geld genug, um Dora zu telegraphieren und ein Dominospiel für Asja zu kaufen. Mit aller gesammelten Aufmerksamkeit machte ich diese letzten Wege in der Stadt; und sie machten mir Freude, weil ich mehr, als es zu Zeiten meines Aufenthaltes meist der Fall gewesen war, mich gehen lassen konnte. Kurz vor drei Uhr war ich wieder im Hotel. Der Schweizer sagte mir, daß eine Dame dagewesen sei. Sie habe gesagt, sie werde wiederkommen. Ich ging in mein Zimmer, sodann gleich ins Contor hinauf, um zu zahlen. Erst als ich wieder herunterkam, bemerkte ich auf dem Schreibtisch einen Zettel von Asja. Sie habe lange auf mich gewartet, noch nichts gegessen und sei in der Stolowaja nebenan. Ich solle sie holen. Ich eilte auf die Straße und sah sie mir entgegenkommen. Sie hatte nichts als ein Stück Fleisch gegessen, war noch hungrig und ehe ich sie noch in mein Zimmer geführt hatte, lief ich wieder zum Platz hinaus, holte ihr Mandarinen und Näschereien. In der Eile hatte ich meine Zimmerschlüssel mitgenommen; Asja saß im Vorraum. Ich sagte: „Warum bist Du nicht reingegangen? Der Schlüssel steckt doch!" Und mir fiel die seltene Freundschaft in ihrem Lächeln auf, als sie „nein" sagte. Diesmal war Daga in guter Verfassung gewesen, mit der Ärztin hatte Asja eine sehr scharfe erfolgreiche Aussprache gehabt. Nun lag sie bei mir im Zimmer auf dem Bette, ermüdet aber es ging ihr gut. Ich saß bald bei ihr, bald am Tische, wo ich ihr Kuverts mit meiner Adresse schrieb, bald trat ich zum Koffer und packte das Spielzeug, meine Einkäufe vom vergangenen Tage aus und zeigte sie ihr. Sie hatte große Freude daran. Unterdessen aber – nicht unverursacht auch durch meine große Erschöpfung – kamen die Tränen mir immer näher. Noch besprachen wir einiges. Wie ich ihr schreiben könne und wie nicht. Ich bat sie, mir einen Tabakbeutel zu machen. Zu schreiben. Endlich, wie nur noch Minuten blieben, begann meine Stimme unsicher zu werden und Asja sah, daß ich weinte. Zuletzt sagte sie: Weine nicht, sonst muß ich zuletzt auch weinen und wenn ich einmal zu weinen anfange, höre ich nicht so schnell auf wie Du. Wir umarmten uns fest. Dann ging es hinauf ins Comptoir, wo es nichts zu tun gab (aber auf den Sowjeduschi wollte ich nicht warten), das Zimmermädchen erschien – ich schlich mich ohne Trinkgeld zu geben davon, mit meinem Koffer zur Hoteltür hinaus und Asja, mit Reichs Mantel unterm Arme, folgte mir. Gleich ließ ich sie einen Schlitten anrufen. Aber als ich einsteigen wollte und schon nochmals Abschied genommen hatte, hieß ich sie bis zur Ecke der Twerskaja mitfahren. Da stieg sie aus, ich riß während der Schlitten schon anzog, noch einmal hier auf offner Straße ihre Hand an meine Lippen. Sie stand noch lange und winkte. Ich winkte aus dem Schlitten zurück. Erst schien sie abgewandt zu gehen, dann sah ich sie nicht mehr. Mit dem großen Koffer auf meinem Schoße fuhr ich weinend durch die dämmernden Straßen zum Bahnhof.

Tagebuch meiner Loire-Reise

12 August 1927 Ich werde mich mit Stichworten begnügen. Die bekannte Qual der Einsamkeit, die mich besonders auf Reisen überkommt, nimmt zum ersten Male die Züge des Alt-Seins an. L. ist nicht mitgekommen. Die Chancen für ein Mißverständnis sind nicht mehr als 10 %. 90 % Chancen bestehen dafür, daß ich auf die banale Art genasführt bin. Freilich habe ich absichtlich die Möglichkeit dazu gegeben. Das erscheint jetzt als Fehler. Wäre sie gekommen, so wäre es die Grundlage des Vergnügens an dieser Reise gewesen.

Ich kann überzeugt sein, daß ich jetzt, einsam, alle Plätze finde, an denen es mit ihr reizend gewesen wäre. So sitze ich nun in einer kleinen ganz stillen und sehr guten Wirtschaft, Hotel St Catherine in Orléans. Der Tisch hat genau die Breite, an dem es gut ist, einander gegenüberzusitzen. Die elektrischen Birnen im Raum sind so schwach, daß ich kaum schreiben kann.

Bis mittags habe ich geschwankt, ob ich überhaupt, nun, allein, fahre. Wenn nicht Scholem heute ankäme, hätte ich es wahrscheinlich nicht getan. Aber ich bin geflohen. Ich könnte jetzt seine manchmal etwas ostentative Selbstsicherheit einfach nicht ertragen.

Heute nachmittag sah ich die Kathedrale von Orléans und notiere: moderne farbige Scheiben, die garnichts bedeuten. Dagegen oben in den Emporen weiße Scheiben. Auch die Rose über dem Portal ist weiß: eine Polarsonne. Hinter den weißen Scheiben der Seitenschiffe sieht man verdämmernd die Strebepfeiler wie Gestade von Brockennebel. Im Querschiff haben Fensterrosen grelle barbarische Farben in Rot und Gelb. – Eine unglaubliche Schönheit der Außenseite: der Chor hat außen eine Basis aus Stein aus der heraus sich die Pilaster und Schäfte heben. Sie wurzeln gleichsam im Mauerstein.

Während ich durch die Kathedrale ging, probte der Organist.

Ich könnte über alles und gerade das Unwichtigste, weinen: daß ich nicht französisch auf dieser Reise spreche. (Überhaupt nichts!) Weinen, wenn ich an Rue de Reuilly denke, eine für mich zauberhafte Vokabel, die ich nicht mehr handhaben kann.

13 August. Auf dem Bahnhof in Orléans, im Zug nach Blois. Ich schlief besser als ich dachte. Vom Hotel aus ging ich nochmals zur Kathedrale. Diesmal näherte ich mich ihr von der Seite des Hôtel de Ville, dem gegenüber sich ältere Häuser auf einer schönen Rampe erheben. In der Kathedrale erfuhr ich, welche Bewandtnis es mit dem roten Hut hat, der von der Decke herabhängt. Es ist der Hut eines Kardinals (wahrscheinlich des zu Füßen der Statue der Jeanne ruhenden Kardinals Touchet) der dort hängt und hängen bleibt, bis er von selber herunterfällt. – Von weitem, vo{m} Boulevard St Vincent aus gesehen sind die Strebepfeiler gebrochene Stücke aus der Dornenkrone Christi. Nirgends sah ich eine so dornige Kathedrale wie diese mit ihrer eiskalten Rose.

Beim Gang durch die Stadt, in der ich alle Kirchen aufsuchte, die im Führer stehen, fiel mir ein, L. kann sehr gut wirklich fort gewesen sein, nämlich eine Reise mit ihrem Freund gemacht haben. Möglichkeit erwogen, kurz vor der Abreise nach Berlin nochmals in ihrer Wohnung vorzusprechen oder das Hotel in der Rue de la Chapelle, wenn möglich beobachten.

Orléans ist ein Zentrum des Angelsports. Ein sehr verführerisches Geschäft mit sämtliche{m} Bedarf dazu „Le Pêcheur Moderne" in der Rue de Bourgogne.

In Blois. Hier auf der Terrasse hinter der Kathedrale St Louis muß man sitzen, um die berühmte französische clarté, die französische limpidité, die Ordnung in vollendeter Einstimmigkeit von Landschaft, Gartenkunst, Architektur vor sich zu haben. Gottseidank ist der Himmel ganz voller Regenwolken, die Sonne ist verschwunden. In mir habe ich noch immer die Bitterkeit, ein aufgerührter Grund, der sich nicht wieder setzen will. Es war ein ganz untrüglicher Instinkt in mir, der mich hieß, gerade diese

Reise mit L., mit einer Pariserin zu machen. Als Landschaft entzieht sich die Abwesende mir zum zweiten Male und in jeder Minute von neuem. Landschaften, Höfe stelle ich als Rahmen um sie herum, die alle leer bleiben. Und die winzige Einflüsterung meiner Eigenliebe, das alles sei Verfehlung, nicht Arrangement, macht die Sache noch schlimmer. Immerhin will (ich) nach der Rückkehr, meine Bemühung, sie wiederzufinden, nicht zu weit gehen lassen. In Paris kann ich auf sie verzichten, kann sie sogar, wie die Dinge nun liegen, kaum brauchen. Am meisten habe ich während der Führung im Schloß von Blois gelitten. Hier hätte ihr Erstaunen alles erträglich wenn nicht freundlich gemacht. So sah ich in den leeren Räumen, an deren Wänden Bemalung die ehemalige Bespannung mit Gobelins oder korduansischem Leder nachahmt, nur, daß ich fast der einzige war, der allein war. Ich bin garnicht weit ab vom Weinen; wozu das alles, nicht nur diese Vorbereitungen sondern dies Sich-Verändert-Haben, wenn nicht einmal der einfältigste kleine Reiseplan, den jeder Commis durchführen kann, mir glückt. Soll ich nie wieder mit einer Frau, die ich begehre, reisen?

15 August Ich beobachte mit Erstaunen den Einfluß des Komforts auf meine trübe Stimmung. Da ich …

Am gleichen Tag, abends. Kurz, ich habe ein luxuriöses, ausgezeichnetes Zimmer, das mir, so gut es geht, L's Stelle vertreten muß. Ich werde sie vermutlich nicht wiedersehen und ich werde auch nur sehr moderierte Anstrengungen in dieser Hinsicht machen. Aber ich habe mich dabei überrascht, daß ich mir ihr Gesicht hervorzurufen suche, und zwar um das darin zu finden (jenes Kalte, jedem Kontakt mit mir sich Versagende) in dem ich den Ursprung der augenblicklichen Lage zu sehen habe. Diese Bemühung war heute nachmittag unter den Bäumen vorm Café Universel, im Rücken der großen Balzac-Statue, die den Meister im Schlafrock zeigt.

Nur der Anblick der Bauwerke gibt wirklich das Gefühl, angekommen zu sein: hier (in Tours, oder sonstwo, und nirgend anders) zu sein. Ich stand hinterm Chore von Saint-Gatien. Mein Blick ging auf die ganz tote graue und unscheinbare Außenseite der berühmten Glasfenster, wie ich vorher die Fassade sitzend, von einer Bank aus betrachten konnte, so nun die Rückseite an eine Mauer lehnend. Es gab mir einen Chock. Gegen diese Ruhe, diese Gegenwart, die im Anblick großer Architekturen eingelöst wird, ist all unser tägliches Treiben Eisenbahnfahren, das nun plötzlich, mit einem Ruck einhält. Da sind wir: nichts bringt uns weiter. Tours hat die heitersten kindlichste(n) Rosen, die ich je sah, zumal die lachende überm Portal. Danach durch kleine, untersetzte Straßen hinterm Dom. Aber welche Namen: Rue Racine, Rue Montaigne. Und jener Platz ist der des Gregor von Tours. Eine Frau trug Zeitungen aus und sie stößt ins Hörn: ein letzter Überrest des mittelalterlichen Ausrufers – wahrscheinlich. Die Häuser sind zweistöckig, aber viel niedriger noch sind die Mauern der Höfe, in denen die Türen sind.

In der Kathedrale wurde ich plötzlich heiter, mir fiel ein, heute vor einem Monat war ich in Chartres – noch nicht ein Monat seit ich L. kenne – zwischen diesen beiden Kathedralen war sie (diese rose parisienne) wunderbar eingepflanzt. Und damit gut. Sie hatte ihren Ort.

16 August Ich bin nochmals in St Gatien gewesen. Die Scheiben müssen von Anfang an verschossenen Sammetgewändern so ähnlich gesehen haben wie jetzt. Übrigens ist diese Rose ein unübertreffliches Symbol der kirchlichen Denkungsweise: außen verschiefert, schuppig, beinahe aussätzig, innen blühend, rauschhaft und golden. Wenn man ans andere Ufer der Loire hinüberkommt, sieht St Gatien nicht gotisch, wie es sich gebührte, über Giebel hinüber sondern erhebt sich über dem Laubwerk der Bäume auf den Loire-Inseln und auf der Uferpromenade. – Gestern sah ich auf einem Dach zwei Kaminhauben hoch über die Stadt sich heben: ein neues Paradies, das Vergil mit pathetischer Geberde einem frostig in sich zurückschauernden Dante zeigt. – Die Kathedrale geht vorn auf die place du quatorze juillet hinten auf die place St Grégoire de Tours hinaus; ruht mit dem Haupt gewissermaßen auf einem Kissen und mit den Füßen im Wasser. Zu den Straßennamen: auf dem Schilde der Rue Auguste Comte steht neben der Jahreszahl die Angabe „Positiviste". Was müssen die ausgezeichneten Leute sich darunter denken. – (Hinter der Kathedrale: Rue du petit coupidon)

Ich hätte auf dieser Reise ein Photo von L. machen lassen. Im übrigen habe ich meinen nicht allzu zerstörten Gleichmut mir mit der Annahme wiederverschafft, ihr Fortbleiben sei Einfluß eines Dritten. Denn, meine Eigenliebe, auch die Wahrscheinlichkeit, läßt nicht zu, daß sie mich von Anfang bis zu Ende betrogen habe. Und anzunehmen, daß eine fehlerhafte Verabredung schuld sei, würde mich rasend machen.

Ich habe nie eine Stadt wie Tours gesehen (es sei denn Heidelberg) die der Landschaft so sehr das Ihre läßt. Kaum daß in die Loire-Ufer ein leichtes Grau (sich) mischt, wo sie die Stadt durchziehen. Und ins Land hinein zieht der Boulevard Grammont sich wie durch festlich bebaute, besiedelte Wiesen. Die große steiner{n}e Brücke schwingt niedrig wie eine Hand, die ihn streichelt, sich über den Fluß. Alles ist niedrig außer ein paar hohen Türmen. Es ist eine Stadt à la portée des enfants; mir macht es Vergnügen, daran zu denken, daß der große katholische Jugendschriftenverlag Mame in Tours ist.

Reisenotizen Mai-Juni 1931

Juan les Pins 4 Mai morgens ¼ 1

Die Bogen, die mir von diesem Papier noch bleiben, will ich einem Tagebuch vorbehalten. In der Annahme, daß das Bevorstehende nicht vielen Aufhebens wert sei, soll es sich dem Vergangnen zuwenden. Der Anlaß, der mich bestimmt, ist vielfacher Art. Das Wichtigste aber: ich bin müde. Müde vor allem den Kampf, den Kampf um das Geld, von dem ich nun noch einmal einige Reserven gesammelt habe, um hier sein zu können. Müde aber auch der Aspekte meines persönlichen Lebens, mit dem ich streng genommen gerade jetzt – wenn ich von meiner wirtschaftlichen Lage einmal absehe – nicht Grund habe, unzufrieden zu sein. Aber gerade der Friede, den ich innerlich in einem Grade habe, der bei mir immer selten gewesen ist, führt mich dazu, die Sonde tiefer in das Dasein zu senken, das ich jetzt führe. Sodann diese Müdigkeit: sie läßt nicht nur manches Vergangene auftauchen; es ist vor allem, daß in solchen Dingen meiner Vergangenheit, die mir jetzt hin und wieder vor Augen stehen, das, was sie zu Momenten gerade meines Lebens machte, sie mir zueignete, deutlich wird, während gerade darauf früher mein Blick nie fiel. Endlich verbindet sich diese Müdigkeit auf seltsame Weise mit dem, was mir die Unzufriedenheit mit meinem Dasein hervorruft. Es ist eine wachsende Abneigung, auch Mangel an Vertrauen hinsichtlich der Wege, die ich die Menschen meiner Stellung und meiner Art in Deutschland einschlagen sehe, um der trostlosen geistespolitischen Lage Herr zu werden. Was mich quält ist die Undeutlichkeit und die Unexaktheit der Parteiungen unter den wenigen mir nahe stehenden Leuten, was meinen innern Frieden, der auch Friedfertigkeit ist, verletzt ist das Mißverhältnis zwischen der Schärfe, mit welcher solche Meinungsverschiedenheiten vor mir – wenn auch längst nicht immer an sich – ausgefochten werden und den oft sehr geringen sachlichen Differenzen. Gerade die durchgehenden Charaktere in der Lage der Schriftsteller sind ja die trostlosen, die aber werden im Interesse der Standesehre fast niemals ganz zum Vorschein gebracht. Oft habe ich mich gefragt, ob diese besondere Friedfertigkeit nicht mit dem Geiste der Betrachtung zusammenhängt, in den der Gebrauch von Rauschgiften einführt. Der universale Vorbehalt der eignen Lebensweise gegenüber, zu dem die Betrachtung der Dinge in Westeuropa jeden Schriftsteller – ohne Ausnahme wie mir scheint nötigt ist auf bittre Art demjenigen verwandt, den das Gift dem Berauschten seinen Mitmenschen gegenüber eingibt. Und um nur den Kreis der Gedanken und Bewegungen, unter deren Herrschaft ich dieses Tagebuch beginne ganz abzuschreiten, ist nur noch die Andeutung der wachsenden Bereitschaft nötig, mir das Leben zu nehmen. Einer Bereitschaft, die von keiner akuten Panik eingegeben ist sondern so tief sie mit meiner Kampfmüdigkeit an der ökonomischen Front zusammenhängt, doch so nicht möglich wäre, ohne das Gefühl, ein Leben gelebt zu haben, dem seine höchsten Wünsche erfüllt wurden, welche ich freilich jetzt erst, gewissermaßen als den ursprünglichen Text einer späterhin mit den Schriftzügen meines Schicksals bedeckten Seite, erkannt habe.

Morgens am gleichen Tage. Da stehe ich bei den Wünschen. Die Leute würden den Satz, daß jedem seine tiefsten Wünsche in Erfüllung gehen, weniger anzweifeln, wenn sie sich sagten, daß diese Wünsche beinahe immer unbewußt, mit andern Worten andere sind als von denen sie wissen und von denen sie dann mit Recht beklagen mögen, deren Erfüllung sei ihnen versagt worden. Das Märchen bringt das mit dem Motiv der drei Wünsche sehr klar zum Ausdruck. Wir haben keinen Anlaß über die Torheit, den kurzen Atem dessen, der von dieser Wundergabe Gebrauch macht, zu staunen. Der sind wir selber. Nur daß uns unsere tiefsten Wünsche nie gegenwärtig wie dem Begnadeten im Märchen, dem sie erfüllt werden, sondern nur als vergangen in der Erinnerung und oft als dem Genarrten, dem sie leider erfüllt worden sind, gegenübertreten. Das eigentliche Kennzeichen dieser Wünsche war aber, daß für das Begehrte kein Preis zu hoch war: auch erkennt man die tiefsten Wünsche rückblickend daran vielleicht am besten, wie gut sie von dieser schrankenlosen Bereitschaft Gebrauch machten, wie teuer ihre Erfüllung erkauft wurde. Von den drei größten Wünschen meines Lebens habe ich den nach weiten, vor allem aber langen Reisen zuerst erkannt. Auch ist er mir am ehesten vor der Erfüllung bewußt gewesen, sei es auch nur durch einen ungeheuerlichen Rückstoß. Am Anfang war das vielleicht nur der gebieterische Impuls aus Deutschland zu fliehen, der während der Kriegsjahre viele Menschen so ergriff wie in der Inflation und im Wiederaufbau der nach dem Auto. Dann kam der Augenblick, daß ich soviel beisammen hatte, um zur Not einige Zeit im Ausland verbringen zu können: ich war mit mehreren Freunden für Capri verabredet. Sehr genau ist mir der Chok noch in Erinnerung, mit dem ich auf einem Achtuhrabendblatt in der Hand einer Zeitungsfrau Ecke Friedrichstraße – Unter den Linden die Aufschrift las: Sperre der Auslandsreisen. Es war da eine Verordnung herausgekommen, die Auslandsreisen nur noch unter Hinterlegung einer Summe, die vielleicht das Zehnfache meiner Reisekasse betrug, gestatteten. In zwei bis drei Tagen sollte die Verordnung in Kraft treten. Mir war es ausgemacht, daß unter diesen Umständen der mit den Freunden vereinbarte Abreisetermin, der an sich zufällig ganz kurz vor dem Ablauf der Frist lag, für mich nicht mehr in

Frage kommen könne. Erst als ich in Capri oder Neapel meinen Koffer auspackte, bemerkte ich, in was für einer sinnlosen Bestürzung ich Hals über Kopf, was mir an Dingen gerade in die Hand fiel, verstaut hatte: viel Notwendiges fehlte, hundertfach Überflüssiges war vorhanden. Die eigentliche Entscheidung über diese Fahrt aber brachte nicht mein schneller Entschluß, Berlin zu verlassen – denn das gelang schließlich auch meinen Freunden, die sich erst einige Tage später aufmachten – sondern fünf oder sechs Wochen später, als meine Mittel erschöpft waren, die Bereitschaft, alles ohne Ausnahme auf mich zu nehmen, nur um die Insel nicht verlassen zu müssen. Sehr ernstlich habe ich damals den Gedanken, in einer der großen Höhlen zu wohnen, in Frage gezogen und die Bilder, die mir dabei vorschwebten, waren so lebhaft, daß ich heute garnicht mehr genau weiß, ob sie auf bloßen Phantasien beruhten oder eine der Abenteuergeschichten, von denen die Insel ja voll ist, Ähnliches von jemandem aus der Kriegszeit berichtete. So ging dieser Wunsch in Erfüllung, mit dem Aufenthalt auf der Insel und später durch ihn. Denn ich glaube, lange auf Capri gelebt zu haben, ist eine Anwartschaft auf weite Reisen, so sehr glaubt wer dort lange gelebt hat, daß alle Fäden durch seine Hand laufen und daß ihm zu seiner Zeit alles Nötige zufallen wird.

Juan les Pins 5 Mai morgens

Ehe ich mit den drei Wünschen fortfahre, will ich eine Bemerkung über Hemingway aufzeichnen. Das ganz Glückliche, ganz Bedeutende kann man sich oft nicht besser einsichtig machen als indem man es ganz nah ans ganz Mißlungne, ganz Banale heranhält. So Hemingway an den schlechten Schriftsteller. Der schlechte Schriftsteller ist der Schriftsteller, der immer mehr sagt als er denkt. Der gute Schriftsteller – hier hat man sehr vorsichtig vorzugehen, wenn man zu wirklichen Ergebnissen kommen will – ist der Schriftsteller, der nicht mehr sagt als man denkt. Diese Definition wird man gern im Sinn der Vertreter des „Klaren und Einfachen“ lesen und meinen, der gute Schriftsteller sei eben, der genau sagt, was er denkt. Eben diesen höchst naheliegenden Abweg aber gilt es zu meiden. Es ist die Grundlage aller Einsicht in Dinge des Stiles, daß es dies: Sagen was man denkt überhaupt nicht gibt. Das Sagen ist nämlich nicht nur ein Ausdruck sondern vor allem eine Realisierung des Denkens, die es den tiefsten Modifikationen unterwirft genau so wie das Gehen auf ein Ziel zu nicht nur der Ausdruck eines Wunsches es zu erreichen sondern seine Realisierung ist und ihn den tiefsten Modifikationen aussetzt. Wie aber diese Modifikationen ausfallen, ob sie den Wunsch veredeln, präzisieren oder ihn unscharf und allgemein werden lassen, das hängt vom Training des Schreibenden ab. Je mehr er seinen Körper in Zucht hat, je genauer er seinen Körper aufs Gehen beschränkt, die überflüssigen ausfahrenden und schlenkernden Bewegungen meidet, desto mehr wird sein Gang selber zu einem Kriterium des Wunschziels, wird es veredeln oder es fallen lassen, wenn es der Mühe nicht wert ist. Es ist der Zauber von Hemingway diese Erscheinungen, die sonst nur das geübte Auge an einem streng und geistvoll trainierten Körper erkennt, im Stil sichtbar zu machen. Man träte ihm zu nahe, wenn man in diesem das Hauptgewicht auf einzelne bestimmte Leistungen im technischen Sinn – etwa seine Kunst des Fortlassens oder seine Dialogtechnik – legte: seine Prosa gibt das große Schauspiel der Erziehung zu richtigen Gedanken durch richtiges Schreiben: er sagt nicht mehr als er denkt und so kommt die ganze Kraft seines Schreibens dem was er wirklich denkt zugute.

Wie ich am 5 ten Mai nachts todmüde im Autobus vom Casino de la Lotée in Nizza nach Juan-les-Pins zurückfuhr, kam mir eine aufschlußreiche etymologische Betrachtung in den Sinn. Die Franzosen sagen allure, wir: Haltung. Beide Worte sind aus dem „Gehen“ genommen. Um aber das gleiche – in wie begrenztem Sinn es das gleiche ist, sagt aber diese Bemerkung, zu bezeichnen, spricht der Franzose vom Gange selbst – allure –, der Deutsche von seiner Unterbrechung – Haltung.

Auf der Herreise übernachtete ich mit Egon in Basel. Wir hatten ein gemeinsames Zimmer und obwohl es nach zwei, wenn nicht nach drei war, als wir zu Bett gingen, auch unser Zug am nächsten Morgen um sieben fuhr, sprachen wir noch von dem und jenem. Es kam, daß ich dabei zum ersten Mal aussprach, was mir gerade in den letzten Wochen hin und wieder aufgefallen war. Egon machte eine Bemerkung, die sich im gleich ablehnenden Sinne wie meine eignen frühern Äußerungen mit dem Bauhausstile beschäftigte. Daß seine Kritik dabei von ästhetischen Bedenken gegen die Formensprache des Bauhausmobiliars ausging, gab mir das Stichwort, anzudeuten wie er mir – ohne daß meine Anschauungsweise sich schon gänzlich bestimmt hätte – einen merkwürdigen Durchblick auf das berühmte hochherrschaftliche Wohnen gegeben hatte. In der Tat erschließen sich die Absichten der Bauhausleute und ähnliche viel weniger aus den Theorien, die sie proklamieren als aus den verborgenen Gesetzlichkeiten, die das Wohngebaren der unmittelbar vorhergehenden Generationen bestimmten. Betritt einer das bürgerliche Zimmer der achtziger Jahre so ist bei aller „Gemütlichkeit", die es vielleicht ausstrahlt, der Eindruck „hier hast du nichts zu suchen" der stärkste. Hier hast du nichts zu suchen, denn hier ist kein Fleck, auf dem nicht der Bewohner seine Spur schon hinterlassen hätte. Was das bedeutet, wird durch ein schönes Wort von Brecht deutlich genug beleuchtet. „Verwische die Spuren" heißt der Refrain im ersten Gedichte aus dem „Lesebuch für Städtebewohner". Hier im bürgerlichen Zimmer ist das entgegengesetzte Verhalten zu einem Ethos im strengsten Sinne, das heißt zu einer Gewohnheit geworden. Ja dieses Spuren hinterlassen ist nicht nur Gewohnheit sondern das Urphänomen der Gewohnheiten insgesamt, das eben im Wohnen beschlossen ist. Wirklich ist, was zwischen den Möbeln des Bauhauses möglich ist, nur ein Hausen verglichen mit dem Dasein in der bürgerlichen Wohnung, deren Interieur den Bewohner nötigt das Maximum von Gewohnheiten anzunehmen, ja, mit diesen Gewohnheiten mehr das Interieur in welchem er lebt zu zelebrieren als sich selber gerecht zu werden, Das versteht jeder, der die absurde Verfassung noch kennt, in die die Angehörigen jenes Zeitalters gerieten, wenn im Haushalt etwas entzwei ging. Selbst ihre Art sich zu ärgern – und diesen Affekt, der allmählich rudimentär zu werden beginnt, konnten sie förmlich virtuos spielen lassen – war vor allem die Reaktion des aus seinen Gewohnheiten Exmittierten. Da hat nun die moderne Bauart, was auch sonst von ihr zu sagen sein möge, diese Räume zu Wege gebracht,in denen es schwer ist Spuren zu hinterlassen (daher sind Glas und Metall so wichtig geworden) die es fast unmöglich machen, Gewohnheiten anzunehmen (daher sind die Räume leer und oft schon verschiebbar.)

6 Mai abends. Gestern mit Gert und Egon zusammengelegen. Man sprach über Erfahrungen in der Liebe und mir wurde es zum ersten Male im Laufe dieses Gespräches deutlich, daß ich mich jedesmal, wenn eine große Liebe Gewalt über mich bekam, von Grund auf und so sehr verändert habe, daß ich sehr erstaunt war mir sagen zu müssen: der Mann, der so ganz unvermutbare Dinge sagte und ein so unvorhergesehenes Verhalten annahm, der sei ich. Das beruht aber darauf, daß eine wirkliche Liebe mich der geliebten Frau ähnlich macht und ich freute mich, wie nachdrücklich Gert das bestätigte, freilich indem sie es als das eigentlich Kennzeichnende der weiblichen Liebe darstellte. Am gewaltigsten war diese Verwandlung ins Ähnliche – die so unerläßlich ist, daß sie in der kirchlichen Auffassung durch das Sakrament der Ehe eigentlich gewährleistet wird, denn nichts macht Menschen einander ähnlicher als miteinander in der Ehe leben – kurz am Gewaltigsten war diese Erfahrung in meiner Verbindung mit Asja, so daß ich vieles in mir erstmals entdeckte. Im ganzen aber bestimmen die drei großen Liebeserlebnisse meines Lebens dieses nicht nur nach der Seite seines Ablaufs, seiner Periodisierung sondern auch nach der Seite des Erlebenden. Ich habe drei verschiedene Frauen im Leben kennen gelernt und drei verschiedene Männer in mir. Meine Lebensgeschichte schreiben, hieße Aufbau und Verfall dieser drei Männer darstellen und den Kompromiß zwischen ihnen – man könnte auch sagen: das Triumvirat, das mein Leben jetzt darstellt.

Sanary 13 Mai 1931 Ob sich nicht das Gefallen an der Bilderwelt aus einem düstern Trotz gegen das Wissen nährt? Ich sehe in die Landschaft hinaus: da liegt das Meer in seiner Bucht spiegelglatt; Wälder ziehen als unbewegliche stumme Masse an der Kuppe des Berges herauf; droben verfallene Schloßmauern wie sie schon vor Jahrhunderten standen; der Himmel strahlt wolkenlos, in „ewiger Bläue“, wie man es nennt. So will der Träumer es, der sich in diese Landschaft vertieft: daß dieses Meer in milliarden und abermilliarden Wellen in jedem Augenblick sich hebt und senkt, die Wälder von den Wurzeln bis ins letzte Blatt jeden Augenblick von neuem erzittern, in den Steinen der Schloßruine ein ununterbrochnes Stürzen und Rieseln waltet, im Himmel Gase, eh sie sich zu Wolken ballen unsichtbar streitend durcheinander wallen, daß und wie die Wissenschaft diese Bewegung bis ins Innerste der Materie verfolgt; in den Atomen nur Elektronenstürme sehen will, all das muß er vergessen, will er leugnen: um sich den Bildern zu überlassen, an denen er Frieden haben will, Ewigkeit, Ruhe, Dauer. Jede Mücke, die ihm ums Ohr summt, jeder Windstoß, der ihn durchschauert, jede Nähe die ihn trifft, straft ihn Lügen aber jede Ferne baut seinen Traum wieder auf, an jedem verdämmernden Berggrat reckt er sich hoch, an jedem erleuchteten Fenster entglimmt er von neuem. Und am vollkommensten scheint er, wenn ihm gelingt, der Bewegung selber ihren Stachel zu nehmen, das Zittern der Blätter über ihn in den Wipfel, das Huschen der Vögel zu seinen Häupten in den Vogelzug zu verwandeln. So der Natur im Namen abgeblaßter Bilder Einhalt zu gebieten – das ist die schwarze Magie der Sentimentalität. Sie unter neuem Anruf erstarren zu machen aber die Gabe der Dichter.

Abends mit Speyer ein kleines Gespräch am Kaminfeuer. Wie ich die Flamme um die Holzscheite züngeln sah und wir gerade über einen Roman sprachen, gingen mir beide Gegenstände der Betrachtung in eins zusammen. Auf einmal schien mir, als stelle die Schichtung der Hölzer das wahre Vorbild der Komposition in Romanen dar: so locker muß die Handlung, so ganz und gar auf Verzehrbarkeit eingerichtet, so sehr das Gegenteil aller architektonischen, geschweige denn monumentalen Konstruktion sein. Die Deutschen freilich haben in ihren Romanen von der Idee der Architektur sich niemals frei machen können. Selbst Gottfried Keller fehlt die kunstgerechte Hand seine Fabelkloben wie Balzac oder Dostojewski zu schichten. Der eigentliche Widerpart dieser Romantechnik – aus welcher dann auch Bücher hervorgehen, die den Leser wie ein Kaminfeuer wärmen – ist der große Konstrukteur Flaubert, an dessen Werken dem Leser nicht anders wird, wie vor dem herrlichsten Delfter Ofen, in dem kein Feuer brennt.

Juan-les-Pins 17 Mai 1931 Versuch einiges von dem festzuhalten, was in Gesprächen, teils mit Wilhelm teils mit Maria Speyer, soweit sie sich um Eva Hermann drehten, berührt wurde.

21 Mai. Mit Speyer im Wagen nach Saint-Paul. Man müßte einmal zehn Tage an diesem außerordentlichen Platz leben. Leider kann ein Ort heute so vergraben und in sich verschlossen aussehen wie er will, von irgend einer Seite her stellt sich seine Preisgegebenheit doch sehr bald heraus. So hatte ich noch kaum zu Speyer – wir waren eine Weile allein, Wissings und Speyers Frau vor uns – gesagt: Quel bonheur que ça ne soit pas encore découvert par les cinéastes, da erschienen auf dem Marktplatz Willi Fritsch und die Lilian Harvey in größerer Gesellschaft. Im übrigen ist dieser Ort ja wirklich in genauem Sinne nicht für unentdeckt zu halten, wie käme er sonst zu einem berühmten Tea-Room, den zwei junge Mädchen, Freundinnen, Lesbierinnen, unterhalten und in dem Kerzen den Innenraum erhellen und altmodische Kupferkessel, Schöpflöffel und ähnliche Gerätschaften der Sache „cachet" geben. Immerhin ein sehr liebenswertes und geschmackvolles. Auch geht dieser Teesalon mit einem Ansichtskartenverkauf und einem Antiquitätengeschäft zusammen. Daneben gibt es außerhalb des Ortes, vor dem Stadttor noch zwei Gasthäuser; von denen sehen wir die Colombe d'or, eine wunderbar gepflegte Herberge, die ihren Garten in Terrassen gegen den Talboden zu senkt und Tische unter blühenden Orangenbäumen mitten in Blumenplantagen für die Gäste bereitstehen hat. Die berliner Filmgesellschaft polterte ohne etwas zu sehen um den Marktplatz, der allein durch die unüberbietbare Ökonomie eines winzigen Arkadenganges und eines einzelnen Empirebrunnens allen Notwendigkeiten der Repräsentation genügt und die winzigen Dimensionen der Stadt gerade in seiner Bescheidung zu den allergrößten Ehren bringt. Freilich nimmt er unbemerkt seine Revanche, auf dem schmalen Raum nämlich hat er, wie ich mit einem Mal entdeckte, Platz für zwei Sonnenuhren. Eine Inschrift hat keine von beiden. – Einiges erinnert an San Gimignano, aber die Autorität der Festung ist in dieser Stadt stärker. Sie hat nirgends Platz für die Entfaltung irgendwelchen

Prunkes, ja auch nur der Gemächlichkeit gelassen. Schon der Marktplatz ist winzig. Im übrigen ist im Geflecht der einander kreuzenden Straßen eigentlich – sieht man von einer Stelle vor der Kirche und den Gegenden an der Umwallung ab, überhaupt kein Fleck, der mehr als ein anderer zum Verweilen einlüde. Der strenge ungebrochene Gegensatz von Haus und Straße beherrscht die Architektur vollkommen, alle Vermittlungen sind vermieden, sogar die scheinbar unentbehrliche der Läden ist eigentlich unsichtbar geworden. So einhellig schließen sich die Fassaden der Häuser aneinander, denen man kaum ansieht, daß sie bewohnt werden, geschweige denn Arbeits- oder Verkaufsstätten. Allenfalls erblickt man auf dem Boden einer Stube Mann und Frau mit dem Sortieren von Orangenblüten oder ihrem Trocknen beschäftigt. Gewiß hätte man jene zehn Tage, die ich mir für Saint-Paul wünschte, nötig um den Ort kennen zu lernen. Es gibt in solcher Stadt fast nichts, was sich nicht versteckt und was zu entdecken nicht wert wäre: von den schmalen Schächten zwischen den Häusern, die wie ein Kamin die grüne Tiefe des Landes draußen einfassen und von den Sonnenuhren, deren gleich zwei rechtwinklig an zwei Giebelwänden des Marktplatzes aneinanderstoßen bis zu den Blicken durch die grandiose Wölbung der Torfahrten und das gefranste Trümmerprofil der Stadtmauer. In einem Hof, der im Vorüberschreiten uns stutzen machte und über dem wir den Himmel nicht sehen – wir standen schräg und die Häuser waren hier hoch – hatte man an die Rückwand ein Plakat mit dem einzigen Wort „Cinema“ angeschlagen. Der Maler hatte die Buchstaben vielleicht auf einer Schablone gepinselt, vielleicht aber auch eigens entworfen: auf keine Weise hätte eine andere Schrift besser als diese klobige, rustikale sich in dem stumpfen Braun und Grau dieses schattigen Gevierts sehen lassen können. Wäre dies ein Lyonischer Klosterhof gewesen, die Mönche hätten einen Weihspruch über dem Portal nicht unerbittlicher stilisieren können. Lange standen wir auf der alten Stadtmauer und sahen ins Land, das unter bedecktem Himmel dalag. In der eintönigen Beleuchtung traten alle Linien die die Arbeit in die Landschaft gegraben hatte, stärker heraus. Hecken und Ackerfurchen zogen eigensinnig ihre Striche und Winkel. Aber man hätte diese Gewächse alle beim Namen kennen müssen, um ihre Geometrie zu enträtseln. Ja vor dieser im höchsten Sinn kultivierten Landschaft steht der unkundige Städter wie der Europäer vor einer chinesischen Schriftseite. Und wenn man denkt, daß solche Unkenntnis die einzig gemeinsame Grundlage der meisten Beschreibungen ist. Je weiter diese provenzalischen Gehöfte auseinanderliegen, desto bewundernswerter sind sie zumeist gebaut, desto mehr fällt aber auch ins Auge, wie bestimmt und gefügig sie sich der Landschaft einbetten und wie sehr ihre Formen natürlich verglichen mit den unerbittlich regelrechten der Baumpflanzungen, Beete und Äcker sind. Die Stadt hat die Grandezza, die die Landarbeit den Dörfern verleiht: vor Feierabend ist fast niemand auf ihren Straßen zu sehen.

3 Juni 1931. Vor der Potinière in Le Lavandou. Es weht ein recht kalter Wind. Ich bin am Orte mit Brecht, Hesse-Burri, der Hauptmann, Brentanos und Marie Großmann zusammen. Natürlich ließe sich allerlei über die Gespräche mit Brecht aufzeichnen. Es wurden die verschiedensten Gegenstände gestreift: die internationale Gesellschaft materialistischer Freunde der hegelschen Dialektik; die Idee zu einem Kriminaldrama; der Prozeß gegen Friedrich Schiller; am Ende sogar – gestern – in einem einstündigen Gespräch, dem Marie Großmann beiwohnte, Proust. Ich ziehe aber vor eine andere Szene zu beschreiben, weil mir das Verhalten von mir, das in ihr herausgestellt wurde, recht undurchschaubar ist. Ich hatte einen einsamen Spaziergang nach St Clair gemacht. Es war der erste seit langer Zeit, der erste Spaziergang, nicht nur der erste einsame, seit langem. Unterwegs waren mir Heckenrosen in die Augen gefallen. Ich brach eine ab; sie enttäuschte mich nicht, denn sie duftete wunderbar. Ich entfernte am untern Ende die Dornen und trug sie so in der Hand. Auf dem Rückweg kam ich an einem Busch Pfingstrosen vorbei. Sie erinnerten mich sehr an den Strauß, den mir vor vielen Jahren Jula einmal zum Geburtstag geschenkt hatte: er hatte aus nichts als nur Pfingstrosen bestanden. Ich brach mit Mühe einen kleinen Ast ab und tat ihn, mit der Heckenrose zusammen, zwischen die Seiten von Jouhandeaus „Journal du coiffeur", das ich mit mir hatte. Unterwegs als ich an der Villa Mar-belo vorbeikam, wo Brecht und die andern wohnten, fiel mir ein hinaufzugehen. Obwohl ich mir sagte, man müsse dort noch bei Tisch sein, tat ich's; und in der etwas labilen Verfassung, in die mich dieser erste einsame Spaziergang, nach so langer Zeit, gebracht hatte, geschah es wohl nicht zum wenigsten, weil ich es müde war, einem hübschen Mädchen in roter Strandjacke und blauen Hosen zu folgen, die vor mir in der Dämmerung auf der großen Straße ging. Das Schlimmste war, daß sie mit einemmal bei einem Manne, der ihr begegnet war, stehen blieb und daß ich an ihr hätte vorbei müssen. Ich schlug also den Seitenweg zur Villa ein und betrat den Vorraum. Man hatte mich kommen sehen und in der Tür zum Speisezimmer kam mir Brecht entgegen. Trotz meiner Bitte nahm er nicht mehr am Tisch Platz sondern ging gleich mit mir in den Nebenraum. Hier blieben wir, teils allein, teils in Gesellschaft der andern, meist freilich nur der Frau Großmann, ungefähr zwei Stunden in Gesprächen, bis es mir Zeit schien zu gehen. Wie ich nun mein Buch wieder nahm, schauten daraus die Blumen hervor und als man nun scherzhaft auf sie hinwies, wurde meine Verlegenheit um so größer als ich mich vor dem Betreten des Hauses gefragt hatte, was das Erscheinen mit Blumen denn solle und ob ich sie nicht lieber fortwerfen solle. Ich hatte es aber, weiß Gott warum, nicht getan; bestimmt war ein Gefühl von Trotz dabei gewesen. Natürlich sah ich, daß keine Möglichkeit bestehen würde, der Hauptmann meine Rose zu schenken, so wollte ich sie denn aber wenigstens aufziehen wie eine Fahne. Nun mußte dieses Vorhaben recht gründlich mißglücken. Ironisch machte ich, unter seinen ironischen Scherzen, die Pfingstrose Brecht zum Geschenk, die Heckenrose immer noch zurückhaltend. Aber natürlich nahm der sie nicht an. Ich ließ sie schließlich neben mir in einem großen Topf voll blauer Blumen verschwinden. Die Heckenrose aber warf ich von oben her unter die andern, wo sie wie eine botanische Kuriosität sich vom Stamm einer der blauen abzuzweigen schien. Und da blieb sie recht deutlich sichtbar. Das Blumenbüschel hatte endlich doch meine Fahne gehißt und mußte für die einspringen, der sie bestimmt war.

Am Abend vorher Gespräch mit Brecht, Brentano, Hesse im Café du Centre. Die Rede kommt auf Trotzki; Brecht meint, es ließe sich mit gutem Grund behaupten, daß Trotzki der größte lebende Schriftsteller von Europa wäre. Man erzählt Episoden aus seinen Büchern. Brecht gibt folgende Anekdote dazu: Es handelt sich da um einen bestimmten Bericht aus Lenins ersten Leningrader Tagen in Trotzkis Buch. Trotzki erzählt, wie gänzlich isoliert Lenin unmittelbar nach seiner Ankunft in der Partei gestanden habe und wie es schließlich bei einer besonders wichtigen Abstimmung dahin gekommen sei, daß Lenin erklärt habe, er werde gehen, wenn man ihn überstimme. Davon sprach Brecht mit Brick und fragte ihn mit einiger Unruhe, wie er denn zu dieser monströsen Überlieferung sich stelle; was er zu diesen undisziplinierten Worten Lenins sage. Und nun Bricks Antwort – Brecht zitierte sie mit großer Bewunderung: „Das war so wie wenn der Stamm den Blättern erklären wollte: ich gehe."

6. Juni. Brecht sieht in Kafka einen prophetischen Schriftsteller. Er erklärt von ihm, er verstehe ihn wie seine eigne Tasche. Wie er das aber meint, ist nicht so leicht zu ermitteln. Fest steht ihm jedenfalls, daß Kafka nur ein einziges Thema hat, daß der Reichtum des Schriftstellers Kafka genau der Variantenreichtum von seinem Thema sei. Dies Thema ist, im Sinne Brechts, aufs allgemeinste als das Staunen zu bezeichnen. Das Staunen von einem Menschen, der ungeheure Verschiebungen in allen Verhältnissen sich anbahnen fühlt ohne den neuen Ordnungen sich selber einfügen zu können. Denn diese neuen Ordnungen – so glaube ich Brecht richtig verstanden zu haben – sind durch die dialektischen Gesetze bestimmt, die das Dasein der Massen sich selber und dem einzelnen diktiert. Der Einzelne aber, als solcher, muß mit.einem Staunen, in das sich freilich panisches Entsetzen mischt, auf die fast unverständlichen Entstellungen des Daseins antworten, die das Heraufkommen dieser Gesetze verrät. – Kafka, scheint mir, ist davon so beherrscht, daß er überhaupt keinen Vorgang in unserm Sinn unentstellt darstellen kann. Mit andern Worten, alles, was er beschreibt, macht Aussagen über etwas anderes als sich selber. Der dauernden visionären Gegenwart der entstellten Dinge erwidert der untröstliche Ernst, die Verzweiflung im Blick des Schriftstellers selbst. Dieser Haltung wegen will Brecht ihn als den einzig echten bolschewistischen Schriftsteller gelten lassen. Die Fixierung Kafkas an sein eines und einziges Thema kann beim Leser den Eindruck der Verstocktheit hervorrufen. Im Grunde ist dieser Eindruck aber nur ein Anzeichen davon, daß Kafka mit einer rein erzählenden Prosa gebrochen hat. Vielleicht beweist seine Prosa nichts; auf jeden Fall ist sie so beschaffen, daß sie in beweisende Zusammenhänge jederzeit eingestellt werden kann. Man könnte an die Form der Hagada erinnern: so nennen die Juden Geschichten und Anekdoten des Talmud, die der Erklärung und Bestätigung der Lehre – der Halacha, dienen. Die Lehre als solche ist freilich bei Kafka nirgends ausgesprochen. Man kann nur versuchen, sie aus dem erstaunlichen, aus Furcht gebornen oder furchterweckenden Verhalten der Leute abzulesen.

Es könnte über Kafka einigen Aufschluß geben, daß er die ihn am meisten interessierenden Verhaltungsweisen oft Tieren beilegt. Solche Tiergeschichten kann man dann eine gute Weile lesen ohne überhaupt wahrzunehmen, daß es sich hier garnicht um Menschen handelt. Stößt man dann erstmals auf den Namen des Tiers – die Maus oder den Maulwurf – so wacht man, wie mit einem Chock mit einmal auf und sieht: daß man vom Kontinent des Menschen schon weit entfernt ist. So weit, wie eine künftige Gesellschaft von ihm entfernt sein wird. Übrigens ist die Welt der Tiere, in deren Gedanken Kafka die seinigen einhüllt, beziehungsvoll. Es sind immer solche die im Erdinnern, wie Ratten und Maulwürfe, oder wenigstens, wie der Käfer in der „Verwandlung“ Tiere, die auf dem Boden, verkrochen in seine Spalten und Ritzen leben. Solche Verkrochenheit scheint dem Schriftsteller für die isolierten, gesetzunkundigen Angehörigen seiner Generation und seiner Umwelt allein angemessen.

Brecht stellt den Kafka – die Figur des K. – dem Schweyk gegenüber: der, welchen alles und der, den nichts wundert. Schweyk macht die Probe auf die Ungeheuerlichkeit des Daseins, in welches er gestellt ist, indem ihm garnichts unmöglich scheint. Er hat die Zustände als derart gesetzlos kennen gelernt, daß er ihnen längst nirgends mehr mit der Erwartung von Gesetzen entgegentritt. Kafka dagegen stößt schon allenthalben auf das

Gesetz; ja man kann sagen, daß er sich die Stirn an ihm blutig stößt (s. den Maulwurf vgl. auch Kafka, Beim Bau der Chinesischen Mauer, Berlin 1931 p 213) aber es ist nirgends mehr das Gesetz der Dingwelt, in der er lebt, und überhaupt keiner Dingwelt. Es ist das Gesetz einer neuen Ordnung, zu der alle Dinge, in denen es sich ausprägt, windschief stehen, das alle Dinge, alle Menschen entstellt, an denen es in Erscheinung tritt.

7 Juni. Im Gespräch mit Brentano machte Brecht vor einigen Tagen eine Bemerkung, die mir des Festhaltens wert scheint. Brentano suchte gerade wieder eine seiner Rodomontaden über die Revolutionierung der geistigen Arbeiter, die Situation der Intelligenz u.s.w. an den Mann zu bringen, als Brecht ziemlich heftig einfiel. Wo denn die Lage der Intelligenz eigentlich schlecht sei und was die Revolution ihnen denn eigentlich in Aussicht zu stellen habe. „Die Intelligenz, sagte er, die überarbeitet sich keinesfalls. Und wenn es schon einige Ärzte oder Anwälte gibt, die schuften, was ist dabei. Das ist eine Arbeit, die ihnen liegt, sie ist mit der des Proletariers unter keinen Umständen zu vergleichen. Und schließlich, daß die Leute sich fragen, was sie mit sechzig Jahren machen, wenn sie sich nichts zurückgelegt haben – ja, rief er ganz aufgebracht, das ist wirklich zu viel verlangt. In Gottes Namen, dann krepieren sie eben. Viel zu spät. Täten sies lieber jetzt schon." Wir streiften ein oder zwei Tage später den gleichen Gedanken als ich von der Anspruchslosigkeit der Surrealisten sprach, die in Frankreich eine Gruppierung erleichtert, die die weitgehenden Forderungen deutscher Schriftsteller ausschließen. Allerdings ist es eben nur für ein Kollektiv richtig, seine Ansprüche niedrig zu halten; für den Einzelnen, meistens, falsch.

8 Juni. Ein wirklich merkwürdiger Nachmittag mit Brecht. Ein Diskurs über die „Sätze" wie er jetzt beinahe täglich von Brecht zu hören ist, nahm durch einen Einwand, den ich ihm machte, eine sonderbare Wendung. Ich trat seiner Suche nach den „Vorstellungen" entgegen und verlangte an dessen Stelle, ich weiß selbst nicht mehr wie, die Untersuchung von Verhaltungsweisen. Mein Vorschlag ging auf meinen Lieblingsgegenstand, das Wohnen. Darauf ging Brecht sehr lebhaft ein und kam zu einer außergewöhnlichen Darstellung seiner Art zu wohnen, dem ich dann eine andere – ohne mich gerade privat auf sie festzulegen – gegenüberstellte. Übrigens wurden die Gedankengänge im ganzen aufgezeichnet. Ich wiederhole sie auswendig. Beide Verhaltungsweisen wurden als dialektisch erkannt und in ihrer Polarität dargestellt. Brecht ging vom „mitahmenden“ Wohnen aus. Das ist ein Wohnen, das seine Umwelt „gestaltet“, sie passend, gefügig und gefügt anordnet; eine Welt, in der der Wohnende auf seine Weise zu Haus ist. Dem stellte er die andere Art seines Wohnens entgegen, die Haltung, sich überall nur als Gast zu fühlen; dann lehnt er ab, Verantwortung für das zu tragen, was ihm dient; er fühlt sich von dem Sessel, auf dem er Platz nimmt eingeladen und, im gegebnen Augenblicke, auch wieder ausgeladen. Ich komme nun dazu, das Wohnen in der Dialektik eines ganz anderen Aspekts zu zeigen. Es gelingt mir auch, Brecht den Eindruck zu nehmen, meine Darstellung sei nur eine Umschreibung seiner eignen Bemerkungen. Ich unterscheide das Wohnen das dem Wohnenden das Maximum und dasjenige, das ihm das Minimum von Gewohnheiten mitgibt. Beide Extreme sind pathologisch. Wahrscheinlich unterscheiden sie von den von Brecht bezeichneten sich schon dadurch, daß sie auseinanderzutreten streben, während die andern eine Neigung haben, zusammenzukommen. Das Wohnen, das dem Wohnenden das Maximum von Gewohnheiten mitgibt, ist das, wie die Vermieterinnen möblierter Zimmer sichs vorstellen. Der Mensch wird eine Funktion der Verrichtungen, die die Requisiten von ihm verlangen. Hier waltet ein ganz anderes Verhältnis des Wohnenden zur Dingwelt als im mitahmenden Wohnen. Hier werden die Dinge (ob sie Eigentum im juristischen Sinne sein mögen oder nicht) ernst genommen, für das mitahmende Wohnen leisten sie ungefähr was eine Bühneneinrichtung leistet. Man könnte auch sagen: das eine findet in einer Einrichtung statt, das andere in einem Interieur. Schwerer ist es, den Faktor der Gewohnheit im mitahmenden Wohnen zu bestimmen, während er für das Gastwohnen vollkommen in einem Wort von Nietzsche definiert ist: „Ich liebe die kurzen Gewohnheiten.“ Die vierte Art des Wohnens endlich, das Wohnen, das dem Wohnenden das Minimum von Gewohnheiten mitgibt, ist das

Hausen. Auch diese Vorstellung findet sich im Gemüt der Zimmervermieterin am vollkommensten ausgebildet. In ihrer Mitte steht der schlechte Zimmerherr und die Abnutzung. Denn das Hausen ist das zerstörende Wohnen, ein Wohnen, das gewiß keine Gewohnheiten aufkommen läßt, weil es die Dinge, ihre Stützpunkte, fortschreitend wegräumt.

10 Juni. Vor einigen Tagen ein Gespräch mit Speyers Frau, die von Eva Hermann aus den Tagen ihrer tiefsten Niedergeschlagenheit dieses erstaunliche Wort berichtet: „Wenn ich schon unglücklich bin, habe ich darum doch nicht nötig mit einem Gesicht voll Runzeln herumzulaufen." Mir wurde mit diesem Satz manches klar; vor allem, daß die peripherische Berührung, die ich zu der Welt dieser Geschöpfe – Gert, Eva Hermann u.s.w. – in der letzten Zeit gewonnen habe, nur ein später und schwacher Nachklang von einem Grunderlebnis meines Daseins: dem des Scheins ist. Ich sprach das gestern in einer Unterhaltung mit Speyer aus, der seinerseits auch viel über diese Menschen nachzudenken begonnen hat und die erstaunliche Bemerkung machte, sie hätten eigentlich keine Ehre im Leib oder vielmehr: ihr Ehrenkodex sei, alles auszusprechen. Das ist sehr zutreffend und im Grunde auch nur ein Beweis, wie tief die Verpflichtung ist, die sie gegenüber dem Schein fühlen. Denn dieses Aussprechen ist zunächst gewiß dazu geschaffen, das Ausgesprochene zu vernichten oder vielmehr, vernichtet es zum Gegenstand zu machen; erst scheinhaft wird es ihnen assimilierbar. Auch sprachen wir davon, wie sehr die Haltung dieses Kreises das Komplement von jener der falsch Gefestigten, der falsch Wissenden, der Menschen, die sich ihren Vers auf alles machen können sei. Der Mikrokosmos einer falschen Kindheit, in welchem diese Menschen sich von dem Dasein abkapseln entspricht den falschen Riesenmaßen, in denen jene andern (die am sinnfälligsten vielleicht von Lawrence verkörpert werden) das Dasein erfahren. Speyers Freund Max Mohr muß so ein Typ sein. Alles, was nach Mykene kam, ist ihm Verfall und heutzutage scheint ihm die Hochtouristik noch am meisten Gewahr für Gesundung zu geben.

12 Juni. Gestern abend mit Speyers oben in Mar belo. Es war die erste eigentliche Berührung von Brecht und Speyer und für mich sehr angenehm, daß sie gut verlief. Gefürchtet hatte ich freilich nach Brechts Verhalten an den vorangehenden Tagen ohnehin nichts. Aber es war ein besonderer Glücksfall, daß Brecht auf seine Knabenjahre zu sprechen kam und damit auf Dinge, denen Speyer besonderes Verständnis entgegenbringt. Vor allem erzählte er von der strategischen Schule, durch die er gegangen war: die Schlachten zwischen den Schulklassen auf der Bleich am Lech und die Zinnsoldatenschlachten im Garten. Was er dabei nebenher von seinem Dasein in der Schule erzählte, erinnert ganz auffallend an die Haltung, die Kraus der Schule gegenüber eingenommen hat. „Wir haben“ sagte er „alles gelernt, was wir später gebraucht haben. Der Lehrer war für uns der Mensch schlechtweg: wachsam, böse, unberechenbar, ungerecht. Und die Durchstechereien, die Schwindeleien, die Ausflüchte ihm gegenüber – das wollte alles gelernt sein. Wir mußten die englischen Aufgaben in der Mathematikstunde und die deutschen in der englischen Stunde machen – das wollte alles gelernt sein.“ Vor allem aber erzählte er wie gesagt von den Schlachten mit Zinnsoldaten. „Es gab da Treffen, in denen vier- bis fünftausend solcher Soldaten engagiert waren. Gekämpft wurde nach festen Regeln: Fußvolk durfte mit jeder Bewegung um die eigene Länge, Reiterei um das Doppelte ihrer eignen Länge vorrücken. Brauchbar waren natürlich nur Soldaten im Angriff, andere Zinnsoldaten hätten dem Kampf jede Illusion genommen.“ Brecht erzählte von einem Marsch, der historische Berühmtheit bekommen hat: da war es einem seiner Freunde gelungen, einen Truppenkörper von 300 Mann ganz ohne Deckung so über eine Wiese zu bringen, daß zuletzt noch 180 das Ziel erreichten. Indessen wurden die Truppen aus Kanonen, mit kleinen Pulverladungen – Krackern – beschossen, wobei es darauf ankam, der Soldaten von der Breitseite habhaft zu werden, weil sie andernfalls ja nicht umfielen. Wenn man bedenkt, daß die bloße Handarbeit jenes Marsches eigentlich Stunden hätte beanspruchen müssen, eine ganz große Leistung. Bei diesen Kämpfen wurden mit Pappstreifen Dörfer markiert, Flüsse auf Pontons überschritten, Baumwurzeln stellten Gebirge dar. Übrigens versichert Brecht, er habe zu jener Zeit eine ganze Anzahl der größten Schlachten der Weltgeschichte auswendig gekannt, den bellum gallicum durchgearbeitet, alle Schlachten Friedrichs des Großen studiert, und Waterloo, glaubt er, bekäme er heut noch zusammen.

Heute morgen erschien er bei mir schon um neun und der Zufall gab es, daß er mit der Erzählung seiner Jugendgeschichten gewissermaßen fortfuhr. Freilich ging es um spätere Jahre. Er kam „sehr aufgekratzt" wie er selber sagte, weil nämlich die politischen Nachrichten aus Berlin ihn in seiner Überzeugung, in Deutschland werde man auf eine revolutionäre Situation noch jahrelang zu warten haben, erschüttert hatten. Es könne ein sehr plötzlicher Umschlag eintreten. Und diese Prognose stützte er auf einige sehr interessante Thesen über Massen, die ich hier einfach aufführe. Die Intelligenz der Kapitalisten wächst im Verhältnis zu ihrer Absonderung, die der Massen im Verhältnis zu ihrem Zusammenschluß. Der Wirklichkeitssinn der Proletarier ist unbestechlich. Man könne den Proletariern Zusicherungen machen soviel man wolle, wenn sie zu dem Ergebnis kommen, der Betreffende könne sie nicht halten auch wenn er's wolle, so gehen sie darüber zur Tagesordnung über, sehr im Gegensatz zu den Intellektuellen. Im übrigen sei der Kapitalismus jetzt an einem Punkt angekommen, wo vielleicht auch seine gutgemeinten Versprechungen bei den Massen keinen Kredit mehr finden. – Die Masse wolle privat behandelt werden, das sei im Umgang mit ihr der dialektische Hauptsatz. Für all diese Erfahrungen berief Brecht sich aber auf die Zeit, da er, zu Beginn der Revolution in München eine Lazarettstation für Geschlechtskranke unter seiner effektiven Leitung gehabt habe, obwohl er der Form nach nur Unterarzt gewesen sei. Von allen Stationen sei diese die einzige gewesen, deren Kranke in der Tat aus den Baracken nicht herausgekommen seien – eine Vorschrift, die man sonst nirgends habe durchführen können. Sehr spaßig erzählte Brecht von den verschiedenen Methoden, mittels deren er es soweit gebracht habe. Zunächst suchte er die Masse aus sich selbst zu organisieren und die klügsten und kräftigsten als Obmänner auf seine Seite zu bringen. Des weiteren stellte er mit dieser Masse sich in eine Einheitsfront der Illegalität: er verschaffte den Leuten

Decken durch Betrug, Kohlen durch Einbruch etc. Vor allem kam ihm aber zu statten, daß er die Einspritzungen geschickter als andere Ärzte zu verabfolgen wußte. „Ich konnte sie geschickt machen – ich konnte sie aber auch ungeschickt machen." Und da spielte er mir eine herrliche Soloszene, wie er während der Vorbereitungen zur Einspritzung bei einem, der etwas auf dem Kerbholz hatte, sich langsam in einen Erregungszustand hineinspielte, so daß der Betreffende schon während des Auswaschens der Spritze sich eine Vorstellung von der Unannehmlichkeit der Prozedur durch den aufs tiefste erregten Arzt machen konnte. Bisweilen ist er auch zu Kollektiv-Maßnahmen geschritten; hat einem ganzen Schlafsaal eine Nacht die Dekken einziehen lassen u.s.w. – Kollektivmaßnahmen bringt er, mit einer sehr merkwürdigen Begründung, auch während unserer Unterhaltung über die deutsche Situation in Vorschlag. Wenn er in einem berliner Exekutivkomitee säße: er würde einen Fünftageplan ausarbeiten, auf Grund dessen in der genannten Frist wenigstens 200 000 Berliner zu beseitigen seien. Sei es auch nur, weil man damit „Leute hineinzieht". „Wenn das durchgeführt ist, so weiß ich, da sind mindestens 50 000 Proletarier, als Ausführende, beteiligt."

17 Juni 1931 Aus mehreren Unterhaltungen mit Brecht, die das epische Theater betrafen und teils in Gegenwart von Speyer, teils von Carola Neher stattfanden, halte ich fest: Unter den Neueren scheint Brecht neben Strindberg für den größten Techniker Georg Kaiser zu halten und besonders den „Geretteten Alkibiades" für ein Haupt- und Schulstück des epischen Theaters. Kaiser charakterisiert er als den letzten idealistischen Dramatiker, bei dem die theatralische Technik aber bereits einen Standard erreicht hat, der sie für die Zwecke des Idealismus unbrauchbar macht. Er ist der Dramatiker vor dem Umschlag. Andere Beispiele des epischen Theaters aus Calderon und Shakespeare. Ich wies besonders auf „Die große Zenobia" und „Eifersucht das größte Scheusal" hin und Brecht bat mich, gelegentlich Inhaltsangaben dieser Stücke zur Publikation herzustellen, dann aber Shakespeare. Wieder kam er auf seine Lieblingsstelle, die große Ansprache der Mutter an den Sohn; die Rede, die Coriolan bewegen soll, von Rom abzuziehen und diesen Zweck erreicht, trotzdem sie elender und brüchiger garnicht hätte ausfallen können. „Es ist ein Wunder, sagt Brecht von Shakespeare, wo er diese Rede hat auftreiben können; er muß weiß Gott lange danach gesucht haben." Und doch ist es eben diese Rede, die die Mutter zum Ziel führt und wie das möglich ist, spricht Coriolan mit dem Satz aus, mit dem er aus der Situation das Fazit zieht. „Ich saß zu lang" sagt er und sonst nichts. Andere Beispiele aus Shakespeare. Ich spreche von Glosters Sprung von der Klippe, die keine ist, weil mir an dieser Stelle zuerst die Ahnung von andern Möglichkeiten der Bühne, als Freytag sie in seiner „Technik des Dramas" kennt, aufdämmerte. Vielleicht wäre es garnicht das Schlechteste, einmal die Gesetze des epischen Theaters an der Auseinandersetzung mit diesem Buch zu entwickeln. Auch ein sehr wichtiges entnahm ich dem Hinweis aus einem Gespräch von Brecht mit der Neher auf der Fahrt von Le Lavandou nach Marseille. Brecht entwickelte einen Wunsch, kleine Aufzeichnungen von Leuten zu bekommen, die über das „Verhalten" der Menschen auf Grund von Beobachtungen berichteten. Es scheint, daß die Neher seit einiger Zeit dergleichen Versuche gemacht hat. Brecht ermunterte sie sehr, fortzufahren. Sie solle einfach schreiben, was sie habe feststellen können. „Und vor allen Dingen: keine Pointen. Sonst sind die Sachen gleich wertlos." Ich glaube, hieraus ließe sich nicht nur viel über das epische Theater sondern auch manches über Brecht entwickeln: er scheint nichts so zu meiden und in Acht zu tun als alle Unternehmungen und Verhaltungsweisen, die ihren Lohn dahin haben. – Sehr kurios ist, was Brecht zu Ehren des epischen Theaters über „Romeo und Julia" zu sagen hat. Wir gingen von einer Bemerkung aus, die Speyer mir vor Jahren über das Stück gemacht hatte: wie höchst bezeichnend und unglaublich kühn zugleich es sei, daß Shakespeare den Romeo als heißesten Liebhaber der Rosaline einführe, um ihn für Julia entflammt zu zeigen. Brecht variierte das nun gleich erstaunlich: der Romeo erscheine eben nicht nur als heißester sondern auch als glücklichster Liebhaber, nämlich total erschöpft, ganz ohne im Besitz seiner männlichen Kräfte zu sein. Und wollte man Brecht glauben so schien das wirklich das „epische" Thema dieses Stückes zu sein, nämlich daß die beiden nicht zueinander finden und zwar eben vor allem ganz physiologisch; wie ja der Akt „bekanntlich" nicht zustande komme, wo die Partner nur sexuelle Absichten hätten, so scheitere die Sache für Romeo und Julia daran, daß sie zu sehr dahinter her, zu erpicht darauf seien.

21 Juni. Am letzten Tag unserer Fahrt von Marseille nach Paris machten wir im Freien Station. Brentanos blieben an der Straße; ich ging etwas höher, eine Böschung hinauf und legte mich unter einen Baum. Es ging gerade ein Wind; der Baum war eine Weide oder eine Pappel, jedenfalls ein Gewächs mit sehr biegsamen, leicht bewegten Ästen. Während ich in das Laubwerk sah und seine Bewegung verfolgte, kam mir mit einem Mal der Gedanke, wieviel Bilder, Metaphern der Sprache allein in einem einzigen Baume nisten. Diese Äste, und mit ihnen der Wipfel, wiegen sich erwägend und biegen sich ablehnend, die Äste zeigen, je nachdem der Wind weht, sich zuneigend oder hochfahrend, die Blättermasse sträubt sich gegen die Zumutungen des Windes, erschauert vor ihnen oder kommt ihnen entgegen, der Stamm hat seinen guten Grund, auf dem er fußt und ein Blatt wirft seinen Schatten aufs andere.

Nachtrag zu Brechts Untersuchungen über das Wohnen und die Vorstellungen im allgemeinen: Wohnen im Hotel. – Vorstellung, das Leben sei ein Roman.

Tagebuch vom siebenten August 1931 bis zum Todestag

Sehr lang verspricht dieses Tagebuch nicht zu werden. Heute kam die ablehnende Antwort von Kippenberg und damit gewinnt mein Plan die ganze Aktualität, die ihm die Ausweglosigkeit nur geben kann. „Ein Mittel, ebenso bequem aber etwas weniger endgültig" müßte ich finden – sagte ich heute zu I. Die Hoffnung darauf ist sehr klein geworden. Wenn aber etwas die Entschlossenheit, ja den Frieden, mit denen ich an mein Vorhaben denke, noch steigern kann, so ist es kluge, menschenwürdige Verwendung der letzten Tage oder Wochen. Die eben zurückliegenden ließen in dieser Hinsicht manches vermissen. Unfähig, etwas zu unternehmen lag ich auf dem Sofa und las. Oft verfiel ich, am Ende der Seiten, in so tiefe Abwesenheit, daß ich umzublättern vergaß; meist mit meinem Plan beschäftigt, ob er unumgänglich sei, ob besser hier im Atelier oder im Hotel ins Werk zu setzen u.s.w.

Ich las „Friedensfest" und „Einsame Menschen". Ungesittet benehmen die Leute sich in diesem Friedrichshagner Milieu. Aber so kindisch scheinen sich die Menschen in dieser „Neuen Gemeinschaft" Bruno Willes oder Bölsches eben benommen zu haben. Der heutige Leser fragt sich, ob er einer Generation von Spartiaten angehöre, soviel mehr Zucht und vor allem so viel mehr Gabe von sich selber ab-, über sich selbst hinwegzusehen besitzt er. Was für ein roher Patron ist nicht dieser Johannes Vockerath, den Hauptmann mit sichtlicher Sympathie darstellt; die Unerzogenheit und Indiskretion scheint eine Voraussetzung dieses dramatischen Heldentums. Zugleich aber kann man an diesen Figuren ablesen, wie hinfällig dramatische Figuren werden, denen der Autor zu gerne zuhört. Wer sich nach vierzig Jahren ihnen zuwendet, um sich in sie hineinzuversetzen, der findet garkein Unterkommen, dem starrt aus jedem Fenster schon ein Wort, schon eine Redewendung entgegen; diese Menschen sind Mietskasernen abgelebter Reaktionen und Gefühle. Und so kann man an ihnen ein Gesetz der wirklich großen dramatischen Figur ablesen: sie hat Hohlräume, uninteressante Zellen, die ihr das Leben verbürgen, Kammern des Schweigens oder leere Prunkgemächer des Pathos, in denen nach Jahrzehnten oder Jahrhunderten sich der Gast noch unterbringen, wenn nicht heimisch machen kann. – Eine große Merkwürdigkeit anderer Art ist in diesen hauptmannschen Stücken die Krankheit. Hier wie bei Ibsen scheinen die Krankheiten im Grunde Decknamen für die Krankheit der Jahrhundertwende, das mal de siècle, zu sein. In jenen halb verpfuschten Bohemiens wie Braun und Dr. Scholz ist die Sehnsucht nach Freiheit am stärksten, andererseits scheint es oft so als ob die intensivere Befassung mit der Kunst, mit der sozialen Frage und ähnliches die Menschen krank macht. Mit andern Worten: Krankheit ist hier ein soziales Emblem, etwa wie Wahnsinn es bei den Alten gewesen ist. Die Kranken haben ganz besondere Kenntnis vom Zustand der

Gesellschaft; in ihnen schlägt die private Hemmungslosigkeit gewissermaßen in die inspirierte Witterung der Atmosphäre um, in der die „Zeitgenossen“ atmen. Die Zone dieses Umschlagens aber ist die „Nervosität“. Es wäre wichtig festzustellen, ob nicht selbst dies Wort zum Modewort im Jugendstil geworden ist. Die Nerven jedenfalls sind inspirierte Fäden, gleichen jenen Fasern, die sich mit unbefriedigten Verjüngungen, mit sehnsuchtsvollen Buchten um Mobiliar und Fassade zogen. Die Figur des Bohemiens, der Emanzipierten – der Naturalismus sah sie am liebsten in Gestalt einer Daphne, wie sie unter dem Nahen der verfolgenden Wirklichkeit in ein Bündel von bloßgelegten, pflanzenhaften, in der Luft der Jetztzeit erschauernder Nervenfasern sich verwandelt.

Gestern Abend eine Zusammenkunft mit Salomon und Holborn. Das Gespräch drehte sich um Methodenfragen der Geschichte. Es fiel ein ausgezeichnetes Wort von Huizinga: die Geschichte (der Durchschnittshistoriker) beantwortet mehr als ein Weiser fragt. Mein Versuch eine Konzeption von Geschichte zum Ausdruck zu bringen, in der der Begriff der Entwicklung gänzlich durch den des Ursprungs verdrängt wäre. Das Historische, so verstanden, kann nicht mehr im Flußbett eines Entwicklungsverlaufes gesucht werden. Es tritt, wie ich wohl schon an anderer Stelle bemerkt habe, hier für das Bild des Flußbetts das des Strudels ein. In solchem Strudel kreist das Früher und Später – die Vor- und Nachgeschichte eines Geschehens oder besser noch eines Status um diesen. Die eigentlichen Gegenstände einer solchen Geschichtsauffassung sind daher nicht bestimmte Ereignisse sondern bestimmte unwandelbare *status* begrifflicher oder sinnlicher Art: also die russische Agrarverfassung, die Stadt Barcelona, die Bevölkerungsverschiebungen in der Mark Brandenburg, das Tonnengewölbe u.s.w. Ist diese Anschauung also bestimmt durch die Entschiedenheit, womit sie sich gegen die Möglichkeit des evolutionistischen und universalen Elements in der Geschichte ausspricht, so ist sie im Innnern von einer fruchtbaren Polarität bestimmt. Die beiden Pole einer solchen Auffassung sind das Geschichtliche und das

Politische, man könnte scharf pointieren: das Geschichtliche und das Geschehen. Beide liegen auf gänzlich verschiednen Ebnen. Niemals kann zum Beispiel davon gesprochen werden, daß wir Geschichte erlebten: ebensowenig in dem Sinne als rücke eine Darstellung das Geschichtliche uns so nahe, daß es wie ein Geschehn wirke solche Darstellung wäre wertlos – noch in dem Sinne als erlebten wir Geschehnisse, die bestimmt seien, Geschichte zu werden, solche Auffassung ist journalistisch.

Ich verleihe mir vor Toresschluß einen Titel, den Lichtenberg erdacht hat „Professor philosophiae extraordinariae".

12 August. Im Gespräch mit Glück ergab sich mir der eigentliche Grund für die Haltung, die Kraus meiner „Essay-Reihe" gegenüber eingenommen hat. Gewiß mag für sie die Rücksicht auf die Anhänger eine Rolle gespielt haben. Aber den wahren Schlüssel seines Verhaltens gibt doch erst der „Fall Diebold" im letzten Hefte der Fackel. Hätte nämlich meine Arbeit an noch so versteckter Stelle den Namen Diebold enthalten und, auch nur schattenhaft, auf dessen Verunglimpfung von Kraus Bezug genommen, er hätte das Rühmlichste über sie – die Stelle und die Arbeit zu sagen gewußt. Nun aber hat er in ihrer ganzen Ausdehnung den Namen Diebold vergebens gesucht und er war nicht gewillt, meines Aufsatzes wegen seine Politik gegen die Frankfurter Zeitung zu ändern – um so weniger als sie ihm für diese keine Waffe in die Hand gab.

Je älter man als Schriftsteller wird desto mehr wird einen hin und wieder beim Lesen ein Wort frappieren, das man selber noch nie geschrieben hat. So ein Wort kann eine ganze Periode heraufführen. Aber nicht nur je länger je mehr werden einen solche Wörter frappieren sondern auch desto öfter. Denn dieser Sinn für den Stempelglanz der Worte erwacht sehr spät, je öfter man auf abgegriffne ja auf solche stößt, die Spuren unserer eignen Griffe schon an sich haben.

Am 16 August bei Haas. Es ergab sich da in der kleinen, dem Hause vorgebauten Glasveranda – anwesend waren die Frau, Tritsch, Rosen und Huchel – ein Gespräch, aus dem mir einiges des Festhaltens wert scheint. Indem ich von der Protestversammlung gegen die Zensur, die in den

Schubertsälen am dreizehnten stattgefunden hatte, berichtete, ergab sich die naheliegende Aussprache über Marxismus und Kunst. Dabei konnte ich nun die Dialektik dieses Verhältnisses entwickeln. Ich stellte zwei Thesen auf, die seit jeher – genauer seit dem Aufgang des Kapitalismus – mit einander im Streite liegen:

die Kunst dem Volke die Kunst den Kennern

Offenkundig ist, daß vorerst alles zugunsten der zweiten These spricht. Vor allem hat es sich jederzeit erwiesen, daß eine Kunstübung die sich mehr an das undifferenzierte Genußbedürfnis von Konsumenten als an die kritische Mitarbeit von Kennern wendet, sehr bald durchaus verrohend wirkt. In der jüngsten Zeit ist das am auffallendsten am Roman festzustellen. Der Roman scheint von vornherein deutlicher auf Konsum, auf ein unproduktives Genießen zu zielen als die übrigen Formen der Kunst. Ich habe, an anderer Stelle, diese Analogie, die der Roman zur Speise hat, genauer durchführen können. Die Zeiten sind längst vorüber, in denen diese Speise einen Nährwert besaß und die „Volkstümlichkeit" der Kunst, die heute im wesentlichen von den Erfolgsromanen repräsentiert wird, hat schon längst nichts Produktives oder Nährendes mehr – wie der Roman es in den Zeiten der beginnenden Emanzipation der Bürgerklasse gehabt hat – sie ist vielmehr der Ausdruck einer restlosen Eingliederung dieser Art Schrifttum in den Warenumlauf geworden; sie dient einzig und allein dem Komfort. Die Romantiker haben bereits vor hundert Jahren durch die gewagtesten technischen Anlagen versucht, der Kennerschaft im Romanleser zu ihrem Recht zu verhelfen; das Ergebnis aber ist gewesen, daß sie so den Roman um jede Volkstümlichkeit gebracht haben. Die Antinomie ist also gerade auf dem breitesten Produktionsfeld des bürgerlichen Schrifttums unversöhnlich. Auf der anderen Seite jedoch erschließt auf die Dauer jede Klasse und jede gesellschaftliche Schicht ihre Lebens- und Sprachformen einzig dem, der für sie tätig ist, der die Stoffe, die sie ihm zuführt, in verwandelter Gestalt ihr wieder zur Verfügung stellt. Das bedeutet: jede Kunstübung, die auf Volkstümlichkeit von vornherein und in ihrer ganzen Breite verzichtet, wird mehr als billig der Marktbewegung für die Luxusware, und das will sagen dem Diktat der Mode anheimfallen. Nun liegt es natürlich so, daß jede blühende Literatur zwischen den Extremen der volkstümlichsten und der esoterischsten Dichtung immer eine ganze Reihe von Übergängen gekannt hat. Das Entscheidende aber war, daß diese vermittelnden Stufen nicht nur äußerlich, dem Erfolge oder den Auflageziffern nach eine Kontinuität aufwiesen, sondern daß eine solche innere Kontinuität zwischen den bestimmten Provinzen des Schrifttums an und für sich, von innen her, bestand. Bei uns besteht sie in keiner Weise und das besagt, daß gerade die wichtigsten Aufgaben: die Arbeit an den neuen Kunstformen unter Heranziehung des ganzen Arsenals der proletarischen Lebens- und Sprachformen unlösbar, ja man darf beinah sagen, unformulierbar geworden ist. Diese Verhältnisse haben zur sogenannten Krise der Kunst und zu der Forderung ihrer Abschaffung, schließlich zu der Formulierung geführt, der Journalismus habe an ihre Stelle zu treten. So abstrus diese Parole nun unter der Klassenherrschaft der Bourgeoisie ist, so groß ist die Bedeutung der Tatsache, daß sie unter ihr schon entstehen konnte und ihr prognostischer Wert. Die restlose Assimilierung der Literatur durch die Zeitung – die sich in Gestalt der Fortsetzungen ja sogar den Roman angeeignet hat und ihn in dieser neuen Form zusehends verwandelt – ist nämlich ein dialektischer Prozeß, der Untergang des Schrifttums unter den heutigen gesellschaftlichen Verhältnissen, aber die Formel seiner Wiederherstellung unter veränderten. Und da die heutigen mit den veränderten sich im Grunde bereits durchdringen, so läßt sich hier schon vielerlei ablesen. Allerdings: erste Folge der publizistischen Alleinherrschaft der Zeitung ist, die Eingliederung der literarischen Produktion in die der Waren auch an allen den Stellen manifest zu machen, an denen sie es bisher noch nicht war. Die zweite aber verhält sich zu dieser ersten schon dialektisch. Indem nämlich das Schrifttum an Breite gewinnt was die Kunst an Tiefe verliert, beginnt die Trennung zwischen Autor und Publikum, die der Journalismus auf korrupte Weise aufrecht erhält, auf anständige Art durchbrochen zu werden. Der Lesende ist jederzeit bereit ein Schreibender, nämlich ein Beschreibender und ein Vorschreibender zu werden; von jeder sachlichen Kennerschaft aus bahnt sich ein Zugang zum Schreibenkönnen: kurz, die Arbeit selbst kommt zu Worte; ihre Darstellung macht einen Teil des Könnens, der zu ihrer Ausführung selbst verlangt wird; die literarische Kennerschaft wird nicht im (Konsum sondern in) der Praxis des Arbeitsganges fundiert und damit volkstümlich; die Volkstümlichkeit des Schreibens wird nicht auf Konsum sondern auf Produktion abgestellt, also fachmännisch. Es ist, mit einem Wort, die Literarisierung der Lebensverhältnisse, welche der unlösbaren Antinomie Herr wird, unter der heute das gesamte Kunstschaffen steht und es ist der Schauplatz der tiefsten Erniedrigung des gedruckten Wortes, also die Zeitung, auf dem in einer neuen Gesellschaft seine Wiederherstellung von statten gehen wird. Ja sie ist nicht die verächtlichste List der Idee. Die Not – die mit ungeheurem atmosphärischen Druck heute gerade das Schaffen der Besten komprimiert, daß es im dunklen Bauche eines Feuilletons wie in dem eines hölzernen Pferdes Platz hat, um eines Tages das Troja dieser Presse in Brand zu setzen.

Spanien 1932

Die ersten nachzudenkenden Bilder in San Antonio: die Interieurs, die in offnen Türen, deren Perlvorhänge gerafft sind, sich auftun. Noch aus dem Schatten schlägt das Weiß der Wände blendend hervor. Und vor der rückwärtigen stehen gewöhnlich streng ausgerichtet und symmetrisch in der Stube zwei bis vier Stühle. Wie sie so dastehen, anspruchslos in der Form, aber mit auffallend schönem Geflecht und überaus repräsentabel, läßt sich manches von ihnen ablesen. Kein Sammler könnte kostbare Teppiche oder Bilder mit größerem Selbstbewußtsein an den Wänden seines Vestibüls ausstellen als der Bauer diese Stühle im kahlen Raum. Sie sind aber auch nicht nur Stühle; im Augenblick haben sie ihre Funktion geändert, wenn der sombrero über der Lehne hängt. Und in diesem neuen Arrangement wirkt der geflochtene Strohhut nicht weniger kostbar als der

Stuhl. So wird es denn wohl überhaupt so sein, daß in unseren wohlbestellten, mit allen erdenklichen Bequemlichkeiten versorgten Räumen kein Platz für das wahrhaft Kostbare ist weil kein Platz für Gerätschaften. Kostbar können Stühle und Kleider, Schlösser und Teppiche, Schwerter und Hobel sein. Und das eigentliche Geheimnis ihres Wertes ist jene Nüchternheit, jene Kargheit des Lebensraumes, in dem sie nicht nur die Stelle, an die sie gehören, sichtbar einnehmen können, sondern den Spielraum haben, die Fülle von verborgenen immer wieder überraschenden Funktionen erfüllen zu können, um derentwillen das Kostbare dem gemeinen Ding überlegen ist. Ein Traum aus der ersten oder zweiten Nacht meines Aufenthalts in Ibiza: Ich ging spät abends nach Hause – es war eigentlich nicht mein Haus, vielmehr ein prächtiges Mietshaus, in welches ich, träumend, Seligmanns einlogiert hatte. Da begegnete mir, aus einer Seitenstraße schnell auf mich zueilend, in nächster Nähe des Hausportals, eine Frau, die im Vorübergehen, ebenso schnell wie sie sich bewegte, flüsterte: Ich geh zum Tee, ich geh zum Tee! Ich folgte der Versuchung, ihr nachzugehn nicht, trat vielmehr in das Haus von S' ein, wo sich aber alsbald ein unangenehmer Auftritt ergab, in dessen Verlauf der Sohn des Hauses mich an der Nase faßte. Unter entschiednen Protestworten warf ich die Haustür hinter mir zu. Kaum war ich wieder im Freien, als aus derselben Straße, mit denselben Worten, dasselbe Frauenzimmer auf mich zu schnellte und diesmal folgte ich ihr. Zu meiner Enttäuschung aber ließ sie sich nicht ansprechen, sondern eilte immer gleich schnell eine etwas abschüssige Gasse entlang bis sie vor einem eisernen Gitter engste Fühlung mit einem ganzen Haufen von Dirnen bekam, die da offenbar vor ihrem Quartier standen. Ein Schutzmann war nicht weit davon postiert. Mitten in soviel Verlegenheiten erwachte ich. Da fiel mir ein, daß die erregende seltsam gestreifte Seidenbluse des Mädchens in den Farben Grün und Violett geglänzt hatte: den Farben von Fromms Akt (vgl. Taschenbuch I Blatt 22)

Noch ein Traum (dieser in Berlin, einige Zeit vor der Reise). Mit Jula war ich unterwegs, es war ein Mittelding zwischen Bergwanderung und Spaziergang, das wir unternommen hatten und nun näherten wir uns dem

Gipfel. Seltsamerweise wollte ich das an einem sehr hohen, schräg in den Himmel stoßenden Pfahl erkennen, der, an der überkragenden Felswand aufragend, sie überschnitt. Als wir dann oben waren, war das aber garkein Gipfel sondern eher ein Hochplateau, über das eine breite, beiderseits von altertümlichen ziemlich hohen Häusern gebildete Straße sich zog. Nun aber waren wir mit einem Mal nicht mehr zu Fuß sondern saßen in einem Wagen, der durch diese Straße fuhr, nebeneinander, auf dem rückwärtigen Sitz, wie mir scheint; vielleicht aber änderte auch, während wir in ihm saßen, der Wagen die Fahrtrichtung. Da beugte ich mich zu Jula um sie zu küssen. Sie bot mir aber nicht den Mund sondern die Wange. Und während ich sie küßte, bemerkte ich, daß diese Wange aus Elfenbein und ihrer ganzen Länge nach von schwarzen, kunstfertig ausgespachtelten Riefen durchzogen wurde, die mich durch ihre Schönheit ergriffen.

Die Wirtschaft auf der Insel ist ganz archaisch. Vor fünfzig Jahren hat man hier noch kein Brot gekannt; das Volksnahrungsmittel war Mais. Und noch heute gibt es nicht mehr als vier bis sechs Kühe, manche behaupten, wegen der Futtermittel, Don Rossiglio aber, Fischereiunternehmer und Deputierter, behauptet, wegen der Rückständigkeit der Bewohner. Wie lange wird diese Rückständigkeit erhalten bleiben? Noch bewässert man die Felder nach alter arabischer Weise mit Schöpfrädern, die von Maultieren betrieben werden. Noch drischt man das Getreide unter den Hufen der Pferde, welche an langen Zügeln auf der Tenne getrieben werden. Aber schon stehen in Ibiza und San Antonio unfertige Hotelbauten, in denen den Fremden fließendes Wasser in Aussicht gestellt wird. Die Zeit bis zu ihrer Fertigstellung ist kostbar geworden. Noch sind die Wege einsam: der Spaziergänger der vom Rascheln der Eidechsen, die Eidechsen die vom Schritt des Spaziergängers auffahren sind, für eine kurze Weile noch, unter sich. Aber gerade diese unscheinbaren Eidechsen sind es, mit denen das Neue hier anfing. Man erinnert sich auch der Terrarien, die vor einigen Jahren in der Kakteenecke der Boudoirs oder Wintergärten sich ansiedelten. Eidechsen begannen ein internationaler Modeartikel zu werden. Unter den heutigen

Tierhändlern sind nun diese Inseln, die Pityusen ob ihrer Eidechsen wegen ebenso renommiert wie sie es unter den antiken Generälen ihrer Schleuderer wegen waren. Und so setzte sich eines Tages ein Mann hier fest, um sich mit einem kleinen Eidechsenversand durchs Leben zu schlagen. Es gibt viele Arten Eidechsen zu fangen: sie scheinen aber alle auf der großen Neugier dieser Tiere zu beruhen. Wer weiß, welche biologische Ursache diese Neugierde haben mag: die des Nahrungstriebs jedenfalls kaum. Denn einerseits bleiben sie ohne weiteres drei, vier Wochen, ohne etwas zu fressen (weswegen sie sich so leicht verschicken lassen), andererseits werden sie nicht müde, auch das Ungenießbarste, etwa eine Hand, zu beäugen, wenn sie ihnen merkwürdig ist. Mit dieser Neugier rechnet man, wenn man Fallen stellt. Das einfachste ist eine tiefe, offene Konservenbüchse mit einem stark aromatischen Köder – Käse, Fisch, Wurst – auf dem Grunde in den Boden zu graben; nach einigen Tagen findet man in ihr eine Anzahl der Tiere, die an den glatten Wänden nicht wieder heraufklettern konnten. Andere, mißtrauischere, muß man in haardünnen Schlingen fangen, die mit irgendeinem aromatischen Stoffe bestrichen sind, damit das Tier sie beschnuppert. Die sonderbarste Fangart aber soll im Altertume geübt worden sein. In eine Schlinge nämlich habe man eine große Speichelblase hineinfallen lassen und nun diese nun, als einen Spiegel gleichsam dem Tiere entgegengehalten. Im Augenblick, da das Tier in die Höhlung vorstieß, zog der Fänger die Schlinge zu. Es ist aber nicht jener erste Fänger gewesen, der das alles zu erzählen wußte; vielmehr scheint der seine Berufsgeheimnisse nur gegen gutes Geld preisgegeben zu haben, soviel man wenigstens aus der Niederlassungsgeschichte des zweiten entnehmen kann. Eines weiteren Tags nämlich stellte es sich heraus, daß auf dem Kontinent die Krise den Eidechsen, soweit sie zum Ameublement gehörten, den Garaus gemacht hatte. Und ungefähr um dieselbe Zeit – im Jahre 1922 – war es, daß in Stuttgart ein müßiger Bildhauer, der in der Inflation sein Vermögen verloren hatte, mit betrübten Gedanken sich an das selten benutzte Radio setzte. Dieser Bildhauer war ein unruhiger Geist, von denen einer, die zur rechten Zeit ihren Eltern davongelaufen sind, und als er fünfzehn Jahre alt war, da lebte er schon als einziger Weißer in einem südamerikanischen

Indianerdorfe. Das Schiff das ihn als Schiffsjungen auf Fahrt genommen hatte, war gescheitert, die übrige Mannschaft nach Deutschland spediert, ihm aber die weitere Seefahrt von zu Haus untersagt worden. Und weil ihm das nicht paßte, blieb er bei den Indianern, wie sehr der deutsche Konsul in Pernambuco ihn auch vor den vielen Sandflöhen im Indianerdorf warnte. Dieser also, der sich beizeiten gekrümmt hatte, saß am Radio. Vor dem Mikrophon aber stand ein ehemals in Spanien internierter Deutscher, der bei der Generosität der Spanier während des Krieges recht gut das Land hatte kennen lernen können. Er war auch nach Ibiza gekommen und sprach nun über „Eine vergessene Insel". So kam J..., der Bildhauer auf die Insel, zunächst nur zu einem kurzen informatorischen Aufenthalt: als er die Verhältnisse günstig, die Eidechsen mannigfach, die Einheimischen zuvorkommend fand, kehrte er zurück und begann sich niederzulassen. Seinem Vorgänger zahlte er tausend Mark für die Kundenliste und die Verbindlichkeit, keinerlei Handel mit Tieren mehr auf der Insel zu treiben. Inzwischen aber hatte die Weltkrise ihren Lauf genommen und die Eidechsen aus den Wintergärten und Boudoirs ausquartiert. Die Aufträge blieben aus, wenigstens bis auf die der Händler, deren Preise den Fang nicht lohnen. Denn jede Fahrt auf eine der einsamen, unbewohnten Inseln, auf denen die selteneren, zum Teil noch unbeschriebenen Arten vorkommen, bedeutet zwei bis drei Tage Arbeit, dazu ein Risiko für den Kahn, der dort nirgends Ankergrund finden kann. J... aber, der nun einmal installiert war, sah seinen Traum, eine zivilere, gewissermaßen emanzipierte Form, seinen Lebensunterhalt auf dieser Insel zu bestreiten, zerronnen. Sie hatte mit ihren alten Überlieferungen, ihren archaischen Lebensformen, das letzte Wort behalten. Er wurde Fischer und wenn er heute eine Zigarette entzündet, benutzt er, wie jeder andere Feuerstein und Zündschnur. „Im Boot" sagt er „ist es das Beste. Streichhölzer bläst der Wind aus, aber je mehr er weht, desto besser glimmt sie."

Es regnet und das Licht, das alle Dinge hier vom Himmel her so schonungslos beansprucht, verzieht sich, um sie der Erde zurückzugeben.

– Die weißen Häuser in ihren Kaktushecken von einem Getümmel stürmender grüner Geister bedrängt.

Von der Ehrlichkeit der Einheimischen und vom Gegenteil. Zwei Geschichten. Ein Fremder, der nach mehrmonatlicher Anwesenheit sich Freundschaft und Vertrauen auf der Insel erworben hatte, sieht den letzten Tag seines Aufenthalts gekommen. Es trifft sich, daß es ein glühend heißer ist und, einmal mit seinen Reisevorbereitungen am Ende, beschließt er, sich der Sorge um seine Sachen möglichst bald zu entledigen, um noch ein zwei Stunden den kühlen Schatten auf der Terrasse eines ibizenkischen Weinhändlers zu genießen. Auf dem Schiff verspricht man ihm, sein Gepäck, einschließlich seiner Jacke in Verwahrung zu nehmen, und merklich entlastet, begibt sich der Fremde zu seinem Weinhändler, dem er auch in Hemdsärmeln herzlich willkommen ist. Mühelos kommt er mit den ersten copitas eines landläufigen Weißen zu Rande. Aber je weiter ihm so im Trinken die Zeit vorrückt, desto schwerer scheint ihm der Abschied zu werden, zumal so ein sang- und klangloser. Fragen stoßen ihm auf, nach dem schönen Portal der Kurie zu Ibiza, nach den seltsamen Entführungs- und Verbringungssitten, von denen niemand genaueres gehört hat, nach der Herkunft jener seltsamen Namen, mit denen die Fischer hier die Berge bezeichnen und die ganz verschieden sind von den Namen, die sie von den Bauern bekommen. Zur rechten Zeit erinnert er sich, den Namen seines Weinschenken schon einmal als einer Autorität für die Chronik der Insel haben nennen zu hören. Er möchte in letzter Stunde doch noch dies und jenes unter Dach und Fach bringen, vielleicht auch über die Einsamkeit des herannahenden letzten Abends hinwegkommen. Er bestellt eine Flasche vom besten und während der Wirt sie vor seinen Augen entkorkt, hat sich das Gespräch zwischen ihnen schon angesponnen. Nun hat der Fremde in den vergangnen Wochen die fanatische Gastfreundschaft der Inselbewohner hinreichend kennen gelernt, um zu wissen, daß man die Ehre, ihnen etwas vorzusetzen, von langer Hand und gleichsam notariell stipulieren muß. So ist es also sein erstes, den Wirt freundlich zu bitten, sein Gast zu sein und in diesem

Punkte bleibt er auch bei der zweiten und dritten Flasche fest, um so mehr, als er so mit gutem Gewissen die eine oder andere seiner Auskünfte in der Gestalt von Stichworten sich notieren kann. Um aber auf die Notizen des Fremden zurückzukommen: da gibt es Motive, die es an Kraft mit denen Stendhals aus den italienischen Novellen aufnehmen können. Welches Bild: das mannbare Mädchen, am Feiertag von Bewerbern umgeben, der Vater aber seiner Tochter streng die Frist für das Gespräch mit ihren Freiern setzend: eine Stunde, anderthalb im Höchstfalle und mögen es auch dreißig und mehr sein, so daß ein jeder, was er sagen will, in einige Minuten zu drängen hat. Überm Gespräch ist es kühl geworden, der Wirt läßt es sich nicht nehmen, dem Fremden eine seiner eigenen Jacken umzugeben und die letzte Flasche wird angebrochen. Die gute Hälfte wartet noch auf sie, da dröhnt eine Sirene in ihr Gelage. Es ist der Dampfer, der zehn Minuten entfernt klar zur Ausfahrt, an der Mole liegt und das Gepäck des Fremden schon an Bord hat. Über die Dächer gewahrt man im blassen Abendhimmel sein Toplicht. Daß zu Komplimenten nicht mehr viel Zeit bleibt, sieht auch der Wirt ein und so händigt er ohne viel Widerstreben, getreu der getroffenen Abrede, dem Fremden die Rechnung ein. Der aber schrickt, noch ehe er einen Blick auf sie geworfen, zusammen. Seine Brieftasche, die unabänderlich in der hinteren Tasche der Hose verwahrt wird, ist fort. Blitzschnell streift er mit einem Blick den Wirt. Dessen biederes Gesicht drückt Bestürzung aus. Unmöglich, daß er das Portefeuille hat. Mit den zuvorkommendsten Wendungen bittet er, diesem Zwischenfall keine Bedeutung beizumessen. Ohnehin sei es ihm unlieb gewesen, in seinem eignen Hause der Gast des Herrn sein zu müssen. Und was die Brieftasche angehe, die werde sich ganz bestimmt im Jackett an Bord finden. Für den Fremden ist aber auch dies nur ein halber Trost. Die Scheine sind nicht klein, die er drin verwahrt hat und es sind auch nicht wenige. Auf Bord gehen seine schlimmsten Erwartungen in Erfüllung. Die Jacke ist leer und er weiß nun, was er von der gerühmten Ehrlichkeit der Bevölkerung zu halten hat. Vor die Alternative gestellt, die Schiffsbesatzung oder den Wirt zu verdächtigen, entscheidet er sich in einer schlaflosen Nacht für das Schiffsvolk. Aber er irrte. Der Wirt war es, der die Brieftasche hatte. In Deutschland kaum angekommen erhielt er den Beweis davon in Gestalt folgenden Telegrammes: Brieftasche eben erst in Jackett entdeckt, das Sie bei mir umnahmen. Geldbetrag folgt."

Nicht abraten. Wer um Rat gefragt wird, tut gut, zuerst des Fragenden eigne Meinung zu ermitteln, um sie sodann ihm zu bekräftigen. Von eines andern größerer Klugheit ist keiner so leicht überzeugt und wenige würden daher um Rat fragen, geschähe es mit dem Vorsatz, einem fremden zu folgen. Es ist vielmehr ihr eigener Entschluß, der im Stillen gefaßt ist, den sie noch einmal, gleichsam von der Kehrseite, als „Rat" des andern kennen lernen wollen. Diese Vergegenwärtigung erbitten sie von ihm und sie haben recht. Denn das Gefährlichste ist, was man."bei sich" beschloß, ins Werk zu setzen, ohne es die Aussprache, wie einen Filter, passieren zu lassen. Darum ist dem, der Rat sucht, schon halb geholfen und wenn er Verkehrtes vorhat so ist, ihn skeptisch zu bestärken besser als ihm überzeugt zu widersprechen.

Daß der Schüler den Inhalt seines Buchs unterm Kopfkissen am Morgen auswendig weiß, der Herr den Seinigen es im Schlafe gibt und die Pause schöpferisch ist – dem Spielraum zu geben ist das A und O aller Meisterschaft und ihr Kennzeichen. Dieser Lohn eben ist es, vor den die Götter den Schweiß gesetzt haben. Denn Kinderspiel ist Arbeit, welche mäßigen Erfolg erzielt, mit der verglichen, die das Glück herbeiruft. So rief Rastellis ausgestreckter kleiner Finger den Ball herbei, der wie ein Vogel auf ihn heraufhüpfte. Die Übung von Jahrzehnten, die dem vorherging, hat in Wahrheit weder den Körper noch den Ball „unter seine Gewalt" sondern dies zustande gebracht: daß beide hinter seinem Rücken sich verständigten. Den Meister durch Fleiß und Mühe bis zur Grenze der Erschöpfung zu ermüden, so daß endlich der Körper und ein jedes seiner Glieder nach ihrer eigenen Vernunft handeln können: das nennt man üben. Es ist eine posthypnotische Suggestion, die hier, im Binnenraum des Körpers gleichsam, wirksam wird, indem der Wille ein für alle Mal zugunsten der Organe abdankt: zum Beispiel der Hand. So kommt es vor, daß einer nach vergeblichem Suchen das Vermißte sich aus dem Kopf schlägt, dann eines Tages etwas Anderes sucht und so das erste ihm in die Hand fällt. Die Hand hat sich der Sache angenommen und im

Handumdrehn ist sie einig mit dem Objekt geworden, das sich dem verbißnen Willen entzog.

Es ist eine sonderbare Marotte, daß die Reiseschriftsteller sich auf das Schema der „Erfüllung" festgelegt haben, jedem Lande den Dunst, den die Ferne darum gewoben hat, jedem Stande die Gunst, die die Phantasie des Müßiggängers ihm leiht, erhalten zu wollen. Die Einebnung des Erdballs durch Industrie und Technik hat so große Fortschritte gemacht, daß von rechtswegen die Desillusionierung den schwarzen Hintergrund der Schilderung machen müßte, von dem dann das wirklich sonderbare Inkommensurable der nächsten Nähe – der Menschen im Verkehr mit ihresgleichen, mit dem Lande – um so schärfer sich abheben könnte. Man muß zugeben, daß in Deutschland die Reportagen, insofern man sie als eine Art umgewandter Reisebeschreibungen ansieht, das gleiche zum Ausdruck bringen. Es ist nichts als eine Sache von Zeit und Studium, so die nächste Nähe auch des Entfernteren gegenständlich zu machen. Dazu hat dann freilich die Disziplin zu treten, welche es dem Autor verbietet, Effekte aus der ersten Begegnung zu schlagen, der, wenn sie nicht als Impression verwertet, sondern als Samenkorn dem Schoße des Gewohnten eingesenkt wird, später der wunderbare Baum entwachsen kann, dessen Früchte das Aroma der „nächsten Nähe" haben.

Kleine Notizen über die Insel. – Ab und zu klingt es hohl, wenn man auftritt. Kann sein, daß es hohle Stellen in der Lava sind (wenn die Insel nämlich wirklich vulkanisch ist); es wird aber auch behauptet, das seien Gräber. Es gibt hier eine besondere Art von Hunden, die anderwärts nicht vorkommen sollen. Sie heißen Galybs.

Ganz hübsch Jokischs Erzählung von der Behandlung seines Mobiliars beim Zoll. Da er Protektion hatte, nahm man die Möbel soweit wie möglich auseinander und verzollte sie ihm als Bretter. Als ich bei ihm war erzählte er auch; wie er dahintergekommen sei, daß die Ameisen Eidechsen fressen. Es herrschte nämlich einige Tage nachdem er seine Fallen gelegt hatte, ohne Unterlaß Sturm. Als er dann wieder an die Plätze kam, traf er in einer Büchse die Eidechsen, die drei bis vier Wochen ohne Futter gut existieren können, ganz munter an. In die andern waren

Ameisen gekommen und hatten alle Tiere umgebracht. Manchmal beißen die Eidechsen einander auch selbst. Ein andermal verlor er einige gute Kunden dadurch, daß ihm die Eidechsen in dem Lager, das er ihnen bei sich zu Hause in verschiednen Gehegen eingerichtet hatte, durcheinander kamen. Seitdem hält er kein Lager von Tieren mehr.

Buch über die Balearen von Erzherzog Johann Salvator.

Geschichte der Einsamkeit. "Wieviel Erde braucht der Mensch zum leben?" fragt, in einer seiner Volkserzählungen, Tolstoi. Die Anachoreten haben die Antwort darauf gegeben: ihr auf das kleinste Fleckchen Erde eingeschränktes Leben hat sich über die Welt verbreitet. Die Namen aller Engel und aller Teufel, die sich um ihre Seele oder um ihr Lager bewarben, drangen, vom Athos oder Montserrat herab, in die Welt, die sich vor der Schwelle ihrer Klause verflüchtigte. Auf dem noch unerforschten Erdball vertraten sie den Anspruch ihres Glaubens auf die noch unbetretnen Breiten und noch unbelehrten Kreaturen. Sie waren die magischen Vorläufer der Mission. So zeitlos aber ist auch die Einsamkeit nicht, daß sie nicht mit der Zeit sich ändert, wenn auch langsam. Heute ist sie nur noch ein Abfallprodukt der Gemeinschaft. Klausner gibt es nicht mehr und wer sich absondert, entdeckt keine neue Gemeinschaft sondern die alte. So hatte einer, der mit der Welt nicht zurechtkam, sich ins Innerste einer entlegnen Insel zurückgezogen. Wenige störten ihn auf, nichts aber wunderte sie so sehr wie die Beschlagenheit des Mannes in allen Vorfällen und Intrigen des Küstenlandes. Es war als hätte die Einsamkeit sein Ohr geschärft und der Wind ihm die Skandalgeschichten zugetragen, die der Großstädter am Telefon in sich aufnimmt. Wer von diesem Einsiedler Abschied genommen hatte, der fragte sich: „Wieviel Klatsch braucht der Mensch zum leben?"

Es ist nichts Neues, daß Hochstapler mitunter spielend zum Ziele kommen, wenn sie nur erst einen Namen sich beigelegt haben, der auf die Kreise, auf die sie es abgesehen haben, gleichsam betäubend wirkt. Selten aber dürfte es vorkommen, daß dies nicht der Name irgendeines regierenden oder ehemals regierenden Hauses ist – „regiert haben sie ja alle einmal", wie es bei Fontane heißt – sondern der Name einer abgelegnen Insel. Gewiß, auch das ist nicht neu – es geht auf die Zeiten von Marco Polo oder noch von Athanasius Kircher zurück, wo man durch Kenntnis ferner Länder und weite Reisen sich ein erstaunliches Renommee schaffen konnte – daß aber „im Zeichen des Weltverkehrs" eine arme Mittelmeerinsel zur Operationsbasis eines Hochstaplers werden kann, verlohnt vielleicht einen näheren Bericht. Nun sind es freilich andere Geister, die der Magie des Namens „Ibiza" als etwa eines „Hohenhalters" unterliegen. Aber zweierlei müssen sie schon gemein haben, nämlich die Phantasie und die Ungeduld, kurz einen leidenschaftlichen Drang, aus den Umständen, unter denen sie leben, herauszukommen. So auch zwei Freunde, Schriftsteller und Verleger, die aber keinerlei berufliche Beziehung zu einander unterhielten.

Die Ciudad de Valencia, die den Verkehr zwischen Barcelona und Ibiza besorgt, geht jeden Montag um sechs Uhr abends vom Festland ab und fährt die Nacht durch. Es ist ein schönes neues Motorschiff, dem man eine größere Bestimmung zuschreiben möchte als die Versorgung dieses kleinen Inselverkehrs. Und wirklich schien mir das Bild des Schiffes zu schrumpfen als ich es am nächsten Tage an der Mole von Ibiza die Stunde der Rückfahrt erwarten sah, denn ich hatte mir eingebildet, von dort nehme es seinen Kurs nach den kanarischen Inseln. So stand ich gegen sechs Uhr abends auf dem leeren Promenadendeck neben der Steuermannskabine und suchte mir alle Aspekte des unvergleichlichen Bildes zusammen, das große Städte von der Höhe des Schiffs her bieten. Die Sonne sank über der Stadt und sie schien zu schweigen. Alles Leben hatte sich in die unfaßbaren Übergänge zwischen dem Laub der Bäume, dem Cement der Bauten und dem Fels der entfernten Berge zurückgezogen. Ich stand und dachte an den berühmten Gemeinplatz des Horaz – „Doch wer flieht, und müßt er vom Vaterlande flüchten, sich selber?" – und daran, wie sehr er bestreitbar ist. Denn ist Reisen nicht Überwindung, Reinigung von eingesessenen Leidenschaften, die der gewohnten Umwelt verhaftet sind und damit eine Chance, neue zu entfalten, was doch gewiß eine Art von Verwandlung ist. Ich jedenfalls war mir soeben solch einer neuen bewußt geworden und die zehn Tage auf See, die hinter mir lagen, waren genug gewesen sie zu entfachen: diesmal wollte ichs ganz aufs Epische absehen, an Fakten, an Geschichten sammeln was ich nur finden konnte und eine Reise daraufhin erproben, wie sie von aller vagen Impression gereinigt, verlaufen mag. Man denke nicht, daß das eine Sache der Reisebeschreibung ist; es ist eine Sache der Reisetechnik, übrigens einer guten alten wie sie vor der Herrschaft des Journalismus die Regel war. So stand ich und überlegte, als ich tief unten am Kai einen untersetzten Mann mit dem massivsten Gesicht, das je unter einer Kapitänsmütze stak, entdeckte oder vielmehr erkannte: Kapitän V... von dem Frachtboot, mit dem ich vor zehn Stunden hier im Hafen eingelaufen war. Wer einsamen Aufbruch aus fremden Städten gewohnt ist, der weiß, oder wird ermessen, was das Auftauchen eines bekannten Gesichts – und sei es sonst auch keines von den erwünschten – gerade in solchem Moment bedeutet, wenn die bevorstehende Abfahrt alle Schwierigkeit längeren Gesprächs aus dem Wege räumt, gleichzeitig aber auch ihm irgend ein Taschentuch, eine Hand, einen Hut zur Verfügung stellt, in den der obdachlose Blick sich nisten kann, ehe er auf die Meeresfläche hinausschweift. Hier aber hätten mir wenige willkommener als der Kapitän sein können, auf dessen Schiff ich ein wenig heimisch geworden war, und das erste Exemplar meiner Geschichtensammlung glücklich eingebracht hatte. Daß es mit diesem Kapitän eine besondere Bewandtnis, und nicht die fröhlichste habe, das war mir schon bald nach Hamburg deutlich geworden. Er hatte so ein Verhältnis zu Tom – ein Hund, den er von einem Deutschen in Genua sich geliehen hatte, wie man es nur bei Sonderlingen trifft. Und was konnte man sich von seinem Tag für ein Bild machen, da er die Abendmahlzeit und das Frühstück ausließ, so daß sein Arbeitstag sich eigentlich von Mittag bis Mittag hinzog, denn die Nachtruhe ist ja für einen Kapitän, wenn die See bewegt ist, etwas Prekäres. Und wir hatten von Hamburg ab über vier Tage Sturm. Im übrigen war er bei aller Zurückhaltung niemals unfreundlich und nachdem er die obligaten Seemannsscherze noch in der Eibmündung (vor einem ziemlich undankbaren Publikum, denn unter den drei Passagieren war nur einer Neuling) angebracht hatte, kam es ihm auch gelegentlich auf fünf Minuten einer ernsthafteren Plauderei nicht an. So bekam ich Fingerzeige genug, im Geiste die Geschichte der Reederei, mit der wir fuhren, bis auf die Zeiten des Sklavenhandels zurückverfolgen zu können, ihre Anfänge als Schiffsmakler, ihren Handel mit den ersten Dampfbooten mir zu vergegenwärtigen, nicht zu vergessen die späteren Auswanderertransporte, jene Massen elender Passagiere, die für die deutsche Schiffahrt viel mehr bedeuteten als die Gäste der Luxusklasse auf der Bremen oder Europa. Aber das blieben doch vereinzelte Momente und nicht in solchen Gesprächen war es, in denen ich mir von der Geschichte dieses Schiffs und von den Kräften und Interessen die seine Fahrt durch zeitlose Wogen regieren, soviel erzählen ließ, daß es, als ich in Barcelona von Bord ging, gleichsam als Zifferngeschiebe vor meinem Auge stand: vom Erstehungspreis, der Tonnage, den Gehältern der Offiziere, dem Baujahr, den Sätzen für die Frachten und Quaigebühren bis zum Lohn des letzten Schiffsjungen herunter, der am Tage der Heimkunft abgemustert und erst zur Ausfahrt wieder angemustert wird. Um aber nur die erste und letzte Zahl hier zu nennen: so hat mein Schiff im Jahre zweiundzwanzig seinen Käufer (der freilich nicht sein Besteller war) nicht sehr viel mehr als 25 000 Mark gekostet. Und 25 Mark ist das Monatsgehalt eines Schiffsjungen. Doch auch der Kapitän solcher Schiffe hat nichts zu lachen. Ja, als der Frachtverkehr noch bei den Seglern lag, wo die Kapitäne selbst in den Häfen die Frachten abschließen, da war es noch etwas anderes. Heute aber ist seine Stellung gedrückter; nicht nur dem Reeder, oft auch dem Inspektor gegenüber. Und was die Chancen angeht, in diese immerhin begehrte Position aufzurücken, so scheint da ein amerikanischer Offizier manchen seiner deutschen Kollegen aus dem Herzen gesprochen zu haben, wenn er sich gegen eine gewisse Art von Marineschriftstellern wendet und behauptet, sie malten in den rosigsten Farben ein richtiges Hurra-Zeug. Gewiß haben die Seeleute auf unsern heutigen Dampfern mehr Bequemlichkeiten, und ihr Leben ist bedeutend angenehmer als früher auf den Segelschiffen. Damals galt noch der alte Seemannsschnack: Ausscheiden aus der Seefahrt und auf einen Dampfer gehen! „Aber um zur Sache zu kommen: Welche Aussichten bietet der

Seemannsberuf heute? Ich glaube, annehmen zu dürfen, daß jeder Reeder in den letzten Jahren von jungen Leuten überlaufen worden ist, die zur See fahren wollen. Aber was ist deren hauptsächliche Arbeit an Bord? Deck scheuern, Farbe waschen, Messing putzen! Die einzige Gelegenheit, etwas weniger Prosaisches zu tun, ist, einen Gegenstand, der sich an Deck losgearbeitet hat oder losgewaschen ist, wieder an Ort und Stelle zu bringen und festzuzurren. Nur ein kleiner Prozentsatz hält durch und wird es vielleicht zum Schiffsoffiziers-Patent bringen, aber um dann herauszufinden, daß auch bei der Seeschiffahrt die Tatsache zu verzeichnen ist, daß das Angebot die Nachfrage übertrifft. Im Seemannsberuf herrscht genau so wie am Lande dieselbe scharfe Konkurrenz um jede Stelle, derselbe verzweifelte Kampf ums Dasein in einer Welt, wo die Maschine die Menschenkraft verdrängt.“ Ich habe mir den Weg vom Seglerschulschiff bis zum Steuermannsexamen, vom Schiffsjungen bis zum Schiffsoffizier in allen seinen Stadien erzählen lassen und mir auch das Lehrbuch besehen, aus welchem man zum Examen paukt: wahrscheinlich das einzige in allen Wissenschaften, das von sich sagen kann, im Jahre in Gebrauch zu sein). Die erste Auflage ist von 1854. Man macht sich auch sonst nicht leicht von der Bücherwelt einen Begriff, die solch ein Dampfer von Quo vadis bis zur Logarythmentafel beherbergt. Vor allem sind da die Hilfsbücher der Navigation – neben den Seekarten, deren winzige feine Zifferscharen das Dasein steiler unterseeischer Gebirge verraten, die Handbücher aller Küsten, mit denen das Schiff es auf seinem Kurs zu tun hat oder doch zu tun bekommen könnte. Baedeker von Orten, welche die, die ihn benutzen, in den seltensten Fällen betreten. Denn hier ist jeder Gipfel und jede Landzunge, jeder Turm und Siedlung vor allem einmal Signal, Anhaltspunkte für die Ortsbestimmung des Schiffs und für die Offiziere, wenn sie vor dem Examen stehn oft nichts anderes als Angaben für die „Peilungsaufgaben“, die sie mit so und so viel hundert Stück in Heften belegen müssen, wenn sie das Steuermannsexamen machen wollen. Wenn die Dunkelheit kommt, treten an ihre Stelle die Leuchtfeuer, wie sie mit ihrer Färbung und dem Zeitmaß ihres Kommens und Verschwindens im Verzeichnis stehen oder das Schiff fährt ohne andere

Weisung als die Sternbilder seinen Kurs auf Wasserstraßen, die so ausgefahren sind wie Feldwege. Es kamen dann die besten Stunden: die langen, während deren die einzige Abwechslung eine Änderung der Haltung ist, die man, gelehnt an das Geländer der Kommandobrücke, vornimmt oder die der Schritte, mit welchen man hin und wieder den Platz vor dem Steuer abschreitet, zu dessen Bedienung alle drei Stunden einer der Leichtmatrosen herüberkommt, um seinen Kameraden abzulösen. Keiner ist mir so gut erinnerlich, wie der Islandfahrer, der wohl schon ein paar Nächte mit leisem Groll die Aufmerksamkeit verfolgt hatte, die ich dem schenkte, was der dritte Offizier von seinen Fahrten zu berichten hatte. Da brach es, während dieser abseits im Dunkeln übers Reling in die Ferne blickte, aus ihm heraus: ein kleiner Katarakt von Namen und von Ziffern, die zwei Prozent die er als Islandfahrer von der Losung hatte, die Millionen über welche er damals – es war im Jahre 1922 – verfügte, mit welcher Plage aber der Verdienst erkauft wird und wie sie bisweilen so müde waren, daß sie über dem Teller in Schlaf fielen. Ich reichte ihm eine Zigarette herüber, dabei mußte es sein Bewenden haben. Gegen zehn war es gewöhnlich, da tauchte ich aus der Kabine des Funkers auf. Das Deck war aufgeräumt, die Sterne standen am Himmel. Langsam bewegte sich das Gespräch, wie eine Lunte aber so glomm es immer auf ein Abenteuer, eine Geschichte zu. Wir hatten – mein Partner und ich selber – bald die beste Art gefunden, uns die Nacht zu verkürzen und niemals ging ich in meine Kabine, ohne im Kartenhause noch eine Weile seine Gastfreundschaft bei einer Tasse Kaffee oder van Houtens Cacao genossen zu haben. Und die Preistarife des Freihafens lösten die Abenteuer von den Küsten des Panamakanals oder Schleswigs ab. Mein Gastfreund war von Hause früh fortgekommen, mit siebzehn hatte er den Lehrkurs auf einem der Segler, welche Leist nach Chile gehen läßt, um den Salpeter zu holen und die den Kurs um Feuerland und um Kap Horn mit seinen Stürmen nehmen, hinter sich, mit achtzehn hatte er schon seine Braut, weil er einen Ring, den er an Land erstanden, hatte verwerten wollen. Die Anlage erwies sich als glücklich, denn vierzehn Tage war er bei seiner künftigen Schwiegermutter einquartiert und ob, selbst nach streng bürgerlichem Maßstab, seine Braut, als er verschwand, sich zu beklagen hatte, ist mir in dieser Nacht nicht deutlich geworden. Denn nicht nur hier verbot sich vieles Fragen; hier hätte Neugier meine Taktlosigkeit entschuldigen können, nichts aber meine Unwissenheit, wenn ichs mich hätte versehen lassen, die Art und Weise der nautischen Manöver, die Schiffersprache, den Wert der Chargen und die Namen der Leute und Geräte, die ich nicht verstand, erklären zu lassen. Es war für Fragen nicht der rechte Augenblick. Die Nächte in dieser Woche waren dunkel, undeutlich sahen wir uns selber und undeutlich nur erschien der Umriß der Geschichten, wie Schiffe, die bei Nacht das unsere kreuzten. Ich könnte sie nicht wiedererzählen und unter allem am wenigsten „die Fahrt der Prival", die es am meisten verdienen würde. Da aber die Seemannsdramen einmal an der Tagesordnung sind, greift vielleicht jemand diesen Komödienstoff auf, dem sich selbst aus der neuesten Geschichte, wenige an die Seite stellen lassen. Es war im Jahre 1919, als sich einige Hamburger Reeder darauf besannen, Segler, Salpeterschiffe, welche irgendwo in Chile, wo sie fünf Jahre früher vom Weltkriege waren überrascht worden, vor Anker lagen, in die Heimat zurückzuführen. Die Rechtslage war ganz einfach; die Segler waren deutsches Eigentum geblieben und nun handelte sichs nur darum, die nötige Bemannung bereitzustellen, um sie in Rio de Janeiro zu übernehmen. Seeleute gab es auch genug, die auf den deutschen Häfen auf Heuer warteten. Aber doch war bei der Sache ein kleiner Haken. Denn wie wollte man die Mannschaft an Ort und Stelle befördern? Soviel war klar: sie konnten in Hamburg selbst nur als Passagiere an Bord gehen und unter dienstlichen Befehl erst am Bestimmungsorte gestellt werden. Immerhin war ebenso klar, daß es sich da um Leute handelte, denen gegenüber nicht leicht mit jenen Machtvollkommenheiten auszukommen war, wie sie das Seerecht Kapitänen ihren Passagieren gegenüber einräumt. Und dabei darf das Jahr nicht außer acht bleiben: 1919, wo nicht nur der Kriegsflotte die revolutionäre Stimmung der Kieler Tage noch in den Knochen steckte. Die Reeder selber wußten das am besten und hatten zunächst einmal die höheren Chargen der „Prival" mit ihren klügsten und entschlossensten Offizieren besetzt. Sie waren aber noch weiter gegangen und der Verlauf der Reise zeigte schnell, daß ihre Sorgfalt berechtigt gewesen war. Denn man war noch keine zwölf Stunden hinter der Nordseeausfahrt, als die Anzeichen einer Gruppierung unter dem neuen Kollektiv sich bemerkbar machten, die während einer Fahrt von mehr als drei Wochen sich noch bedrohlich entfalten konnte. Auf Deck und in Kajüten, selbst den Mannschaftsräumen, der Offiziersmesse und auf Treppen tagten von früh bis spät die verschiedensten Vereinigungen und Zirkel, auf der Höhe von Finisterre waren drei Spielklubs und zwei Ringe mit ununterbrochnen Boxkämpfen in Betrieb. In der Offiziersmesse, deren Wände mit primitiven aber drastischen Zeichnungen geschmückt worden waren, steppten die Herren aus dem Publikum zum Klang eines Grammophons, auf den Stiegen hatte sich eine Bordbörse etabliert, wo die Tauschgeschäfte mit Zigarrenkisten, Dollarnoten, Feldstechern, Nacktphotos und Messern im Zeichen der beginnenden Inflation sich abwickelten, kurz, das Schiff war in eine schwimmende Magic City verwandelt und man hätte meinen sollen alle Verrufenheit des Hafenlebens lasse sich, auch ohne Frauen aus der Erde – oder vielmehr den Balken stampfen. Der Kapitän – einer jener Typen, die ein Mindestmaß an Bildung und Bücherwissen mit einem Höchstmaß an Kultur verbinden – behielt bei alledem doch seine Ruhe, und verlor sie auch nicht, als eines schönen Nachmittags auf der Höhe von Dover vor ihm, am Heck, die Frieda, ein gutgewachsenes aber schlecht beleumundetes Mädchen aus Sankt Pauli eine Zigarette im Mund einsam auf und niederspazierte. Zweifellos gab es Leute an Bord, die wußten, wo sie bisher gesteckt hatte und eben diese waren sich auch über die Maßregeln einig, die zu ergreifen gewesen wären, falls das Kommando die geringsten Anstalten gemacht hätte, den überzähligen Passagier zu entfernen. Das Nachtleben wurde von nun an noch viel lebendiger und wer im Lärm der hundertfünfzig Schiffsinsassen zu seiner Ruhe kommen wollte, der mußte wohl oder übel bis zur Erschöpfung getobt haben. Man hätte aber nicht 1919 schreiben müssen, wenn nicht bald zu allen diesen Divertissements das politische sich gesellt hätte. Hier war nun mit der Möglichkeit, die Stimmung der „Passagiere“ könne auf die „Mannschaft“ übergreifen, nicht zu scherzen. Schon ließen sich Stimmen hören, die diese Expedition zum Anfang eines neuen Lebens in einer neuen Welt machen, von einer Heuer im Bestimmungshafen, nun gar von einer Rückkehr in die Heimat nichts wissen wollten. Andere sahen den langersehnten Augenblick näher kommen, wo die Rechnung mit den Herrschenden sollte bereinigt werden. Unverkennbar: Es wehte ein schärferer Wind. Man hatte auch bald heraus, wo er herkam: es war da ein gewisser Richard Schwenke, ein langer Kerl von schlapper Haltung, der sein rotes Haar gescheitelt trug und von dem man nur wußte, daß er als Steward verschiedene Linien befahren hatte. Schon in der ersten Nacht begegnete man ihm auf Schritt und Tritt; er trat in die Tanzbar, und zog den einen oder anderen in ein so lautes zänkisches Gespräch, daß wenn die Platte ausgelaufen war, sich alles um ihn herumstellte; im Boxring zog er provokatorisch Auskünfte über die politische Gesinnung der Preiskämpfer ein und immer war der röteste sein Mann. So arbeitete er, während die Masse ihren primitiven Lustbarkeiten nachging, sich in die Arme, unermüdlich an der Politisierung des Schiffes: am vierten Tage war es ihm gelungen, eine Vollversammlung anzusetzen und schon vom nächsten Abend ab herrschte Wahlfieber. Und was gab es da nicht alles zu wählen: eine Menagekommission, eine besondere Inspektionskolonne, ein politisches Tribunal, ein Bordsekretariat – kurz ein vollkommener revolutionärer Apparat wurde in ein paar Tagen aus dem Boden gestampft ohne daß Blut floß, ohne daß es auch nur zu ernstlichen Zusammenstößen mit dem Schiffskommando gekommen wäre. Leider aber ergaben sich umso häufiger Intriguen innerhalb der revolutionären Leitung. Und sie waren um so verdrießlicher, als, wenn man näher zusah, eigentlich jeder irgendwie zu dieser Leitung gehörte. Wer keinen Posten hatte durfte ihn doch von der nächsten Wahl bereits erwarten und eigentlich verlief kein Abend ohne daß hier eine, dort eine Abstimmung nachzuprüfen oder ein Referat über neue Mißstände zu debattieren gewesen wäre. Als endlich das Aktionskomitee beauftragt wurde, den Plan zu einem Handstreich in der Vollversammlung vorzutragen, hatte die Mascot Callao bereits im Rücken. Und am Morgen des Tages der für die letzte Vorbereitung angesetzt war, stieg der Lotse von Rio das Fallreep herauf. Die letzten Peilungen im Schiffsjournal erwiesen sich als falsch und achtundvierzig Stunden vor der Zeit, die man im Ausschuß sich errechnet hatte, lag der Dreimaster, als wenn nichts gewesen wäre, an der Mole. Soweit mein Freund. Die erste Woche ging zu Ende. Wir traten ins Kartenhaus, wo in zwei tiefen Steinguttassen der Kakao schon auf uns wartete. Ich war schweigsam geworden und erst nach einer kleinen Weile drang mir ins Bewußtsein, daß mein nächtlicher Gastfreund eine Frage an mich gerichtet hatte. Ich blickte auf ihn. „Ja, wie gesagt, Sie haben doch verstanden? – und als ich schwieg, denn ich wußte nicht, was ich sagen sollte: Sie haben recht – mir gings auch erst nachher auf. Aber als ich zufällig eines Tags in Hamburg zum Reeder ins Kontor befohlen bin und da dem Schwenke in der Tür begegne – in der Hand hielt er noch die dicke Zigarre, die er sich beim Chef drinnen in Gang gesetzt hatte – da habe ich die Geschichte mit der Mascot erst recht begriffen." Nicht viele könnte ich wiedererzählen, aber keine war da, aus der mir nicht ein Name oder ein Bild vor Augen stand, als ich die Treppe hinunterlief, um vor der Abfahrt noch ein paar Worte mit dem Kapitän zu tauschen. Der Mann war mir recht deutlich erst seit ein paar Stunden, genauer gesagt, seit dem Vorabend, da ich in Alicante vor der Abfahrt in der Kabine mit ihm vor einer Flasche zusammengesessen und er mir die Geschichte seines Sohnes erzählt hatte, der als Seemann begonnen hatte um heute einen kleinen Zigarrenladen zu versorgen. Was aber dazwischen lag war ein Augenblick, wie ihn jeder erleben kann der zusieht, wie ein Schiff, das seine Fracht gelöscht hat, zur Abfahrt klar macht. Ich weiß nicht wie die großen eisernen Querbalken heißen die dann von neuem in die Rahmen eingelassen werden, die den oberen Rand des Frachtraums umspannen. Aber das weiß ich, daß sie nicht breiter als zwanzig Zentimeter sind, und daß die Matrosen, die auf ihnen balancierend die Bretter über den dreißig Meter tiefen Frachtraum decken, schwindelfrei sein müssen. Sie sind es ja wohl auch, aber hin und wieder stürzt eben doch einer ab und so war es auch seinem Sohn gegangen. Nun behilft er sich im Laden mit seinem Kunstbein.

Wenn man gute zwei Stunden in der Richtung auf San Antonio zu gemacht hat, so trifft man unter den letzten abgelegnen fincas an denen der Weg sich vorbeizieht auf einem kleinen Hügel, oberhalb San

Antonios, das man unten in der Bucht liegen sieht, auf ein stilles Gehöft, dessen Bauart sich eigentümlich von der der andern fincas unterscheidet – man wüßte freilich nicht gleich zu sagen, worin.

Aufzeichnungen 1933-1939

Notizen Svendborg Sommer 1934

4 Juli Langes Gespräch in Brechts Krankenzimmer in Svendborg, gestern, kreiste um meinen Aufsatz „Der Autor als Produzent". Die darin entwickelte Theorie, ein entscheidendes Kriterium einer revolutionären Funktion der Literatur liege im Maße der technischen Fortschritte, die auf eine Umfunktionierung der Kunstformen und damit der geistigen Produktionsmittel hinauslaufen, wollte Brecht nur für einen einzigen Typus gelten lassen – den des großbürgerlichen Schriftstellers, dem er sich selber zuzählt. „Dieser", sagte er, „ist in der Tat an einem Punkt mit den Interessen des Proletariats solidarisch: am Punkt der Fortentwicklung seiner Produktionsmittel. Indem er es aber an diesem einen Punkte ist, ist er an diesem Punkt, als Produzent, proletarisiert, und zwar restlos. Diese restlose Proletarisierung an einem Punkt macht ihn aber auf der ganzen Linie mit dem Proletariat solidarisch." Meine Kritik der proletarischen Schriftsteller Becherscher Observanz fand Brecht zu abstrakt. Er suchte sie durch eine Analyse zu verbessern, die er von dem Gedicht Bechers gab, das in einer der letzten Nummern einer der offiziellen proletarischen Literaturzeitschriften unter dem Titel „Ich sage ganz offen ..." abgedruckt war. Brecht verglich es einerseits mit seinem Lehrgedicht über die Schauspielkunst für Carola Neher. Andererseits mit dem Bateau Ivre. „Carola Neher habe ich ja verschiedenes beigebracht", sagte er. „Sie hat nicht nur gelernt zu spielen; sie hat bei mir z.B. gelernt, wie man sich wäscht. Sie wusch sich nämlich, um nicht mehr dreckig zu sein. Das kam ja garnicht in Frage. Ich habe ihr beigebracht, wie man sich das Gesicht wäscht. Sie hat es darin dann zu solcher Vollendung gebracht, daß ich sie dabei filmen wollte. Aber das kam nicht zustande, weil ich damals nicht filmen wollte und vor jemand anderm wollte sie es nicht machen. Dieses

Lehrgedicht war ein Modell. Jeder Lernende war bestimmt, an die Stelle seines ›Ich‹ zu treten. Wenn Becher ›Ich‹ sagt, dann hält er sich – als Präsidenten der Vereinigung proletarisch-revolutionärer Schriftsteller Deutschlands – für vorbildlich. Nur hat niemand Lust, es ihm nachzutun. Man entnimmt einfach, daß er mit sich zufrieden ist." Brecht sagt bei dieser Gelegenheit, daß er seit langem die Absicht hat, eine Anzahl von solchen Modellgedichten für verschiedene Berufe – den Ingenieur, den Schriftsteller – zu schreiben. – Auf der andern Seite vergleicht Brecht Bechers Gedicht mit dem von Rimbaud. In diesem, meint er, hätten auch Marx und Lenin – wenn sie es gelesen hätten – die große geschichtliche Bewegung gespürt, von der es ein Ausdruck ist. Sie hätten sehr wohl erkannt, daß darin nicht der exzentrische Spaziergang eines Mannes beschrieben wird, sondern die Flucht, das Vagabondieren eines Menschen, der es in den Schranken der Klasse nicht mehr aushält, die – mit dem Krimkrieg, mit dem mexikanischen Abenteuer – beginnt auch die exotischen Erdstriche ihren merkantilen Interessen zu erschließen. Die Geste des ungebundenen, dem Zufall seine Sache anheimstellenden, der Gesellschaft den Rücken kehrenden Vagabunden in der modellgerechten Darstellung eines proletarischen Kämpfers aufzunehmen, sei ein Ding der Unmöglichkeit.

6 Juli Brecht, im Lauf des gestrigen Gesprächs: „Ich denke oft an ein Tribunal, vor dem ich vernommen werden würde. ›Wie ist das? Ist es Ihnen eigentlich ernst?‹ Ich müßte dann anerkennen: Ganz ernst ist es mir nicht. Ich denke ja auch zu viel an Artistisches, an das, was dem Theater zu gute kommt, als daß es mir ganz ernst sein könnte. Aber wenn ich diese wichtige Frage verneint habe, so werde ich eine noch wichtigere Behauptung anschließen: daß mein Verhalten nämlich *erlaubt* ist." Freilich ist das schon eine spätere Formulierung im Gesprächsgang. Begonnen hatte Brecht nicht mit dem Zweifel an der Statthaftigkeit, wohl aber an der Durchschlagskraft seines Verfahrens. Mit dem Satze, der von einigen Bemerkungen ausging, die ich über Gerhart Hauptmann gemacht hatte: „Manchmal frage ich mich, ob das nicht eben doch die einzigen Dichter sind, die es wirklich zu etwas bringen: die *Substanz-Dichter*, meine ich." Darunter versteht Brecht Dichter, denen es ganz ernst ist. Und zur Erläuterung dieser Vorstellung geht er von der Fiktion aus, Konfuzius habe eine Tragödie oder Lenin habe einen Roman geschrieben. Man würde das als unstatthaft empfinden, so erklärt er, und als ein ihrer nicht würdiges Verhalten. „Nehmen wir an, Sie lesen einen ausgezeichneten politischen Roman und erfahren nachher, daß er von Lenin ist, Sie würden Ihre Meinung über beide ändern, und zu Ungunsten beider. Konfuzius dürfte auch kein Stück von Euripides schreiben, man hätte das als unwürdig angesehen. Nicht aber sind das seine Gleichnisse." Kurz, all dies läuft auf die Unterscheidung zweier literarischer Typen hinaus: des Visionärs, welchem es ernst ist, auf der einen und des Besonnenen, dem es nicht ganz ernst ist, auf der andern Seite. Hier werfe ich nun die Frage nach Kafka auf. Welcher von beiden Gruppen gehört er an? Ich weiß: die Frage läßt sich nicht entscheiden. Und eben ihre Unentscheidbarkeit ist für Brecht das Anzeichen, daß Kafka, den er für einen großen Schriftsteller hält, wie Kleist, wie Grabbe oder Büchner, ein Gescheiterter ist. Sein Ausgangspunkt ist wirklich die Parabel, das Gleichnis, das sich vor der Vernunft verantwortet und dem es deshalb, was seinen Wortlaut angeht, nicht ganz ernst sein kann. Aber diese Parabel unterliegt dann doch der Gestaltung. Sie wächst sich zu einem Roman aus. Und einen Keim zu ihm trug sie, genau betrachtet, von Haus aus in sich. Sie war niemals ganz transparent. Übrigens ist Brecht davon überzeugt, daß Kafka seine eigene Form nicht ohne den Großinquisitor von Dostojewski und jene andere parabolische Stelle in den „Brüdern Karamasoff" gefunden hätte, wo der Leichnam des heiligen Staretz zu stinken anfängt. Bei Kafka also liegt das Parabolische mit dem Visionären im Streit. Als Visionär aber hat Kafka, wie Brecht sagt, das Kommende gesehen, ohne das zu sehen was ist. Er betont, wie schon früher in Le Lavandou und mir deutlicher, die prophetische Seite an seinem Werk. Kafka habe ein, nur ein einziges Problem gehabt, und das sei das der Organisation. Was ihn gepackt habe, das sei die Angst vor dem Ameisenstaat gewesen: wie sich die Menschen durch die Formen ihres Zusammenlebens sich selbst entfremden. Und gewisse Formen dieser Entfremdung habe er vorhergesehen, wie z.B. das Verfahren der GPU. Eine Lösung aber habe er nicht gefunden und sei aus seinem Angsttraum nicht aufgewacht. Von der Genauigkeit Kafkas sagt Brecht, sie sei die eines Ungenauen, Träumenden.

12 Juli Gestern nach dem Schachspiel sagt Brecht: „Also, wenn der (Karl) Korsch kommt, dann müßten wir mit ihm ja ein neues Spiel ausarbeiten. Ein Spiel, wo sich die Stellungen nicht immer gleich bleiben; wo die Funktion der Figuren sich ändert, wenn sie eine Weile auf ein und derselben Stelle gestanden haben: sie werden dann entweder wirksamer oder auch schwächer. So entwickelt sich das ja nicht; das bleibt sich zu lange gleich."

23 Juli Gestern Besuch von Karin Michaelis, die eben von ihrer Rußlandreise zurückgekommen ist und schwärmt. Brecht erinnert sich seiner Führung durch {Sergej} Tretjakoff. Dieser zeigt ihm Moskau, ist stolz auf alles, was er den Gast sehen läßt, es mag sein, was es will. „Das ist nicht schlecht", sagt Brecht, „es zeigt, daß es ihm gehört. Stolz ist man nicht auf anderer Leute Sachen." Nach einer Weile setzt er hinzu: {„}Ja, zuletzt wurde ich allerdings etwas müde. Ich konnte nicht alles bewundern, wollte auch nicht. Es ist ja so: es sind seine Soldaten, seine Lastautos. Aber eben leider nicht meine."

24 Juli. Auf einen Längsbalken, der die Decke von Brechts Arbeitszimmer stützt, sind die Worte gemalt: „Die Wahrheit ist konkret." Auf einem Fensterbord steht ein kleiner Holzesel, der mit dem Kopf nicken kann. Brecht hat ihm ein Schildchen umgehängt und darauf geschrieben: „Auch ich muß es verstehen."

5 August. Vor drei Wochen hatte ich B. meinen Aufsatz über Kafka gegeben. Er hatte ihn wohl gelesen, war aber von sich aus nie darauf zu sprechen gekommen und hatte die beiden Male, da ich die Sprache darauf gebracht hatte, ausweichend geantwortet. Ich hatte das Manuscript schließlich stillschweigend wieder an mich genommen. Gestern abend kam er plötzlich auf diesen Aufsatz zurück. Den, etwas unvermittelten und halsbrecherischen Übergang bildete eine Bemerkung, auch ich sei nicht ganz freizusprechen vom Vorwurf einer tagebuchartigen

Schriftstellerei im Stil Nietzsches. Mein Kafkaaufsatz zum Beispiel – er beschäftige sich mit Kafka lediglich von der phänomenalen Seite – nehme das Werk als etwas für sich Gewachsenes – den Mann auch – löse es aus allen Zusammenhängen – ja sogar aus dem mit dem Verfasser. Es sei eben immer wieder die Frage nach dem Wesen, auf die es bei mir herauskomme. Wie dagegen so eine Sache wohl anzufassen wäre: An Kafka müsse man mit der Frage herantreten: was tut er? wie verhält er sich? Und da vor allem zunächst mehr auf das Allgemeine sehen als das Besondere. Dann stellt sich heraus: er hat in Prag in einem schlechten Milieu von Journalisten, von wichtigtuerischen Literaten gelebt, in dieser Welt war die Literatur die Hauptrealität, wenn nicht die einzige; mit dieser Auffassungsweise hängen Kafkas Stärken und Schwächen zusammen; sein artistischer Wert, aber auch seine vielfache Nichtsnutzigkeit. Er ist ein Judenjunge – wie man auch den Begriff eines Arierjungen prägen könnte – ein dürftiges, unerfreuliches Geschöpf, eine Blase zunächst auf dem schillernden Sumpf der Kultur von Prag, sonst nichts. Aber dann gäbe es doch eben bestimmte, sehr interessante Seiten. Man könnte sie zum Vorschein bringen; man müsse sich ein Gespräch von Laotse mit dem Schüler Kafka vorstellen. Laotse sagt: „Also, Schüler Kafka, dir sind die Organisationen, Rechts- und Wirtschaftsformen, in denen du lebst, unheimlich geworden? – Ja. – Du findest dich in ihnen nicht mehr zurecht. – Nein. – Eine Aktie ist dir unheimlich? – Ja. – Und nun verlangst du nach einem Führer, an den du dich halten kannst, Schüler Kafka.“ Das ist natürlich verwerflich, sagt Brecht. Ich lehne ja Kafka ab. Und er kommt auf das Gleichnis eines chinesischen Philosophen über „die Leiden der Brauchbarkeit“. {„}Im Walde gibt es verschiedenartige Stämme. Aus den dicksten werden Schiffsbalken geschnitten; aus den weniger soliden aber immer noch ansehnlichen Stämmen macht man Kistendeckel und Sargwände; die ganz dünnen verwendet man zu Ruten; aus den verkrüppelten aber wird nichts – die entgehen den Leiden der Brauchbarkeit. In dem, was Kafka geschrieben hat, muß man sich umsehen wie in solchem Wald. Man wird dann eine Anzahl sehr brauchbarer Sachen finden. Die Bilder sind ja gut. Der Rest ist eben Geheimniskrämerei. Der ist Unfug. Man muß ihn beiseite lassen.

Mit der Tiefe kommt man nicht vorwärts. Die Tiefe ist eine Dimension für sich, eben Tiefe – worin dann garnichts zum Vorschein kommt." Ich erkläre B. abschließend, in die Tiefe zu dringen, sei meine Art und Weise, mich zu den Antipoden zu begeben. In meiner Arbeit über Kraus sei ich in der Tat dort herausgekommen. Ich wisse, daß die über Kafka nicht im gleichen Grad geglückt sei: den Vorwurf, so zu einer tagebuchartigen Aufzeichnung gekommen zu sein, könnte ich nicht abwehren. In der Tat sei die Auseinandersetzung in dem Grenzraum, den Kraus und den auf andere Weise Kafka bezeichne, mir angelegen. Abschließend habe ich diesen Raum, im Falle Kafka, noch nicht erkundet. Daß da viel Schutt und Abfall stecke, viel wirkliche Geheimniskrämerei – das sei mir klar. Aber entscheidend sei doch wohl anderes und einiges davon habe meine Arbeit berührt. B.s Fragestellung müsse sich doch an der Interpretation des Einzelnen bewähren. Ich schlage „Das nächste Dorf" auf. Sogleich konnte ich den Konflikt beobachten, in den B. durch diesen Vorschlag versetzt wurde. {Hanns} Eislers Feststellung, diese Geschichte sei „wertlos" lehnte er mit Entschiedenheit ab. Auf der andern Seite aber wollte ihm ebensowenig glücken, ihren Wert kenntlich zu machen. „Man müßte sie genau studieren" meinte er. Dann brach das Gespräch ab; es war zehn Uhr geworden und die Radionachrichten aus Wien kamen.

31 August Vorgestern eine lange und erregte Debatte über meinen Kafka. Ihr Fundament: die Anschuldigung, daß er dem jüdischen Faszismus Vorschub leiste. Er vermehre und breite das Dunkel um diese Figur aus statt es zu zerteilen. Dem gegenüber komme alles darauf an, Kafka zu lichten, das heißt, die praktikabeln Vorschläge zu formulieren, welche sich seinen Geschichten entnehmen ließen. Daß Vorschläge ihnen entnehmbar seien, das wäre zu vermuten und sei es nur der überlegenen Ruhe wegen, die die Haltung dieser Erzählungen ausmacht. Diese Vorschläge müsse man jedoch in der Richtung der großen allgemeinen Übelstände suchen, die der heutigen Menschheit zusetzten. Deren Abdruck in Kafkas Werk sucht Brecht aufzuweisen. Er hält sich vorwiegend an den „Prozeß". Vor allem steckt da, wie er meint, die Angst vor dem nicht enden wollenden und unaufhaltsamen Wachstum der großen Städte. Aus eigenster Erfahrung will er den Albdruck kennen, den diese Vorstellung dem Menschen aufwälzt. Die unübersehbaren Vermittelungen, Abhängigkeiten, Verschachtelungen, in die die Menschen durch ihre heutigen Daseinsformen hineingeraten, finden in diesen Städten ihren Ausdruck. Sie finde{n} auf der andern Seite ihren Ausdruck in dem Verlangen nach dem „Führer“ – der nämlich für den Kleinbürger den darstellt, den er – in einer Welt wo einer auf den andern verweisen kann und jeder sich ihm entzieht – haftbar für all sein Mißgeschick machen kann. Brecht nennt den „Prozeß“ ein prophetisches Buch. „Was aus der Tscheka werden kann, sieht man an der Gestapo.“ – Kafkas Perspektive: die des Mannes, der unter die Räder gekommen ist. Dafür ist bezeichnend Odradek: die Sorge des Hausvaters deutet Brecht als den Hausbesorger. Dem Kleinbürger muß es schief gehen. Seine Situation ist die Kafkas. Während nun aber der heutige geläufige Typ des Kleinbürgers – der Faszist also – beschließt, angesichts dieser Lage seinen eisernen, unbezwinglichen Willen einzusetzen, widersetzt sich Kafka ihr kaum; er ist weise. Wo der Faszist mit Heroismus einsetzt, setzt er mit Fragen ein. Er fragt nach Garantien für seine Lage. Diese aber ist so beschaffen, daß die Garantien über jedes vernünftige Maß hinausgehen müssen. Es ist eine Kafkasche Ironie, daß der Mann Versicherungsbeamter war, der von nichts überzeugter erscheint als von der Hinfälligkeit sämtlicher Garantien. Übrigens ist sein uneingeschränkter Pessimismus frei von jedem tragischen Schicksalsgefühl. Denn nicht nur ist ihm die Erwartung des Mißgeschicks nicht anders als empirisch untermauert – da allerdings vollendet – sondern das Kriterium des Enderfolges legt er in unbelehrbarer Naivetät an die belanglosesten und alltäglichsten Unternehmungen: den Besuch eines Geschäftsreisenden oder eine Anfrage bei der Behörde. – Das Gespräch konzentrierte sich streckenweise auf die Geschichte „Das nächste Dorf“. Brecht erklärt: sie ist ein Gegenstück zu der Geschichte von Achill und der Schildkröte. Zum nächsten Dorf kommt einer nie, wenn er den Ritt aus seinen kleinsten Teilen – die Zwischenfälle nicht gerechnet – zusammensetzt. Dann ist das Leben für diesen Ritt zu kurz. Aber der Fehler steckt hier im „einer“. Denn wie der Ritt zerlegt wird, so auch der

Reitende. Und wie nun die Einheit des Lebens dahin ist, so ist es auch seine Kürze. Mag es so kurz sein, wie es will. Das macht nichts, weil ein anderer als der, der ausritt, im Dorfe ankommt. – Ich für mein Teil gebe folgende Auslegung: das wahre Maß des Lebens ist die Erinnerung. Sie durchläuft, rückschauend, das Leben blitzartig. So schnell wie man ein paar Seiten zurückblättert ist sie vom nächsten Dorfe an die Stelle gelangt, an der der Reiter den Entschluß zum Aufbruch faßte. Wem sich das Leben in Schrift verwandelt hat, wie den Alten, die mögen diese Schrift nur rückwärts lesen. Nur so begegnen sie sich selbst und nur so – auf der Flucht vor der Gegenwart – können sie es verstehen.

27 September Dragør. In einem abendlichen Gespräch, das vor einigen Tagen stattfand, entwickelte Brecht die sonderbare Unschlüssigkeit, die zur Zeit der Bestimmung seiner Pläne im Wege ist. Was zunächst dieser Unschlüssigkeit zu Grunde liegt, sind – wie er selbst hervorhebt – die Vorteile, die seine persönliche Lage vor der der meisten Emigranten auszeichnen. Wenn er somit im allgemeinen die Emigration als Grundlage von Unternehmungen und Plänen kaum anerkennt, so fällt die Beziehung auf sie für ihn selbst um so unwiderruflicher fort. Seine Planungen greifen weiter aus. Er steht dabei vor einer Alternative. Auf der einen Seite warten Prosavorwürfe. Der kleinere des Ui – eine Satire auf Hitler im Stile der Historiographen der Renaissance – und der große des Tui-Romans. Der Tui-Roman ist bestimmt, einen enzyklopädischen Überblick über die Torheiten der Tellektuall-Ins zu geben (der Intellektuellen); er wird wie es scheint zumindest zum Teil in China spielen. Ein kleines Modell für dies Werk ist fertig. Neben diesen Prosaplänen beanspruchen ihn aber Projekte, die auf sehr alte Studien und Überlegungen zurückgehen. Während die Reflexionen, die im Umkreise des epischen Theaters entstanden sind, zur Not noch in den Anmerkungen und Einleitungen der „Versuche“ eine Fixierung gefunden hatten, sind Gedankengänge, die aus den gleichen Interessen entsprangen seitdem sie mit dem Studium des Leninismus auf der einen, mit den naturwissenschaftlichen Tendenzen der Empiriker auf der andern Seite sich vereinigt haben, aus solch beschränkterem Rahmen herausgewachsen. Sie gruppieren sich schon seit Jahren bald unter diesem bald unter jenem Stichwort, so daß abwechselnd die nicht-aristotelische Logik, die Verhaltenslehre, die neue Enzyklopädie, die Kritik der Vorstellungen in den Mittelpunkt von Brechts Bemühungen traten. Diese verschiednen Beschäftigungen konvergieren zur Zeit im Gedanken eines philosophischen Lehrgedichts. Brechts Skrupel gehen nun von der Frage aus, ob er – seiner gesamten bisherigen Produktion nach, besonders aber angesichts ihrer satirischen Teile und zumal des Dreigroschenromans – für eine solche Darlegung beim Publikum den nötigen Kredit finden werde. Es kommen in solchem Zweifel zwei verschiedene Gedankengänge zusammen. Einmal manifestieren sich so Bedenken, denen – je inniger Brechts Befassung mit den Problemen und den Methoden des proletarischen Klassenkampfs wurde – die satirische und zumal die ironische Haltung als solche ausgesetzt werden müßte. Man verstünde diese Bedenken – die eher praktischer Natur sind – aber nicht, wenn man sie mit anderen, tieferliegenden identifizieren würde. Diese Bedenken einer tieferen Schicht richten sich auf das artistische und spielerische Element der Kunst, vor allem aber auf diejenigen Momente, die sie teilweise und gelegentlich refraktär gegen den Verstand machen. Diese chronischen Bemühungen Brechts, die Kunst dem Verstande gegenüber zu legitimieren, haben ihn immer wieder auf die Parabel verwiesen, in der sich die artistische Meisterschaft dadurch bewährt, daß die Elemente der Kunst am Ende sich in ihr wegheben. Und eben diese Bemühungen um die Parabel setzen sich in radikalerer Gestalt zur Zeit in den Überlegungen durch, die aufs Lehrgedicht gehen. Im Verlaufe des Gesprächs selbst suchte ich Brecht klar zu machen, daß ein solches Lehrgedicht ja weniger vor dem bürgerlichen Publikum sich zu beglaubigen hätte als dem proletarischen gegenüber, das seine Maßstäbe vermutlich weniger aus Brechts ehemaliger, teilweise bürgerlich orientierter Produktion nehmen werde als aus dem dogmatischen und theoretischen Gehalt der Lehrdichtung selbst. „Wenn dieses Lehrgedicht die Autorität des Marxismus für sich zu mobilisieren vermag – sagte ich ihm – so wird die Tatsache Ihrer früheren Produktion sie schwerlich erschüttern können."

4 Oktober 1934 Gestern ist Brecht nach London abgefahren. – Sei es, daß Brecht sich hin und wieder durch mich dazu besonders versucht fühlt, sei es, daß solches ihm in letzter Zeit überhaupt näher als früher liegt: das, was er selbst die hetzerische Haltung seines Denkens nennt, macht sich jetzt im Gespräch viel deutlicher bemerkbar als früher. Ja, mir fällt ein besonderes, dieser Haltung entsprungnes Vokabular auf. Zumal den Begriff des „Würstchens" handhabt er gern in solchen Absichten. In Dragor las ich „Schuld und Sühne" von Dostojewski. Zunächst einmal gab er dieser Lektüre die Hauptschuld an meiner Krankheit. Und zur Bekräftigung erzählte er mir, wie in seiner Jugend der Ausbruch einer langwierigen und im Keim wohl längst bei ihm angelegten Krankheit erfolgt sei, als ihm eines Nachmittags ein Schulkamerad, gegen dessen Absichten Protest einzulegen er schon zu schwach war, am Klavier Chopin vorspielte. Chopin und Dostojewski schreibt Brecht besonders unheilvolle Einflüsse auf das Befinden zu. Aber er nahm auch sonst auf jede mögliche Weise zu meiner Lektüre Stellung, und da er selbst zu gleicher Zeit im „Schweyk" las, so ließ er sich nicht entgehen, den Wert der beiden Autoren zu vergleichen. Dabei konnte Dostojewski sich neben Hašek nicht sehen lassen, wurde vielmehr ohne Umstände zu den „Würstchen" gerechnet, und es hätte nicht viel gefehlt, so wäre wohl auch auf seine Werke die Bezeichnung ausgedehnt worden, die Brecht neuerdings für alle Arbeiten in Bereitschaft hält, denen ein aufklärender Charakter fehlt oder von ihm abgesprochen wird. Er nennt sie einen „Klump".

Tagebuchnotizen 1938

6 März In den letzten Nächten habe ich Träume, die meinem Tag tief eingeprägt bleiben. Heute nacht war ich im Traum einmal in Gesellschaft. Man erwies mir Freundlichkeiten; ich glaube, sie bestanden vorwiegend darin, daß Frauen sich für mich interessierten, geradezu Vorteilhaftes über meine Erscheinung sagten. Ich glaube mich zu erinnern, laut bemerkt zu haben: nun würde ich wohl nicht mehr lange leben – als seien dies die letzten Freundschaftsbezeigungen Abschiednehmender.

Später, unmittelbar vor dem Aufwachen, war ich in Gesellschaft einer Dame in den Räumen von Adrienne Monnier. Es war darinnen eine Ausstellung von Dingen veranstaltet, die ich nicht recht vergegenwärtigen kann. Bücher mit Miniaturen waren darunter, weiter Platten oder geschmiedete Arabesken, die farbig wie mit Email belegt waren. Die Räume waren zu ebener Erde an der Straße, von der man durch eine große Scheibe hineinsehen konnte. Ich befand mich im Innern. Meine Dame hatte ihre Zähne offenbar längst im Sinne der Technik behandelt, für die diese Ausstellung werben wollte. Sie hatte einen opalisierenden Glanz an ihnen hervorgerufen. Ihre Zähne spielten matt ins Grüne und Bläuliche. Ich bestrebte mich, ihr auf das Höflichste zu verstehen zu geben, das sei nicht die richtige Verwertung des Materials. Meinen Gedanken zuvorkommend wies sie mich darauf hin, die innere Seite an ihren Zähnen sei rot ausgelegt. Ich hatte in der Tat darauf hinausgewollt, daß für die Zähne die stärksten Farben gerade stark genug seien. Ich habe sehr unter den Geräuschen in meinem Zimmer gelitten. Gestern nacht hielt der Traum das fest. Ich befand mich vor einer Landkarte und zugleich in der Landschaft, die von ihr dargestellt wurde. Die Landschaft war erschreckend trostlos und kahl, es wäre nicht möglich gewesen zu sagen, ob ihre Verlassenheit die felsiger Einöden oder des leeren nur von den Druckbuchstaben bevölkerten grauen Grundes war. Diese Buchstaben zogen sich kurvig auf ihrer Unterlage, gleichsam Gebirgszügen folgend dahin; die von ihnen gebildeten Worte waren von einander mehr oder weniger weit abliegend. Ich wußte oder erfuhr, daß ich im Labyrinth des Gehörgangs sei. Die Landkarte war aber gleichzeitig die der Hölle.

28 Juni Ich befand mich in einem Labyrinth von Treppen. Dieses Labyrinth war nicht an allen Stellen gedeckt. Ich stieg; andere Treppen führten in die Tiefe. Auf einem Treppenabsatze nahm ich wahr, daß ich auf einem Gipfel zu stehen gekommen war. Ein weiter Blick über alle Lande tat sich da auf. Ich sah andere auf andern Gipfeln stehen. Einer von diesen andern wurde plötzlich von Schwindel ergriffen und stürzte herab. Dieser Schwindel griff um sich; andere Menschen stürzten von andern

Gipfeln nun in die Tiefe. Als auch ich von diesem Gefühl ergriffen wurde, erwachte ich.

Am 22 Juni kam ich bei Brecht an.

Brecht weist auf die Eleganz und Lässigkeit in der Haltung Vergils und Dantes hin und bezeichnet sie als den Fond, von dem der große Gestus Vergils sich abhebt. Er nennt die beiden „Promeneure". – Er betont den klassischen Rang der „Hölle": „Man kann sie im Grünen lesen."

Brecht spricht von seinem eingewurzelten, von der Großmutter her ererbten Haß gegen die Pfaffen. Er läßt durchblicken, daß die, welche die theoretischen Lehren von Marx sich zu eigen gemacht und in Behandlung genommen haben, immer eine pfäffische Kamarilla bilden werden. Der Marxismus bietet sich eben allzu leicht der „Interpretation" dar. Er ist hundert Jahre alt und es hat sich erwiesen ... (An dieser Stelle werden wir unterbrochen.) „›Der Staat soll verschwinden.‹ Wer sagt das? Der Staat." (Hier kann er nur die Sowjet-Union meinen.) Brecht stellt sich, listig und verdrückt, vor den Sessel, in dem ich sitze, hin – er macht „den Staat" nach – und sagt, mit einem scheelen Seitenblick auf, vorgestellten, Mandanten: „›Ich weiß, ich *soll* verschwinden.‹"

Ein Gespräch über die neue Romanliteratur der Sowjets. Wir verfolgen sie nicht mehr. Dann kommen wir auf die Lyrik und auf die Übersetzungen sowjetrussischer Lyrik aus den verschiedensten Sprachen, mit denen „Das Wort" überschwemmt wird. Brecht meint, die Autoren drüben haben es eben schwer. „Es wird schon als Vorsatz ausgelegt, wenn in einem Gedicht der Name Stalin nicht vorkommt."

29 Juni Brecht spricht vom epischen Theater; er erwähnt das Kindertheater, in dem die Fehler der Darstellung, als Verfremdungseffekte fungierend, der Vorstellung epische Züge geben. Bei der Schmiere könne Ähnliches sich ereignen. Mir fällt die genfer Aufführung des Cid ein, in der mir beim Anblick der schief sitzenden Krone des Königs der erste Gedanke an das kam, was ich neun Jahre später im Trauerspielbuch niederlegte. Brecht seinerseits zitiert hier den Augenblick, in dem die Idee des epischen Theaters verankert ist. Es war eine Probe zur münchener Aufführung von „Eduard II". Die Schlacht, die im Stücke vorkommt, soll die Bühne dreiviertelstunden behaupten. Brecht kam mit den Soldaten nicht zustande. (Asja, seine Regieassistentin, auch nicht.) Er wandte sich schließlich an den damals ihm nahe befreundeten Valentin, der der Probe beiwohnte; er tat es, verzweifelt, mit der Frage: „Also was ist das, wie steht es eigentlich mit den Soldaten? was ist denn mit ihnen?" Valentin: „Blaß sind's – Furcht haben's." Diese Bemerkung war die entscheidende. Brecht setzte noch hinzu: „müde sind's." Die Gesichter der Soldaten wurden dick mit Kalk belegt. Und an diesem Tage war der Aufführungsstil gefunden. Kurz darauf erschien das alte Thema „logischer Positivismus". Ich erwies mich ziemlich intransigent und das Gespräch drohte eine unangenehme Wendung zu nehmen. Sie wurde dadurch verhütet, daß Brecht zum ersten Male die Oberflächlichkeit seiner Formulierungen eingestand. Dies mit der schönen Formel: „dem tiefen Bedürfnis entspricht ein oberflächlicher Zugriff." Später, als wir zu seinem Hause herübergingen – denn das Gespräch fand in meinem Zimmer statt –: „Es ist gut, wenn man in einer extremen Position von einer Reaktionsepoche ereilt wird. Man kommt dann zu einem mittleren Standort." So sei es ihm ergangen; er sei milde geworden.

Am Abend: Ich möchte jemandem ein kleines Geschenk für Asja mitgeben; Handschuhe. Brecht meint, das sei schwierig. Es könnte passieren, daß die Ansicht entstehe, Jahnn habe ihr Spionagedienste mit zwei Handschuhen entgolten. – „Das Schlimmste: daß immer ganze Equipen abserviert werden. Aber ihre Anordnungen bleiben vermutlich aufrecht."

1 Juli Sehr skeptische Antworten erfolgen, so oft ich russische Verhältnisse berühre. Als ich mich neulich erkundigte, ob Ottwalt n och sitzt, kam die Antwort „wenn der noch sitzen kann, sitzt er." Gestern meinte die Steffin, Tretjakoff sei wohl nicht mehr am Leben.

4 Juli Gestern abend. Brecht (bei einem Gespräch über Baudelaire): Ich bin ja nicht gegen das Asoziale – ich bin gegen das Nichtsoziale.

21 Juli Die Publikationen der Lukács, Kurella u. ä. machen Brecht viel zu schaffen. Er meint aber, man solle ihnen im theoretischen Bezirk nicht entgegentreten. Ich spiele die Frage aufs politische Gebiet. Er hält auch dort mit seinen Formulierungen nicht zurück. „Die sozialistische Wirtschaft braucht den Krieg nicht, darum kann sie ihn auch nicht vertragen. Die ›Friedensliebe‹ des ›russischen Volkes‹ bringt das, und nur das zum Ausdruck. Es kann keine sozialistische Wirtschaft in einem Lande geben. Durch die Rüstungen ist das russische Proletariat notwendigerweise schwer zurückgeworfen worden; und zwar teilweise auf längst überholte Stadien der geschichtlichen Entwicklung. Das monarchische unter anderm. In Rußland herrscht das persönliche Regiment. Das können natürlich nur die Holzköpfe leugnen." Dies war ein kurzes Gespräch, das bald unterbrochen wurde. – Übrigens hob Brecht in diesem Zusammenhang hervor, daß Marx und Engels mit der Auflösung der ersten Internationale aus dem Aktionszusammenhange mit der Arbeiterbewegung herausgerissen worden seien und seither nur noch Ratschläge, und zwar private, die zur Publikation nicht bestimmt gewesen seien, an einzelne Führer gerichtet hätten. Auch sei es kein Zufall – wenn auch bedauerlich – daß Engels sich zuletzt der Naturwissenschaft zugewandt habe. Bela Kun sei sein größter Bewunderer in Rußland. Brecht und Heine seien die einzigen deutschen Lyriker, die er vornehme. (Gelegentlich spielte Brecht auf einen bestimmten Mann im ZK an, der ihn stütze.)

25 Juli Gestern vormittag kam Brecht zu mir herüber, um mir sein Stalin-Gedicht zu bringen, das überschrieben ist „Der Bauer an seinen Ochsen". Im ersten Augenblick kam ich nicht auf den Sinn der Sache; und als mir im zweiten der Gedanke an Stalin durch den Kopf ging, wagte ich nicht, ihn festzuhalten. Solche Wirkung entsprach annähernd Brechts Absicht. Er erläuterte sie im anschließenden Gespräch. Darin betonte er, unter anderm, gerade die positiven Momente in dem Gedicht. Es sei in der Tat eine Ehrung Stalins – der nach seiner Ansicht immense Verdienste habe. Aber er sei noch nicht tot. Ihm, Brecht, übrigens stehe eine andere enthusiastischere Form der Ehrung nicht zu; er sitze im Exil und warte auf die rote Armee. Der russischen Entwicklung folge er; und den Schriften von Trotzki ebenso. Sie beweisen, daß ein Verdacht besteht; ein gerechtfertigter Verdacht, der eine skeptische Betrachtung der russischen Dinge fordert. Solcher Skeptizismus sei im Sinne der Klassiker. Sollte er eines Tages erwiesen werden, so müßte man das Regime bekämpfen – und zwar *öffentlich*. Aber „leider oder Gottseidank, wie Sie wollen", sei dieser Verdacht heute noch nicht Gewißheit. Eine Politik wie die Trotzkische aus ihm abzuleiten sei nicht zu verantworten. „Daß auf der andern Seite, in Rußland selbst, gewisse verbrecherische Cliquen am Werke sind, darin ist kein Zweifel. Man ersieht es von Zeit zu Zeit aus ihren Untaten." Schließlich hebt Brecht hervor, daß wir von den Rückschritten im Innern besonders betroffen werden. „Wir haben für unsere Positionen bezahlt; wir sind mit Narben bedeckt. Es ist natürlich, daß wir auch besonders empfindlich sind."

Gegen Abend fand mich Brecht im Garten bei der Lektüre des „Kapital". Brecht: „Ich finde das sehr gut, daß Sie jetzt Marx studieren – wo man immer weniger auf ihn stößt, und besonders wenig bei unsern Leuten." Ich erwiderte, ich nähme die vielbesprochnen Bücher am liebsten vor, wenn sie aus der Mode seien. Wir kamen auf die russische Literaturpolitik. „Mit diesen Leuten", sagte ich, mit Beziehung auf Lukács, Gabor, Kurella, „ist eben kein Staat zu machen." Brecht: „Oder *nur* ein Staat, aber kein Gemeinwesen. Es sind eben Feinde der Produktion. Die Produktion ist ihnen nicht geheuer. Man kann ihr nicht trauen. Sie ist das Unvorhersehbare. Man weiß nie, was bei ihr herauskommt. Und sie selber wollen nicht produzieren. Sie wollen den Apparatschik spielen und die Kontrolle der andern haben. Jede ihrer Kritiken enthält eine Drohung." – Wir kamen, ich weiß nicht auf welchem Wege, auf Goethes Romane; Brecht kennt nur die Wahlverwandtschaften. Er habe darin die Eleganz des jungen Mannes bewundert. Als ich ihm sage, daß Goethe das Buch mit sechzig Jahren geschrieben hat, ist er sehr erstaunt. Das Buch habe überhaupt nichts Spießbürgerliches. Das sei eine ungeheure Leistung. Er könne ein Lied davon singen, da doch das deutsche Drama bis in die bedeutendsten Werke hinein, die Spuren des Spießbürgertums trage. Ich bemerkte, die Aufnahme der Wahlverwandtschaften sei auch dementsprechend gewesen, nämlich miserabel. Brecht: „Das freut mich. – Die Deutschen sind ein Scheißvolk. Das ist nicht wahr, daß man von Hitler keine Schlüsse auf die Deutschen ziehen darf. Auch an mir ist alles schlecht, was deutsch ist. Das Unerträgliche an den Deutschen ist ihre bornierte Selbständigkeit. So etwas wie die freien Reichsstädte, z. B. diese Scheißstadt Augsburg gab es nirgends. Lyon war nie eine freie Stadt; die selbständigen Städte der Renaissance waren Stadtstaaten. – Lukács ist ein Wahldeutscher. Bei dem ist die Puste bis auf den letzten Rest verschwunden."

An den „Schönsten Sagen vom Räuber Woynok" von der Seghers lobte Brecht, daß sie die Befreiung der Seghers vom Auftrag erkennen lassen. „Die Seghers kann nicht auf Grund eines Auftrags produzieren, so wie ich ohne einen Auftrag garnicht wüßte, wie ich mit dem Schreiben anfangen soll." Er lobte auch, daß ein Querkopf und Einzelgänger in diesen Geschichten als die tragende Figur auftritt.

26 Juli Brecht gestern abend: „Daran kann nicht mehr gezweifelt werden – die Bekämpfung der Ideologie ist zu einer neuen Ideologie geworden."

29 Juli Brecht liest mir mehrere polemische Auseinandersetzungen mit Lukács vor, Studien zu einem Aufsatze, den er im „Wort" veröffentlichen soll. Es sind getarnte, aber vehemente Angriffe. Brecht fragt mich, was ihre Publikation angeht, um Rat. Da er mir gleichzeitig erzählt, Lukács habe derzeit „drüben" eine große Stellung, so sage ich ihm, ich könne ihm keinen Rat geben. „Hier handelt es sich um Machtfragen. Dazu müßte sich jemand von drüben äußern. Sie haben doch Freunde dort." Brecht: „Eigentlich habe ich dort keine Freunde. Und die Moskauer selber haben auch keine – wie die Toten."

3 August Am 29 Juli kam es gegen Abend, im Garten, zu einem Gespräch über die Frage, ob ein Teil des Zyklus „Kinderlieder" in den neuen Gedichtband aufzunehmen sei. Ich war nicht dafür, weil ich fand, der Kontrast zwischen den politischen und den privaten Gedichten bringe die Erfahrung des Exils besonders deutlich zum Ausdruck; er dürfe nicht durch eine disparate Reihe geschmälert werden. Ich ließ wohl durchblicken, es sei in diesem Vorschlag wieder einmal Brechts destruktiver Charakter im Spiel, der das kaum Erreichte wieder in Frage stelle. Brecht: „Ich weiß, es wird von mir heißen: er war ein Maniker. Wenn diese Zeit überliefert wird, so wird das Verständnis für meine Manie mit überliefert werden. Die Zeit wird für das Manische den Hintergrund abgeben. Aber was ich eigentlich möchte, das ist, daß es einmal heißen soll: er war ein *mittlerer* Maniker." – Die Erkenntnis des Mittleren dürfe auch in dem Gedichtbande nicht zu kurz kommen; daß das Leben, trotz Hitler, weitergeht, daß es immer wieder Kinder geben wird. Brecht denkt an die geschichtslose Epoche, aus der sein Gedicht an die bildenden Künstler ein Bild gibt und von der er mir einige Tage später sagte, er hielte ihr Eintreten für wahrscheinlicher als den Sieg über den Faschismus. Danach aber kam, immer noch als Begründung für die Aufnahme der „Kinderlieder" in die „Gedichte aus dem Exil" etwas anderes zur Geltung und Brecht brachte es, vor mir im Grase stehend, mit einer Heftigkeit vor, die er selten hat. „In dem Kampf gegen die darf nichts ausgelassen werden. Sie haben nichts Kleines im Sinn. Sie planen auf dreißigtausend Jahre hinaus. Ungeheures. Ungeheure Verbrechen. Sie machen vor nichts halt. Sie schlagen auf alles ein. Jede Zelle zuckt unter ihrem Schlag zusammen. Darum darf keine von uns vergessen werden. Sie verkrümmen das Kind im Mutterleib. Wir dürfen die Kinder auf keinen Fall auslassen." Während er so sprach fühlte ich eine Gewalt auf mich wirken, die der des Faschismus gewachsen ist; ich will sagen eine Gewalt die in nicht minder tiefen Tiefen der Geschichte entspringt als die faschistische. Es war ein sehr merkwürdiges, mir neues Gefühl. Ihm entsprach dann eine Wendung, die Brechts Gedanke nahm. „Sie planen Verwüstungen von riesigem Ausmaß. Darum können sie sich auch mit der Kirche nicht einigen, die auch ein Gang auf Jahrtausende ist. Mich haben sie auch proletarisiert. Sie haben mir nicht nur mein Haus, meinen Fischteich und meinen Wagen abgenommen, sie haben mir meine Bühne und mein Publikum auch geraubt. Von meinem Standort kann ich nicht zugeben, daß Shakespeare grundsätzlich eine größere Begabung gewesen sei. Aber auf Vorrat hätte er auch nicht schreiben können. Er hat übrigens seine

Figuren vor sich gehabt. Die Leute, die er dargestellt hat, liefen herum. Mit knapper Not hat er aus ihrem Verhalten einige Züge herausgegriffen; viele gleich wichtige hat er fortgelassen.“

Anfang August. “In Rußland herrscht eine Diktatur *über* das Proletariat. Es ist solange zu vermeiden, sich von ihr loszusagen als diese Diktatur noch praktische Arbeit für das Proletariat leistet – das heißt als sie zu einem Ausgleich zwischen Proletariat und Bauernschaft unter vorherrschender Wahrnehmung der proletarischen Interessen beiträgt.“ Einige Tage darauf sprach Brecht von einer „Arbeitermonarchie“ und ich verglich diesen Organismus mit den grotesken Naturspielen, die in Gestalt eines gehörnten Fisches oder anderer Ungeheuer aus der Tiefsee zu Tage befördert werden.

25 August Eine brechtsche Maxime: Nicht an das Gute Alte anknüpfen, sondern an das schlechte Neue.

Protokolle zu Drogenversuchen

Hauptzüge der ersten Haschisch-Impression

Geschrieben 18 Dezember 1927. 3½ Uhr früh

1) Geister schweben (vignettenhaft) hinter der rechten Schulter. Kühle in dieser Schulter. In diesem Zusammenhang: „Ich habe das Gefühl, daß außer mir 4 im Zimmer sind.“ (Umgehung der Notwendigkeit sich mitzuzählen.)

2) Erläuterung der Potemkinanekdote durch die Erklärung: Suggestion sei: einem die Maske (des eignen Gesichts id est des Vorzeigenden) vorzuzeigen.

3) Verschrobene Äußerung über Äthermaske, die (selbstverständlich) auch Mund, Nase etc. habe.

4) Die beiden Koordinaten durch die Wohnung: Keller – Boden/ Horizontale. Große horizontale Dehnung der Wohnung. Zimmerflucht, aus der die Musik kommt. Aber vielleicht auch Schrecken des Korridors.

5) Unbegrenztes Wohlwollen. Versagen der zwangsneurotischen Angstkomplexe. Die Sphäre „Charakter“ tut sich auf. Alle Anwesenden irisieren ins Komische. Zugleich durchdringt man sich mit ihrer Aura.

6) Das Komische wird nicht nur aus Gesichtern, auch aus Vorgängen herausgeholt. Man *sucht* Anlaß zum Gelächter. Vielleicht stellt sich auch nur darum so vieles, was man sieht, als „arrangiert“, als „Versuch“ dar: damit man darüber lachen kann.

7) Dichterische Evidenzen ins Lautliche: ich stelle an einer Stelle die Behauptung auf, eben hätte ich in der Antwort auf eine Frage das Wort lange Zeit nur durch (sozusagen) die Wahrnehmung einer langen Zeit in dem Lautbestand der beiden Worte gebraucht. Ich empfinde das als dichterische Evidenz.

8) Zusammenhang; Distinktion. Man fühlt im Lächeln sich kleine Flügel wachsen. Lächeln und flattern als verwandt. Man hat das Gefühl der Distingiertheit u. a. weil man sich so vorkommt, als lasse man im Grunde in nichts sich zu tief ein: bewege, wie tief man auch dringe, sich immer auf einer Schwelle. Art Spitzentanz der Vernunft.

9) Es fällt einem sehr auf, in wie langen Sätzen man spricht. Auch dies mit horizontaler Ausdehnung und (wohl) mit Gelächter zusammenhängend. Das Passagenphänomen ist auch die lange horizontale Erstreckung, vielleicht kombiniert mit Abflucht in die ferne flüchtigwerdende, winzige Perspektive. In solcher Winzigkeit läge ein Verbindendes von der Vorstellung der Passage mit dem Lachen. (Vgl. Trauerspielbuch: verkleinernde Macht der Reflexion.)

10) Ganz flüchtig taucht in einem Augenblick des Insichgekehrtseins so etwas wie eine Neigung auf, sich selber, seinen Körper zu stilisieren.

11) Unlust zu Auskunft. Rudimente von einem Zustande von Entrücktheit. Große Empfindlichkeit gegen offne Türen, lautes Reden, Musik.

12) Gefühl, Poe jetzt viel besser zu verstehen. Die Eingangstore zu einer Welt des Grotesken scheinen aufzugehen. Ich wollte nur nicht hereintreten.

13) Ofenröhre wird Katze. Beim Worte Ingwer ist anstelle des Schreibtisches plötzlich eine Fruchtbude da, in der ich sofort darauf den Schreibtisch wiedererkenne. Ich erinnerte an 1001 Nacht.

14) Unlustig und schwerfällig den Gedanken anderer zu folgen.

15) Man hat den Ort, den man im Zimmer einnimmt nicht ganz so fest inne wie sonst. So kann einem plötzlich – mir ging es ganz flüchtig so – das ganze Zimmer voll Menschen vorkommen.

16) Die Leute, mit denen man zu tun hat (insbesondere Joël und Fränkel) sind sehr geneigt, sich etwas zu verwandeln, nicht fremd möchte ich sagen zu werden, nicht vertraut zu bleiben sondern so etwas wie Fremden ähnlich zu sehen.

17) Mir schien: ausgesprochene Unlust, mich über Dinge des praktischen Lebens, Zukunft, Daten, Politik zu unterhalten. Man ist an die intellektuale Sphäre gebannt wie manchmal Besessene auf die sexuelle, ist von ihr angesaugt.

18) Nachher mit Hessel im Cafe kleiner Abschied von der Geisterwelt. Winken.

19) Das Mißtrauen gegen Essen. Ein besonderer und sehr akzentuierter Fall des Gefühls, was man bei vielem hat: „Das ist doch nicht dein Ernst, daß du so aussiehst!"

20) F's Schreibtisch verwandelt sich als er von „Ingwer" spricht für eine Sekunde in eine Bude mit Früchten.

21) Mit dem Gelächter bringe ich in Zusammenhang das außerordentliche Meinungsschwanken. Es hängt, genauer gesagt, unter

anderm mit der großen Detachiertheit zusammen. Ferner ist diese Unsicherheit, die möglicherweise bis zur Affektation geht, gewissermaßen eine Projektion des inneren Kitzelgefühls nach außen.

22) Auffallend ist, daß man Hemmungsgründe, die im Aberglauben etc. liegen und die man sonst nicht leicht benennt ziemlich impulsiv ohne starken Widerstand frei heraussagt.

In einer schillerschen Elegie heißt es „Des Schmetterlings zweifelnder Flügel.“ Dieses zum Zusammenhange des Beschwingtseins mit dem Gefühl des Zweifels.

23) Man geht die gleichen Wege des Denkens wie vorher. Nur sie scheinen mit Rosen bestreut.

Hauptzüge der zweiten Haschisch-Impression

Geschrieben 15 Januar 1928 nachmittags ½ 4

Die Erinnerung ist weniger reich, trotzdem die Versunkenheit eine geringere als beim vorigen Mal war. Ich war, genau gesagt, weniger versunken, aber tiefer drinnen.

Auch haften in der Erinnerung mehr die trüben, fremdartigen, exotischen Partien des Rausches als die lichten. Ich erinnere mich an eine satanische Phase. Das rot der Wände wurde bestimmend für mich. Mein Lächeln nahm satanische Züge: wenn auch mehr den Ausdruck satanischen Wissens, satanischen Genügens, satanischen Ruhens an als den satanischen, zerstörenden Wirkens. Das Eingelassensein der Anwesenden in den Raum steigerte sich; der Raum wurde samtner, flammender, dunkler. Ich nannte den Namen Delacroix.

Die zweite ganz starke Wahrnehmung war das Spiel mit dem Nebenzimmer. Man beginnt überhaupt mit Räumen zu spielen. Es entstehen Verführungen des Orientierungssinnes. Was man im wachen Zustande aber nur an der sehr unangenehmen Verschiebung kennt, die man willkürlich hervorruft indem man nachts in einem Zuge auf dem Rücksitz fahrend sich einbildet man fahre auf dem Vordersitz oder umgekehrt, das läßt sich aus der Bewegung ins Statische übersetzt hier als Verführung erfahren. Der Raum verkleidet sich vor uns nimmt wie ein lockendes Wesen die Kostüme der Stimmungen um. Ich erfahre das Gefühl, nebenan im Zimmer könnte sowohl die Kaiserkrönung Karls des Großen wie die Ermordung Heinrichs des IV, die Unterzeichnung des Vertrages von Verdun und die Ermordung Egmonts sich abgespielt haben. Die Dinge sind nur Mannequins und selbst die großen welthistorischen Momente sind nur Kostüme unter denen sie die Blicke des Einverständnisses mit dem Nichts, dem Niedrigen und Banalen tauschen. Sie erwidern dem zweideutigen Zwinkern von Nirwana herüber.

In dieses Einverständnis garnicht hineinbezogen zu sein, das macht dann das „satanische Genügen" aus, von dem die Rede war. Hier ist auch die Wurzel der Sucht, die Mitwisserschaft mit dem Nichtsein grenzenlos zu vertiefen durch Steigerung der Dosis. Vielleicht ist es keine Selbsttäuschung zu sagen, daß man in diesem Zustand eine Abneigung gegen den freien sozusagen uranischen Luftraum bekommt, der den Gedanken des „Draußen" beinah zur Qual werden läßt. Es ist nicht mehr, wie voriges Mal, das freundliche gesellige Verweilen im Raum aus Freude an der Situation wie sie ist sondern ein dichtes sich eingewebt sich eingesponnen haben, ein Spinnennetz in dem das Weltgeschehen verstreut wie ausgesogene Insektenleiber herumhängt. Von dieser Höhle will man sich nicht trennen. Hier bilden sich auch Rudimente eines unfreundlichen Verhaltens gegen die Anwesenden, Angst, daß sie einen stören, herauszerren könnten.

Aber auch dieser Rausch hat trotz der depressiven Grundlage seinen kathartischen Ausgang, wenn auch nicht den seligen des letzten, so einen findigen, der nicht ohne Anmut ist. Nur daß diese bei abklingender Wirkung, die denn doch eigentlich den Depressionszusammenhang deutlicher hinstellt, zu stande kommt, könnte unter Umständen dafür sprechen, daß an dem depressiven Charakter denn doch die Verstärkung der Dosis auch ihren Anteil hat. Doppelte Struktur dieser Depression: einmal Angst und dann eine Unschlüssigkeit in einer damit verbundenen praktischen Frage. Dieser Unschlüssigkeit Herr geworden: plötzlich einem sehr versteckten Moment einer zwangshaften Versuchung auf die Spur gekommen, damit die Möglichkeit gewonnen, mich ihr etwas nachzugeben mit der Aussicht sie abzutun.

Den Hunger als schiefe Axe durch das System des Rausches gelegt.

Die große Hoffnung, Neigung, Sehnsucht Neuem, Unberührtem im Rausch nahezukommen, läßt diesmal kaum mehr im beschwingten Flattern sondern im müden, in sich versunkenen, entspannten, müßigen, trägen Wandel bergab sich erreichen. In diesem Bergabgehen glaubt man noch einige Freundlichkeit, noch einige attrativa zu entwickeln, Freunde mit einem dunkel umrandeten Lächeln mit sich mitzuführen, halb Lucifer halb Hermes traducens, nicht mehr der Geist und Mensch vom letztenmal. Weniger Mensch, mehr Daimon und Pathos in diesem Rausch. Die ungute Gleichzeitigkeit des Bedürfnisses allein zu sein und dessen mit den andern zusammenbleiben zu wollen – ein Gefühl das in der tieferen Müdigkeit zum Vorschein kommt und dem man nachzugehen hätte – steigert sich. Man hat das Gefühl, diesem zweideutigen Zwinkern von Nirwana herüber nur ganz einsam in tiefster Ruhe sich überlassen zu können und braucht doch Anwesenheit der andern als leise sich verschiebende Relieffiguren am Sockel des eigenen Thrones.

Hoffnung als Kissen, das sich einem unterlegt, jetzt erst, nachwirkend.

Der erste Rausch machte mich mit dem Flatterhaften des Zweifels bekannt; das Zweifeln lag als schöpferische Indifferenz in mir selber. Der zweite Versuch aber ließ die Dinge zweifelhaft erscheinen.

Zahnoperation. Merkwürdige Erinnerungsverschiebung. Kann mich noch jetzt nicht von der Vorstellung befreien, die Stelle sei auf der linken Seite gewesen. Noch beim Nachhausekommen, als die Kette vor der Badezimmertür schwer schließen will, der Argwohn: Versuchsanordnung. Man hört die Tuba mirans sonans, stemmt sich aber vergebens gegen die Grabplatte. Es ist bekannt, daß wenn man die Augen schließt und leicht auf sie drückt, ornamentale Figuren entstehen, auf deren Form man keinen Einfluß hat. Die Architekturen und Raumkonstellationen, die man im Haschisch vor sich sieht, haben im Ursprung etwas damit Verwandtes. Wann und als was sie auftreten, das ist zunächst unwillkürlich, so blitzartig und unangemeldet stellen sie sich ein. Dann, wenn sie einmal da sind, kommt bewußter spielende Phantasie, um sich gewisse Freiheiten mit ihnen zu nehmen.

Man darf wohl ganz allgemein sagen, daß die Empfindung des „draußen“, „außerhalb“ mit einem gewissen Unlustgefühl verbunden ist. Vom „draußen“ aber muß man scharf den noch so sehr ausgeweiteten Visionsraum unterscheiden, der zum draußen sich für den Menschen im Haschischrausch genau so verhält wie die Bühne zur kalten Straße für einen Theaterbesucher. Bisweilen scheint aber zwischen dem Berauschten und seinem Visionsraum etwas, um weiter in diesem Bilde zu reden, wie ein Proszenium zu liegen, durch das eine ganz andere Luft, das draußen, hindurchstreicht. Die Todesnähe formulierte sich mir gestern in dem Satze: der Tod liegt zwischen mir und meinem Rausch. Das Bild vom Selbstanschluß: gewisse geistige Dinge kommen „von selbst zu Wort“, wie sonst etwa heftige Zahnschmerzen etc. Alle Empfindungen, vor allem auch geistige, haben ein stärkeres Gefälle und reißen die Worte in ihrem Bette mit sich.

Dieses „zweideutige Zwinkern von Nirwana herüber“ ist wohl nirgends so anschaulich geworden wie bei Odilon Redon.

Die erste schwere Schädigung, die eintritt, ist wohl die Unfähigkeit, über weitere Zeiten hinaus disponieren zu können. Es zeigt sich, wenn man dem näher nachgeht, das Erstaunliche an der Tatsache, daß wir über Nacht und Nächte hinaus disponieren können, d. h. über gewöhnliche Träume hinaus. Sehr schwer über die Träume (oder den Rausch) im Haschisch hinaus zu disponieren. Bloch wollte leise mein Knie berühren. Die Berührung wird mir schon lange ehe sie mich erreicht hat, spürbar, ich empfinde sie als höchst unangenehme Verletzung meiner Aura. Um das zu verstehen, muß man mit-berücksichtigen, daß alle Bewegungen an Intensität und Planmäßigkeit zu gewinnen scheinen und daß sie schon als solche unangenehm wahrgenommen werden. Nachwirkung: vielleicht eine gewisse Schwächung des Willens.

Aber das Beschwingende gewinnt mit abklingender Wirkung die Oberhand. Hängt eine bei mir in der letzten Zeit (trotz häufiger Depression) aufwärtssteigende Schriftrichtung, wie ich sie noch nie bei mir beobachtet habe, mit Haschisch zusammen. Andere Nachwirkung: beim Nachhausekommen lege ich die Kette vor und als sich dabei eine Schwierigkeit ergibt, ist mein erster (sofort korrigierter) Gedanke: Versuchsanordnung? Wenn auch der erste Rausch moralisch hoch über dem zweiten stand, so ist doch die Klimax der Stärke ansteigend. Ungefähr so zu verstehen: der erste Rausch lockerte und lockte die Dinge aus ihrer gewohnten Welt, der zweite stellte sie sehr bald in eine – diesem Zwischenreich weit unterlegene – neue.

Über die ständigen Abschweifungen im Haschisch. Zunächst die Unfähigkeit zuzuhören. So sehr sie im Mißverhältnis zu dem grenzenlosen Wohlwollen gegen die andern scheint, so sehr ist sie in Wahrheit mit ihm verwurzelt. Der Partner hat kaum den Mund geöffnet, so enttäuscht er uns grenzenlos. Was er sagt bleibt unendlich weit hinter dem zurück, was wir ihm, hätte er geschwiegen, so gerne und mit tausend Freuden zugetraut und geglaubt hätten. Er enttäuscht uns schmerzlich durch sein Abgleiten vom größten Gegenstande aller Aufmerksamkeit: uns selber.

Was aber unser eigenes Abgleiten, Abspringen vom Gesprächsgegenstand angeht, so sieht das Gefühl, das der physischen Kontaktunterbrechung entspricht, etwa so aus: wovon wir gerade zu sprechen vorhaben, das lockt uns unendlich; was uns intentional vorschwebt, danach breiten wir liebend die Arme aus. Kaum haben wir es aber berührt, so enttäuscht es uns gänzlich: der Gegenstand unserer Aufmerksamkeit welkt unter der Berührung der Sprache plötzlich hin. Er altert um Jahre, unsere Liebe hat ihn in einem einzigen Augenblick gänzlich erschöpft. So ruht er aus: bis er uns lockend genug erscheint, uns wieder auf ihn zurückzuführen.

Auf das Kolportagephänomen des Raumes zurückzukommen: es wird simultan die Möglichkeit aller potentiell in diesem Räume etwa geschehnen Dinge wahrgenommen. Der Raum blinzelt einen an: Nun, was mag sich in mir wohl zugetragen haben? Zusammenhang dieses Phänomens mit der Kolportage. Kolportage und Unterschrift. So vorzustellen: man denke sich einen kitschigen Öldruck an der Wand und im unteren Teile des Rahmens einen länglichen Streifen herausgeschnitten. Durch die untere Leiste liefe ein Band und nun erschienen in dem Spalt Unterschriften die einander ablösten: „Ermordung Egmonts“, „Kaiserkrönung Karls des Großen“ etc.

Ich sah in diesem Versuch öfters Lauben mit Bogenfenstern und sagte einmal: ich sehe Venedig, aber es sieht aus wie der obere Teil der Kurfürstenstraße.

„Ich fühle mich schwach“ und „ich weiß mich schwach“ – das sind grundverschiedene Intentionen. Vielleicht hat nur die erste eigentlich ausdrucksmäßigen Niederschlag. Aber im Haschisch kann man beinahe von einer Alleinherrschaft der zweiten reden und vielleicht erklärt das, wieso trotz gesteigertem „Innenleben“ der Gesichtsausdruck verarmt. Dem Unterschied dieser beiden Intentionen ist nachzugehen.

Weiterhin: Funktionsverschiebung. Diesen Ausdruck übernehme ich von Joel. Hier die Erfahrung, die mich darauf brachte: Man gab mir in der satanischen Phase ein Buch von Kafka in die Hand „Betrachtung“. Ich las auf dem Titel. Dann aber wurde mir dieses Buch sofort das, was ein Buch in der Hand eines Dichters dem vielleicht etwas akademischen Bildhauer wird, der ein Standbild dieses Dichters zu machen hat. Es wurde von mir unmittelbar dem plastischen Aufbau meiner Person eingefügt und demnach viel brutaler und absoluter mir untenan als die abfälligste Kritik es hätte zu stände bringen können. Es war aber noch anders: nämlich als sei ich auf der Flucht vor Kafkas Geist und nun, im Augenblicke, da er mich berührte, verwandelte ich mich in Stein wie Daphne unter Apolls Berührung zu Epheu wird.

Zusammenhang der Kolportage-Intention mit den tiefsten theologischen. Sie spiegeln sie getrübt wider, versetzen in den Raum der Kontemplation, was nur im Räume des tätigen Lebens gilt. Nämlich: daß die Welt immer wieder dieselbe sei (daß alles Geschehen im gleichen

Räume sich hätte abspielen können). Das ist im Theoretischen trotz allem eine müde, welke Wahrheit (trotz aller scharfen Sicht, die darin steckt) aufs höchste aber bestätigt sie sich im Dasein des Frommen, dem wie hier der Raum der Phantasie zu allem *Gewesenen,* so alle Dinge zum *Besten* dienen. So tief ist Theologisches hier in den Bereich der Kolportage gesunken. Ja man. darf sagen: die tiefsten Wahrheiten, weit entfernt aus dem Dumpfen, Tierischen des Menschen aufgestiegen zu sein, besitzen die gewaltige Kraft, noch dem Dumpfen, Gemeinen sich anpassen zu können, selbst im verantwortungslosen Träumer sich auf ihre Weise zu spiegeln.

Protokoll des Haschischversuchs vom 11. Mai 1928

V.P. Joël.

Joel nahm um Uhr g. Cannabis ind.

J. erscheint gegen ½ 11 Uhr bei Benjamin. Hat vorher, nachdem er eingenommen hatte, eine Versammlung im Gesundheitshaus geleitet und in der Diskussion ungehindert gesprochen. Verspricht sich, als gegen 11 Uhr noch keine sichtbare Wirkung eingetreten ist, einen sehr geringen Erfolg. Kommt sich selbst verändert vor, dem Beobachtenden nicht. Das Gespräch geht von Arbeiten von B. aus, kommt von selbst auf Fragen erotischer bezw. sexualpathologischer Dokumente (Sammlung Magnus Hirschfeld). B. legt der Versuchsperson ein Album mit freien Abbildungen vor. Wirkung: Null. Das Gespräch bleibt rein wissenschaftlich.

Dagegen kuriose sozusagen mimetische Antizipationen bei Benjamin), der auffallend häufig ganz im Gegensatz zu J. den Faden des Gesprächs verliert, J. der sich einen Keks nimmt, Feuer dazu anbieten will.

Nach 11 Uhr Anruf bei Fränkel, der zu kommen verspricht. Dieses Gespräch kommt dem Beobachter geradezu als auslösender Faktor des H-Rausches vor. Am Telefon erster (gemäßigter) Lachanfall. Nach Schluß des Gesprächs starke Wirkung des Raumes, wozu zu bemerken: Das Telefon befindet sich nicht in B.s Zimmer, sondern in der anschließenden

Wohnung; man muß um in das betreffende Zimmer zu gelangen, ein drittes Zimmer passieren. J. hat den Wunsch, in dem Zimmer, in dem er telefoniert hat, zu verbleiben, ist aber sehr unsicher, wagt sich nicht in die Sofaecke, gegen ein Kissen, zu lehnen, nimmt die Mitte des Sofas ein.

Schon vorher beim Durchgang durch das mittlere Zimmer gesteigerte Beobachtungsgabe (relativ zu der üblichen von B., die hier den einzigen Vergleichsmaßstab bildet). Dieses Durchgangszimmer ist nämlich mit eingerahmten Schriftproben erfüllt. J. entdeckt sofort eine Tafel, die kenntlich macht, es handle sich um eine Sammlung zur Geschichte der Schrift. B. hat diese Tafel niemals bemerkt. Noch auffallender beim Rückweg durch dieses Zimmer: An einer Stuhllehne ist ein violetter Luftballon festgebunden. B. sieht ihn gar nicht, Joël erschrickt. Die Lichtquelle, die sich vor dem Ballon befindet, erscheint J. in dessen Innern (violette Lampe, die er als „Apparat" anspricht).

In B.s Zimmer sofort mit dem Übergang in das neue Milieu völlige Desorientierung des Zeitsinns. 10 Minuten, die seit dem Telefongespräch verstrichen sind, erscheinen ihm als eine halbe Stunde. Die folgende Periode charakterisiert durch unruhige Erwartung von Fränkel. Die Phasen sind äußerlich kenntlich an wiederholten tiefen Atemzügen. Diskussion über J.s Formulierung: „Ich habe mich in der Zeit verschätzt." Andere Formulierungen: „Meine Uhr geht rückwärts." „Ich möchte mich zwischen die Doppelfenster stellen." „Es könnte doch jetzt allmählich Fränkel werden." Am Fenster stehend sieht Joel zwei Radfahrer: „Angeradelt kann er ja doch nicht kommen. Und gar zu zweit!"

Danach eine Phase tiefer Versunkenheit, aus der hier nur einzelnes festgehalten werden kann. Divagation über das Wort „Kollege". Etymologische Überlegung. Für B. sehr auffallend, weil er am gleichen Tage 8 Stunden vorher über die Etymologie dieses Wortes im Stillen nachgedacht hatte. Er sucht das J. mitzuteilen. Dieser streng ablehnend: „Ich kann diese mediumistischen Gespräche nicht leiden unter Intellektuellen."

Andere Formulierungen, deren Zusammenhang ich nicht mehr rekonstruieren kann: „Soll ich nun darüber malthusianistisch reden?“ „Das kann jede Mutter mit 5 Kindern sagen.“ (Das kann man jeder Mutter mit 5 Kindern sagen?) „Opponenz.“ „Alimentenz.“ Divagation über „wilde Männer“. „Symmetrie der Flegelmänner.“ (Beziehung etwa auf die Titel wie die in der Vossischen Zeitung?) Neue Divagation über „ein Mittelding zwischen Kaiser und Kautsky“. (Bezog sich auf B.)

„Immer ein Haus mit so Linien und daran Leuchtergebilde (tiefer Seufzer). Leuchtergebilde erinnert mich sofort an etwas Sexuelles. Sexuelles muß ja anstandshalber sein.“ In diesem Zusammenhang das Wort „Sekretorium“. Wenn ich einen Satz von ihm bestätige, so reißt ihn das nach seinen Worten in eine hellere Phase hinauf. „Ich bin eben mit dem Lift heraufgefahren.“ Andere Reflexionen: „Ich weiß nur was ganz Formales ... und auch das nicht mehr.“ Oder : „Wie ich das sagte, war ich die Kirche.“ Oder: „Das war eben eine Sache. ... Ach Gott, das sind doch Verkörperungen minderwertiger Art.“ Oder: „Man sieht den Goldklumpen liegen, aber man kann ihn nicht heben.“ Ergeht sich nun ausführlich darüber, daß Heben und Sehen völlig verschiedene Akte seien. Behandelt das als eine Entdeckung.

B. bemerkt bei Gelegenheit, ermutigend, es finde keine Kontaktlösung zwischen J. und ihm statt. J. reagiert außerordentlich heftig: Kontaktlösung sei eine contradictio in adjecto. Dann Echolalien (perzipierend?): „Kontakt, Austakt, durch Takt, mit Takt in Spanien.“ Diese Divagation aus einem frühen Stadium des Versuchs.

Andere Divagationen: Reaktion auf das Wort „Parallelen“, das B. fallen läßt: „Parallelen schneiden sich in der Unendlichkeit – das sieht man doch.“ – Dann aber lebhafte Zweifel, ob sie sich schneiden, ob sie sich nicht schneiden.

Bruchstück: „... Durch diese Sache, die doch Schritte sein sollten, oder waren, was weiß ich.“ Andere Schwankungen: „Das glaube ich überhaupt nicht, daß Sie Versuchsscherze machen, dazu fühlen Sie sich zu unsicher.“

Nach einiger Zeit ziehe ich mich in die Nähe von F. in den Zimmerhintergrund aufs Sofa zurück. J. hat großes Gefallen an dieser Anordnung. F. ist unwohl, erhebt sich, ich begleite ihn heraus. Er bleibt lange fort. In seiner Abwesenheit: Erst nahm J. an, wir besprächen draußen eine Versuchsanordnung. Kam aber davon ab. Hört ein Klirren. Assoziiert daran Entzünden eines Leuchters. Glaubt zu sehen, wie ich Fränkel mit einem Leuchter auf die Toilette führe. Hieran anschließend schon ziemlich objektive Erörterungen. Allmähliche Aufhellung.

Nachzutragen aus der tiefsten Phase u. a.: Eine Ecke meines Schreibtischs wird J. zum Flottenstützpunkt, Kohlenstation, etwas zwischen Wittenberg und Jüterbog. „Aber alles zu Zeiten Waldersees." Sodann eine sehr merkwürdige, schöne poetische Divagation über eine nie erlebte Schulzeit in Myslowitz. Nachmittags in der Schule, draußen auf den Feldern die Sonne etc.

Dann verliert er sich in anderen Bildern: Berlin. „Nach dem Orient muß man reisen, um die Ackerstraße zu verstehen."

Aus der Phase der Erwartung von Fränkel: „Jetzt würde ich mich auf das Fensterbrett setzen." Anschließend lange Divagation über das Wort „drohen". „Fränkel droht zu kommen." Auf einen anderen Infantilismus macht J. selbst aufmerksam. Er hat bei – gleichviel welcher – Gelegenheit das Gefühl, F. verletze ihm gegenüber eine Zusage. Er habe ihm „doch die Hand darauf gegeben (wie man das zwischen Jungen zu tun pflegt)."

Ende des Versuchs gegen 3 Uhr.

29. September. Sonnabend. Marseille

Um 7 Uhr abends nach langem Zögern Haschisch genommen. Ich war am Tage in Aix gewesen. Ich notiere, was etwa folgt, nur um festzustellen, ob sich Wirkungen einfinden, da mein Alleinsein kaum eine andere Kontrolle zuläßt. Neben mir weint ein kleines Kind, das stört mich. Ich denke, es ist schon eine dreiviertel Stunde verstrichen. Aber nun ist es doch erst eine halbe. Daher ... Denn abgesehen von einer ganz leichten

Benommenheit ist mir nichts. Ich liege auf dem Bett, las und rauchte. Mir gegenüber immer dieser Blick in den ventre von Marseille. (Nun beginnen die Bilder Gewalt über mich zu bekommen.) Die Straße, die ich so oft sah, ist mir wie der Schnitt, den ein Messer gezogen hat.

Einen letzten Anstoß Haschisch zu nehmen, gaben mir gewisse Seiten im „Steppenwolf", die ich heute früh gelesen hatte. Ich fühle nun unbedingt Wirkung. Hauptsächlich negativ, indem mir Lesen und Schreiben schwer fällt. Es ist eine dreiviertel Stunde (reichlich) vergangen. Nein, viel scheint nicht kommen zu wollen. Gerade jetztmußte das Telegramm von Speyer kommen: „Romanarbeit endgültig aufgegeben" etc. Es tut nicht gut, wenn eine immerhin enttäuschende Nachricht in den werdenden Rausch hineinhagelt. Aber ist es auch nur ein solcher? Einen Augenblick lang war's spannend, als ich dachte, nun kommt Brion herauf. Ich war heftig erregt.

(Zusatz beim Diktat: Das ging so vor sich: Ich lag wirklich mit der unbedingten Gewißheit, in dieser Stadt von Hunderttausenden, wo nur einer mich kennt, nicht gestört werden zu können, auf dem Bette, als es an meine Tür klopft. Hier war mir das überhaupt noch nicht passiert. Ich machte auch keineswegs Miene zu öffnen, sondern erkundigte mich, was es denn gäbe, ohne meine Lage im mindesten zu verändern. Der Hausdiener: „Il y a un monsieur, qui voudrait vous parler." – „Faites le monter." Ich stehe mit Herzklopfen gegen den Pfosten des Bettes gelehnt. Wirklich, es wäre sehr merkwürdig, jetzt Brion erscheinen zu sehen. „Le monsieur" aber war der Depeschenbote.)

Das Folgende am nächsten Morgen geschrieben. Unter durchaus herrlichen, leichten Nachwehen, die mir die Sorglosigkeit geben, die Reihenfolge nicht ganz zu beachten. Brion kam ja nicht. Ich verließ endlich das Hotel, mir schien die Wirkung auszubleiben oder so schwach werden zu sollen, daß die Vorsicht des Daheimbleibens unterlassen werden mochte. Erste Station das Café Ecke Cannebière und Cours Belsunce. Das vom Hafen gesehen rechte, also nichtmein gewöhnliches. Nun? Nur das gewisse Wohlwollen, die Erwartung, Leute einem freundlich entgegenkommen zu sehen. Das Gefühl der Einsamkeit verliert sich recht rasch. Mein Stock fängt an, mir besondere Freude zu machen. Der Griff einer Kanne, mit der hier Kaffee eingeschenkt wird, sieht auf einmal sehr groß aus und bleibt auch so. (Man wird so zart: fürchtet, ein Schatten, der aufs Papier fällt, könnte ihm schaden. – Der Ekel schwindet. Man liest die Tafeln auf den Pissoirs.) Ich würde mich nicht wundern, wenn der und der auf mich zukämen. Da sie es aber nicht tun, macht es mir auch nichts. Es ist mir dort aber zu laut.

Nun kommen die Zeit- und Raumansprüche zur Geltung, die der Haschischesser macht. Die sind ja bekanntlich absolut königlich. Versailles ist dem, der Haschisch gegessen hat, nicht zu groß und die Ewigkeit dauert ihm nicht zu lange. Und auf dem Hintergrunde dieser immensen Dimensionen des inneren Erlebens, der absoluten Dauer und der unermeßlichen Raumwelt, verweilt nun ein wundervoller, seliger Humor desto lieber bei den Kontingenzen der Raumund der Zeitwelt. Ich empfinde diesen Humor unendlich, wenn ich bei Basso erfahre, die warme Küche und das alles da oben würde gleich geschlossen, während ich mich eben niedergelassen habe, um in die Ewigkeit mich hineinzutafeln. Nachher dann nichtsdestoweniger das Gefühl, daß ja dies alles immer, dauernd, hell, besucht und belebt bleibt. Ich muß gleich notieren, wie ich bei Basso Platz fand. Mir kam es auf den Blick auf den vieux port an, den man von den oberen Etagen aus hat. Im Vorbeigehen, unten, erspähte ich einen freien Tisch auf den Balkons des zweiten Stockwerks. Schließlich kam ich doch nur bis zum ersten. Die meisten Tische am Fenster waren besetzt. Da ging ich auf einen ganz großen zu, der eben erst frei geworden schien. Im Augenblick des Platznehmens aber schien mir das Mißverhältnis: mich an einen so großen Tisch zu placieren, so beschämend, daß ich durch das ganze Stockwerk hindurch auf das entgegengesetzte Ende zuging, um an einem kleineren Platz zu nehmen, der eben dort mir erst sichtbar geworden war.

Aber das Essen war später. Erst die kleine Bar am Hafen. Ich war schon grade wieder im Begriff, ratlos kehrt zu machen, denn auch von dort schien mir ein Konzert und zwar ein Bläserchor entgegenzukommen. Gerade daß ich mir noch Rechenschaft davon geben konnte, das sei nichts anderes als das Geheul der Autohupen. Auf dem Wege zum vieux port schon diese wundervolle Leichtigkeit und Bestimmtheit im Schritt, die den steinigen, unregulierten Erdboden des großen Platzes, über den ich ging, mir zum Boden einer Landstraße machte, über die ich rüstiger Wanderer bei Nacht dahinzog. Denn die Cannebiere vermied ich um diese Zeit noch, meiner regulierenden Funktionen nicht ganz sicher. In jener kleinen Hafenbar begann dann der Haschisch seinen eigentlich kanonischen Zauber mit einer primitiven Schärfe spielen zu lassen, mit der ich ihn vordem wohl noch kaum erlebt. Er begann nämlich nun, mich zum Physiognomiker, jedenfalls zum Betrachter der Physiognomien zu machen, und ich erlebte etwas in meiner Erfahrung ganz Einziges: ich verbiß mich förmlich in die Gesichter, die ich da um mich hatte und die zum Teil von remarkabler Roheit oder Häßlichkeit waren; Gesichter, die ich gemeinhin aus dem doppelten Grunde gemieden hätte: weder hätte ich gewünscht, ihre Blicke auf mich zu ziehen, noch hätte ich ihre Brutalität ertragen. Es war ein ziemlich weit vorgeschobener Posten, diese Hafenkneipe. (Ich glaube, der äußerste, der mir ohne Gefahr noch zugänglich war und den ich hier, im Rausche, mit derselben Sicherheit ermessen hatte, mit der man tief ermüdet ein Glas mit Wasser so genau randvoll und daß kein Tropfen überfließt zu füllen versteht, wie man mit frischen Sinnen es niemals zustande bringt.) Immer noch weit genug entfernt von der rue Bouterie, aber doch saß da kein Bourgeois; höchstens neben dem eigentlichen Hafenproletariat ein paar Kleinbürgerfamilien aus der Nachbarschaft. Ich begriff nun auf einmal, wie einem Maler – ist es nicht Rembrandt geschehen und vielen anderen? – die Häßlichkeit als das wahre Reservoir der Schönheit, besser als ihr Schatzbehalter, als das zerrissene Gebirge mit dem ganzen inwendigen Golde des Schönen erscheinen konnte, das aus Falten, Blicken, Zügen herausblitzte. Ich erinnere mich besonders an ein grenzenlos tierisches, gemeines Männergesicht, aus dem mich plötzlich die „Falte des Verzichts" erschütternd traf. Es waren Männergesichter vor allem, die es mir angetan hatten. Es fing auch nun das lang ausgehaltene Spiel an, daß in jedem neuen Antlitz vor mir ein Bekannter auftauchte; oft wußte ich seinen Namen, oft wieder nicht; die Täuschung schwand wie im Traume

Täuschungen schwinden, nämlich nicht beschämt und kompromittiert sondern friedlich und freundlich wie ein Wesen, das seine Schuldigkeit getan hat. Unter diesen Umständen konnte von Einsamkeit keine Rede mehr sein; war ich mir selber Gesellschaft? Das wohl denn doch nicht so ganz unverstellt. Ich weiß auch nicht, ob es mich dann so hätte beglücken können. Sondern wohl eher dieses: ich wurde mir selber der gewiegteste, zarteste, unverschämteste Kuppler und führte mir die Dinge mit der zweideutigen Sicherheit dessen zu, der die Wünsche seines Auftragsgebers aus dem Grunde kennt und studiert hat. Dann begann es eine halbe Ewigkeit zu dauern, bis der Kellner wieder erschien. Vielmehr ich konnte sein Erscheinen nicht abwarten. Ich trat in den Barraum ein und bezahlte am Tisch. Ob in solcher Kneipe Trinkgeld üblich, weiß ich nicht. Sonst aber hätte ich In jedem Falle etwas gegeben. Im Haschisch, gestern, war ich eher knauserig; aus Furcht, durch Extravaganzen aufzufallen, machte ich mich erst recht auffällig.

So auch bei Basso, mit der Bestellung. Erst ließ ich ein Dutzend Austern kommen. Der Mann wollte auch den folgenden Gang gleich bestellt wissen. Ich bezeichnete irgend etwas Normales. Er kam mit der Nachricht zurück, das sei nicht mehr da. Da strich ich auf der Karte in der Nähe dieser Speise herum, schien eins nach dem anderen bestellen zu wollen, dann fiel mir der Name des darüberstehenden ins Auge und so fort bis ich endlich beim obersten angelangt war. Das war aber nicht nur Verfressenheit sondern eine ganz ausgesprochene Höflichkeit gegen die Speisen, die ich nicht durch eine Ablehnung beleidigen wollte. Kurz, ich blieb an einem päte de Lyon hängen. Löwenpastete, dachte ich witzig lachend, als es sauber auf einem Teller vor mir lag und dann verächtlich: Dies zarte Hasen- oder Hühnchenfleisch – was es nun sein mag. Meinem Löwenhunger wäre es nicht unangemessen erschienen, sich an einem Löwen zu sättigen. Im übrigen stand bei mir im stillen fest, ich würde, sowie ich bei Basso fertig sei, (das war gegen halb elf) in ein anderes Restaurant gehen, und ein zweites Mal zu Abend essen.

Erst aber noch der Gang zu Basso. Ich strich am Kai-Ufer lang und las einen nach dem anderen die Namen der Boote, die dort festgemacht waren. Dabei überkam mich eine unbegreifliche Fröhlichkeit und ich lächelte der Reihe nach allen Vornamen Frankreichs ins Gesicht. Mir schien die Liebe, die diesen Booten mit ihrem Namen versprochen war, wunderbar schön und rührend. Nur an einem Aero II, das mich an Luftkrieg erinnerte, ging ich unleutselig vorüber, genau wie ich zuletzt in der Bar, aus der ich gekommen war, über gewisse, allzu entstellte Mienen mit den Blicken hatte hinweggehen müssen. Oben bei Basso begannen dann, wenn ich hinunter sah, zum ersten Male die alten Spiele. Der Platz vor dem Hafen, so sage ich es am besten, war wie eine Palette, auf der meine Phantasie die Ortsgegebenheiten durcheinander mixte, so und auch anders probierte: verantwortungslos, wenn man will, aber doch wie ein großer Maler auf seine Palette als auf ein Instrument schaut. Ich zögerte sehr, dem Wein zuzusprechen. Es war eine halbe Flasche Cassis, ein trockener Wein. Ein Stück Eis schwamm im Glase. Er vertrug sich aber trefflich mit meiner Droge. Ich hatte meinen Platz der geöffneten Scheibe wegen gewählt, durch die ich auf den dunklen Platz hinunterblicken konnte. Und wenn ich das von Zeit zu Zeit tat, bemerkte ich, daß er die Neigung hatte, mit jedem, der ihn betrat, sich zu verändern, gleichsam als bilde er ihm eine Figur, die, wohlverstanden, nichts mit dem zu tun hat, wie er ihn sieht, sondern eher mit dem Blick, den die großen Portraitisten des siebzehnten Jahrhunderts je nach dem Charakter der Standesperson, die sie vor eine Säulengalerie oder ein Fenster stellen, aus dieser Galerie, diesem Fenster herausheben.

Ich muß hier dies allgemein anmerken: Die Einsamkeit solchen Rausches hat ihre Schattenseiten. Nur vom Physischen zu sprechen, so gab es einen Augenblick dort in der Hafenkneipe, wo ein heftiger Druck aufs Zwerchfell Erleichterung in einem Summen suchte. Und weiterhin ist kein Zweifel, daß wirklich viel Schönes und Einleuchtendes unerweckt bleibt. Aber andrerseits wirkt die Einsamkeit dann wieder als Filter; was man am nächsten Tage niederschreibt, ist mehr als eine Aufzählung von Sekunden-Erlebnissen; der Rausch setzt sich in der Nacht mit schönen prismatischen Rändern gegen die Alltagserfahrung ab, er bildet eine Art

Figur, und ist andenklicher als gewöhnlich. Ich möchte sagen: er schrumpft und bildet dabei eine Blumenform.

Man muß noch einmal, um den Rätseln des Rauschglücks sich näher zu bringen, über den Ariadne-Faden nachdenken. Welche Lust in dem bloßen Akt: einen Knäuel abzurollen. Und diese Lust ganz tief verwandt mit der Rauschlust wie mit der Schaffenslust. Wir gehen vorwärts: wir entdecken dabei aber nicht nur die Windungen der Höhle, in die wir uns vorwagen, sondern genießen dieses Entdekkerglück nur auf dem Grunde jener anderen rhythmischen Seligkeit, die da im Abspulen eines Knäuels besteht. Eine solche Gewißheit vom kunstreich gewundenen Knäuel, das wir abspulen – ist das nicht das Glück jeder, zumindest prosaförmigen, Produktivität? Und im Haschisch sind wir genießende Prosawesen höchster Potenz. De la poésie lyrique – pas pour un sou.

An ein sehr versunkenes Glücksempfinden, das nachher auf einem Seitenplatze der Cannebière auftrat, wo die rue Paradis in Anlagen mündet, ist schwerer heranzukommen als an alles bisherige. Ich finde glücklicherweise auf meiner Zeitung den Satz: „Mit dem Löffel muß man das Gleiche aus der Wirklichkeit schöpfen." Mehrere Wochen vorher hatte ich einen Satz von Johannes V. Jensen notiert, der scheinbar Ähnliches sagte: „Richard war ein junger Mann, der Sinn für alles Gleichartige in der Welt hatte." Dieser Satz hatte mir sehr gefallen. Er ermöglicht mir jetzt, den politisch-rationalen Sinn, den er für mich besaß, mit dem individuell-magischen meiner gestrigen Erfahrung zu konfrontieren. Während der Satz bei Jensen für mich darauf hinaus kam, daß die Dinge so sind, wie wir ja wissen, durchtechnisiert, rationalisiert und das Besondere steckt heute nur noch in den Nuancen, war die gestrige Einsicht durchaus anders. Ich sah nämlich nur Nüancen: und die waren gleich. Ich vertiefte mich innig in das Pflaster vor mir, das durch eine Art Salbe – Zaubersalbe – mit der ich gleichsam es überstrich, als eben dieses Selbe und Nämliche auch das Pariser Pflaster sein konnte. Man redet oft davon: Steine für Brot. Hier diese Steine *waren* das Brot meiner Phantasie, die plötzlich heißhungrig darauf geworden war, das Gleiche aller Orte und Länder zu kosten. Es kamen in dieser Phase, da ich im Dunklen saß, den Stuhl gegen die Wand eines Hauses, ziemlich isoliert Momente mit Suchtcharakter. Ich dachte mit ungeheurem Stolz daran, in Marseille hier auf der Straße im Haschischrausche zu sitzen; wer hier wohl noch meinen Rausch teile, an diesem Abend, wie wenige. Wie ich nicht fähig sei, kommendes Unglück, kommende Einsamkeit zu fürchten, immer bliebe der Haschisch. In diesem durchaus intermittierenden Stadium spielte die Musik eines Nachtlokals, das nebenan lag und der ich gefolgt war, eine außerordentliche Rolle. Merkwürdig war, wie mein Ohr sich darauf versteifte, „Valencia" nicht als „Valencia" zu erkennen. Glück fuhr in einer Droschke an mir vorüber. Es war ein Husch. Komisch war gewesen, wie vorher aus dem Schatten der Boote am Kai sich plötzlich in Gestalt eines Hafenbummlers und Gelegenheitsmachers Unger gelöst hatte. Und als ich an einem Nachbartische bei Basso wieder irgend so eine Literatenfigur auffand, sagte ich mir, nun erführe ich doch endlich, wozu die Literatur gut sei. Aber es gab nicht nur Bekannte. Hier im Stadium der tiefen Versunkenheit zogen zwei Figuren – Spießer, Strolche, was weiß ich – als „Dante und Petrarca" an mir vorüber. „Alle Menschen sind Brüder." So begann eine Gedankenkette, die ich nicht mehr zu verfolgen weiß. Aber ihr letztes Glied war bestimmt viel unbanaler geformt als ihr erstes und führte vielleicht auf Tierbilder hinaus. Das war also ein anderes Stadium als jenes am Hafen, aus dem ich die kurze Notiz finde: „*Nur* Bekannte und *nur* Schönheiten" – nämlich die Vorübergehenden.

„Barnabe" stand auf einer Elektrischen, die vor dem Platze, an dem ich saß, kurz hielt. Und mir schien die traurig-wüste Geschichte von Barnabas kein schlechtes Fahrziel für eine Tram ins Marseiller Weichbild. Sehr schön war, was sich um die Tür des Tanzlokals herum begab. Ab und zu trat ein Chinese in blauseidenen Hosen und rosa leuchtender Seidenjacke heraus. Das war der Türsteher. Mädchen machten sich in der Öffnung sichtbar. Ich war sehr wunschlos gestimmt. Lustig war es, einen jungen Mann mit einem Mädchen in weißem Kleide daherkommen zu sehen, und sofort denken zu müssen: „Da ist sie ihm nun von drinnen im Hemde entflohen, und er holt sie sich wieder zurück. Na ja." Es schmeichelte mir unglaublich der Gedanke, hier in einem Zentrum aller Ausschweifungen zu sitzen, und mit „hier“ war nicht etwa die Stadt sondern der kleine, nicht sehr ereignisreiche Fleck gemeint, auf dem ich saß. Aber die Ereignisse kamen eben so zustande, daß die Erscheinung mich wie mit einem Zauberstab berührte und ich in einen Traum über sie versank. Die Menschen und Dinge verhalten sich in solchen Stunden wie jene Holundermark-Requisiten und Holundermark-Männchen im verglasten Stanniolkasten, die durch Reiben des Glases elektrisch geworden sind und nun bei jeder Bewegung in die allerungewöhnlichsten Beziehungen zu einander eintreten müssen.

Die Musik, die inzwischen immer wieder aufklang und abnahm, nannte ich die strohernen Ruten des Jazz. Ich habe vergessen, mit welcher Begründung ich mir gestattete, ihren Takt mit dem Fuß zu markieren. Das geht gegen meine Erziehung, und es geschah nicht ohne eine inwendige Auseinandersetzung. Es gab Zeiten, in denen die Intensität der akustischen Eindrücke alle anderen verdrängte. Vor allem in der kleinen Hafenbar ging mit einmal alles und zwar im Lärm von Stimmen, nicht von Straßen unter. An diesem Stimmenlärm war nun das Eigentümlichste, daß er ganz und gar nach Dialekt klang. Die Marseiller sprachen mir plötzlich sozusagen nicht gut genug französisch. Sie waren auf der Dialektstufe stehen geblieben. Jenes Entfremdungsphänomen, das hierin liegen mag, und das Kraus mit dem schönen Wort formuliert hat: „Je näher man ein Wort ansieht, desto ferner blickt es zurück“, das scheint hier auch auf Dinge zurückzugreifen. Jedenfalls finde ich unter meinen Aufzeichnungen die verwunderte Notiz: „Wie die Dinge den Blicken standhalten.“

Es klang dann ab, als ich über die Cannebiere ging und endlich einbog, um in einem kleinen Café des Cours Belsunce noch etwas Eis zu bekommen. Es war nicht weit von dem andern, ersten Café dieses Abends, in dem mich plötzlich das Liebesglück, das die Betrachtung einiger, im Winde sich wellender Fransen mir schenkte, davon überzeugte, daß der Haschisch ans Werk ging. Und wenn ich dieses Zustands mich erinnere, möchte ich glauben, der Haschisch besitzt die Kraft und die Uberredungsgabe der Natur gegenüber, sie die große Verschwendung des eigenen Daseins, die wir genießen, wenn wir verliebt sind, wiederholen zu lassen. Wenn nämlich in der ersten Zeit, da wir verliebt sind, unser Dasein der Natur wie goldene Münzen durch die Finger geht, die sie nicht halten kann und verschwenden muß, um dafür das neue Wesen, das neugeborene zu erhandeln, so wirft sie nun, ohne irgend etwas zu hoffen oder erwarten zu dürfen, uns mit vollen Händen dem Dasein hin.

Haschisch

Anfang März 1930

Ein geteilter zwiespältiger Verlauf. Ein Positivum: die Anwesenheit von Gert, die durch scheinbar sehr umfassende Erfahrungen dieser Art (Haschisch war ihr allerdings neu) zu einer die Wirkungen des Giftes armierenden Kraft wurde. Wie sehr, davon noch später. Andererseits Negativum: mangelnde Wirkung auf sie und Egon, vielleicht durch Minderwertigkeit des Präparates hervorgerufen, das ein anderes Präparat war als ich nahm. Damit nicht genug, war meiner Phantasie Egons enge Bude durchaus nicht hinreichend und eine so schlechte Nahrung für meine Träume, daß ich zum ersten Mal fast während des ganzen Verlaufes die Augen geschlossen hielt. Das führte zu Erfahrungen, die mir vollständig neu waren. War der Kontakt mit Egon Null wenn nicht negativ, so hatte der mit Gert eine etwas zu sinnliche Färbung, um einen rein filtrierten intellektualen Ertrag des Unternehmens zu ermöglichen.

Ich sehe aus gewissen späteren Mitteilungen von Gert, daß der Rausch immerhin so tief war, daß mir die Worte und Bilder gewisser Stadien entschwunden sind. Da zudem der Kontakt mit anderen für den Berauschten unerläßlich ist, um zu gedanklich und sprachlich artikulierten Äußerungen zu gelangen, so ist aus dem oben Gesagten schon zu entnehmen, daß die Einsichten diesmal in keinem Verhältnis zur Tiefe des Rausches und, wenn man will, des Genusses standen. Desto mehr Anlaß, dasjenige herauszuheben, was als Kern dieses Versuchs sowohl in den Mitteilungen von Gert, als in meiner Erinnerung erscheint. Dies sind Mitteilungen, die ich über das Wesen der Aura machte. Alles was ich da sagte, hatte eine polemische Spitze gegen die Theosophen, deren Unerfahrenheit und Unwissenheit mir höchst anstößig war. Und ich stellte – wenn auch gewiß nicht schematisch – in dreierlei Hinsicht die echte Aura in Gegensatz zu den konventionellen banalen Vorstellungen der Theosophen. Erstens erscheint die echte Aura an allen Dingen. Nicht nur an bestimmten, wie die Leute sich einbilden. Zweitens ändert sich die Aura durchaus und von Grund auf mit jeder Bewegung, die das Ding macht, dessen Aura sie ist. Drittens kann die echte Aura auf keine Weise als der geleckte spiritualistische Strahlenzauber gedacht werden, als den die vulgären mystischen Bücher sie abbilden und beschreiben. Vielmehr ist das Auszeichnende der echten Aura: das Ornament, eine ornamentale Umzirkung in der das Ding oder Wesen fest wie in einem Futteral eingesenkt liegt. Nichts gibt vielleicht von der echten Aura einen so richtigen Begriff wie die späten Bilder van Gogh's, wo an allen Dingen – so könnte man diese Bilder beschreiben – die Aura mit gemalt ist.

Aus einem anderen Stadium. Erste Erfahrung die ich von der audition colorée machte. Was Egon sagte, wurde von mir dem Sinne nach nicht sehr aufmerksam aufgenommen, weil mein Vernehmen seiner Worte sich unmittelbar in die Wahrnehmung farbiger, metallischer Flitter umsetzte, die zu Mustern zusammentrafen. Ich machte es ihm durch den Vergleich mit den Strickmustern begreiflich, die wir als Kinder in „Herzblättchens Zeitvertreib“ als schöne bunte Tafeln geliebt haben.

Noch merkwürdiger ist vielleicht ein späteres Phänomen, das an mein Vernehmen von Gerts Stimme sich anschloß. Das war zu der Zeit, als sie selbst Morphium genommen hatte und ich, ohne irgend eine Kenntnis der Wirkungen dieser Droge, außer etwa aus Büchern, zu haben, ihren Zustand auf Grund – wie ich selber behauptete – der Intonation, mit welcher sie sprach, völlig eindringend und zutreffend ihr beschrieb. Im übrigen war diese Wendung – Egons und Gerts Abbiegung in das Morphium – für mich in gewissem Sinne das Ende des Experiments, allerdings auch ein Höhepunkt. Das Ende, weil bei der enormen Sensibilität, die Haschisch hervorruft, jedes Nichtverstandenwerden zu einem Leiden zu werden droht. Wie ich denn auch darunter litt, daß

„unsere Wege sich getrennt hätten“. So formulierte ich nämlich. – Der Höhepunkt, weil die gedämpfte aber andauernde sinnliche Beziehung, die ich zu Gert fühlte, nun, als sie mit der Spritze hantierte (Instrumente, gegen die ich ziemliche Abneigung habe) sich, gewiß nicht ohne Einfluß des schwarzen Pyjamas, den sie trug – weil also diese ganze Beziehung sich nun schwarz färbte, und es vielleicht gar nicht ihrer sehr wiederholten und hartnäckigen Versuche, mich Morphium nehmen zu lassen, bedurft hätte, um sie mir als eine Art Medea, eine kolchische Giftmischerin erscheinen zu lassen.

Einiges zur Charakteristik der Bilderzone. Ein Beispiel: Wenn wir zu jemandem reden und sehen dabei, wie der Betreffende eine Zigarre raucht oder im Zimmer hin und her geht etc. etc., so wundern wir uns nicht, daß wir, ungeachtet der Kraft, die wir darauf verwenden, zu ihm zu sprechen, noch die Fähigkeit haben, seinen Bewegungen zu folgen. Ganz anders aber müßte die Sache sich darstellen, wenn die Bilder, welche wir vor uns haben, indem wir zu jenem Dritten reden, in uns selbst ihren Ursprung haben. Das ist im gewöhnlichen Bewußtseinszustande natürlich ausgeschlossen. Vielmehr solche Bilder entstehen vermutlich, sie entstehen vielleicht sogar dauernd, sie bleiben aber dann unbewußt. Anders im Haschischrausch. Es kann dann, wie eben dieser Abend bewies, eine geradezu stürmische Bildproduktion unabhängig von jeder übrigen Fixierung und Ausrichtung unserer Aufmerksamkeit stattfinden. Während im gewöhnlichen Zustande freisteigende Bilder, auf die wir in keiner Weise aufmerken, eben unbewußt bleiben, bedürfen im Haschisch scheinbar die Bilder, um sich vor uns zu präsentieren, nicht im geringsten unserer Aufmerksamkeit. Freilich kann die Bildproduktion so außerordentliche Dinge und die so flüchtig und mit einer solchen Schnelligkeit zutage fördern, daß wir es ganz einfach der Schönheit und der Merkwürdigkeit dieser Bilderwelt wegen nicht mehr fertig bekommen, anderes als sie zu beachten. So brachte mich – wie ich jetzt aus einer gewissen Fertigkeit, Formulierungen des Haschisch selbst in klarem Zustande nachzuahmen, formuliere – jedes Wort von Egon, dem ich zuhörte, um eine weite Reise. Über die Bilder selbst kann ich wegen der ungeheueren Schnelligkeit mit der sie, übrigens in ziemlich kleinem Maßstabe, entstanden und wieder vergingen, hier nicht mehr viel sagen. Sie waren im wesentlichen gegenständlich. Oft aber mit einem stark ornamentalen Einschlag. Dinge die solchen Einschlag an sich haben, sind bevorzugt: Mauerwerk zum Beispiel oder Gewölbe oder gewisse Pflanzen. Ganz am Anfang bildete ich, um etwas zu kennzeichnen, was ich sah, das Wort „Strickpalmen" – Palmen, wie ich erklären könnte, gewissermaßen mit einem Maschenwerk wie von Jumpern. Dann auch ganz exotische, undeutbare Bilder wie wir sie von Gemälden der Surrealisten kennen. So eine lange Galerie von Rüstungen in denen niemand steckte. Keine Köpfe, sondern Flammen spielten um die Halsöffnung. Einen unerhörten Lachsturm löste bei den anderen mein „Niedergang der Kuchenbäckerkunst" aus. Damit hat es folgende Bewandtnis: Eine Weile erschienen mir riesige überlebensgroße Kuchen, Kuchen die so gewaltig waren, daß ich, als stünde ich vor einem hohen Berge, nur einen Teil von ihnen sehen konnte. Ich erging mich ausführlich in Beschreibungen davon wie solche Kuchen so vollendet seien, daß man nicht nötig habe sie zu essen, weil sie unmitttelbar durch die Augen alle Begierde stillten. Und ich nannte das „Augenbrot". Wie es dann zu der oben erwähnten Prägung kam, ist mir nicht mehr erinnerlich. Aber ich glaube nicht zu irren, wenn ich sie mir so konstruiere: daß man die Kuchen heutzutage essen müsse, daran sei eben Schuld der Niedergang der Kuchenbäckerkunst. Ganz analog verfuhr ich mit dem Kaffee, welchen ich mir einschenken ließ. Wohl eine Viertelstunde, wenn nicht mehr, hielt ich das Glas voll Kaffee unbewegt in der Hand, erklärte unter meiner Würde, davon zu trinken, verwandelte es gewissermaßen in ein Zepter. Wie man denn im Haschisch von einem Bedürfnis der Hand nach dem Zepter wohl sprechen kann. An großen Prägungen war dieser Rausch nicht sehr reich. Ich erinnere mich an einen „Haupelzwerg" von welchem ich den anderen einen Begriff zu geben suchte. Faßlicher ist meine Erwiderung auf irgend eine Äußerung von Gert, die ich mit der üblichen grenzenlosen Verachtung aufnahm. Und die Formel dieser Verachtung war: „Was Sie da sagen, das ist mir gerade so gut wie ein Magdeburger Dach."

Merkwürdig war der Anfang, da ich im ersten Vorgefühle des Rausches die Dinge mit den Instrumenten eines Orchesters verglich, wenn sie, bevor die Vorstellung anfängt, gestimmt werden.

Über den Versuch vom 7./8. Juni 1930

7./8. Juni 1930. Ganz tiefe Haschischdepression. Heftige Verliebtheit in Gert gefühlt. Maßlos in meinem Sessel verlassen; unter ihrem Alleinsein mit Egon gelitten. Und dabei war seltsamer Weise auch er eifersüchtig, drohte immer sich zum Fenster herauszustürzen, wenn Gert von ihm ginge. Sie hat es aber eben auch nicht getan. Gewiß waren die soliden Grundlagen meiner Trauer schon da. Vor zwei Tagen eine flüchtige Bekanntschaftsbegebenheit, die zum Vorschein brachte, wie sehr sich der Kreis meiner Betätigungen doch verengt hat, und nicht lange vorher (mich stört Klavier von oben) die bemerkenswerte Nacht mit Margarete Köppke, die so sehr auf meinem Kindsein bestand, daß ich deutlich heraushörte, wie sehr sie das Gegenteil von Mann mit dem Wort meinte und die mich so sehr zum Meinigen drängte. Ich fand Blochs Formel: arm, alt, krank und verlassen in mindestens drei ihrer Glieder gut auf mich anwendbar. Ich habe Zweifel, ob ich noch zu einer guten Wendung der Dinge komme. Die Zukunft gibt mir auf Land , auf Ort und Stelle, auf die Art und Weise des Wohnens nur den ungewissesten Ausblick, viele Freunde, aber ich gehe von Hand zu Hand, viele Fertigkeiten, aber keine davon zu leben und manche, die mir bei meiner Arbeit im Weg ist. Es war als wollten diese Gedanken mich festhalten, diesmal taten sie's auch und gleichsam mit Stricken, wie war ich geneigt, hinter allem Beschimpfenden, was Gert sagte, Offenbarungen zu sehen, die sie aus meinem Gesichte las, und Köppkes Rätseln mit Daten und Warnungen in mich aufzunehmen. Ich bin so traurig, daß ich fast ununterbrochen gefallen muß um zu leben. Ich war aber auch sehr entschlossen, mir Gert gefallen zu lassen. Als sie tanzte, trank ich jede Linie, die sich an ihr bewegte und was könnte ich über den Tanz und diese Nacht nicht alles sagen, wenn nicht der Satan selber dort oben Klavier spielte. Ich sprach, während ich ihr zusah, in dem Bewußtsein, vieles von Altenberg mir herzuborgen; Worte und Wendungen von ihm vielleicht, die ich selbst niemals bei ihm gelesen hatte. Ich suchte ihr, mitten während sie so im Tanzen war, ihren Tanz zu beschreiben. Das Herrlichste war, daß ich alles an diesem Tanz sah, oder besser, so unendlich viel, daß mir klar war: alles, das wäre unfaßbar. Was ist die Neigung aller Zeiten, selbst des Kaffers oder mancher Worte, Gedanken, Klänge – Afrikas oder der Ornamente z. B. – zum Haschisch verglichen mit dem roten Ariadnefaden, den uns der Tanz durch sein Labyrinth gibt. Ich ließ ihr alle Chance, im Wesen, im Alter, im Geschlecht sich zu verwandeln, viele Identitäten zogen über ihren Rücken wie Nebel über den nächtlichen Himmel hin. Wenn sie mit Egon tanzte war sie ein schlanker schwarzbewehrter Junge, beide zogen tolle Figuren durchs Zimmer. Allein liebte sie sich viel im Spiegel. Das Fenster in ihrem Rücken stand schwarz und leer, ruckweise traten in seinen Rahmen die Jahrhunderte ein während sie mit jeder ihrer Geberden – so sagte ich ihr ein Schicksal aufgriff oder fallen ließ, es um sich wand, um sich ganz fest hineinzuwickeln oder ihm nachhaschte, es liegen ließ oder ihm freundlich sich zuneigte. Was Odalisken wenn sie vor Paschas tanzen ihnen tun können, das tat mir Gert. Aber dann brach plötzlich diese Flut schimpfender Worte aus ihr heraus, die sie noch vor dem letzten wildesten Erguß zu stauen schien, ich hatte das Gefühl, sie beherrscht sich, sie hält das schlimmste zurück, und ich werde mich darin wohl nicht getäuscht haben. Dann kam das Alleinsein, Stunden später die Trostversuche mit Stirn und Stimme, aber da war der Gram im Innern meiner Sofabastion schon zu hoch gestiegen und ich bin nicht mehr gerettet worden. Damit ertranken die unnennbarsten Gesichte mit, nichts, fast nichts hinübergerettet, wenn nicht oben auf dieser schwarzen Flut schwimmend die Spitze eines gotischen Kirchturms aus Holz, hölzerne Spitze mit bunten dunkeln grünen und roten Scheiben besetzt.

V.P. schläft plötzlich ein (1 Uhr 15).

Crocknotizen

I

Es gibt keine nachhaltigere Legitimation des crocks als das Bewußtsein, mit seiner Hilfe auf einmal, in jene versteckteste, im allgemeinen unzugänglichste Oberflächenwelt einzudringen, welche das Ornament darstellt. Fast überall umgibt es uns bekanntlich. Trotzdem versagt vor wenigem unsere Auffassungsgabe derart wie vor ihm. Gewöhnlich sehen wir es eigentlich kaum. Im crock dagegen beschäftigt seine Gegenwart uns intensiv. Das geht so weit, daß wir nun spielerisch mit tiefem Wohlbehagen jene Erfahrungen am Ornament ausschöpfen, die in den Kinderjahren und im Fieber sich uns vermerkbar machten; sie bauen sich auf zwei verschiednen Elementen auf, die beide im crock zu ihrer höchsten Wirkung kommen. Es handelt sich da einmal um die Mehrsinnigkeit des Ornaments. Es gibt keins, das sich nicht mindestens von zwei verschiednen Seiten ansehn ließe: nämlich als Flächengebilde oder aber als lineare Konfiguration. Meist jedoch erlauben die Einzelformen, die zu sehr verschiednen Gruppen vereinigt werden können, eine Mehrzahl von Konfigurationen. Diese Erfahrung allein verweist schon auf eine der innersten Eigentümlichkeiten des crocks: nämlich auf seine unermüdliche Bereitschaft, ein und demselben Sachverhalt – z. B. einem Dekor oder Landschaftsbilde – eine Vielzahl von Seiten, Inhalten, Bedeutungen abzugewinnen. Es wird an anderer Stelle darauf hinzuweisen sein, daß diese vielfältige Interpretierbarkeit, die ihr Urphänomen im Ornament hat, nur eine andere Seite der eigentümlichen Identitätserfahrung darstellt, die der crock eröffnet. Der andere Zug, mit dem das Ornament der Phantasie des crock entgegenkommt, besteht in seiner Perseveration. Es ist höchst eigentümlich, daß die Phantasie dem Raucher Objekte – und zumal besonders kleine – gern serienweise vorstellt. Die endlosen Reihen, in denen da vor ihm immer wieder die gleichen Utensilien, Tierchen oder Pflanzenformen auftauchen, stellen gewissermaßen ungestalte, kaum geformte Entwürfe eines primitiven Ornaments dar.

Es treten aber neben das Ornament gewisse andere Dinge derbanalsten Merkwelt, welche erst dem crock Sinn und Bedeutung, welche ihnen innewohnen, überliefern. Dahin gehören unter anderm Vorhänge und Spitzen. Die Vorhänge sind Dolmetscher für die Sprache des Windes. Sie geben jedem Hauch von ihm die Form und Sinnlichkeit weiblicher Formen. Und den Raucher, der sich in ihr Spiel versenkt, lassen sie alle Freude genießen, die ihm eine vollkommene Tänzerin gewähren kann. Ist aber der Vorhang ein durchbrochener, so kann er zum Instrument eines noch viel sonderbareren Spieles werden. Denn diese Spitzen werden sich dem Raucher gewissermaßen als Schablonen erweisen, welche er der Landschaft auflegt, um sie auf das eigentümlichste zu verwandeln. Die Spitze unterwirft die Landschaft, die hinter ihr zum Vorschein kommt, der Mode, ungefähr wie das Arrangement gewisser Hüte das Federkleid von Vögeln oder aber den Wuchs von Blumen der Mode unterwirft. Es gibt altmodische Ansichtspostkarten, auf denen ein „Gruß aus Bad Ems" die Stadt in Kurpromenade, Bahnhof, Kaiser Wilhelmdenkmal, Schule und Karolinenhöhe aufteilt, jedes in seinem ganz besondern kleinen Rund. Dergleichen Karten können am ehesten davon einen Begriff verleihen, wie der Spitzenvorhang im Landschaftsbilde seine Herrschaft übt. Eine Ableitung der Fahne aus dem Vorhang versuchte ich; sie ist mir aber entfallen.

Farben können eine ungemein starke Wirkung auf den Raucher ausüben. Eine Ecke im Zimmer der S. war mit Umschlagetüchern verziert, die an der Wand hingen. Auf einer mit einem Spitzentuche überdeckten Kiste standen ein paar Gläser mit Blumen. In den Tüchern und in den Blumen überwog das Rot in den verschiedensten Nüancen. Die Entdeckung dieses Winkels machte ich spät und plötzlich, in einem schon vorgerückten Teil der fête. Sie wirkte fast betäubend auf mich. Augenblicklich schien mir, daß meine Aufgabe darin bestehe, den Sinn der Farbe mit Hilfe dieses ganz unvergleichlichen Instrumentariums zu entdecken. Ich nannte diesen Winkel das „Laboratoire du Rouge". Mein erster Versuch, die Arbeit in ihm aufzunehmen, glückte nicht. Später aber kam ich darauf zurück. Im Augenblick ist mir von diesem Unternehmen nur erinnerlich, daß sich die Fragestellung für mich verschoben hatte. Sie „war nun allgemeiner und erstreckte sich überhaupt auf Farben. Mir erschien ihr Unterscheidendes, daß sie vor allem Form besäßen, daß sie sich vollkommen identisch mit der Materie, an der sie erschienen, machten. Indem sie dennoch an den verschiedensten z. B. einem Blumenblatt und einem Blatt Papier ganz gleich aufträten, erschienen sie als Mittler oder Kuppler der Stoffbereiche; nur durch sie vermöchten die entlegensten sich mit einander vollkommen zu vereinigen.

II

Eine moralisierende Haltung, die wesentliche Einsichten in die Natur des crocks verstellt, hat auch eine entscheidende Seite der Intoxikation der Beachtung entzogen. Es handelt sich um die wirtschaftliche. Denn es heißt nicht zuviel behaupten, wenn man sagt: ein Hauptmotiv der Sucht ist in sehr vielen Fällen dies, die Eignung des Süchtigen für den Existenzkampf zu erhöhen. Und dieser Zweck ist keinswegs ein fiktiver; er wird vielmehr in sehr vielen Fällen tatsächlich erreicht. Das ist für niemanden verwunderlich, der die Vermehrung der Attraktivkraft hat verfolgen können, die das Gift dem Süchtigen ganz außerordentlich häufig zuteil werden läßt. Das Phänomen ist ebenso unbestreitbar wie seine Gründe verborgen liegen. Mutmaßen kann man, daß das Gift im Zuge der Veränderungen, welche es herbeiführt, auch eine Reihe von Erscheinungen zum Fortfall bringt, die dem Individuum vorwiegend hinderlich sind. Unliebenswürdigkeit, Rechthaberei und Pharisäertum sind Züge, denen man bei Süchtigen nur selten begegnen wird. Dazu kommt eine sedative Wirkung des Gifts, solange dessen Einfluß anhält, und nicht die kleinste Komponente in ihr ist in der Überzeugung eingeschlossen, daß eigentlich nichts es an Bedeutung und an Wert mit dem Gift aufzunehmen vermag. Das alles kann nun selbst bescheidneren Naturen eine Souveränität geben, die sie von Haus – und zumal in ihren beruflichen Funktionen – nicht besäßen. Besonders wertvoll wird diese Verfassung dem Einzelnen, weil sie sich nicht nur anderen – in den Veränderungen des Charakters und zumal der Physiognomie – kund gibt sondern daneben, und vielleicht sogar an erster Stelle, ihm, dem Süchtigen selber. Wie nämlich der Mechanismus der Hemmungen mit Vorliebe in einer rauhen, heiseren, belegten oder erstickten Stimme sich geltend macht, deren Veränderungen dem Sprechenden leicht spürbarer als dem Hörer werden, so gibt sich umgekehrt die Ausschaltung des gleichen Mechanismus, mindestens für das Gefühl des Subjekts in erster Linie durch eine überraschende, präzise, beglückende Beherrschung der eignen Stimme zu erkennen.

Die Entspannung, die diesen Vorgängen zu Grunde liegt, ist sehr wahrscheinlich nicht immer eine unmittelbare Wirkung der Drogen. Es kommt vielmehr in den Fällen, in denen sich mehrere Vergiftete zusammentun, noch etwas anderes hinzu. Mehreren Drogen ist die Eigenheit gemeinsam, das Vergnügen am Beisammensein mit Partnern so außerordentlich zu steigern, daß nicht selten eine Art von Misanthropie bei den Betroffenen entsteht. Der Umgang mit andern, welche ihre Praktiken nicht teilen, scheint ihnen ebenso wertlos wie lästig. Daß es durchaus nicht immer das Niveau der Unterhaltung ist, auf welches dieser Charme zurückgeht, ist selbstverständlich. Wahrscheinlich aber ist es auf der andern Seite auch mehr als ein bloßer Wegfall von Hemmungen, was solchen Sitzungen für viele derer, die sie gewohnheitsmäßig veranstalten, das ganz besondere gibt. Es scheint hier vielmehr etwas wie die Bindung der Minderwertigkeiten, der Komplexe und Störungen, welche in den verschiedenen Partnern ihren Sitz haben, stattzufinden. Die Süchtigen saugen gleichsam aus einander die schlechten Stoffe ihres Daseins an; wie wirken auf einander kathartisch. Daß dies mit außerordentlichen Gefahren verbunden ist, ist selbstverständlich. Auf der andern Seite kann dieser Umstand aber auch den großen, oft unersetzlichen Wert erklären, den dieses Laster gerade für die geläufigsten Konstellationen des täglichen Lebens besitzt. Der Opiumraucher oder Haschischesser erfährt die Kraft des Blickes, hundert Orte aus einer Stelle zu saugen.

Morgenschlaf nach dem Rauchen. Es ist, so sagte ich, als sei das Leben wie Eingemachtes in einer Konserve verschlossen gewesen. Der Schlaf aber die Flüssigkeit, in der es gelegen habe und die nun, von allen Gerüchen des Lebens erfüllt, abgegossen werde.

„Les mouchoirs accrochés au mur tiennent pour moi la place entre torche et torchon."

„Rot c'est comme un papillon qui va se poser sur chacune des nuan- ces de la couleur rouge."

Fritz Fränkel: Protokoll des Meskalinversuchs vom 22. Mai 1934

Walter Benjamin. 22.5.34.

Erhält um 10 h 20 mg Mescalin Merck subkutan in den Oberschenkel.

Die erste Reaktionszeit ist zunächst stimmungsmäßig charakterisiert. Es tritt nach 10 min eine Veränderung der Stimmungslage im Sinne der Unzufriedenheit ein. F. verläßt für kurze Zeit den Raum, der inzwischen verdunkelt war, und W. B. verbleibt bei offenem Fenster allein.

Bei Rückkehr von F. beschreibt er mit folgenden Worten seinen Eindruck vom Fenster: „Wenn man als Toter Sehnsucht nach irgend einem beliebigen Gegenstand aus dem früheren Leben empfinden würde, z. B. nach diesem Fenster, so würde es einem so erscheinen wie ich es jetzt sehe. Die toten und gegenwärtigen Gegenstände können eine Sehnsucht erwecken, wie man sie sonst nur beim Anblick eines Menschen, den man liebt, kennt." In der folgenden Zeit verstärkt sich zunächst der Unmut sehr erheblich. Äußerlich kommt er zum Ausdruck in ziemlich regellosen motorischen Erscheinungen wie unruhiges Sich-umher-wälzen,fahrige Bewegungen mit Armen und Beinen. B. gibt ein Knautschen von sich, jammert über sich und seinen Zustand, über die Unwürde dieses Zustands. Er spricht von ihm als „Ungezogenheit". Versucht eine psychologische Ableitung der Ungezogenheit; bezeichnet sie als „Nebelwelt der Affekte" und will damit sagen, daß in einem früheren Lebensstadium die Affekte sich noch nicht scharf von einander abgehoben haben, und, was man später als Ambivalenz bezeichnet, die Regel darstellt; spricht auch von der Weisheit der Ungezogenheit, sucht sich der gleichen Erscheinung mit der Erklärung zu nähern, der wahre Grund der Ungezogenheit sei der Verdruß des Kindes darüber, daß es nicht zaubern kann. Die erste Erfahrung, die das Kind mit der Welt macht, sei nicht, daß die Erwachsenen stärker sind, sondern daß es nicht zaubern kann.

Während dieser Zeit entwickelt sich in dauernd zunehmendem Grad eine ungeheuere Empfindlichkeit gegen akustische und optische Reize. Gleichzeitig wird kritisch geäußert, daß die Versuchsbedingungen ungünstig sind. Solch ein Versuch müsse im Palmenwald erfolgen. Im übrigen sei die erhaltene Dosis für B. viel zu gering: ein Gedankengang, der im Lauf des Versuchs immer wieder auftaucht und gelegentlich heftigen Unwillen zum Ausdruck kommen läßt. Bei Prüfung des Pulses erweist sich B. als ungeheuer empfindlich gegen leichteste Berührung. (Puls selbst unverändert.) Im Laufe der Aussprache über diese Empfindlichkeit, jedenfalls im Zusammenhang, gewinnt das Phänomen des Kitzeins eine starke Bedeutung. Versuch der Erklärung des Kitzeins als ein tausendfaches Auf-einen-zukommen, Lachen als Abwehr.

Eine Betrachtung, die an andere Innervationen und an eine andere Gegenstandswelt anschließt, läßt ihre Zugehörigkeit zu einem tieferen Stadium des Rausches erkennen und wird im übrigen während seiner ganzen Dauer immer wieder abgewandelt. Diese Wandlung in der Verfassung der V.P. macht sich zunächst in Betrachtungen über das Streicheln, das Säumen, das Kämmen bemerkbar. Diese Verhaltensweisen werden mehr oder weniger eng an das Wesen der Mutter angeschlossen. Streicheln: das Geschehene ungeschehen machen, das Leben im Fluß der Zeit abwaschen. Es ist das eigentliche Walten der Mutter. Kämmen: der Kamm am Morgen treibt die Träume erst aus dem Haar. Kämmen ist auch ein Werk der Mutter. (Die Stiefmutter kämmt mit vergiftetem Kamm: Schneewittchen.) Auch im Kamm ist ein Trost und ein Ungeschehenmachen des Geschehenen. Dann das Säumen: hier geht die Betrachtung von der Mutter auf das Kind über; das Säumen des Kindes, das Trödeln: es zupft die Fransen aus den Erlebnissen, strähnt sie; darum trödelt das Kind. Saumseligkeit, so könnte man wohl den besten Teil seines

Glücksgefühls nennen. – Als Gegensatz zu dieser Welt taucht gelegentlich das Männliche auf, wird u. a. symbolisiert als Gitter. „Denn der Saum liegt, und das Gitter steht."

Bei festem Augenschluß wird das Auftreten von farbigen Bildern verneint. Dagegen sieht B. vor sich Ornamentales, das geschildert wird als eine haarfeine Ornamentik. Es erinnert ein wenig an die Ornamentik, die man aufpolynesischen Rudern findet. Ornamentale Tendenzen machen sich auch in der Rede geltend. Die V.P. gibt gewissermaßen kleine Muster davon. In diesem Zusammenhang wird z. B. der Refrain als gemusterter Saum des Liedes bezeichnet.

B. selbst macht aufmerksam, daß er seine Hand beim Aufleuchten eines Streichholzes durchaus wächsern sieht.

Es wird Licht gemacht und Rorschach-Bilder werden vorgelegt. Sie werden zunächst als unerträglich einfach abgelehnt. „Das ist die gleiche Kitzlichkeit."

Inzwischen taucht immer wieder erneut die Stimmung der Verdrießlichkeit, der Unlust auf. B. verlangt nun selbst noch einmal Rorschach-Bilder, um darüber hinwegzukommen.

VII wird gedeutet als eine 7 auf einer 0 stehend. (Vorher wurden auch jetzt wieder die Bilder abgelehnt; z. T. mit der Bemerkung: „Das habe ich schon früher abgelehnt." VII wird als ästhetisch wertvoll bezeichnet. Als F. es aus der Entfernung etwas näher heranrückt, sagt V.P.: „Nicht näher! Ich darf es nicht anfassen. Wenn ich es anfasse, kann ich nichts mehr sagen." Zur Erläuterung der Deutung 7 auf 0 nimmt B. ein Papier und schreibt: „7 steht auf der 0" Nun erfolgte eine längere Zeit hindurch unabhängig von den Rorschach-Bildern eine Beschäftigung mit Schreiben, die ausgeht von der Beobachtung der V.P., daß sie kindlich schreibt.

Zunächst wird die Deutung von II als Jukuthenfrauen, die sich anfaßten (?) gegeben, von I als zwei Pudel, der vordere verschwindet; jetzt entwickelt sich ein dritter Pudel.

VII a r grau-blau: Pelikan-Schäfchen, ein Wollschäfchen.

Abbildung 1

Im Anschluß an diese Deutung Schlaflied-Zeichnung. B. macht auf die Embryo-Form aufmerksam. Innerhalb der Zeichnung finden sich mehrfache Embryonen-Formen, <s. Abbildung 1 und 2

III als vier Parzen gedeutet. Dazu Schriftbild, wobei mit den einzelnen Worten das Wesen der Hexen dargestellt werden soll. (s. Abbildung 3)

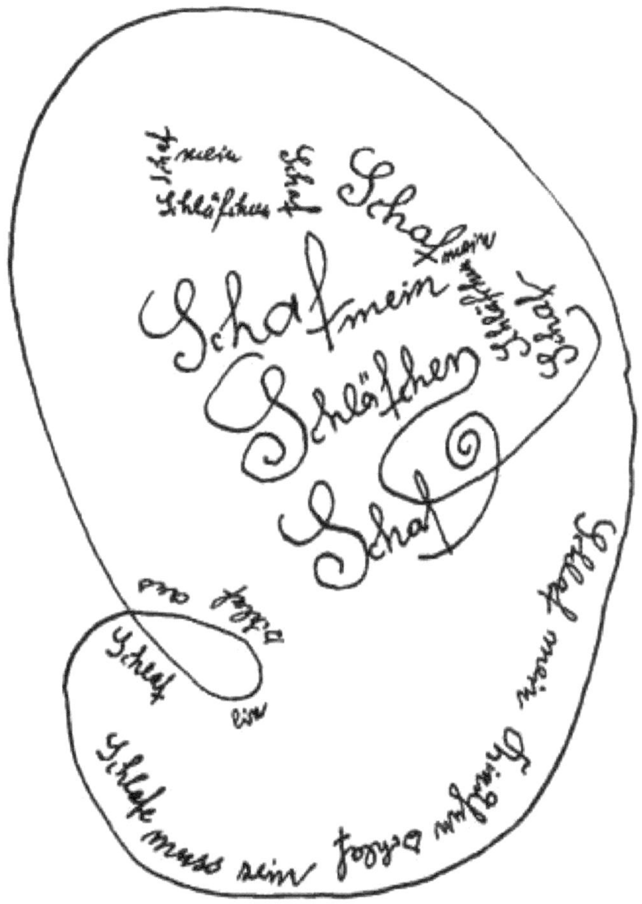

Abbildung 2

Erneute Dunkelheit. Im Verlauf der nächsten Versuchsperiode, die das tiefste Stadium des Rausches bezeichnet, treten eigentümliche Handstellungen auf Die liegende V.P, hält die Unterarme von sich gestreckt, die Hand liegt gespreizt und die Finger etwas gekrümmt. Mitunter wechselt die Stellung, so daß die Hand nach oben gehalten wird. Die jeweiligen Stellungen werden oft lange Zeit, bis zu 10 min festgehalten. An die Beobachtung dieses Phänomens knüpft B. wichtige Erörterungen über das Verstehen der katatonen Haltung. Die V.P.

interpretiert das Wesen der Katatonie auf der einen Seite, auf der anderen Seite erläutert sie es mit Beziehung auf bestimmte jeweils gegenwärtige Vorstellungskreise. Sie macht zunächst darauf aufmerksam, daß sie nicht ohne Überraschung beim Offnen der Augen hätte feststellen können, daß ihre Hände in Wirklichkeit anders standen als sie meinte, daß sie ständen. Hiermit verbindet sie eine sehr merkwürdige Erklärung ihres mehr oder weniger magischen Einflusses auf den V.L. {Versuchsleiter). Sie sagt nämlich: „Die wirkliche Stellung meiner Hände ist eine ganz andere als ich sie im Bewußtsein habe, welches Sie von meinem Gesichtsausdruck ablesen können. Es entsteht derart für Sie eine ungeheuere Spannung zwischen meinem Gesichtsausdruck und meiner Körperhaltung. Diese Spannung übt auf Sie magische Gewalt aus.“ Ein kleines Exempelaus dem katatonen Vorstellungskreis schließt sich daran: „Meine Hand“, sagt die V.P., „ist jetzt ebensogut ein Stadtbrunnen (?) wie die Königin von Saba. Sie hat einen Sockel auf den kann man schreiben, was man als Denkmal sich wünscht:

Abbildung 3

Diese Hand ist allerhand. Meine Hand ist sie genannt.“

Die eigentliche Deutung der Katatonie ist nun folgender Die V.P. vergleicht die fixierte Stellung ihrer Hand mit dem Umriß einer Zeichnung, den ein Zeichner ein für allemal festgelegt hat. Wie es nun diesem Zeichner möglich sei, durch unzählige Änderungen in der Schraffierung sein Bild immer wieder neu zu verändern oder neu zu nuancieren, so sei es auch dem Katatoniker möglich, durch winzige Änderungen in der Innervation, die mit der katatonischen Haltung verbundenen Vorstellungskreise zu verändern. Die außerordentliche Ökonomieersparnis dieses Verfahrens stellt einen Lustgewinn dar. Auf diesen Lustgewinn kommt es dem Katatoniker an.

Eine bestimmte Gebärde der V.P. erweckt F.s Aufmerksamkeit. Die V.P. läßt ihre erhobenen Hände, die sich nicht berühren, ganz langsam und in großem Abstand von ihrem Gesicht über dieses hingleiten. Der V.L. erklärt später, die zwingende Vorstellung des Fliegens dabei gehabt zu haben. B. erklärt ihm das so: Die Hände zogen ein Netz zusammen, aber es war nicht nur ein Netz über seinem Kopf, sondern über dem Weltraum. Daher die Vorstellung des Fliegens bei F..

Ausführungen über das Netz: B. schlägt vor, die ziemlich belanglose Hamlet-Frage: Sein oder Nichtsein, so zu variieren: Netz oder Mantel, das ist hier die Frage. Er erklärt, daß das Netz für die Nachtseite und alles Schauervolle des Daseins steht. „Schauer", erklärt er, „ist der Schatten des Netzes auf dem Leib. Im Schauer bildet die Haut ein Netzwerk nach." Diese Erklärung erfolgt im Anschluß an einen Schauer, der der V.P. über den Leib ging.

Bei der Frage, ob F. nach Hause gehen könne, entsteht ein Zustand des Zweifels und der Verzweiflung. Die Atmung verstärkt sich, häufiges Stöhnen, heftige ruckartige Bewegungen mit der Schulter, Erscheinungen, die übrigens schon vorher in einem ähnlichen Zustand aufgetreten waren. F. entscheidet sich zum Bleiben und das ändert nichts an der trostlosen Traurigkeit der V.P. Sie nennt Traurigkeit den Schleier, der unbewegt hängt und sich nach einem Hauch sehnt, der ihn lüftet.

Eingeleitet mit einem Witz: die Elisabeth wird nicht eher ruhen bis man aus dem Nietzsche-Archiv ein Förster-Haus gemacht hat. Das Bild des Försterhauses ist in der V.P. von außerordentlicher Anschaulichkeit. Im Laufe ihrer Berichte erscheint es bald als Schule, bald als Hölle, bald als Bordell. Die V.P. ist ein verstockter, verbockter Pfosten am hölzernen Treppengeländer des Forsthauses. Sie denkt dabei an irgendeine Schnitzerei, in der sich unter Ornamenten auch Tierformen befinden und erklärt sie für gleichsam heruntergekommene Abkömmlinge des Totem-

Baums. Das Försterhaus hat etwas von jenen roten Ziegelbauten, die mit besonders dunklem, blutigem Rot auf den Modellier-Bilderbogen prangten. Es hat dann auch wieder etwas von Bauten, die man mit dem Anker-Steinbaukasten machte. Zwischen den Ritzen der Mauersteine wachsen Haarbüschel vor. Das Försterhaus war neben dem Netz die stärkste Bildvorstellung. Gemsenfuß im Försterhaus: V.P. beruft sich mit größter Energie auf das Hähnchen und das Hühnchen auf dem Nußberge und das Lumpengesindel, wo doch das Försterhaus vorkäme. Gelegentliche Bemerkung, daß Kinder am besten mit Süßigkeiten getröstet werden. Diese Süßigkeiten treten erneut ins Bewußtsein, als im Laufe einer katatonen Handstellung die Hände als mit Zukker begossen bezeichnet werden. Daran schließt sich die Offenbarung über das Geheimnis des Struwwelpeters, die aber dem V.L. nach immer neuen feierlichen Ankündigungen immer von neuem vorenthalten wird. (Strafe für die geringe Dosis.) Das Geheimnis des Struwwelpeters: Diese Kinder sind alle nur ungezogen, weil ihnen keiner was schenkt. Das Kind, das ihn liest, ist aber artig, weil es schon auf der ersten Seite so viel geschenkt bekommen hat. Ein kleiner Geschenkregen fällt da auf der ersten Seite vom dunklen Himmel. In Schauern wie die Regenschauer fallen Geschenke auf das Kind herunter, die ihm die Welt verschleiern. Ein Kind muß Geschenke kriegen, sonst wird es wie die Kinder im Struwwelpeter sterben oder kaputtgehen oder fortfliegen. Das ist das Geheimnis des Struwwelpeters. Unter anderen Bemerkungen: Die Fransen sind wichtig. An den Fransen erkennt man das Gewebe. Wollquatsch.

Aufzeichnungen zu demselben Versuch

Wesen der Mutter: das Geschehene ungeschehen machen. Das Leben im Fluß der Zeit abwaschen.

Weibliche Werke: Säumen Knoten Flechten Weben

„Netz oder Mantel – das ist hier die Frage“

Schauer – der Schatten des Netzes auf dem Leibe. Im Schauer bildet die Haut ein Netzwerk nach. Das Netz ist aber das Weltennetz: in ihm ist die ganze Welt gefangen.

Säumen – das Säumen der Kinder, das Trödeln: sie ziehen die Fransen aus den Erlebnissen, strähnen sie. Darum trödeln die Kinder, „Saumseligkeit" – so könnte man wohl den besten Teil dieses Glücksgefühls nennen. Erst erfährt Faust bei den Müttern das Schaudern; dann kommt der Augenblick, wo er säumig wird. Mitten in der männlichen Arbeit überrascht ihn der Augenblick. Das ist der Augenblick, in dem die Mutter ihn heimholt.

Zweierlei Webstoff: pflanzlicher, tierischer. Haarbüschel, Pflanzenbüschel. Das Geheimnis des Haars: auf der Grenze zwischen Pflanze und Tier. Aus den Ritzen des Försterhauses wachsen Haarbüschel.

Das Försterhaus: (aus dem Nietzschearchiv hat sie ein Försterhaus gemacht) das Försterhaus ist aus roten Steinen. Ich bin eine Stange seines Treppengeländers: ein verbockter, verstockter Ständer. Aber das ist nicht mehr der Totembaum, nur ein kümmerliches Abbild von ihm. Gemsenfuß oder Pferdehuf des Teufels; ein Vaginasymbol.

Netz, Mantel, Saum und Schleier. Traurigkeit, der Schleier, der unbewegt hängt und sich nach einem Hauch sehnt, der ihn lüftet. Haarfeine Ornamente: auch diese Muster kommen aus der Webwelt.

Gedicht auf die Hand: Diese Hand / ist aller Hand / meine Hand / ist sie genannt. Sie hat einen Sockel, auf den kann man schreiben, was man als Denkmal sich wünscht. Sie ist wo anders als ich glaube, daß sie sich befindet. Die Hand des Katatonikers und seine Lust: mit dem Mindestmaß von Innervationswechsel verbindet er das Höchstmaß von Wechsel der Vorstellungen. Diese Ersparnis ist seine Lust. Es ist wie ein Zeichner, der ein für allemal den Umriß seiner Zeichnung gebildet hat und nun durch Millionen immer neuer Schraffierungen immer neue Bilder aus ihr herausholt.

Ungezogenheit ist der Verdruß des Kindes darüber, daß es nicht zaubern kann. Seine erste Erfahrung der Welt ist nicht, daß die

Erwachsnen stärker sondern, daß es nicht zaubern kann. Die Lust, die bei alledem ist, steckt im Kommen: Fühlen der Phasen.

Das Geheimnis des Struwwelpeters: diese Kinder sind alle nur ungezogen, weil ihnen keiner was schenkt. Darum ist das Kind, das ihn liest, artig, weil es schon auf der ersten Seite soviel geschenkt bekommt. Ein kleiner Geschenkregen fällt da vom dunklen Nachthimmel. So regnet es unaufhörlich in Kinderwelten. In Schleiern, wie die Regenschleier sind, fallen Geschenke auf das Kind herunter, die ihm die Welt verschleiern. Ein Kind muß Geschenke kriegen sonst wird es wie die Kinder im Struwwelpeter sterben oder kaputtgehen oder fortfliegen. Das ist das Geheimnis des Struwwelpeters.

Weisheit der Ungezogenheit

Nebelwelt der Affekte (die Affekte sind zuerst nicht geschieden) Lachen stellt eine Lebensrettung dar (Verteidigung), beim Kitzeln Moment, wo ich die Rorschachbilder anfasse, kann ich nichts mehr sagen

Pelikanschäfchen

Königin von Saba und Brunnen: die Hand

Wachshand

Anspruch auf Palmen